JN188216

青ひげ夫人と秘密の部屋

「見たな」の文学史

光文社

千野帽子

Madame Barbe bleue et la chambre des secrets *Chino Boshi*

『青ひげ夫人と秘密の部屋　「見たな」の文学史』　目次

装幀 坂野公一（welle design）
イラスト ギュスターヴ・ドレ『ペローのコント集』（1862）より

第1部
「青ひげ」を読む

- 「青ひげ」は、連続妻殺しの富豪の禁断の部屋を、新妻が開けてしまう話
- 「青ひげ」は民話に由来するというのは、たぶん間違い
- 「青ひげ」は『美女と野獣』の暗黒面《ダークサイド》
- ひげが青いのは、古典文学に由来する

第1章 『ジェイン・エア』と『レベッカ』、そして「青ひげ」

きっかけは、『レベッカ』を読んだことだった。

あれ？ この感じ……これって『ジェイン・エア』の、「あの感じ」じゃん、と思ったのだ。

シャーロット・ブロンテのデビュー作『**ジェイン・エア**』は、一八四七年に刊行された。その九一年後、一九三八年に、**ダフネ・デュ・モーリア**（デュ・モーリエ）のサスペンス小説『**レベッカ**』が世に出た。どちらも英国の作品だ。

『ジェイン・エア』とは、どんな話か。

孤児のジェインは、おばの家でおばや従兄姉たちにいじめられて育つ。その後、孤児と貧家の娘のための寄宿学校に追いやられる。長じてソーンフィールド邸《ホール》に住みこみの家庭教師《ガヴァネス》として雇用される。

館では、不審火が出たり、三階から狂ったような女の笑い声が聞こえたり、来客がなにものかに襲われたり、といった怪現象が連続して起こる。この屋敷にはなにか恐ろしい秘密があるようだ。

雇用主ロチェスター氏はある晩、庭でジェインを抱き寄せ、結婚を申しこむ。挙式前夜、ジェインが夜中に目を覚ますと、恐ろしげな女がベッド脇に立っていた。女はジェインが用意していた婚礼用のヴェールをつけようとしたあと、それを手で細かく引き裂いてしまう。

挙式中、司式者による「この結婚に異議のある者は……」という呼びかけに、大声で応えた者がいた。その人物は、ロチェスター氏にはバーサという妻がいる、と証明する文書を出した。そして屋敷の三階では、狂女バーサが大暴れしていた。ゆうべの幽霊は生身の人間、ロチェスターの狂える妻（**私より前から彼のことを知ってる女**）だったのだ。ショックを受けたジェインは館を去り、行き倒れになる直前、ハンサムで真面目な牧師セント・ジョン・リヴァーズに拾われる。

　やがて数奇な運命の転変から、ジェインはおじの遺産を手に入れた。また、セント・ジョンが自分の従兄であることが判明する。セント・ジョンは宣教師としてインドに渡ると決意し、ジェインにプロポーズする。ジェインもいったんは彼の手を取ろうとした。でも彼はジェインを、情熱的な恋の対象としてではなく、有能な人生のパートナーとして見ているのだった。

　ジェインはある晩、ロチェスター氏に名前を呼ばれるという夢を見る。翌日、馬車でソーンフィールド邸《ホール》に戻ると、館は焼跡の廃墟と化していた。嵐の夜に狂った妻バーサが火を放って大火となり、ロチェスター氏が燃える館から彼女を救い出そうとしたが、彼女は死亡したという。氏自身もこの火事で視力を失い、少し離れた農場に住んでいた。ジェインは彼のもとを訪れ、ふたりは結婚する。夫妻は子どもにも恵まれ、二年後には氏の片目の視力も回復するのだった。めでたし。

　財力を身につけたヒロインが、自分を重婚に巻きこもうとした男に、しかも障碍を負って屋敷も失った男に、手を差し伸べる。こんな展開は、現実にはまずありえない。それだけに感動的ではないか。

　寄る辺ないヒロイン、怪奇な屋敷、過去のある男、**私より前から彼のことを知ってる女**、燃え落ちる洋館……。すべてがあくどいし、どぎつい。でも癖になる味つけだ。

継子いじめ→学園→館、の三拍子がそろった『ジェイン・エア』は、まさしくロマンス版「女の人生双六」だった。

いっぽう、『レベッカ』はどんな話か。

俗物の米国人ヴァン・ホッパー夫人のお付きのもの《コンパニオン》をやっていた若い娘の〈わたし〉は、富裕な英国紳士マキシム・デ・ウィンターと恋に落ち、マンダレイ邸へと赴く。マキシムの前妻レベッカは一年前にヨットの事故で死んでいる。亡きレベッカ直属の使用人頭ダンヴァーズ夫人は、レベッカの狂信的な崇拝者で、いわば「**私より前から彼のことを知ってる女**」を濃く煮詰めて固めたような厄介な存在だ。

新参者の後妻である「わたし」は、ことあるごとに前妻レベッカの影を感じ、プレッシャーを受けつづける。なにしろ、低階層から玉の輿で後妻におさまった〈わたし〉の前で、訪れる客訪れる客全員が、前妻レベッカのセンスとソツのなさを、褒めちぎるのだ。〈わたし〉の自己肯定感がどんどん下がっていく……。

レベッカは死してなお——いや死んだからこそ最強に——マンダレイ周辺のひとびとを呪縛・魅惑しつづけているのだ。この状況を、『めぞん一刻』の読者なら「惣一郎《そういちろう》のパラドックス」と呼びたくなるだろう。

そして中盤をすぎ、レベッカの死の驚くべき真相が明らかになると、物語のギアが劇的にチェンジし、〈わたし〉は八面六臂の活躍を見せる。けれどそれはまた、夫マキシムの愛の、最後の焔でもあった。やがてマンダレイの館を、赤々と燃えさかる火が呑みこんでいく。

寄る辺ないヒロイン、怪奇な屋敷、過去のある男、**私より前から彼のことを知ってる女**、燃え落ちる洋館……。まったく同じ文字列をついさっき打った気がする。

とても似通ったこの二作にはまた、ものすごく対照的な要素もある。

『ジェイン・エア』の書名は、彼の心をめぐって「**私より前から彼のことを知ってる女**」と戦うヒロインの名前。いっぽう『レベッカ』の書名は、彼の心をめぐってヒロインが戦う相手である「**私より前から彼のことを知ってる女**」の名前。

『ジェイン・エア』のヒロインは、「**私より前から彼のことを知ってる女**」と対決し、直接手を下したわけではないが、最終的にその女に打ち克つ。いっぽう『レベッカ』のヒロインは、「**私より前から彼のことを知ってる女**」と対決し、打ち克ったと思ったら、直接手を下されたわけではないのに、最終的には試合に勝って勝負に負けた。

つまりジェイン・エアは〈わたし〉(デ・ウィンター夫人)だ。そしてバーサ・ロチェスターがレベッカ・デ・ウィンターに相当する。デ・ウィンター夫人は、「ジェイン・エアになれそうでなれなかった女」なのだ。

	ヒロイン	彼	私より前から彼のことを知ってる女
『ジェイン・エア』	ジェイン・エア	ロチェスター	バーサ
『レベッカ』	〈わたし〉	マキシム	レベッカ（故人）

ふたつとも映画があったよな。観てみよう。

観てみたら、**同じ女優が、〈わたし〉を演じた三年後にジェインを演じていた。**ジョーン・フォンテイン、「焼け落ちる洋館」という楳図《うめず》かずお怪奇漫画的なモティーフがよほど似合うと思われていたのだろう。

「恋愛で女が承認されること」をめぐって展開する小説は、「ロマンス」と呼ばれる。『ジェイン・エア』は怪奇小説風味の、『レベッカ』はサスペンス小説風味の、どちらも「ロマンス」だ。「女の被承認としての性愛」をあつかった『ジェイン・エア』と『レベッカ』は、なぜこんなに似てて、なぜこんなに違うのだろう。気になる。どうしてもその理由を知りたい。

ジェイン・エア
1847
｜
レベッカ
1938

両作品をつなぐ線をたどっていけば、謎が解けるんじゃないだろうか。

こうなると、本格ミステリに出てくる知性派の安楽椅子探偵《アームチェア・ディテクティヴ》気取りだ。吹雪の山荘や豪華客船といった閉じた状況下《クローズドサークル》の難事件を、快刀乱麻を断つがごとく、論理《ロジック》と観察眼でみごと解決する。一度やってみたかったんだよな。『ジェイン・エア』と『レベッカ』の二作に潜む謎を、解いてみせようではないか。

するとすぐに、「あの感じ」がする重要な関係者がひとり、推理の線上に浮かび上がった。

ジェイン・エア
1847
—
ねじの回転
1898
—
レベッカ
1938

『ジェイン・エア』の五一年後、『レベッカ』の四〇年前に、米国出身の小説家**ヘンリー・ジェイムズ**が、中篇ホラー小説**『ねじの回転』**を書いている。両作品のミッシングリンクの可能性あり？

主人公の〈私〉はジェインと同じ若い住みこみの家庭教師《ガヴァネス》で、さる貴族の男性（〈私〉は彼に淡い恋情を抱いているらしい）の邸宅で、天使のように美しいふたりの子どもを教えることになる。そしてその館で、何度も幽霊を見てしまうのだ。

つぎに、『ジェイン・エア』と『レベッカ』をつなぐ線を過去へと遡ると、ここでも、「あの感じ」がする怪しい作品が見つかった。

『ジェイン・エア』のきっかり半世紀前、**アン・ラドクリフ**が『**イタリアの惨劇**』というゴシック小説を書いていた。ヒロインのエレーナはナポリの侯爵家の跡取りと相思相愛となるが、彼氏の母親は貧家の娘との結婚に反対し、悪僧スケドーニと結託して娘を拉致・監禁する。

エレーナが修道院で、入ったらだれも戻ってこなかった「恐怖の間」に閉じこめられる展開は、ジェイン・エアがおばに、夫がそこで死んだという陰鬱な一室に閉じこめられて気を失う場面のルーツなのではないか。

イタリアの惨劇
1797
│
ジェイン・エア
1847
│
ねじの回転
1898
│
レベッカ
1938

ではこれが、すべての出発点なのか？

捜査線を過去へと延長したら、新たな容疑者が浮かび上がった。ではこんどは、『レベッカ』以後へと視線を転じたならどうなる？

『レベッカ』から二一年後、米国の小説家**シャーリー・ジャクスン**が『**丘の屋敷**』を書くことになる。幸薄いヒロインがその霊感を買われて、幽霊屋敷の探検チームに加わるが、……これの要約は後まわしだ。怖いから。とにかく「あの感じ」がする。

イタリアの惨劇
1797
│
ジェイン・エア
1847
│
ねじの回転
1898
│
レベッカ
1938
│
丘の屋敷
1959

あるとき、**サミュエル・リチャードソン**の**『パミラ』**（一七四〇）のことを思い出し、「これだ！」と思った。『イタリアの惨劇』の、さらに五七年前に書かれた作品だ。

小間使いの少女パミラは、奉公する屋敷の若主人B氏からのセクハラ攻撃をかわしつづけ、レイプの危機もなんとか回避するが、そのことでB氏の怒りをかき立てることに。とうとう解雇されて実家に帰る途中、B氏重病の報を受け、気になって屋敷に戻ってしまう（ジェイン・エアがロチェスター氏に呼ばれる夢を見て会いに行くのと同じだ）。改心したB氏はパミラに心から詫び、ふたりは正式に結婚。しかしパミラの戦いは終わらない。**身分違いの結婚**に反対するB氏の姉が乗りこんでくる！　まさに「あの感じ」だ。

パミラ
1740
│
イタリアの惨劇
1797
│
ジェイン・エア
1847
│
ねじの回転
1898
│
レベッカ
1938
│
丘の屋敷
1959

容疑者がつぎつぎと浮かび上がってきたが、ではこれが、すべての出発点なのか？（二回目）

僕はこの発見に、大いに興奮した。英文学者は『パミラ』を、「世界最初の近代小説」と称しているらしいからだ。「あの感じ」捜査線をたどっていくと、一部で近代小説の出発点とされている作品に行き着いてしまった。予想外の大物登場で、僕の灰色の脳細胞もさすがに昂奮ぎみだ。にしても、妻、先妻、むかしの女、姑、小姑。**「私より前から彼のことを知ってる女」**にもいろいろあるものだな。

時代も作風も違う六人の小説家が、なにか共通のお題に応えようとしている。文学史とは大喜利だったのか。

「ふむ、興味深いね」

『パミラ』から『丘の屋敷』までの英米小説史約二二〇年を、嵐の孤島やオリエント急行のような閉じた状況《クローズドサークル》と見立てながら、僕はすっかり論理派安楽椅子探偵《アームチェア・ディテクティヴ》スタイルを決めこんでしまった。けれど。


二〇一四年二月、当時住んでいた洛中の自宅で僕は、『ジェイン・エア』の吉田健一《よしだけんいち》訳（集英社文庫）を読み直していた。

「ロマンス小説の欲望といえば、シンデレラ願望だとよく言われるけど……」

シンデレラ（Cinderella）の cinder は燃え殻とか灰のこと。彼女はいつも下働きをさせられていて灰まみれなので、灰かぶり《シンデレラ》と呼ばれているわけだ。

彼女は女社会では身分が低いと見なされていた。見すぼらしくて、わかりやすい強さがない。その彼女を、男社会のトップに君臨する男が拾い上げる。それまで彼女を見下していた女たちはほぞを噛む。

なるほど、そうすると、これら六タイトルの小説は、シンデレラになることに成功したり、失敗したりする物語として読むことができるだろう。でも——。

シンデレラのことを考えはじめてからというもの、捜査は膠着状態にあった。シンデレラを補助線にするとそこで、恋愛心理だの結婚願望だのといった「心の話」に、どうしてもはまりこんでしまうのだ。「あの感じ」の文学史を、そういう「心の話」にしてしまうつもりじゃなかったんだが。

ページから目を上げると、ビルの隙間から東山が見える。人生に行き詰まったとき、浄土寺から哲学の道界隈を散策して、ボロボロのメンタルを癒やしたこともある。と感傷に浸っていても捜査は進まない。厭でもページに目を戻すしかないのだ。

僕が悩んでいるあいだに、ロチェスター氏の館で働きはじめたジェインは、館の上層階を探検していた。

> 私は手探りで出口を見つけ、せまい屋根裏の階段をおりて先へ進み、三階の表と裏をしきっている長い廊下をゆっくり歩いていった。それはせまくて天井が低くて、ずっと向こうにある小さな窓からしか日が差さず、両側に小さな黒い戸がいくつも並んでいるのが青ひげの城のどこかにある廊下のようだった。〔傍点は引用者による〕

青ひげ――。

「**青ひげ**」ってどんな話だったっけ（ここまで読まれて、タイトルの「青ひげ」がなかなか登場しないな、と思われたでしょうか）。

あれはたしか――。何回も結婚歴のある、青いひげを生やした男が、何番目かの妻に「自分の留守中に、この部屋にだけは入ってはいけない」と命じる。妻は好奇心に負けて、その部屋のドアの前まで来てしまう。そういう話だった気がする。

そうか、大喜利のお題は「青ひげ」だったのか。「シンデレラ」ではなくて。

「あの感じ」とは、「青ひげ感」と呼ぶべきものだったのだ。

「青ひげ」って、グリム童話だったっけ、それともペローのお話だったっけ。ペローだったような気がする。と思って調べてみたら、どちらにもあった。グリム兄弟の「青ひげ」は一八一二年、『イタリアの惨劇』よりもあとだ。**シャルル・ペロー**の本は一六九五年に手書き本、一六九七年に印刷本が作られたというから、『パミラ』より四〇年あまり前。

気持ちを鎮めて、ジェインの行動に目を戻すと、邸宅探索はつぎのように続いていた。

> 私がそうして歩いてゆくと、そんなところでは思いもかけない笑い声が聞こえた。それは非常にはっきりしていて少しもおかしそうでない、冷たい奇妙な笑い声で、私は足をとめ、笑い声もやんだが、すぐにまたもっと大きな笑い声が聞こえた。

『ジェイン・エア』作中において、狂った妻バーサの初登場（声だけだが）の場面に、青ひげの名前がくっきりと明記されていたのだった。

いっぽう「青ひげ」の話では、好奇心に負けた青ひげ夫人は、夫の厳重な禁止に違反して、その部屋のドアを開けてしまう。そこにあったのはたしか、――。

青ひげの何人もの過去の妻たちの、血まみれの屍体だった――。

ジェインはのちほど知ることになる。秘密の部屋に隔離されたバーサは、屋敷の主人ロチェスターの妻だったと。物語を語っている未来のジェイン・エアからすれば、まさに夫の先妻ということになる。

いっぽう、青ひげに嫁いだ娘にとって、青ひげに惨殺され禁断の開かずの間に放置された女たちは、夫の先妻たちだった。パラレルだ。

シャーロット・ブロンテははっきり自覚したうえで、「青ひげ」と同じコード進行でデビュー作を書き、リリースしたのだ。

	ヒロイン	**彼**	**私より前から彼のことを知ってる女**
「青ひげ」	青ひげ夫人	青ひげ	先妻たちの屍体
『ジェイン・エア』	ジェイン・エア	ロチェスター	バーサ
『レベッカ』	〈わたし〉	マキシム	レベッカ（故人）

あくまで、英米小説史二二〇年のクローズドサークルを解くつもりだった。でもどうやら、西洋

文学史二七〇年のクローズドサークルだったようだな。――僕は相変わらず「本格ミステリの安楽椅子探偵《アームチエア・デイテクテイヴ》」気取りでいた。

だとするとペローが出発点なのだ。

青ひげ
1695
｜
パミラ
1740
｜
イタリアの惨劇
1797
｜
ジェイン・エア
1847
｜
ねじの回転
1898
｜
レベッカ
1938
｜
丘の屋敷
1959

ではこれが、すべての出発点なのか？（三回目）

だとしたら、六人の作家たちは「青ひげ大喜利」に参加していたことになる。

それにしても、青ひげ夫人が血まみれの部屋を見たあと、話はどうなったのだろう。これが思い出せない。「青ひげ」にかんする僕の記憶は、途中で途切れていた。

まずは「青ひげ」を改めて読もう。禁じられた部屋を見たあとどうなったか、ちゃんとこの目で確かめよう。僕は本棚に向かった。

僕はまだ、自分が早晩「本格ミステリの安楽椅子探偵《アームチエア・デイテクテイヴ》」ではいられなくなるだろうってことに、気づいていなかった。僕はその後、このときの自分の思い上がりを、厭というほど思い知らされることになる。

この事件《ヤマ》は、クローズドでもなければ、サークルでもなかった。英米小説史二二〇年でもなければ、西洋文学史二七〇年でもなかった。人文学史二〇〇〇年の話なのだった。

このときの僕は、いずれ自分が「社会派ミステリの、靴底をすり減らして足で稼ぐ、くたびれたおじさん刑事」の役回りをやることになるとは、夢想だにしていなかったのだ。

第2章 シャルル・ペローの「青ひげ」は、こんな話

1 青ひげ氏はとにかくお金持ち

僕は**『眠れる森の美女　完訳ペロー昔話集』**（巖谷國士《いわやくにお》訳、ちくま文庫）を、本棚から取り出した。いったいどれくらいぶりなのかわからない。この本を買ってからでもずいぶんと年数が経っている。

ちくま文庫版ペローは、その時点で出て一〇年以上たっていた。刊行のさらに一〇年前には、巖谷訳は講談社文庫から出ていた。どちらも出てすぐに買ってるのだけど、内容をよく覚えていなかった。

同書には、ギュスターヴ・ドレの銅版画（一八六二）が添えられていた。目次を見ると、眠れる森の美女をはじめ、赤ずきんちゃんにシンデレラ、長靴をはいた猫と、絵本やアニメでおなじみのおとぎ話のスターたちがずらり並んでいる。これらの錚々たる物語の作者が、ひとりのフランス人だったということを、あなたはご存じだっただろうか？

「青ひげ」の作者シャルル・ペローは、巖谷訳の本におさめられた一一篇の物語を、一六九一年から九七年にかけて書いた。そのなかで、「青ひげ」の知名度は、現代の日本にかぎって言えば、赤

ずきんちゃんやシンデレラほど高いとは言えない。

「青ひげ」が連続妻殺《シリアル・ワイフキラー》しの話であることくらいは、覚えていた。そういえば小学校のときに、子ども向けの本で、こういう怖い話を読んだことがあったなあ、と。

僕が現代の一般的日本人より多少青ひげのことを知っていたとしても、せいぜいこの程度でしかない。いまの日本で「青ひげ」でインターネットを検索すると、男性美容方面の記事が出てくる。濃い髭を剃ったあと青みがかって見えることを青ひげと言うのだ。もともとは、歌舞伎の隈取《くまどり》（メイクアップ）で、そういう剃りあとの表現をさす言葉だったという。

ペローの「青ひげ」は、一六九五年に短篇物語集《コント》（手書き本）に収められ、一六九七年の増補（印刷）版にも、ほぼそのままの形で収録されたという。物語の本体部分は、日本語訳で一〇頁ほどという掌篇だ。物語はつぎのように始まる。

〈むかしむかし、ひとりの男がおりまして、町にもいなかにもりっぱな屋敷をかまえ、金銀の食器や、刺繡をほどこした椅子やベッドや、金ぴかの四輪馬車をいくつももっていました〉。

〈むかしむかし〉で始まる以上、むかし話のはずだ。ところが、町にも田舎にも屋敷を構えるこの人物は、貴族というよりは、裕福な新興ブルジョワ階級に見える。この社会階層は、一般的なむかし話ではあまりお目にかからない。

男は、近所に住む〈身分の高いひとりの貴夫人〉（こっちが貴族だ）のふたりの娘のいずれかを、妻に所望した。でも、ふたりとも、青い髭の男なんかと結婚したくない。しかも〈男はすでに幾人もの女と結婚したことがあり、その妻たちがその後いったいどうなったのか、だれにもわかっていなかったのです〉。

青い髭を生やした醜い容貌の富豪は、何度も結婚したことがあって、先妻たちの消息が明らかではない。不安材料だ。

青ひげは娘たちと、その母や三、四人の親しい女友だち、そして近所の若い衆を何人か、〈田舎の別荘のひとつ〉に招待して、まる一週間歓待する。青ひげの田舎の別荘は複数あるようだ。

ここに“on ne dormoit point, et on passoit toute la nuit à se faire des malices les uns aux autres”なる文言がある。巖谷訳では、〈みんなはろくに眠りもせず、一晩中いたずらをしあってすごしました〉と訳された。どう読んでも乱交パーティですよね。と思うのは僕の目が汚れているからだろうか。

その結果、貴婦人の妹娘のほうが青ひげへの嫌悪感を乗り越え、結婚する。

> 毎日そこですることといえば、散歩や狩りや魚つりや、ダンスや宴会や、夜のごちそうの会ばかりでした。〔…〕けっきょくなにもかもうまくいき、妹娘のほうが、この家の主人はもうそんなにひげが青いようでもないし、それどころかずいぶんりっぱな人なのだ、と思いはじめました。〔巖谷訳〕

要するに、次女がカネの魅力に屈した、ということを、京言葉でとってもエレガントに書いてある。「私のためにお金を使ってくれる人」を〈りっぱな人〉と見なしてるだけの話なのに、次女のなかでは因果が逆転してて、「この人は〈りっぱな人〉だ、だから私のためにこんなにお金を使ってくれるんだ」と考えて納得している。

一か月後、青ひげは地方に数週間出張することになる。彼は妻に家じゅうの部屋や金庫や宝石箱の鍵を渡す。留守中どれを使ってもよいし、だれを招いてもよい、ただし〈下の階の大廊下のつきあたりにある小部屋の鍵〉だけは使うなと言い渡す。こういう禁止を、説話研究では**見るなのタブー**と呼んできた。とくに、見てはいけないものが部屋であるばあい、**見るなの座敷**と呼ぶことがある。

開けてほしくないのなら、その鍵だけは渡さずにおけばいいものを、わざわざ「これを使うな」と言って渡している。髭面ではあるが、開けてはならない玉手箱を浦島太郎に渡した乙姫のような人だ。

青ひげが発つとすぐに妻は女友だちや近所の女たちを招く。客たちは妻の豪勢な暮らしを讃嘆する。

〈いずれおとらぬ美しい、ぜいたくな寝室や奥の間や、衣裳部屋ばかりでした〉。

鍵を妻に渡す青ひげ。ギュスターヴ・ドレ画。『ペローのコント集』(1862) より

家具部屋では〈つづれ織りの壁掛けや、ベッドや、ソファや、かざり箪笥や、小円卓や、テーブルや、鏡などの数の多さ、美しさ〉に圧倒される。〈女性たちはこの男を、調度品の外観（肯定的）と髭（否定的）で判断し、前妻たちの失踪という情報をほとんど信じていない。そのうえ、青髭の妻や友人は、彼がもたらす物質的な豊かさに、最初からあまりに心を奪われている〉（米国の文学研究者チャールズ・フレイとジョン・グリフィス）。

青ひげの館にはソファや飾箪笥や小円卓など、いかにも一七世紀末の家具調度品が並んでいて、華やかだ。〈とくにそのさまざまな鏡は、どれも足のさきから頭のさきまでうつる大きなもので、あるものはガラスの、あるものは銀の、また金めっきした銀のふちかざりがあって、これまでに見たことがないほど美しい、みごとなものばかりでした〉。

客たちは全身が映る姿見に見入っている。妻は彼らを放置して、ただ一室禁じられた〈下の階の大廊下のつきあたりにある小部屋〉が気になるあまり、ひとりでそこに入る。こうして約束が破られた。

ここでいったん話の進行を止めるが、ペローがこの物語を発表してからかれこれ三三〇年、青ひげ夫人は、「好奇心のあまり禁止に違反してしまう女」として描かれてきた歴史がある。たとえば、一八七三年には、来客を置いて階下の禁断の部屋に向かう青ひげ夫人の姿の背後に、蛇に唆されて禁断の木の実を手に取るエヴァの姿を重ね合わせる絵が登場していた。英国の挿絵画家ウォルター・クレインが、「青ひげ」物語の韻文訳につけたイラストだ。

旧約聖書『創世記』で神が、楽園の木はどれも実を食べてよいが、〈善悪を知る木〉の実だけは食べてはならない、と命じていた。ほかはなにをしてもよい、という「基本許可・一点のみ禁止」の対照は、青ひげの鍵と同じだ。

『創世記』には、好奇心で身を滅ぼす女がもうひとり出てくる。アブラハムの甥ロトは、ソドムの現地視察にきた神の使い（天使）たちをもてなし、町民の乱暴から匿おうとした。天使はこの義人に、頽廃したソドムとゴモラ両市の滅亡を予告し、〈うしろを見るな。〔…〕山のほうに逃げるのだ〉と命じる。一家が近隣の村に避難したとき、ヤハウェが硫黄の火を降らせ、一帯は滅亡。妻は振り返ってしまい、塩の柱となった。イスラエル南東部、死海西岸のソドム山に、「ロトの妻」と呼ばれる塩柱がいまもあり、観光スポットになっているという。

来客を置いて階下の禁じられた部屋に向かう青ひげ夫人（ウォルター・クレイン、1873）。右上で蛇がエヴァを誘惑している。

ドイツ出身で米国で活躍

するドイツ文学者マリア・M・タタール（タタール）は、青ひげ夫人の破約について、〈この違反は、パンドラの箱を開いたように、悪の源として働く〉と書いた。パンドラが箱（ほんとうは壺）の蓋を開けると、なかから飛び出してきたかずかずの苦難が人類に降りかかる。パンドラはエヴァと並んで、「人類に災厄をもたらした女」として著名だ。

人間の過ちを表現するのは文学のだいじな仕事なのだ。なのに、その文学を読んでも、僕はあやまちを繰り返している。文学を読んでも救われなかった人なのだ。

旧ソヴィエト連邦の民俗学者プロップは、ロシアの魔法むかし話の筋を構成する諸要素を三一種に分類した。三一の諸機能のなかで、〈Ⅱ［禁止］の機能とⅢ［違反］の機能とは、対をなしている〉。主人公が禁を破らなければ、罰としての災厄が起こらず、ひいてはストーリー自体が展開しない。**禁止は違反の前フリ**に過ぎない。

禁止と違反はセット状態なのだ。禁止が提示されると、物語の受信者は、即座にそれが違反された状態を、意図せずして反射的に思い浮かべる。違反後に罰やその他の災いが招かれることを、人間は自動的にシミュレーションしてしまう。開けてはいけない箱を開けてしまったパンドラは浦島太郎にも似ている。そういえば太宰治は短篇小説「浦島さん」のなかで、〈「あけてはならぬ」といふ一言が、パンドラの好奇心を刺戟して、必ずや後日パンドラが、その箱をあけて見るにちがひないといふ意地悪い豫想《よさう》〉について書いていた。

禁止を提示することは、違反の「旗標《フラグ》」を立てること。ダチョウ倶楽部の故・上島竜兵《うえしまりゅうへい》さんが熱湯風呂の場面で「押すなよ！　ぜったい押すなよ！」と念を押して禁止するお約束のくだりだ。

つまり青ひげ夫人は、**禁止されたのに違反したのではなく、禁止されたから違反した。**

さて、新婚一か月の青ひげ夫人は、〈下の階の大廊下のつきあたりにある小部屋〉でなにを見て、どんな目に遭ったのか。続きを読もう。

2　血の鏡に落とした鍵

禁じられた部屋は床一面血の海だった。何人もの女の屍体が壁に吊るされて並んでいた。ここの記述がすごい。

> ゆかいちめんに血がひろがっており、その血のかたまった表面に、壁にそってつるされた幾人もの女たちの死体が、鏡のようにうつっているではありませんか。

決まり文句につい頼って、〈血の海〉なんて書いてしまった僕がうっかりしていた。これは「血の鏡」だ。床一面に拡がった人血がカピカピに乾燥し、表面が真っ平《たい》らでつるつるで、そこに吊るされた女たちの屍体が逆さに映っているのだ。妻は赤い鏡像の形でそれを見てしまう。いや、固まった血は黒いものだけど、読んでるこっちが赤で想像してしまうのだ。

妻の視点を採っていた語り手はここで妻を離れ、急に声をひそめて読者に「じつはね……」と耳打ちするかのように、屍体の正体を括弧書きで告げる（この括弧書きは、手書き本の二年後に公刊された増補版でのつけ足し）。

> （これは青ひげがいままでに結婚し、ひとりまたひとりと惨殺していった妻たち全員でした）

客たちが、光り輝くゴージャスな鏡に見とれているとき、当の女主人はたったひとり、暗黒の血の鏡に先妻たちの姿を見てしまった。「**私より前から彼のことを知ってる女**」たちの屍体だ。そしてこれが血の〈鏡〉である以上、彼女が見た先妻たちの屍体はまた、自分自身の未来の姿でもあった。

そして、血みどろの部屋に驚愕した妻は鍵を床に落とし、鍵に血がついてしまう。

というのだけど、カピカピに乾いた血だったら、鍵につくことなんかないんじゃないの？　この点は〈ペローのテクストの矛盾としてしばしば指摘される〉（フランス文学者・水野尚《みずのひさし》）らしい。

この矛盾は一六九五年の手書き版にも、九七年の増補版にもある。増補時にペローは作品の文章表現に手を入れている。けれど、血の矛盾は残されたままだ。〈つまり、ペローはこの矛盾を矛盾として意識しなかったか、もしくは矛盾を矛盾としてはっきりと提示したということになる〉（フランス文学者・片木智年《かたぎともとし》）。

妻は部屋に帰る。鍵にこびりついた血を拭っても拭っても、なぜかべつの箇所に血痕が浮かび上がる。鍵には魔法がかかっているのだった。この細部は、自分の好奇心を悔恨する感覚を恐ろしく再現している。

もし僕が青ひげ夫人なら、血まみれの部屋を見たら即刻、ほかの部屋にいる来客たちに助けを求めるだろう。でも、彼女はそうしなかった。

3 青ひげの帰還

青ひげ夫人が破約して、先妻たちの屍体と恐怖の遭遇を果たしたその日の、よりによってその晩、青ひげが早くも帰ってきた。用事が早く片づいたのだという。悪夢だ。

ほんとに偶然なの？　それとも、最初からすぐに帰宅する気だった？　なんらかの方法で妻の破約を知ることとなったのか？

突然の帰宅に説明はない。「青ひげ」の物語には不条理なところがいろいろある。

翌日、鍵束を返す妻の手は震えていた。夫が〈あの小部屋の鍵だけがこのなかにないようだが〉と言うと、妻は自室の卓上に置き忘れたと言って持ってくる。夫は血痕の理由を問う。白《しら》を切る妻に夫は言い渡す。

> あなたは、あの小部屋にはいろうと思った！　よろしい、奥さま、それならばおはいりなさい。そして、その目で見たあの貴婦人たちのそばに、あなたの居場所をえらぶがいい

青ひげの家では、禁じられた小部屋を見た妻が惨殺されて小部屋に吊るされるのがルールらしい。かつての妻たちは全員小部屋を見たから小部屋で死んでいたのだろうか。

だとしたら、いちばん最初に惨殺された妻は、小部屋を見たとしても、自分より前に殺された妻がいないわけだ。彼女は、いったいなにを見たのだろうか？　それとも、そこはただの小部屋で、青ひげはたんに妻が自分の言うことをきくかどうかを試していただけだったのだろうか。約束を守

ったら生かしておこう、と考えて。

かもしれない。部屋に入ってほしくなければ、その鍵だけ渡さなければいいのに、青ひげはそれを妻に託した。開けてはならない部屋の鍵とは、妻に仕掛けられた「試練」、あるいは「試験」なのだろう。

取りつく島がない夫に、妻は最後の祈りの時間を請う。このあと数分間の展開が**唐突な後出し設定の釣瓶《つるべ》打ち**で、読んでるこっちは「え？　待って待って。そうだったの？」とあたふたしてしまう。

> ひとりきりになると、妻はお姉さんをよんでいいました。
> 「アンヌお姉さん（そういう名前だったわけです）、おねがい、塔の上にあがって、お兄さんたちが来ないか見てちょうだい。きょう会いにくる約束になっているのよ。もしお兄さんたちが見えたら、いそいでほしいって合図してちょうだい」

〈ひとりきりになると〉……どこで？

〈お姉さんをよんでいいました〉……姉は前日から一泊してたのか？　どこの部屋にいた？

〈（そういう名前だったわけです）〉……ここでも括弧書きの挿入句。ヒロインには名前がないのに、姉には名前がある。

〈お兄さんたち〉……男兄弟もいたのか！

〈きょう会いにくる約束になっているのよ〉……ご都合主義的に思えるが、留守の二日目に兄たちを招待する予定だったってこと？

後出しを重ねて、読者があたふたするのを喜ぶような意地の悪さを、ペローの語りには感じる。

4　急展開と大団円

このあとのやり取りでは、青ひげが一階、夫人が二階、アンヌ姉さんが塔の上にいる、という垂直の位置関係がよく効いている。


「アンヌ、アンヌお姉さん、なにか来るのが見えない？」

するとアンヌお姉さんは答えます。

「なんにも見えないわ。お日さまちらちら、草はあおあおあお、それだけよ」

そのあいだにも青ひげは、手に大きな刀をもって、ありったけの声で妻にさけびかけるのでした。

「はやくおりてこい。さもないと、こちらからあがっていくぞ」

「もうすこし待って、おねがいですから」と妻はこたえ、すぐさま声をひそめてよびかけます。

「アンヌ、アンヌお姉さん、なにか来るのが見えない？」


〈アンヌ、アンヌお姉さん〉（"Anne, ma sœur Anne"）に導かれるやり取りが、一〇頁ほどの物語のうち二割、二頁を割いて、合計四回繰り返される。繰り返すたびに、血に逸《はや》る青ひげの脅しは非情さを増す。アンヌ姉さんの声は、青ひげにはたぶん聴こえていない。青ひげ、夫人、アンヌ姉さん三者のサスペンスフルな掛け合いで、物語はオペラのような音楽的なクライマックスを迎える。

「赤ずきんちゃん」の、

「おばあさま、なんて大きな……」

「赤ずきんや、それはね、……」

と同じ、リフレインで盛り上げるパターンだ。

やがて姉は遠くに騎士が二騎、やってくるのを認めた。青ひげは妻を階下に呼びつけ、命乞いする妻の髪を掴み、刀で首を断り落とそうとする。そこに兄たち（ひとりは竜騎兵、ひとりは近衛騎兵）が駆けこみ、逃げる青ひげを追ってこれを剣で刺し殺す。

以下は後日譚。〈たまたま青ひげにはあとつぎがひとりもありませんでしたので、妻は全財産をわがものにすることになり〉、姉アンヌに持参金をつけて〈まえまえからお姉さんを愛していた若い貴族と結婚させてあげ〉、兄たちの〈それぞれに隊長の位を買ってあげ〉、自分は〈たいそうりっぱな人〉と再婚した。めでたし。

これが「青ひげ」の物語だ。

久しぶりに読み返して、わかったことがある。

おとぎ話は、知ってるつもりでも、いろいろ肝心なところを忘れてたり、間違って覚えてたりする。僕のばあいは、血まみれの部屋を見たあと、妻がどうなったのか、まったく忘れきっていた。姉にアンヌという名前があったこと、そればかりか、姉が青ひげ邸を訪問していたことすら、忘れきっていた。

やっぱり、ちゃんと読み直すのはだいじだな。あやふやな記憶でなにかを断言すると、思いこみで間違ったことを書いてしまう。

僕はこの時点では、ペローが「青ひげ」を民間伝承をもとに書いた、と考えていた。そこで、捜査の初期段階から、ドイツ文学者・小澤俊夫《おざわとしお》の著作を少しずつ読み始めていた。指揮者・小澤征爾《おざわせいじ》の兄で、ミュージシャン小沢健二《おざわけんじ》の父。日本口承説話の蒐集・整理にも尽力し、大学を定年退職後、私設研究機関・小澤昔ばなし研究所を設立した偉大な人だ。

小澤は言う。むかし話のハッピーエンドといえば、三つの要素が見られる、と。〈主人公の身の安全、主人公の富の獲得、主人公の結婚です。もちろん結婚と富の獲得という複合もあります〉。「青ひげ」のヒロインは、身の安全・富・結婚を三つながらに獲得している。ハッピーエンドとしては満点だ。けれど、それにしては、なにかザラッとした後味が残らないだろうか。これって、どういうことなのだろう。

5 「青ひげ」のメッセージ

ペローの「青ひげ」の末尾には、このような詩文が添えられていた。

> 教訓
> 好奇心には、たいそうつよい魅力がありますけれど、
> それにまけると、あとで後悔することがしばしばで、
> そういう例は、毎日いくらでも見かけられます。

> 女のかたには申しわけありませんが、それはささやかなたのしみで、
> ひとたび手に入れてしまうと、すぐに消えてなくなるもの、
> そのうえいつだって、あとで高くつくものなのです。

この教訓は、女の好奇心を戒めるものだった。人のスマホを盗み見るなんて下品なこと、当人を含め、だれも幸福にしない。「好奇心に押し流されると怖い目に遭うよ」というメッセージ自体は正しい。〈社会が成り立つためにはルールが必要ですから、その意味で民話に〈禁止〉―〈違反〉のテーマが普遍的に現れるのも当然と言えるでしょう〉(言語学者・池上嘉彦《いけがみよしひこ》)。

ただし、筋から言えばこれは、男女問わず、だれにでも適用されるべき理窟だ。男だって好奇心に負ける。「鶴女房」の主人公は、娘の姿で恩返しにきた鶴に「見るな」と言われていたのに、機織り小屋を覗いてしまったではないか。かたほうの性にたいしてのみルールを押しつけるのは不平等だ。フェアではない。

「青ひげ」について、どのような研究がなされているだろうか。そう考えて図書館に行くと、「おとぎ話」と呼ばれる分野には、僕が想像していたよりもずっとたくさん、多種多様な関連書籍が出ているではないか。

ペローはまた、西洋最初の児童文学者のひとりだと言われていた。こうなると、児童文学論も参照せざるをえない。これまでまともに読んだことがなかったが、せめて日本語で読める一般書くらいには目を通しておいたほうがいいだろうな。気が重いが……。

というわけで手に取った本のなかで、児童文学研究家でフランス文学者の末松氷海子《すえまつひみこ》は、禁断の

木の実を食べた『創世記』のエヴァや、玉手箱を開けてしまった浦島太郎の例を踏まえて、こう書いていた。〈好奇心に負けて「……してはいけない」といわれた約束をうっかりやぶってしまうと、〔…〕「かならず高いツケがまわってくる」〉。ところが、青ひげ夫人は違う。〈殺人鬼〔…〕を擁護するつもりはまったくないのだが〉、夫人が〈禁忌を犯しても罰を受けず、それどころか、青ひげの全財産を使い、自身も再婚して幸せになったという結末にどうも釈然としない〉。教訓に軸足を置いてみれば、末松の意見はもっともだ。

いっぽうマリア・タタールは末松とは逆に、物語本体部分に軸足を置いた。「青ひげ」は〈女主人公の好奇心ばかりに焦点をあて、夫の残虐な犯罪をぼかしてしまった〉という。夫の連続妻殺しよりも妻のプライヴァシー侵害のほうを問題視しているのは、無理があるんじゃないかな、という意見。

末松「禁止を破ったのにハッピーエンドはおかしい」

タタール「連続殺人を棚に上げてプライヴァシー侵害を咎めるのはおかしい」

このふたつの意見は正反対に見えて、同じことを言っている。つまり、**ペローの教訓は物語に合ってない**、と言ってるのだ。

「好奇心に流されるな」は、「青ひげ」の物語のメッセージとして、果たしてぴったりくるだろうか。なにか「とってつけた」感じはしないだろうか。タタールによると、〈ペローにとっては、物語の中で取り扱われていない事柄について教訓を説くことは珍しいことではなかった〉という。

西洋でも日本でも、物語の筋にそぐわない教訓がついてしまうことは、よくあるらしい。小澤俊夫いわく、ドイツでは一時期、「白雪姫」を、

〈小人の忠告に耳をかさなかったから、白雪姫は殺された。ああいう愚かな行為をやっちゃいけない〉

〈人の忠告には耳を傾けなさい〉

という教訓話として読む説があったというのだ。

「白雪姫」や「青ひげ」を警告譚として読むためには、白雪姫が蘇生せず、青ひげ夫人も殺されて話が終わったほうがふさわしかった。じっさい、「赤ずきんちゃん」は、警告譚になっている。祖母ともども狼に食べられておしまい。そうか、もともとはこうだったんだ。日本では、猟師が狼を倒して、その腹から祖母と赤ずきんを救出するグリム版のほうが知られてるけど。

　こうなると気になってくるのは、現代日本の児童書では、「青ひげ」のメッセージをどのように言語化しているだろうか、という点だ。そこで、低年齢層向けの再話をいくつか読んでみた。

　ささきありによる「青ひげ」の再話が、『おんなのこのめいさくえほんベストセレクション80』（西東社）に収録されている。目次を見ると、この本は全体が四つのカテゴリに章立てされている。

第一章「ときめきと愛の物語」（「かぐやひめ」「マリー・アントワネット」など）
第二章「ユーモアと知恵の物語」（「大きなかぶ」「ガリバー旅行記」など）
第三章「ふしぎと冒険の物語」（「青い鳥」「ピーターパン」など）
第四章「やさしさと感動の物語」（「フランダースの犬」「マザー・テレサ」など）

さて「青ひげ」はどこに分類されているのだろうか。

……そもそも、このなかに当てはまる分類があるの？

正解は「ふしぎと冒険の物語」だった。冒険の物語とは、一瞬意外な気がする。でも、案外そうなのかもしれない。捜査を続けるうちに、「青ひげ」を女子への警告物語としてよりも、女子の冒険物語として、僕は読むようになっていく。

童話界の巨匠・立原《たちはら》えりかがみずから二五篇を再話した『母と子の読み聞かせえほん　女の子の心をはぐくむ名作』（ナツメ社）の目次を開く。

「愛と行動力をはぐくむお話」
「共感する力をはぐくむお話」
「やさしい気持ちをはぐくむお話」
「想像力とユーモアの心をはぐくむお話」
「自信と思いやりの気持ちをはぐくむお話」
「勇気と挑戦する力をはぐくむお話」
「多面的に見る力をはぐくむお話」

の七章に分かれていた。さあ、「青ひげ」は、こんどはどのカテゴリに分類されたのだろうか。

正解は「勇気と挑戦する力をはぐくむお話」でした。章末にある「おうちのかたへ」では、つぎのように保護者に助言している。

> 主人公の娘が、助けを求めてバルコニーからさけんだように、たったひとりでも、おどしにひるまず、自分で考え、勇気を持って行動すればわが身を救うことができるのです。本当にこわい時こそ、勇気や行動力が大切だということについて話してみましょう。

子どもが不審者に出会ったり、いじめを受けたりしたときに、フリーズせずに第三者に助けを求める勇気を想定しているようだ。なお、立原ヴァージョンの当該シーンは、アンヌ姉さんが登場せず、ヒロインが自分で兄たちを呼んでいる。後述する「青ひげ」のグリム兄弟ヴァージョンに依拠しているようだ。

それにしても、〈本当にこわい時こそ、勇気や行動力が大切〉なんて教訓、よく思いついたな、と思う。**どう読んでもホラーなのに「勇気&チャレンジ」**！　あまりに意外で、一瞬笑ってしまいそうになる。「青ひげ」が、モンゴメリ原作の「アンの青春」なんかといっしょに〈勇気をもって物事を進める力を育んでくれるお話〉とひとまとめにされてしまっているのは新鮮だ。

でもこのカテゴライズ、僕はなかなか「アリ」だと思うのだ。たとえばドイツ文学とむかし話の研究者である野村《のむら》泫《ひろし》は、つぎのように問題を提起している。

> 昔話の残酷性を考えるとき、わたしたちは、それが子どもに与える恐怖感や嫌悪感ばかりに気をとられて、それが子どもの中に養い育てる、不安や恐怖や悪に勝つ力のことを忘れてはいな

いでしょうか。

歌人・翻訳家の井辻朱美《いつじあけみ》が監修した『決定版　心をそだてるこれだけは読んでおきたい世界の名作童話』（講談社）所収の再話には、最後に「なるほどコラム」が添えられている。同コーナーは井辻を含む四人の執筆。無署名のため、各篇だれが担当したのか、合作なのか、判然としない。「青ひげ」の「なるほどコラム」には、〈この物語は、フランスの宮廷のわかい女性に、悪い男性にだまされないようにと忠告しています〉と書かれている。あくまで作品発表当時の文脈から意図を炙りだそうとしている。これはなかなかの着眼点だ。

主婦の友社編『頭のいい子を育てるおはなし366』。どうもこの種の本の題は、「育つ」だの「そだてる」だの「はぐくむ」だの、親の哀しい教育心を容赦なく煽ってくるようだぞ。ページのフッタに「POINT」として読みどころや要点が一行で書かれている。五月二九日のお話「青ひげ」の「POINT」は、なんと、

ぜいたくで楽しいことにつられたせいで、娘は命を失うところでした。

となっている。編集者は「青ひげ」を、「カネに目がくらんだ上昇婚志向」への警告物語として紹介した。これも一理ある。これを見ても、同じ「青ひげ」の話から、多種多様な教訓を引き出せることがよくわかる。

スイスの比較文学者ウテ・ハイドマンは「青ひげ」を論じて、〈あの最初の教訓は、逆に、ありがちな女性蔑視の紋切型を皮肉った引用のようなものとして読むべきだ〉と主張している。

明らかにこの「教訓」は、この話の教訓ではない。話は正反対のことを示している。青ひげ夫人は好奇心を発揮して夫の禁令に背いた。そのせいでたしかに怖い目にはあったけれど、「教訓」に書かれているほど高くついたわけではない。それどころか逆に、この知りたがりの女は、好奇心のおかげで巨万の富を得たし、未亡人として得た資産を、命の恩人である姉や兄たちに分与することができた。殺人鬼から相続した遺産のおかげで、この好奇心の強い娘もアンヌ姉さんもようやく、自分で選んだ〈たいそうりっぱな人〉と結婚できるのだ。

なるほど、たしかにこの解釈はペローの、全体に皮肉な書きぶりにぴったりだ。あの教訓を文字どおりに取るのは、そもそも野暮な話だった。

〈教訓〉と題された文言が、文字どおりの〈話の教訓ではない〉。いったいどういうことだろうか。〈『ペロー童話集』にそえられているほとんど鼻つまみものの教訓等も、畢竟、隠された結句といってもよい〉（ドイツ文学者・高橋吉文《たかはしよしふみ》）。「めでたしめでたし」「どっとはらい」「とっぴんぱらりのぷう」「いきがポーンとさけた（一期《いちご》栄えた）」などの結句は、〈フィクションの荒唐無稽な夢が日常生活の中に流出しないようにしっかりと堰とめ、聞き手の精神を堅実な日常生活空間に連れ戻すだいじな役目をもっている〉。寄席で落語がサゲ（オチ）に達したときに太鼓を打つ、みたいなものだ。ペローのばあい、

> これらの教訓は、それがまさに、その見かけだおしの形態にすぎないことによってこそ、話の虚構領域と日常生活の現実とがつながる連続性を、韜晦的に、巧みに断ち切っている。社会には教訓によって節をたて、しかし、内側のメールヒェンには、その倫理的言葉を空疎にとどめておくことによって、物語本来の展開に社会が流入・介入することを防ぎ、空想の自由をこそ護る。まさに結句という境界形態としての役割をみごとに果たすのである。〔…〕教訓というめくらましの疑似結句の形をつかって、空想領域から社会的な現実領域へと聴き手の意識をたくみにひきもどす。それは、内在論理とはむしろ無関係な唐突さを命としている。枠の中と外を明確に分断すること、それこそが、結句本来の基本的な機能であった。〔高橋〕

「この話は人生で生きるうえで役に立つ教えがありますよ」と名目上はけじめをつけておけばこそ、話のなかの暴力や性表現や荒唐無稽を、空想として楽しむことができる、というわけ。この説明は、僕が見たペローの教訓のあつかいのなかで、いちばん実情に近いように思われる。

　ペローのオーディエンスは、教訓を額面どおり受け取ったフリだけして、そっと脇によけてしまってたんじゃないだろうか。昭和の洋食屋のメインディッシュに添えられたパセリのように。にしても、庶民なら「どっとはらい」で済むところを、教訓を述べて、しかも韻まで踏まなきゃいけないなんて、インテリはたいへんだ。

　でも、ひとつ気になることがある。結句というのは、フィクションの物語を、文字で読むのではなく人の声による語りで聴くときに必要なものではないだろうか。この疑問は疑問として、とっておくことにしよう。

6 「青ひげ」の「もうひとつの教訓」

さて、「青ひげ」の一六九五年手書き版と、一六九七年印刷版の最大の違いは、後者には最後に「もうひとつの教訓」が加えられているという点だ。

もうひとつの教訓

すこしでも分別の心があって、
世のなかの謎に通じている人なら、
この物語がむかしのお話であることを、
すぐに見ぬいてしまうでしょう。
どんなに不平たらたらの、嫉ぶかい夫でも、
これほどまでにおそろしい男、
無理なことをもとめる男など、もうおりません。
いまでは妻のそばで、いいなりになっている夫が見られ、
そのひげがどんな色であろうと、夫婦ふたりのうち、
どちらが主人なのか、ほとんど見わけがつかないほどです。

「もうひとつの教訓」は、ひとつ目の教訓を皮肉たっぷりに打ち消して見せている。むかしはこんな夫がいたかもしれないが、いまどきの夫は細君の尻に敷かれて、こんなに怖い夫はいない、むしろ女房のほうが強いよね、というもの。

米国のドイツ文学者ジェイムズ・M・マグラザリーは、この第二の教訓について、こんなことを言っている。

ペローは、未婚の女性がこの青ひげのような「刺激的で心をそそる」夫をみつけるのはむずかしいと、茶目っ気たっぷりにほのめかしているのかもしれない。

これはなかなか穿った見かた……。なるほど。青ひげを危険な魅力のある男として解釈する線があるのだな。映画『ワイルド・スピード　ファイヤーブースト』(二〇二三)でジェイソン・モモアが演じた敵キャラであるダンテ・レイエスは、富豪でサイコパスな凶悪犯。なのに、動きも表情も台詞回しも、トータルで見てめちゃくちゃかわいいのだ。長尺のどアップにも堪える、モモアのジューシーなステーキみたいな髭面の笑顔を見ていると、青ひげというのはこういう〈刺激的で心をそそる〉危ない魅力を帯びた男だったんじゃないの？　という気がしてくる。くどいようだが富豪だし。ペローが青ひげを醜貌としているにもかかわらず、青ひげを〈七人の花嫁をめとった絶世の美男子〉と呼んだ寺山修司《てらやましゅうじ》のような人もいる。

第3章　「青ひげ」と民間伝承

7　『短篇物語集《コント》』＝『鵞鳥おばさんのお話集』

シャルル・ペローの「青ひげ」はまず、一六九五年に、ゴージャスな手書き本**『過ぎし日の物語集または短篇物語集《コント》　教訓つき』**に収録された。「赤ずきんちゃん」、「眠れる森の美女」、「青ひげ」、「猫先生または長靴をはいた猫」、「妖精たち」の五篇が収められていた。二年後の一六九七年には、これに「サンドリヨンまたは小さなガラスの靴」（シンデレラ）、「まき毛のリケ」、「親指小僧」の三篇を加えた増補版が刊行された。

ややこしいことに、表紙をめくったあとに続く扉ページには、**『鵞鳥おばさんのお話集』**という別題が記載されていた。鵞鳥おばさんのお話とは、どういうものだろうか。

『短篇物語集《コント》』手書き本の前年に出た『アカデミー辞典』初版（一六九四）では、〈老女が話して子どもを楽しませるたぐいの滑稽な作り話〉が俗に〈鵞鳥おばさんの話〉などと呼ばれていることが記されていた。

この辞書はアカデミー・フランセーズが監修したもので、ペローもアカデミー会員だった。この項目を書いたのがペロー自身だったかどうかはわからない。いずれにせよ〈鵞鳥おばさんのお話〉

は、おばあさんが座興に話してくれる作り話全般を指す代名詞だったらしい。

一般に、ペローは民間伝承を子ども向けに文字化した最初の人と言われている。

〈彼の功績は、細かな点を除けば、なにも書き加えず、出来事それ自体を変えずにおいたことにあります〉(グリム兄弟)。

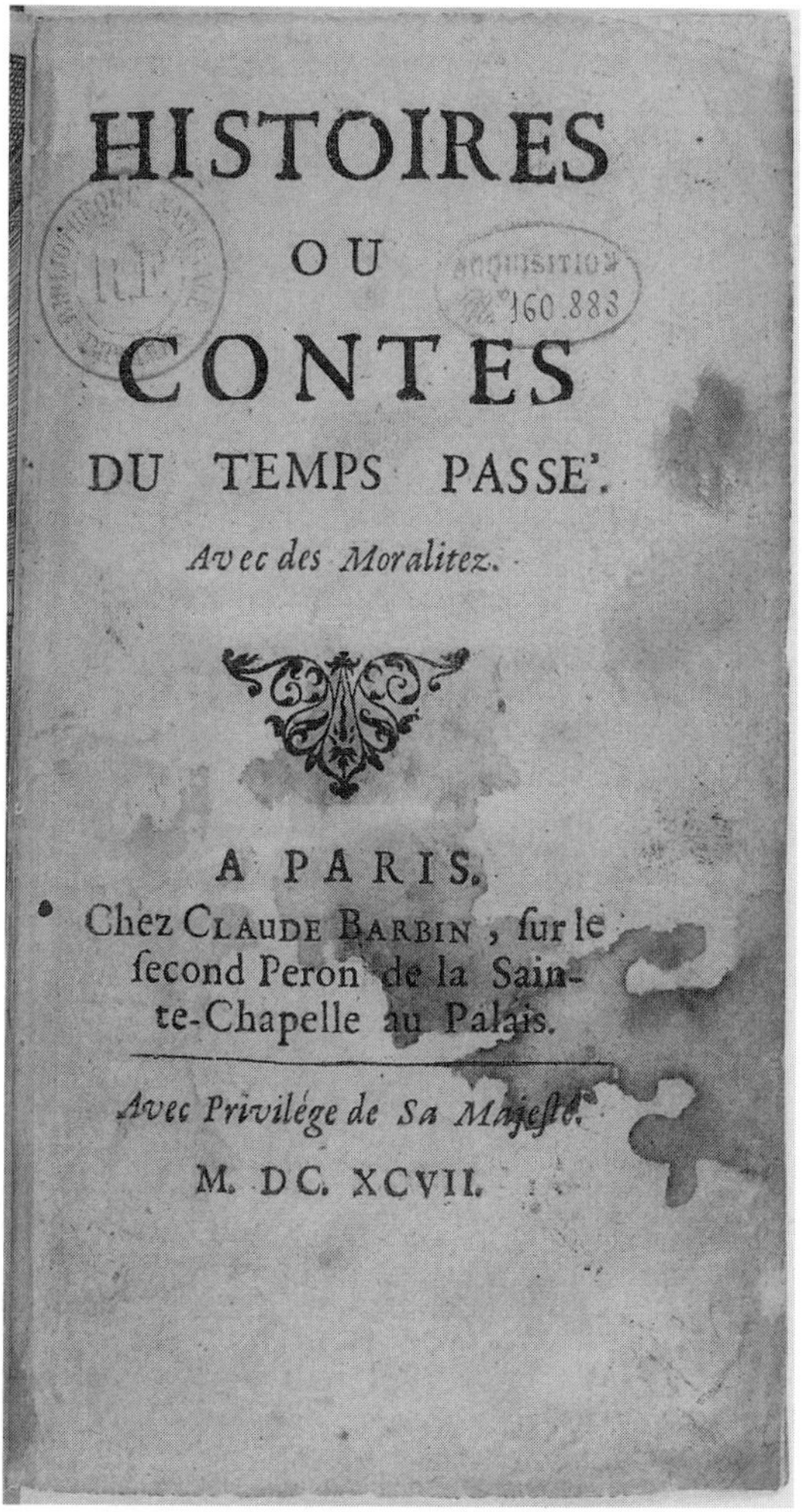
HISTOIRES
OU
CONTES
DU TEMPS PASSE'.
Avec des Moralitez.
A PARIS.
Chez CLAUDE BARBIN, ſur le ſecond Peron de la Sainte-Chapelle au Palais.
Avec Privilége de Sa Majeſté.
M. DC. XCVII.

ペロー『過ぎし日の物語集
または短篇《コント》物語集 教訓つき』増補版(1697)

比較文学界の南方熊楠《みなかたくまぐす》とまで称された碩学《せきがく》・松原秀一《まつばらひでいち》も、ペローが〈民話のみを再話して公刊した〉のだと述べている。

それにしても僕は、「青ひげ」が、民間伝承研究でどのように位置づけられているのかについて、なにを知っているというのだろう。そもそも僕は、民間伝承それ自体について、なにも知らないに等しい。

そういうわけで僕は、民間伝承にかんする基本文献を求めて、図書館の階段を、青ひげ夫人のように急いで降りていった。

8　ATU312「乙女を殺す男（青ひげ）」

ヨーロッパの説話について多少の知識をお持ちのかたなら、ここまでお読みになって、ふたつの疑問がわいてこられた向きもあるだろう。

「あれ？　「青ひげ」ってグリム童話じゃなかったっけ？」

僕自身も、本件の調査に着手する前、漠然とそう思っていた。

「青ひげ」を書いたのはペローかグリムか。

正解は「どっちも」。もちろんペローのほうが先だ。ペローの『短篇物語集《コント》』増補版が公刊されてから一一五年後に、グリムの『**子どもと家庭のメルヒェン集**』の刊行が始まった。いわゆるグリム童話集のことだ。初版第一集（一八一二）に、グリム版「青ひげ」が収録されている。ただし、一八一九年の第二版以降では削除されてしまった。

ペローもグリムも、民間伝承を文字化したと言われている。ペローのほうが文学的な加工が多く、グリムは民間の口承説話により忠実だと主張する人が多い。米国のフェアリーテイル研究の泰斗ジャック・ザイプスなどは〈ペローは、下層民の「無添加」の話をもとにして、上流階級向きの「添加物混じり」の話を作り上げた〉とまで言いきっている。それで、グリム兄弟は民俗学や民間伝承《フォークロア》研究の先駆けだと見なされている。

ペロー『過ぎし日の物語集または短篇《コント》物語集　教訓つき』手書き本（1695）の扉絵。奥のドア上部に〈鵞鳥おばさんのお話集〉とある。

僕は、「青ひげ」を追うために、それまで読んでこなかった民間伝承関連の書籍をあれこれ繙読した。ペローが口承の「青ひげ」を文字化したとする通説に乗った形で調査は進んだ。――途中までは。

一九世紀、グリム兄弟の成功に刺戟されて、西洋諸国では民間伝承、とくに説話の蒐集がさかんになった。これが民俗学の源流のひとつとなった。

民間伝承というものは、遠く離れた土地にも似たようなものが見つかる。この事実が学者の興味を集めた。そこで一九一〇年以降、むかし話の話型には分類番号がついている。話型とは、〈一つないし複数の主要なモチーフが一致し、その配列順序も同じ〉複数の類話のグループのこと。

そのカタログは一九二八年、二〇〇四年の二度にわたって改訂された。創始者アールネ（フィンランド）とふたりの改訂者トンプソン（米国）、ウター（ドイツ）の頭文字を取ったこの**ＡＴＵ分類**が、むかし話研究の参照枠になっている。ということで僕は、図書館の半地下書庫で、生まれて初めて**『国際昔話話型カタログ』**の日本語訳を手に取ることになった。二三〇〇ページ近くもある、おそろしく分厚くて重たい本だ（結局、購入した）。

ＡＴＵ分類では、「青ひげ」は**ATU312「乙女を殺す男（青ひげ）」**話型と分類され、以下のように紹介されている。

> 風変わりな金持ちの男（例えば、青いひげをはやした男〔…〕）が花嫁を自分の豪華な城に連れていく。花嫁はある部屋を開けることを禁じられる。しかし彼女は禁を破り、その部屋が前の嫁たちの死体であふれているのを見る〔…〕。夫は花嫁が禁を破ったので殺そうとする〔…〕。

しかし彼女は罰を（3回）先延ばしにすることができる〔…〕。花嫁（花嫁の妹）は兄弟（3人兄弟）を呼び、兄弟は夫を殺し（犬またはほかの動物の助けを借りることもある）、そして妹（たち）を救う〔…〕。〔加藤耕義《かとうこうぎ》訳。同カタログからの引用は、引用者の責任でピリオドとコンマを句読点に変えた〕

〈犬またはほかの動物の助け〉ね。たしかに、フランス各地で民間から採集されたヴァージョンをいくつも読んでみたら、ヒロインの危機を動物が家族に通報するとか、殺される前にお祈りをするのではなくウェディングドレスに着替える（**処刑前のお色直し**。婚礼衣裳が死装束になるというわけ）とか、ペローにない要素をフィーチャーしたものがあった。青ひげもフランス王と対立するならず者だったり、巨人だったり、なかには赤ひげまでいた。

ATU312「乙女を殺す男（青ひげ）」話型との類縁性を指摘されるものには、つぎのふたつがあった。

ATU955「強盗婿」話型
ATU311「妹による救出」話型

ATU955「強盗婿」話型は、以下のような話だ。

金持ちの男に変装した強盗（殺人者、鬼）が、粉屋の娘（姫）に求婚し、娘は結婚に同意する。花婿は森の城に自分を訪ねてくるよう花嫁に頼む。粉屋の娘は決められた時より早く出発し、エンドウ豆か〔…〕灰で道にしるしをつける（花婿がすでに道にしるしをつけてある）。粉屋の娘が家に着くと、動物たち（鳥）がここは人殺したちの家だから早く帰れと警告する（彼女は、自分がいることを番犬にばらされないように餌をやる）。粉屋の娘は家で屍体を見つける。強盗たちがやって来るのを聞いて、粉屋の娘は隠れる。花婿（強盗）は、若い女を連れ込み、その女を殺し、ばらばらに切り刻む。金の指輪をはめた指が粉屋の娘が隠れている場所に落ちてくる。

花嫁は夜走って逃げ、（道につけたしるしのおかげで）無事家に帰る道を見つける。粉屋の娘は自分が見たことを家で家族に話す。花婿が粉屋の娘と結婚するためにやって来ると、娘は客たちに自分の危険な経験を夢として話す。証拠として娘は取っておいた指輪（指）を見せる〔…〕。強盗たちは取り押さえられ、有罪判決を受けるか、または殺される。（強盗たちの家は壊され、彼らの宝は分配され、娘は別の男と結婚する。）

「強盗婿」話型の名はグリムの「**どろぼうのお婿さん**」にちなんで命名されている。青ひげの先妻たちの屍体に相当するのが、隠れて見ているヒロインの目の前で惨殺される被害者（話によっては老婆や男のこともある）。グリムでは、**強盗団の下働きの老女**がヒロインを憐れんで、脱出に力を貸す。

たいてい盗賊は、被害者の指輪が抜けないので、指を切り落とし（左手薬指切断）、それがヒロインの膝に飛んでくる。グリムの「どろぼうのお婿さん」初版では、証拠となる被害者の指は薬指とされる。主人公の「見た夢の話」のなかで、老婆が男の正体を語り、主人公を大樽の裏に隠し、やってきた悪党たちが被害女性を連れてやってきて、それを殺し、指輪のはずれない指をちょん切る——

> 指は高く飛ぶと、樽のうしろまで飛んできて、わたしの膝の上に落ちました。これがその指です！　と言うが早いか、ポケットからさっと指を取り出しました。〔吉原高志《よしはらたかし》＋吉原素子《もとこ》訳〕

花婿は指を突きつけられて〈白墨のようにまっ白になり〉、逃げようとする。エドガー・アラン・ポウの短篇小説「お前が犯人だ」（一八四四）を想起させる。これは口演で、クライマックスでストーリーテラーがとつぜん、

これがその指です！！！！！

と大声を出して聴き手（おもに子ども？）を驚かして、げらげら笑わせるタイプの話だったのだろう。

動かぬ証拠をつきつけられた強盗婿は〈白墨のようにまっ白に〉なったと言われる。口演にさいしては、〈これがその指です！〉のタイミングで、仕込んでた、薬指くらいの長さのほんものの白チョークの一本でもさっと取り出して興を添えてみたのではないか。

これも各地に類話がある。グリムでは証拠の女性の指を親指と人差指でつまんで見せる感じだが、フランスの類話「**フィアンセと四十人の盗賊**」では、男のゴツくて毛深い腕を一本、卓上にドーン！と放り投げている。豪快だ。

イングランドの「**フォックスさん**」という類話は、ペローより一〇〇年ほど前、エドマンド・スペンサーがエリザベス一世に捧げた長篇ファンタジー叙事詩『妖精の女王』第一部（一五九〇）や、同作品第二部（一五九九）の刊行と同時期に初演されたシェイクスピアの喜劇『から騒ぎ』では、作中のせりふ（それぞれ違う箇所）が引用されているくらい、古くからよく知られた話だったようだ。

終盤でフォックスさんが、動かぬ証拠を突きつけられる直前に白を切るせりふ"But it is not so, nor it was not so."は、合計六回繰り返されて緊張を高める。この日本語訳もいろいろだ。

〈そんなことはないでしょう。そんなことはなかったでしょう〉〔木村俊夫＋中島直子訳〕
〈それはまちがいです。そんなことはありえません〉〔脇明子訳〕
〈そんなはずはない、昔も今も〉〔河野一郎訳〕
〈ほんとの話ではありません。
また、ほんとにあった話でもありません〉〔福原麟太郎訳〕
〈そんなこたァない、そんなこたァなかったでしょ〉〔木下順二訳〕

カジュアルな口調の木下訳を読むと、どうしてもタモリさんの声で再生されてしまうので困りものだ。

「強盗婿」話型には、ヒロインが三姉妹の末娘という設定になっているケースがある。グリム童話には初版にのみ「青ひげ」と「強盗婿」とが混淆した「**人殺し城**」という作例があり、ここでも三姉妹がひとりずつ男の毒牙にかかる。三姉妹が上から順に被害に遭い、末娘が姉たちを救い出すパターンは、以下に記すATU311「妹による救出」話型のものだった。

　2人の姉たちが相次いで求婚者のデーモン（人食い、竜、魔法使い、悪魔）の手に落ち、デーモンの（地下の）城に連れていかれる〔…〕。城で姉たちは死体でいっぱいの禁じられた部屋を開け、そのときに鍵（魔法の卵、リンゴ）が血に染まる。または、姉たちが人肉を食べるのを拒否する〔…〕。デーモンは姉たちが命令に背いたので、姉たちを殺す〔…〕。
　3番めの（末の）妹は、策を用いて同じ運命から逃れる。妹は姉たちを見つけ、姉たちの骨を組み合わせて生き返らせる〔…〕。妹は2つの籠（袋）の中の黄金の下に姉たちを隠す。そしてデーモンを説得して、籠の中を覗か〔せ〕ずに2つの籠を家まで運ばせる〔…〕。
　末の妹はデーモンと結婚するふりをする。そしてデーモンをだますために、頭蓋骨（藁の人形）に花嫁衣装を着せて置いておく。デーモンは末の妹を3つ目の籠に入れたまま、それとは知らずに家まで運ぶ。または末の妹が自分の体にハチミツと羽根を塗り、「奇妙な鳥」となって逃げる〔…〕。デーモンは自分の家で焼かれるか、またはほかの方法で殺される。

ATU311「妹による救出」話型は、ATU312「乙女を殺す男（青ひげ）」を少し前から語り直したような構造になっている。グリム童話では**「フィッチャーの鳥」**がこれに相当する。「青ひげ」は、怪物じみた男と結ばれた娘の、暴力と死をめぐる物語だった。いっぽう「妹による救出」は、怪物じみた男と結ばれた三人の娘の、暴力と死をめぐる物語というわけだ。

表にするとこうなる。

怪物じみた男と結ばれた娘の話型	ATU312「乙女を殺す男（青ひげ）」 ATU955「強盗婿」
怪物じみた男と結ばれた三人の娘の話型	ATU311「妹による救出」

ATU311「妹による救出」話型における「暴力・殺人」を「性的行為」に置き換えたのが、**ATU883B「罰せられた誘惑者」**話型。

男（商人）が、旅に出る前に、自分の3人の娘を閉じ込め、娘たちがみだらな行いをした場合にはそれを示す魔法の道具（指輪〔…〕、花〔…〕）を、それぞれの娘に与える。ある王子（騎士、3人の王子、3人の若者）が少女たちの部屋にひそかに（商人のふりをして）入り、上の2人の娘を誘惑する。

賢い末の娘は王子の誘惑のたくらみに屈することなく〔…〕、王子をからかう。姉たちが子どもを産むと、妹は物乞いに変装し、生まれたばかりの子どもたちを王子の城へ（子どもの父親たちのところへ）連れていく。商人が家に戻り、何が起きたかを知ると、2人の姉を殺そうと思う。（しかし王子たちが商人の娘たちとの結婚に同意すると、商人は計画を思いとどまる。）

王子は末の娘と結婚したがり、新婚初夜に彼女を殺す計画を立てる。末の娘は砂糖の人形を自分の代わりに置く〔…〕。王子は人形を自分の剣で切り、そして「血」を味わうと、妻の「甘さ」に気づき、自分の行いを悔いる。（少女は姿を現し、互いに仲直りする。）

〈王子は末の娘と結婚したがり、新婚初夜に彼女を殺す計画を立てる〉というのがわかりにくいよね。この話型に属する類話を読むとわかるのだけど、王子はヒロインに何度もかわされ、愚弄された恨みを抱いているのだ。

ATU311「妹による救出」話型の怪物じみた男＝青ひげ役《ヴィラン》（魔法使い・悪魔・巨人・盗賊）は三姉妹をつぎつぎに殺していこうとした。ATU883B「罰せられた誘惑者」話型の王族（青ひげに相当する人物）＝怪物じみた男（たち）は、三（まれに七）姉妹とワンナイトラブ的に同衾しようとする。このパターンでも、ATU311「妹による救出」話型同様に、三女（まれに長女）が、智慧や勇気、ときには慎みといった美徳、あるいは奸知を武器に、危機を切り抜ける。ヒロインは貞操を守り、最後に王（子）の正妻の地位を手に入れる。

ATU311「妹による救出」話型とATU883B「罰せられた誘惑者」話型との関係を表にするとこうなる。

	暴力と死の物語	**性愛の物語**
怪物じみた男と結ばれた三人の娘の話型	ATU311「妹による救出」	ATU883B「罰せられた誘惑者」

これを先のATU312「乙女を殺す男（青ひげ）」とATU311「妹による救出」との関係をあらわす表と合体させるとこうなる。

	暴力と死の物語	性愛の物語
怪物じみた男と結ばれた娘の話型	ATU312「乙女を殺す男（青ひげ）」 ATU955「強盗婿」	？
怪物じみた男と結ばれた三人の娘の話型	ATU311「妹による救出」	ATU883B「罰せられた誘惑者」

一箇所、空欄ができた。怪物じみた男と結ばれた娘の、性愛の物語、さて、これはどんな話型だろうか。この空欄には、**ATU425C**という話型がはいるような気がする。ATU425Cは、話型カタログでは**ATU425「いなくなった夫探し」**の下位分類だ。

ATU425「いなくなった夫探し」は、いわゆる**異類婿説話**の代表格と呼んでもいいだろう。この話型にはATU425A「動物婿」、ATU425B「魔女の息子」……などの下位分類があり、目下A・B・C・D・E・Mの六種類に編成されている。そのなかから、カタログでのATU425Cのあらすじを引用してみよう。

商人が旅に出かけ、3人の娘に贈り物を持って帰ろうと思う。上の2人は宝石と服を欲しがり、末の娘はバラを欲しがる〔…〕。父親はバラを見つけることができない。

父親は道に迷い、人の住んでいない城で夜を過ごす。そこで父親はバラを折り取る。(目に見えない)動物(野獣)が父親に、戻ってくるか、代わりの者をよこすよう要求する〔…〕。末の娘は父親の義務を果たす。しかし自分に親切にしてくれる(醜い)動物と結婚することを拒む。

末の娘は魔法の鏡を見て父親が病気だと知る。娘は父親を訪ねることを許されるが、(嫉妬深い姉たちにそそのかされて)割り当てられた時間を超えて長居する。末の娘は戻り、動物が死にかけているのを見て、自分が動物を愛していることに気づき、抱きしめるかキスをする。こうして末の娘は王子の魔法を解き、動物の姿から解放する〔…〕。彼らは結婚する。


ATU425C話型に与えられている名は、もうおわかりだと思う。「**美女と野獣**」だ。上記のあらすじは、英国で活躍したフランスの作家ルプランス・ド・ボーモンの「美女と野獣」(一七五六)の、ほぼ正確な略述となっている。ボーモン版には元ネタがあるのだが、これについては本書第3部で触れることにしよう。

ATU311「妹による救出」は、ATU883B「罰せられた誘惑者」の陰画だった。とすると、ATU312「乙女を殺す男(青ひげ)」およびATU955「強盗婿」は、ATU425C「美女と野獣」の陰画だったわけだ。サスペンスホラーがロマンスの裏焼き、というのは、とても納得のいく関係だと思う。

これで前出の表の空欄が埋まった。

	暴力と死の物語	**性愛の物語**
怪物じみた男と結ばれた娘の話型	ATU312「乙女を殺す男（青ひげ）」 ATU955「強盗婿」	ATU425C「美女と野獣」
怪物じみた男と結ばれた三人の娘の話型	ATU311「妹による救出」	ATU883B「罰せられた誘惑者」

「青ひげ」「強盗婿」話型と「美女と野獣」の類縁性と相補性は、僕の発見でもなんでもない。「青ひげ」を「美女と野獣」の〈厄介なB面〉とか〈変形版〉と呼ぶ人もいれば、グリムの「どろぼうのお婿さん」を、〈本質的に、これは『美女と野獣』への反駁である〉と言う人もいる。

〈花婿が動物の求婚者とは別の意味で、人間ならぬもの、あるいは「野獣的なもの」として描かれている物語もある。その好例が、ペローの童話集で有名になった〔…〕「青ひげ」の話である〉（マグラザリー）。そしてタターが言ったとおり、「青ひげ」話型で〈隠喩にとどまっていたもの〉が、「美女と野獣」を含む「動物婿」話型では〈現実の具体的な姿となっている〉。

「青ひげ」は、「美女と野獣」の陰画なのだ。

と、民間伝承の調査に着手してしばらくはこんな感じだった。

ところが調査を進めるうちに、あるとき、厄介なことにぶつかった。

9　伝承かオリジナルか、という贋の二項対立

一七世紀フランスでは、文学作品の題のあとに副題として、その作品が属するジャンルを書くことが一般的だった。たとえばペローと同時代の劇作家ラシーヌの『フェードルとイポリット』（一六七七初演。のち『フェードル』と改題）なら、刊本の表紙に『フェードルとイポリット　悲劇』と印刷されている。日本式に角書《つのがき》で組めば『悲劇フェードルとイポリット』となる。

ペローも『短篇物語《コント》集』所収の各篇の題は、「眠れる森の美女　コント〔conte〕」「赤ずきんちゃん　コント」などとなっている。「コント赤ずきんちゃん」と書くと演芸場でのお笑いみたいだけど、ここで言うコントは寸劇ではなく、「短くて、写実的でない作り話」くらいの意味。おとぎ話はconte de fée（妖精コント《フェアリーテイル》。「青ひげ」や「三匹の仔豚」のように妖精《フェアリー》が出てこない話も含む）で、民話はconte populaire（民衆コント）だ。

　ところが「青ひげ」だけは、ただ「青ひげ」とのみ書かれていた。副題がついてない。そして、「青ひげ」は、先行文献にこれといった類話が見当たらない。ATU312「青ひげ」型の物語の初出《ワールドプレミア》は、あくまでペローの本なのだ。

　こういうところから、「青ひげ」ペロー創作説が生まれた。オーストリア出身で米国で活躍した心理学者ブルーノ・ベッテルハイムにいたっては、〈この物語は、実際には昔話ではない。〔…〕「青ひげ」はペローの創作で、知られている限り、直接この「青ひげ」のもとになった民話はない〉

とまで言い切っている。
でもベッテルハイムは少数派だ。反対意見のほうが多い。

> 青ひげの素材は遠い昔からあり、メルヘンに仕立てられてすでにペローに現れている。〔ドイツ文学者ヴィンフリート・フロイント（木下康光《きのしたやすみつ》訳）〕
>
> 青ひげ話の起源を〔…〕ペローの純然たる創作だという確証をつかもうとする試みは何度も行われたが、どれも失敗に終わっている。〔タター（鈴木晶《すずきしょう》他訳）〕

民間伝承研究で知られるスイスの文芸学者マックス・リュティも、「青ひげ」は〈明らかに本物の民間の昔話である〉と根拠を示さぬまま断言している。ジルベール・ルジェは、副題がないからってそこに〈作者の意図をさぐるのは無駄だと思う。たぶん植字工がうっかりしていただけだ（一七〇七年版には副題がついている）〉と主張した。ただし、一七〇七年版はペロー死後の版。「コント」と明記したのは作者の意図ではないかもしれない。

ベッテルハイム同様に精神分析に依拠する児童文学研究者マルク・ソリアノも、〈「青ひげ」がなんらかの文献ソースに由来すると本気で主張する人はじつはいない〉と書いた。ところが、ソリアノはベッテルハイムとは正反対の意味を込めていた。「先行文献に類話が見当たらない」という同じ条件から、ソリアノは「青ひげ」は耳で聴いた話を翻案した、口承文芸直系の作品である、と、ベッテルハイムとは真逆の立場の根拠にしちゃってるのだ。

ベッテルハイム「元ネタ文献がないから、自分で考えたオリジナルだ」
ソリアノ「元ネタ文献がないから、耳で聴いたのを世界で初めて書きとめたんだ」

……たしかに、どっちも言えるよね。言いたければ。

「先行文献がない」という同じ出発点から、ベッテルハイムの〈「青ひげ」のもとになった民話はない〉も、リュティの〈明らかに本物の民間の昔話である〉も、どちらも証拠がないのに言い切れちゃう。口承の原話の存在を証明するのが、そもそも原理的に難しい。「あった」も「なかった」も。あくまで想定の世界なのだ。

さて、ここで僕の捜査は、「民間伝承か、ペローの創作か」という二者択一の隘路にはまったまま、座礁してしまった。

なぜ座礁したのか。

この「民間伝承か、ペローの創作か」が、贋の二者択一、贋の問いだったからだ。

第4章 ペローは文壇のフランケンシュタイン博士だった

10 「青ひげ」はマッシュアップだった

「民間伝承か、ペローの創作か」。これは不適切な問いだ。そのことを思い知らされたのは、ペローのおとぎ話のほとんどが、既存の物語（それも書籍に掲載されているもの）のカヴァーヴァージョン、あるいはリミックスというべきものだと知ったときだった。

「民間伝承か、ペローのオリジナルか」という二者択一は、じつはロジカルな二択ではない。その背後には、「口頭での物語は伝承するが、文字に残された物語はその作者個人のオリジナル作品である」という無根拠な決めつけがある。フォークロア研究では、まるで伝承・伝統《トラディション》というものが口伝にしかないかのように、口頭伝承を近代文学の「個人オリジナルの創作」に対置させがちなのだ。

じっさいには「書承」というものがある。文字に残された物語を読んで、その二次創作を書く、というのは、創作におけるごく自然な行為だ。むしろ人間が文字でフィクション物語を創作するときの出発点はむしろこちらであり、「純粋に混じりっけなしの作者の創案」という創作観のほうが近代の産物なのだ。

ペローの短篇物語《コント》あるいはおとぎ話と一般に呼ばれるものは、一六九一年から一六九七年にかけて発表された一一篇がある。そのほとんどは、中世・ルネサンス・同時代にラテン語・イタリア語・フランス語で書かれた先行例が確認されている。でも「青ひげ」は、同型の先行例が確認できない。

おとぎ話研究では、二一世紀に入っても「青ひげ」民間伝承説が当然視されていた。それに納得しない「青ひげ創作派」も少しはいたかもしれない。

この水掛け論に一石を投じたのがスイスの比較文学者ウテ・ハイドマンだった。

ハイドマン説では、じつは**ペローは民間伝承のカヴァーヴァージョンを作ったのではなかった**という。彼女はペローが、一六―一七世紀の文学・演劇・音楽・美術シーンで一貫して人気が高かった**「クピドとプシュケの物語」という話に、そのほかの複数の先行作品をマッシュアップして、「青ひげ」という悪魔合体の作品を生み出した**、と主張したのだ。

「クピドとプシュケの物語」は、小説『変身物語』、通称**『黄金の驢馬』**に、作中作として収められている。『黄金の驢馬』を書いたのは、北アフリカのローマ帝国領に生まれた著述家**アプレイウス**。ペローをさかのぼること一五〇〇年、二世紀後半の作品だ。

にしても、じつに驚きの仮説だ。初めてハイドマン説を読んだとき、なにしろ、おもしろすぎた。おもしろすぎてにわかに信じがたかった。それだけ、「ペローのおとぎ話は民話に由来する」という通説に、僕自身がすっかり洗脳されていたわけだ。

それでも、名探偵ハイドマンの推理を読み進むうちに、僕はすっかり「ええっ、それってほんとうなのかい？」「なるほど、きみの言うとおりだ」などと、彼女のワトスン役としてリアクション芸に磨きをかけていくことになった。以下本章では、折に触れてハイドマン説を参照する。

この説には、僕がそれまでよく考えないまま漠然と信じてた「青ひげ」口承由来説を、一気に吹き飛ばす勢いがある。

「クピドとプシュケの物語」を、僕はたまたま知っていた。かつて米国の著述家トマス・ブルフィンチの『古伝の時代』（一八五五）を、大久保博《おおくぼひろし》訳『ギリシア・ローマ神話』（角川文庫）で読んだのだ。なのに、それと「青ひげ」との関係にまったく考えが及ばなかった。

では、「クピドとプシュケの物語」とはどういう話か。いまの日本でみんなが知ってるレベルほどにはメジャーな話でもなさそうだ。次節以降で紹介していこう。合わせて、ペローが参照したことが明らかとなっているほかの先行作品にも触れながら、ペローのDJスタイルの妙技を味わいなおしていきたい。

そのなかで、「青ひげ」にかんする九つの疑問が、すべてそういった先行作品群へのトリビュートであることがわかってくるだろう。その問いとは、つぎのようなものだ。

1　なぜ青いひげなのか
2　なぜ青ひげ邸はゴージャスなのか
3　なぜ青ひげ夫人はそんなに急いで階下に降りたのか
4　なぜ部屋に先妻たちの血まみれ屍体があるのか
5　なぜ青ひげは残酷なのか
6　なぜ鍵の血が取れないのか
7　なぜ青ひげは鍵を渡したのか
8　なぜ〈アンヌ姉さん〉なのか

9　なぜ兄はふたりで、なぜ馬に乗ってあらわれるのか

これらの問いはすべて、作中世界に答えを見出すことができない。なぜなら、このすべてが、先行する文学作品に「あやかる」か、先行作品を「アレンジする」ということの結果にすぎなかったからだ。

11　問1　なぜ青いひげなのか

ある王国に三人姉妹の王女がいた。末娘プシュケ（「心《アニマ》」という意味）は美貌すぎて崇拝の対象となった。あおりで美神ウェヌス《ヴィーナス》（ギリシア神話でいうアプロディテ）の神殿は閑古鳥が鳴くありさま。ヒロインは美神の怒りを買う。というのが「クピドとプシュケの物語」の始まり。

これは「白雪姫」や「シンデレラ」同様に〈世代の異なる女性による美を巡る戦いの物語〉であり、〈ここにも、なじみの母娘の抗争が基層にある〉（フランス文学者・片木智年）。ドイツ出身のスイスのユング派心理学者マリー゠ルイーゼ・フォン・フランツいわく、〈情動による基本的な女性的反応に身を委ねる〉ウェヌスは〈まったく無反省の女性の本性を表している〉。〈われわれ女性としては、意識の抑制がなければ自分も同じふるまいをするだろうと認めざるをえない〉。

さてハイドマン教授は、ウェヌスの登場時にあるちょっとした一文に注目した。

> ウェヌスは〔…〕浜辺に赴き、薔薇色の御足《おみあし》でたゆとう波の頂きを踏みながら進んでいらっしゃると、〔…〕海の眷属どもがわれ遅れじと、御用を勤めにやって来るのでした。〔…〕青い髯のざらざらしたポルトゥーヌスも、お腹にいっぱい重く魚を入れたサラーキアも、海豚にまた

がっているちっぽけなパライモーンも出てまいります。〔呉茂一《くれしげいち》＋國原吉之助《くにはらきちのすけ》訳。傍点は引用者〕

ウェヌスの眷属に青ひげの神がいたとは！

僕は本件の捜査に着手するよりずっとむかし、大学時代に『黄金の驢馬』を読んでたけれど、この一節は完全に忘れきっていた。

ポルトゥヌスはportという綴りで始まるとおり、古代ローマの港の神。アプレイウスの小説をさかのぼることおよそ二〇〇年、紀元前七五年に建設されたポルトゥヌス神殿は、ローマのフォロ・ボアリオ（フォルム・ボアリウム）に現存する。

港は土地にとって、ドアのようなものだ。ラテン語の港portus《ポルトゥス》が女性形になると（城市の）門porta《ポルタ》となる。フランス語の港port《ポール》も女性形になると扉porte《ポルト》になる。港の神ポルトゥヌスはまた、扉の神でもあり、鍵の神だった。扉と鍵を司る双面神ヤヌスの同類とされていた。

アプレイウスの物語では、ポルトゥヌスはここに名前が出てくるだけで、以後登場しない。でも扉と鍵を司る神が〈青い髯〉を持つとは、青ひげハンターの僕としては聞き捨てならない話ではないか。

そして〈ざらざらした〉と訳されたhispidusは、たしかに「ざらざらした」とか「毛深い」の意味があるけれど、「ぞっとするような」「野蛮な、荒れ狂った」とする解釈もある。このhispidusという語の意味の広がりは、日本語の「強面《こわもて》」とか「強《こわ》ばる」とかの「強《こわ》い」（硬い）と「怖い」が同根であるのに似てるでしょ。となればアプレイウスの原文"Portunus caereulis barbis hispidus"を〈青ひげをはやした、おそろしげなポルトゥヌス〉と訳せるわけだ。

ペローの青ひげの容姿を、思い出してほしい。

この男は青いひげをはやしていたのです。そのためにたいそうみにくたいそうおそろしげに見えました。

ハイドマンは、ペローが「青いひげを生やした、扉と鍵の番人」という特徴を、この記述から引き出したのだと考えた。

この着眼には、さすがに唸ってしまった。おもしろすぎる。あまりにおもしろいので、当初は疑いの目で見てしまった。けれどいまは、ハイドマン説が有望だと感じている。後述する〈アンヌ姉さん〉と同じように、古代ローマ文学にたいするユーモラスな目配せ、敏感な読者へのウィンクのようなものだったのかもしれないではないか。

12　問2　なぜ青ひげ邸はゴージャスなのか

ウェヌスは息子である愛の神クピド《キューピッド》を呼び、姫が〈蝮みたいな悪い男〉に恋するよう呪いをかけるように言う。クピドは別名アモル、ギリシア名エロスで、「愛」という意味。ある時期以降は幼児の姿であらわされ、二〇世紀に「キューピー」としてキャラクター化もされた。いっぽう本作のクピドは、神話本来の青年の姿をしている。

王国の末娘は美しすぎて女神あつかいされ、縁談がない。ミレトスの地にアポロンの神託を仰ぐ。すると、娘に死に化粧を施して高山の頂に放置せよ、蝮のような恐ろしい男が娘の夫になるであろう、との神託を受ける。要するに人身御供だ。そういえば前章で取り上げたATU425話型群の異類婿説話では、しばしば三人姉妹の末娘が異類（動物・怪物・神）の妻として差し出されるか、あるいは自己犠牲的に身を差し出していた。ちなみに青ひげ夫人も、ふたり姉妹だが末娘だ。

山巓《さんてん》で嘆いているプシュケを、『オズの魔法使い』（一九〇〇）のドロシーのように西風《ゼピュロス》が持ち上げ、大きな宮殿の前に運ぶ。プシュケは無人の宮殿でもてなされる。

プシュケがクピドの宮殿を初めて訪れた場面と、青ひげ夫人の友人たちが青ひげ邸を訪れる場面。いずれも館の主は不在で、内装や調度の豪華さが、よく似たトーンで綴られている。

青ひげ	クピドとプシュケの物語
いずれおとらぬ美しい、ぜいたくな寝室や奥の間や、衣裳部屋ばかりでした。〔…〕壁掛けや、ベッドや、ソファや、かざり簞笥や、小円卓や、テーブルや、鏡などの数の多さ、美しさときたら、いくらおどろいても足りないくらいでした。とくにそのさまざまな鏡は、どれも足のさきから頭のてっぺんまでうつる大きなもので、あるものはガラスの、あるものは銀の、また銀に金めっきをしたふちかざりがあって、これまでに見たこともないほど美しい、みごとなものばかりでした。〔巖谷訳〕	上の格天井《ごう》には梅檀だの象牙だのを巧妙に鏤《え》り刻んではめ込み、その下に黄金の円柱がずらっと並んでいて、ぐるりの壁にもすっかり銀を被せ、その上に野獣やその他いろいろな家畜が浮き彫りになって、まるで入ってくる人の面前に立ち向かってくるようです。〔…〕どの障壁《かべ》も金の大板で固めてあって、そのきらめきといったらまるで太陽も射さないのに、御殿じゅうが自分の明りで日中のように照りわたるほどです。〔…〕どんな品物でも（世界にある宝で）その中にないものとてありません。〔呉＋國原訳〕

ペローは原作の内装のローマンスタイルを、一七世紀フランス式インテリアにリフォームした。とくに、鏡に注目されたい。

歪みのない大型の平面鏡は、一六世紀初頭のヴェネツィアで作られるようになった。大型鏡はヴェネツィアの外貨獲得の目玉商品となった。特許制度のない時代、平面鏡の産地ヴェネツィアと凸面鏡のメッカであるニュルンベルクとのあいだで、たがいの技術を盗もうとスパイ合戦が繰り広げられた。ヴェネツィアは職人を死の掟をもって囲いこみ、技術流出を防ごうとした。

フランスは、イタリアの尖端文化に追いつき追い越そうと必死だった。メディチ家の女性たちは、フランス王室に嫁したさい、大型の鏡をさかんに持ちこみ、フランス宮廷や諸侯の奢侈への熱を掻き立てた。

ペローが財務総監コルベールの秘書となった二年後（一六六五）、コルベールは密かにヴェネツィアの職人たちをフランスに引き抜いた。なんとか彼らを（一説には、道中刺客をかわしながら）入国させ、国内初の鏡工場の設立にこぎつけたのは、「青ひげ」が書かれるよりほんの三〇年ほど前のこと。このとき設立された「王立ガラス・鏡工房」は現在のサンゴバン株式会社の前身だ。

ルイ一四世がヴェルサイユ宮殿に作らせた鏡張りの廻廊「鏡の間」は、「青ひげ」が書かれるわずか九年前に完成している。つまり当時、全身が映るほど大きな姿見は、国家の威信をかけて命がけで入手した貴重な最新テクノロジーの象徴だった。古代ローマのどんな富豪も貴族も持たなかった、きわめて高価なものだ。こうしてペローは青ひげの経済力を、わかりやすくリアルな形で表現した。

13 問3 なぜ青ひげ夫人はそんなに急いで階下に降りたのか

夜になると、プシュケのもとに優しい声の男が忍んできて、姿を見せぬままプシュケと夫婦の契りを結んだ。夫（の声）は、家族がやってきても、唆されて私の顔を見ようとしてはならないと禁止する。

妹が死んだとばかり思っていた姉たちは、西風によって宮殿に招待される（風がお抱え運転手なのだ）。そして他国の王と結婚した自分たちをはるかに上回る、妹のラグジュアリー・ライフスタイルを目のあたりにして、複雑な思いを抱く（**姉の嫉妬**はシンデレラ譚にはつきもの）。プシュケと姉たちの対照が、中盤の山場を作っている。姉たちは、この最初の新居訪問から帰ったあと、嫉妬のあまりふたりで彼我の違いを愚痴り合っていた。

後日、姉たちが西風に運ばれて再訪し、夫の正体を暴くよう迫る。神託によれば、夫の正体は大蛇《おろち》なのだ。姉たちに唆されたプシュケはある夜、怪物の正体を見よう、そして仕留めようと考え、剃刀を持ち出す。ところが、燭台の光で見た夫は、この世のものとも思われぬ美青年だった。プシュケは驚いて、燭台の油を夫の肩にうっかりこぼしてしまった。

聖書のエヴァ、ギリシア神話のパンドラと並んで、プシュケは西洋文学史上、「好奇心に負けて、**見るなのタブー**を破った女」として有名だ。米国のフランス文学者ロジャー・シャタックは、プシュケを〈イヴとパンドラのもう一人の化身〉と呼んでいる。

大火傷を負って目を覚ました美青年はクピドとしての正体を明かす。母の命令でお前に呪いをかけるつもりが、自分の鏃《やじり》で自分を傷つけてしまい、お前に恋してしまったが、もはやこれまで、と別れを告げて去っていく。ここで終われば「鶴の恩返し」だが、話はここからがたいへんなのだ。

プシュケは姉たちひとりひとりのもとを訪れて告げる。——夫は美しいクピドだった、自分は破約したので離縁させられた、夫はこんどは姉さんと結婚すると言っている、と。姉はそれぞれ、妹が人身御供に差し出された山に登って、そこから西風に乗るつもりでジャンプし、そのままダイブして無残なバラバラ屍体となり、鳥獣の餌食と成り果てる。壮絶だ。

姉の嫉妬は、裕福であるとか、美貌や能力に秀でているとか、ちやほやされているとか、たんに既婚であるといった「境遇」をめぐる一方的な感情だ。ところが、姉たちの愚かな死にいたる展開によって、特定の相手（ここではクピド）の愛をめぐって、複数の登場人物の対立図式へと発展してしまった。「彼」をめぐるこのような潜在的あるいは顕在的ライヴァル関係を、**シンデレラ競合**と呼ぶことにしよう。

プシュケは身を低くして、「**私より前から彼のことを知ってる女**」であるウェヌスに仕える決心をする。**身分違いの結婚**を許せない、怒り心頭のウェヌスは侍女たちとともにプシュケを拷問し、四つの難題を出す。**シンデレラ競合**にたいして、こちらの先行世代の女性との「彼」をめぐる競合関係を、毒林檎で娘を暗殺する例の魔女ママ王妃に敬意を表して、**白雪姫競合**と仮称しておこう。

先行世代の女性とは、ここではお姑さんだけど、ケースによってはヒロインの継母のこともあれば、ヒロインの実母のこともあるだろう。白雪姫はだれかの愛を母親と争ったわけではないので、この名称はあくまで仮固定。

「クピドとプシュケの物語」の勘どころは、ふたりの実姉（**シンデレラ競合**）と、ボスキャラとしてのお姑さん（**白雪姫競合**）、両面からの妨害をどうやって新妻が乗り越えるかにある。ヒロインが夫をめぐって、ふたつの勢力と対決する構造になっているわけだ。

プシュケは親切な動植物や無生物に助けられ、ミッションを無事クリアしていく。四つの難題の四番めで、ウェヌスはプシュケに、死後の世界に下って、冥界の女王から「美」を手筐《てばこ》にお裾分けしてもらってくるようにと無茶振りする。プシュケは絶望のあまり、

> 高い塔のところへ赴き、そこから真っ逆さまに身を投げようと〔indidem sese datura praecipitem〕いたしました。こうしたらきっと冥界《じごく》へまっとうに、いっとう結構な仕方で降りて行けようと考えたからです。

ハイドマンはこの praecipitem が、**見るなの座敷**へと急いで階段を降りる青ひげ夫人の、〈あんまりいそいだもので〔avec tant de précipitation〕、二度、三度と、あやうく首の骨でも折りそうになったほどでした〉に転移されたと見ている。たしかにあの場面で、青ひげ夫人が階段を降りるのは、プシュケが地獄に降りるくらいの意味がある。どちらも「下」は死者の空間だし、開けちゃダメなものを開けるのだし。

結局プシュケは身投げをせずにすみ、今回もなんとかタスクをクリアして地上に戻りおおせる。そして安堵のあまり好奇心に流され、せっかくゲットしたアイテムの蓋を、浦島太郎さながら開けてしまう。**見るなのタブー**を破ったからこんなに苦労してるのに、また破約するのだから懲りてない。

開けても、手筐のなかにはなにもない。地獄の眠りが立ちのぼり、プシュケは昏睡状態となる。

こういうときはやっぱりなんかが「立ちのぼる」んだな。

クピドは祖父である主神ユピテル（ゼウス）と交渉し、助力を得る。ユピテルは娘ウェヌスに因果を含める。そして息子が人間と結婚して家格を下げることが不満ならと、プシュケを天上に呼んで神の食物を与え、不死の神に格上げし、会議はその場で婚礼の宴となる。ふたりのあいだに生まれる娘の名は悦楽《ウォルプタス》（ギリシア名ヘドネ）だ。めでたし。

とにかく、最終的に丸く収まるための最後のひと押しは、プシュケが神に昇格することだった。**ウェヌスは「その娘さんはうちの家柄にはふさわしくありません」と反対するお姑さん**なのだ。

米国の民俗学者スティス・トンプソンによると、「クピドとプシュケの物語」と異類婿型のむかし話は〈発生上違うものである〉という意見もあるけれど、もしそうだとしても、「クピドとプシュケ」型の物語とすでに〈完全に融合してしまっているので今はそれを別々に離して考えることはできない〉という。

14　問4　なぜ部屋に先妻たちの血まみれ屍体があるのか

ルネサンス以後、多くの文学者や芸術家が、「クピドとプシュケの物語」を取り上げたり、論じたりした。一六―一七世紀当時のカルチャーシーンでたいへん持て囃された作品だったらしく、シャタックの言葉を借りれば、この物語は〈アダムとイヴの現代化・世俗化されたハッピーエンド版として賞賛〉されてきたという。

『君主論』で有名なマキャヴェリは、本作を含む『黄金の驢馬』を一五一七年に韻文化しようとしたが、未完に終わった。その翌年ごろ、ローマのラファエロ工房のスタッフは、「クピドとプシュケの物語」のフレスコ画を制作した。一五二〇年代後半には、ローマの修道士アーニョロ・フィレンツオラが、本作を含む『黄金の驢馬』をイタリア語訳した。

ハイドマン説では、「青ひげ」は「クピドとプシュケの物語」のただの二次創作ではなく、その素材は、ときには同作の先行する二次創作群の作例にも及んでいるのだという。具体的には、

①ジョヴァン・フランチェスコ・ストラパローラ「豚王子」（一五五〇）

②ジャン・ド・ラ・フォンテーヌ『プシュケとクピドの恋』（一六六九）

のふたつだ。以下、これらの先行する二次創作を追っていくことにしよう。

一五五〇年、イタリアでストラパローラの枠物語『愉しき夜』第一巻が出版された。枠物語とは、外枠となる物語のなかで、登場人物（たち）が複数の物語を語るという、階層構造になった物語のこと。『黄金の驢馬』もある意味枠物語の構造を持っているといえる。『愉しき夜』収録作の三分の一以上に相当する二六話は、魔法むかし話系のプロットを持っている。そのため、本作はむかし話を文章化した西洋での最初期の例とされてきた。

けれど、そのなかの異類婿話「豚王子」を読むと、これは作者が民間伝承を参照したのではなく、「クピドとプシュケの物語」を大胆に書き換えた「二次創作」だと思われる。なにしろ古代ローマ文学を現地語でアレンジするのは、もともとルネサンス・近世の西洋文学のお家芸だったのだし。

「豚王子」では、ハンガリー王女と英国王とのあいだに、妖精に魔法をかけられて豚の姿をした王子が生まれる。王子は三人の妻を娶らないと人間にならない運命にあった。王子は長じて人語を解するようになり、町で見かけた娘と結婚したいと言う。それは貧しい女の家の三人姉妹だった（**身分違いの結婚**）。

王妃は女を説得して長女を王子の妻に差し出させるが、長女は糞《ふん》まみれの王子を毛嫌いして殺意を抱いた。その殺意を覚った王子はベッドで娘を牙で突いて殺し、王妃は息子の狼藉に怒る。王子は姉妹のべつの娘と結婚したいと言う。父王は豚王子を殺したほうがいいと言うが、王妃は王子を愛しているので、貧しい女といっしょに次女を説得して嫁に来させる。そして次女も姉と同じ末路をたどる。

王子はいちばん綺麗な末娘と結婚したいと言い出す。末娘は姉たちと違って、喜んで結婚する。王妃は心を痛め、姉たちの悲劇を繰り返さぬよう、ベッドで王子を押しのけるように末娘に言うが、彼女はそれを拒み、王子をベッドに優しく迎え入れる。悲劇が繰り返されなかったので王妃は安心する。

ある日王子は妻とふたりきりのときに、〈だれにも明かさないなら、これまで隠してきたあることを打ち明け〉ようと言う。妻が〈だれにも話さないと約束します〉と言うと、王子は皮を脱いでハンサムな青年の姿を見せ、〈自分はもうまもなくこの惨めな状態から脱することができるから、絶対に黙っているように〉と命じ、また豚の皮をかぶって汚物に身を投げ出しに行く。妻は人間の男の子を出産するが、秘密を黙っていられず、国王夫妻に夜、寝室に来るように言って、美青年の姿をした息子の姿を見せる。父王は豚の皮を細かく裁断する。めでたし。

お読みになってわかるとおり、性愛が主題だし、異類がハンサム王子に変身するから、ATU425C「美女と野獣」話型かと思う。そのいっぽうで、ATU311「妹による救出」のように、三姉妹の上ふたりが殺されてしまう。「クピドとプシュケの物語」から嫁姑問題を抜いて、三姉妹を上から順に異類婿に娶らせたらこうなる、という出来だ。

ただし、この両話型と異なって、花嫁ではなく異類婿（男性キャラクター）のほうを主人公にしている点は、この両話型と異なっている。途中までは、むしろ**ATU433B「リントヴルム王」**話型の第二異型の序盤に似ている——

子どものない女王が、（軽はずみな願い〔…〕、または魔法的受胎〔…〕によって）動物息子（ヘビ、竜、等）を生む。〔…〕動物息子が成長すると、結婚したがる。しかし動物息子と結婚した女は皆、結婚式の夜に殺される。〔以下略。加藤耕義訳〕

にしても、おとぎ話の世界は広い。「豚王子」は、約束を破ったのに罰がくだらず、むしろハッピーエンドに直行してしまうのだ。約束を破ってバラしても、なにも不都合が起こらない。そもそも三人めの女性と結婚した時点で妖精の呪いは解けたのだから、秘密にしておく必要はない気がするけど。

米国の神経科学者で文学研究者でもあるアンガス・フレッチャーによると、ストラパローラが物語を書くときのモデルとしたのは、前期ヘレニズム時代の、ギリシアのメナンドロス（紀元前三四二―二九一？）、ローマのプラウトゥス（紀元前二五四―一八四）、テレンティウス（紀元前一九五？―一五九）といった劇作家たちの〈騒々しい娯楽劇〉だったという。これらの喜劇で〈思いがけない幸運〉によってほとんど出鱈目に〈ハッピーエンド〉がもたらされる点に、ストラパローラは関心を寄せ、古典喜劇の運まかせのプロットや能天気で強引なハッピーエンドでもって物語を締めくくったのだ、とフレッチャーは言う。

この仮説はなかなか魅力的だし、ペロー以前の文芸おとぎ話をおもしろく読むためのヒントをくれた。ストラパローラは、アプレイウスのおとぎ話をヘレニズム喜劇の手法でアレンジしたのかもしれない。そういえばトールキンも、〈幸福な結末《ハッピー・エンディング》の慰め〉が〈なくては妖精物語〔おとぎ話〕とはいえない〉と言っていた。〈悲劇は劇のほんとうの形で、その最高の機能を発揮する。そして、その対極にあるのが妖精物語である〉。

ストラパローラの世界では、〈人生はでたらめに展開されるものだ〉（フレッチャー）。ストラパローラの主人公はしばしば、〈美点のためではなく偶然のおかげで、末永く幸せに暮らす〉ことになる。

たとえば、三女だけが王子に殺されなかった件。アニマルライツの観点を持つ現代の僕らは、三女だけが道徳的にアップデートされていて、「豚差別」をおこなわなかったからだ、というふうに考えてしまう。けれど、ストラパローラの同時代人は、たんに三女だけが悪臭や汚れへの耐性があっただけの話、として読んだのかもしれない。

さて、「豚王子」では、姉（先妻）たちが先行して血祭りにあげられていく。ハイドマンは、この展開こそが、「青ひげ」の先妻たちの血まみれ屍体に溢れた部屋のルーツだったのではないか、と主張している。「豚王子」は異類婿テーマだから、「青ひげ」と無縁ではないなと僕も思ってはいた。けれど、これが先妻たちの屍体の直接のルーツだった可能性までは思いつかなかった。

ハイドマンは「豚王子」と「青ひげ」を比較して、〈造物主が人間を野獣ではなく人間として作り出してくださったことがどれくらいありがたいことか〉（『愉しき夜』作中で「豚王子」を語るイザベッラの言）を、魔法によって明らかにする「豚王子」の話を、ペローが〈〈野獣〉であり、最後まで〈野獣〉でありつづけた人間をフィーチャーし、その人間を変容させる魔法はいっさい登場しない〉「青ひげ」という物語に変換した、と見ている。

15　問5　なぜ青ひげは残酷なのか

『愉しき夜』のあと一七世紀にはいると、ヨーロッパのカルチャーシーンでは、「クピドとプシュケの物語」のプレゼンスがますます大きくなってくる。一六一九年にはフランスでバレエ化され、ルーヴル宮で上演されたらしい。

『失楽園』で有名な英国詩人ミルトンは、一六三四年に仮面劇『コウマス』を発表し、その末尾では、クピド《キューピッド》とプシュケ《サイキ》の子どもを若さ《ユース》と喜び《ジョイ》の双子としていた。同年、劇作家トマス・ヘイウッドが『愛神の愛人　女王の仮面劇』でこの物語を舞台化し、口上役としてアプレイウスというキャラクター自体も舞台に登場させた。

これまた同じ一六三四年に、イタリアではジャンバッティスタ・バジーレの『ペンタメローネ』の第一巻が出た（歿後刊行）。第二巻は一六三六年刊。この枠物語には、行方不明の夫を探す作中作が何話かある。それだけでなく、そもそもそれらを含む四九の物語がなぜ、どのような状況下で語られたのかを明かす外枠物語もまた、「失踪した夫を探す物語」になっている。『ペンタメローネ』には複数の「紋中紋」（作品全体の縮図となるパーツ）がはめこまれていたというわけだ。

そのうち「大蛇」という物語は「豚王子」同様ATU433B「リントヴルム王」話型。コメディタッチの話で、「豚王子」以上に「クピドとプシュケの物語」の流れを汲んでいるのではないかと思わせる。なにしろ蛇婿さまの話だからだ。また「金の根」はATU425Cのパターン。

いずれも夫は呪いで本来と違った姿（「大蛇」では蛇、「金の根」ではムーア人。白人にとって非白人は動物と同列なのかと思わせられる）に変えられてしまった夫の正体を、禁を破って（「大蛇」ではヒロインの父が、「金の根」ではヒロインが）見てしまったために、夫の呪いが延長されてしまうという話。そういえば日本むかし話「鶯の内裏《だいり》」では、客の男が「**見るなのタブー**」を破って禁室を覗いてしまい、願掛けを邪魔された女が鳥になって飛んでいく。性別が逆なのと、話がここで終わってしまうのを除けば、だいたい同じだ。

西洋ではここから話の後半に入る。「大蛇」の姫は苦労して王子の重傷を癒やす秘薬を手に入れ、「金の根」のヒロインは夫の母から出される難題を、動物たちの力を借りてこなしていく。教訓はそれぞれ、〈愛の喜びには、辛さもちょっぴり、加味すべし〉（「大蛇」）、〈耐える者が勝つ〉（「金の根」）。おとぎ話のヒロインというと、プリンスに救われる存在というイメージがあるけど、ここではヒロインがプリンスを救う。じつはこういうおとぎ話もたくさんあるのだ。

このふたつの物語のもうひとつの特徴は、異類婿王子をめぐって姫が、「**私より前から彼のことを知ってる女**」と**シンデレラ競合**の関係にあるということ。しかも「大蛇」では、その女はかつて王子に振られた腹いせに王子を異類の姿にした張本人だというのだ。

アプレイウスのクピドはおっかないママンに頭が上がらなかった。そういうところは少々頼りなかった。でも、暗闇で姿をあらわさないときにも妻に優しかった。母の嫁いびりから妻を守ろうと骨を折った。怖いおかんを裏切ってでも**身分違いの結婚**をなしとげようと努力するその姿は、頼りなさを補って余りあるものだった。一本筋の通った誠実さを感じる。ただの優男ではなかった。

いっぽう「金の根」のプリンス役のムーア人はどうだろう。彼の正体は〈雷と稲妻〉という名の美青年だ。鬼女の息子で、母がヒロインに課す難題をクリアするヒントをくれるし、姉たちがヒロインをいじめるのを止めようとする。とはいうものの彼は、ヒロインの不手際にときどきキレ気味で、ヒロインにけっこうキツいことを言ったりもする。なんだかリアルというか人間臭くておもしろい。「金の根」は短い話なのに、ヒロインが**見るなのタブー**を二回破るのも「クピドとプシュケの物語」のかなり忠実な翻案となっている。

『ペンタメローネ』が第二巻で完結してから四年後、イングランドで活躍したフランドル画家アントニー・ファン・ダイクが油彩画「クピドとプシュケ」(一六四〇)を完成させた。一六四八年にはフランスで、『黄金の驢馬』から「クピドとプシュケの物語」だけが独立して刊行された。またペローよりやや年長のスペインの哲学者グラシアンは、寓意小説『エル・クリティコン』第一部(一六五一)の序文で、自分は〈アプレイウスの描写力〉を手本にするとまで書いてある。

その一七年後、一六六八年に、詩人ラ・フォンテーヌが、イソップをはじめとする寓話を韻文化した詩集『寓話』の第一集を刊行した。ラ・フォンテーヌは、その第一集巻末の〈むすび〉で、〈わたしは別の計画を/進めることにする〉、〈プシシェ〔プシュケのフランス語名〕にもどろう〉と書いていた。そしてこの予告どおり、翌一六六九年に、「クピドとプシュケの物語」の二次創作小説『プシュケとクピドの恋』を発表した。

この小説の構造は、登場人物たちがプシュケの物語を読みながら、ときどきその内容について議論するというメタフィクショナルなもの。散文にときどき韻文が交じるオフビートな形式だった。

ラ・フォンテーヌ版の『プシュケとクピドの恋』の評判は賛否割れたらしい。でも、この作品はよく読まれ、これがきっかけとなって、「クピドとプシュケの物語」が都人士のあいだでリヴァイヴァルしたという。

たとえば翌年、ルイ一四世の勧進で、テュイルリー宮殿大広間の冥界ふうの内装が似合う題材の出しものをやる企画が持ち上がった。このとき、モリエールがプレゼンした「クピドとプシュケの物語」がコンペの勝者となり、キノー、コルネイユとの共同脚本、リュリの作曲でバレエをフィーチャーした音楽つき仕掛け芝居『プシシェ』を制作した（一六七一初演）。この原稿を書きながら聴いているが、三時間近くかかる長大な作品だ。

このオペラを翻案したのが、英国の作曲家マシュー・ロックのセミオペラ『プシュケ』（一六七五）。セミオペラというのは歌手のほかにダンサーとナレーターを擁した形式の歌劇で、舞踊の要素がリュリ作品と共通している。

名探偵ハイドマン教授は、ラ・フォンテーヌ版のクピドが、とりわけ以下の二点で、ペローの青ひげ像に影を落としていると見る。本節ではその一点目を取りあげよう。

一見優雅な恋物語に見えるラ・フォンテーヌ版のなかで、クピドはプシュケに正体を明かさないでいるとき、驚くべきことを言っている。

> 僕たちふたりの関係はいまのままがいちばんだってことを、認めざるを得なくなるだろう。なにしろ、これ以上望むことがないって状態になると、すぐに退屈になるに決まってるからね。〔…〕僕としては、きみが悩んでるのを見るのが、なによりの喜びなんだ。〔…〕きみは僕のなかに、超自然的ななにかがあるってことを疑わない。僕は、神か悪魔か魔法使いのどれかに決まってるわけだ。

もし僕が悪魔だとわかったら、きみは僕を嫌うだろう。もし僕が神だとわかったら、きみは僕を愛せなくなるか、少なくともいまほど熱烈に愛することはなくなるだろう〔…〕。第三の選択肢について言うと、感じのいい魔法使いというのもいる。僕もそんな魔法使いになれる。僕が神と悪魔と魔法使いの三つすべてを兼ね備えていることだってありうる。だからきみにとっていちばんいいのは、不確定要素があるということだ。そうすれば、ほしいものを手に入れたあとでも、やっぱりなにかしらほしいものがあるはずさ。これはまだ知られてない秘密なんだよ。愛とはなにか、僕は知ってるし、知ってなきゃいけないんだ。〔引用者の責任で改行を加えた〕

アプレイウスの原作だと、神と人とのあいだにはある程度峻厳な区別があった。夫が姿を目視されないようにしていた理由はそこにある。ところがラ・フォンテーヌのクピドが正体を見せないのは、あくまで性愛術の一環なのだ。ラ・フォンテーヌのクピドはサディストで、男の正体不明さがプシュケの欲望に火をつけると考え、プシュケがその不確定要素に心乱されるさまを見るのを自分のなによりの喜びだと告げる。「目隠しプレイ」をやりたがってるのだ。

しかもこのクピドは、破約したプシュケに、なんと〈きみはもう僕の妻なんかじゃない〉と言い渡す。原作とぜんぜん違う。さらに、プシュケが〈せめて奴隷としておそばに置いてください〉と懇願すると、

君はこれから、僕のじゃなくて僕の母さんの奴隷になるんだよ。きみなんか母さんにくれてや

る。自殺なんか考えるんじゃないよ。せいぜい苦しむんだね。

と吐き捨てるというのだから怖い。ヒロインに少々当たりのキツいバジーレの「金の根」のプリンス役〈雷と稲妻〉を踏まえ、さらにアクセルをベタ踏みしたもののように、僕には見える。なるほど、この冷酷さがのちに、青ひげの妻への死刑宣告へと変換されていくのか……。

ラ・フォンテーヌ版では、ウェヌスとクピドが母子ぐるになって、プシュケをいたぶることに喜びを見出している。ところがそれを物語るラ・フォンテーヌのスタイルはというと、優雅な、そして曖昧な書きぶりになっている。だから、一見エレガントな文体に騙されて、この母子の共犯関係も加害性もはっきり見えない。

当時フランスでは、小説は主として、教養ある若い女性の娯楽だった。そしてハイドマンの推理では、現代派ペローは古典派ラ・フォンテーヌのこの曖昧さを憂慮したらしい。警戒すべき敵を、優雅に飾り立てて美化するのは、若い女性読者の目をくらます、不健康なやりかたではないだろうか、と。

現代派とか古典派というのはどういうことか。ペローがおとぎ話を書いていた時期、パリの文化人を二分する「新旧論争」というのが起こった。「古代（古典古代のギリシア、ローマ）の文化が偉いか、現代（ルイ一四世治下のフランス）の文化が偉いか」という、僕らから見ると暢気な論争で、古典主義の時代だったから、主流派のインテリはたいてい、古代人エライ派だった。いっぽうペローは逆張りの現代人エライ派だったのだ。

アプレイウスの優しいクピドとペローのシリアルキラー青ひげを結ぶミッシングリンクは、バジーレのムーア人と、ラ・フォンテーヌの嗜虐的なクピドだったわけだ。ペローはこの、悪辣なのに悪とははっきり名指されないラ・フォンテーヌの母子を一体化させつつ、青ひげというわかりやすい悪役《ヴィラン》を作り出すことで、ラ・フォンテーヌの優雅で曖昧な記述を批判する意図が、ペローにはあったのだとハイドマンはいう。

アプレイウスでは、クピドはヒロインの味方、その母ウェヌスはヒロインを迫害するラスボスだった。ペローはこの二柱の神を「合祀」して、青ひげという忘れがたいキャラクターを作り出した。と考えるとこれは、ディズニー映画『アナと雪の女王』（二〇一三）がアンデルセンの「雪の女王」（一八四四）の、誘拐されたカイ少年と誘拐犯の雪の女王とを合体させて、エルサというきわめて魅力的なヒロインを生み出したのと同じ手法だといえる。

16　問6　なぜ鍵の血が取れないのか

ラ・フォンテーヌの『プシュケとクピドの恋』と「青ひげ」の関係で、ハイドマンが注目したもうひとつのポイントは、青ひげ夫人が**見るなの座敷**に取り落とした鍵の血が取れないという設定。ラ・フォンテーヌ版の破約の場面を、「青ひげ」と対照しながら読んでいこう。

『プシュケとクピドの恋』	**「青ひげ」**
かなり長い戦いのあと、いつもどおり、この不幸な好奇心が打ちかちました。	誘惑のほうがあまりに強すぎて、とても打ちかつことができません。そこであの小さな鍵を手にすると、

『プシュケとクピドの恋』	「青ひげ」
プシュケはふるえながら箱をあけたのでした。	ふるえながら、小部屋の扉をあけたのでした。

ラ・フォンテーヌ版では、箱から〈焼けつくような蒸気、黒く突き抜けるような煙が出て、〔…〕驚いたプシュケは、自分の身に何が起こったのか疑わしく〉なる。そして、

『プシュケとクピドの恋』	「青ひげ」
ようやくプシュケはほど近い小川まで走りましたが、心臓の鼓動が速すぎて、一歩ごとに息が切れてしまいます。	なんとか気を取り戻した末に、鍵を拾い、扉を閉め、自分の部屋へ上がって行き、心をしずめようとしましたが、思うようにはなりません。

ラ・フォンテーヌのプシュケは川岸で身をかがめると、水鏡に映っているのは真っ黒な顔の女だった。「これが自分?」とプシュケは驚き、動揺して顔を水で洗おうとするが、

『プシュケとクピドの恋』	「青ひげ」
長い時間をかけて、体をあらってみましたが、いっこうにおちませんでした。そこでプシュケは叫びました。「ああ、運命の神よ、私は美しさも失うという罰をくだされるのですか?」	小部屋の鍵に血がこびりついていることに気がついて、二度、三度、ぬぐってみましたが、血はいっこうにおちませんでした。水で洗っても、みがき砂やみがき粉でこすっても、血はあいかわらずのこっています。

ラ・フォンテーヌ版は、髪がチリチリに焦げ、顔が煤で真っ黒になる、昭和の『ドリフ大爆笑』の爆発オチを思わせる展開だった。ペローは、煤が落ちないこのコミカルでコケティッシュな場面を、血が落ちない恐怖と悔恨の場面に一転させたのだと、ハイドマンは言う。言われてみると、思い切り内容を変えながら、文章の平仄はぴったり合わせた「替え歌」のようにも思える。

なおラ・フォンテーヌは、「青ひげ」が書かれたその年に世を去った。

17 問7 なぜ青ひげは鍵を渡したのか

ところで「クピドとプシュケの物語」は、行方不明の夫を探す物語以外でも、バジーレの物語に影を落としたようだ。『ペンタメローネ』所収の「三つの王冠」という物語では、王女マルケッタが突風にさらわれて、鬼婆（人喰い鬼）の棲家にたどり着く。これは明らかに、プシュケが西風に運ばれてクピドの宮殿に連れていかれる場面がヒントになっている。

鬼婆の家には下働きの老女がいて、マルケッタに家事をさせ、帰ってきた鬼婆に喰われないようにかくまい、さらに入れ知恵をしてマルケッタが鬼婆に気に入られるようにはからう。ああ、これは「どろぼうのお婿さん」の**強盗団の下働きの老女**と同じ人だ。お婆さん、前職は人喰い鬼のハウスキーパーだったのか。

マルケッタは鬼婆に気に入られ、養女のような身分となった。以下、鬼婆が王女に言った台詞と、青ひげが妻に言った台詞を並べてみよう。

「三つの王冠」の鬼婆

この家の鍵を渡すから、どこでもなんでも好きなようにおし。ただ一つ、一番奥の部屋だけはなんとしても開けちゃいかん。開けたらただじゃすまんよ。〔杉山洋子＋三宅忠明訳〕

青ひげ

これは、下の階の大廊下のつきあたりにある小部屋の鍵なのだ。どこをあけてもいいし、どこへ行ってもいいけれど、その小部屋にだけは、はいってはいけない。決してはいってはいけないよ。もしもそこを開けるようなことがあったら、わたしはかんかんに怒って、あなたにどんなことをするかわからないからね。〔巖谷國士訳〕

状況だけでなく、台詞までそっくりだ。鬼婆も青ひげも、部屋に入ってほしくないのに、その鍵自体は渡している。「青ひげ」の「**見るなの座敷**」の直接のルーツは、バジーレなのではないか。

案の定マルケッタは扉を開けてしまい、危険なことになる。それ以降の展開は、「青ひげ」には似ていない。でも、マルケッタは最後には王と結婚する。ペローは、「三つの王冠」のシチュエーションと台詞のみをサンプリングし、作品に取り入れたのではないか。「鍵を渡しておいて、一室のみ使っちゃダメと禁じる」、この設定をペローはバジーレから借りたのだ。

ハイドマン説を読む前に、僕も「三つの王冠」が「青ひげ」の「**見るなの座敷**の鍵を渡す」展開にそっくりだと気づいてはいた。でも、これが「青ひげ」に流用されたとは、当初まったく考えていなかった。なぜかというと、僕自身も定説に従って、「青ひげ」を民間伝承から書き起こされたものだと信じていたからだ。

だから、ハイドマン説を初めて読んだときの僕は、「まさか……」と半信半疑だった。僕は当時まだ、フォークロアやおとぎ話の研究で言われていたことに、しっかり洗脳されていたのだ。……

わかっている。こんなことを言うと、陰謀論にハマった——本人的にはあくまで「覚醒《めざ》めた」——人に見えてしまうのは。

18 問8 なぜ〈アンヌ姉さん〉なのか

ペローのおとぎ話では概して、登場人物たちがむかし話っぽくない、優雅でありながら簡素な、礼儀正しい雄弁術を駆使している。これはペローのおとぎ話全般に見られる特徴だ。そして「青ひげ」にかんしていうなら、いわゆるむかし話的な語りのメカニズムにおさまりきれない。近代的な恐怖小説のほうに一歩踏み出しているようなところがある。

いちばん気になるのは、青ひげ夫人が青ひげを待たせ、いなしながら、並行してアンヌ姉さんに外の情報を聞き出しているドキドキ場面だ。

〈「アンヌ、アンヌお姉さん、なにか来るのが見えない?」〔…〕
「なんにも見えないわ。お日さまちらちら、草はあおあお、それだけよ」〉

こういった台詞について、ヴィルヘルム・グリムは、〈当時すでに滑らかで洗練されていた書き言葉が許す範囲で、子供の口調を適切に表現した〉と評価している。このリフレインは、むかし話ならではのサスペンスの技法を、ペローもよく知っていたことを示すかのように、ヴィルヘルムには見えたわけだ。

ところが、夫人と青ひげのやり取り、夫人と姉のやり取り、また夫人と青ひげのやり取り……とスイッチして、差し迫る危機の恐怖を煽る技法は、〈昔話の場面は、**常に一対一で構成される**という大事な法則〉(小澤俊夫、太字強調は原文)から逸脱している。三人以上のキャラクターが言葉をかわしあう場面がむかし話にはないというのだ。言われるまで意識したことはなかったが、たしかにこの場面以外の反例が即座に思いつかない。

雉「桃太郎さん、きび団子を持ってどちらまで？」
桃太郎「私は鬼が島に……」
犬「ちょっと待った、こいつを信用するんですかい親分？」
猿「親分、ここは俺に任せてください」
犬「お前は下がってろ、ここは俺が相手を」

みたいな会話は、むかし話にはない。
「青ひげ」のあの場面は、正確に言うと三人での会話ではなく、夫婦の会話と姉妹の会話が青ひげ夫人をハブとして短時間に何度もスイッチするシークェンスだ。にしても、ほかのむかし話で同様の場面を思いつくかと言われると、思いつかない。むかし話としては異様な場面だろう。

　それに、「アンヌ姉さん」という名前も気になる。そもそも、ペローの物語では、主役にすら名前がないことが多い。名前があっても、青ひげだの赤ずきんちゃんだの灰かぶり《シンデレラ》だの親指小僧だの、体《たい》をあらわす機能としての（あだ）名が出てくる程度だ。一般にむかし話でも、一寸法師とか三年寝太郎とか、やっぱりあだ名だ。桃太郎や瓜子姫でも「桃（瓜）から生まれた男（女）児」程度の意味にすぎない。

　なのに「青ひげ」では、脇役にだけアンヌ姉さんというふつうの名前が唐突に出てくる。いったいどういうことだろうか。

　調べてみたら、この名前は、ペローから無慮一七〇〇年さかのぼることがわかった。

古代ローマの詩人ウェルギリウスは紀元前一九年、叙事詩『アエネイス』があと少しで完成するというところで歿した。『アエネイス』は、ホメロスの『イリアス』で有名なトロイア戦争終了後、イリオス（トロイア）陥落後に落ち延びた勇将アエネアス（ギリシア名アイネイアス）の遍歴と、アルバ・ロンガ（ローマの原型とされる伝説の都市）の建設を歌い上げた作品だ。

アエネアスは、美と愛の女神ウェヌス（また彼女か！）とトロイアの王族アンキセスの息子。アエネアス一行は、北アフリカはカルタゴに流れ着く。ウェヌスは息子クピド（つまりアエネアスの異父兄）に命じて、カルタゴの女王ディドにアエネアスへの好意を起こさせる。ウェヌスのすることはこんなんばっかりだ。

ディドは、それまでは亡夫に操を立てたいと思っていたけれど、ついに妹（西洋諸語のつねで姉妹としか書いていないけれど、女王であるディドを姉と見なしておく）に、アエネアスへの恋心に苛まれていることを打ち明けてしまう。そのときの呼びかけが、『アエネイス』の〈おおわがアンナよ妹よ〉（"Anna soror"）だ。そしてアンナのフランス語表記がアンヌというわけ。

しかしアエネアスには、トロイア人の新しい入植地をイタリアに建設するという神聖な使命《ミッション》があった。義理と人情を秤にかけりゃ、義理が重たい叙事詩の世界。すまねえなディド、俺ァ行くぜ……というんで、城塞の高台からアエネアス一行の出発準備のようすを見たディドは、置いてかれる現実に絶望し、アンナにむかってこう叫ぶ。〈おおわがアンナよ、見てごらん〉。ペローではアンヌ＝アンナのほうが姉だけど、おもしろいのは、「高いところに立って遠くを見張る役」は姉のものとして残しているところだ。

最後にディドは、妹アンナに命じて火葬の薪を積ませ、その上で、以前アエネアスからプレゼントされた剣に伏して自決するのだった。七五調の泉井久之助《いずいひさのすけ》訳で読むと、この哀切極まりない場面は、まるっきり文楽の太夫が語る浄瑠璃そのものだ。

この『アエネイス』第四巻をもとに、ウェルギリウスより少し後進に当たる先述のオウィディウスが、死を決意したディドからアエネアスに宛てた手紙という形式の詩を書いた。紀元前一五年から紀元二年のあいだに書かれたとされる連作『ヘロイデス』の第七歌がそれだ。ここにも終盤に、〈妹アンナよ、アンナ。わが過ちの共謀者よ〉(“Anna soror, soror Anna, meae male conscia culpae,”)という呼びかけがある。

ウェルギリウスもオウィディウスも、古典崇拝全盛の一七世紀知識人のあいだでは必須の教養だった。劇作家で小説家のスカロンが『アエネイス』を下敷きに滑稽なパロディ『戯作ウェルギリウス』(一六五三完結)を書いたように、身近な古典だったのだ。

“Anna soror, soror Anna”(フランス語では“Sœur Anne”)も、〈おおロミオ〉とか〈ブルータス、お前もか〉、〈ごん、お前《まい》だったのか〉、〈いやさお富〉、〈立て、立つんだジョー〉、あるいは『ファウスト』の〈時よ止まれ、お前は美しい〉のような、人口に膾炙した、「感極まった登場人物が絞り出す、肚の底からの呼びかけ」のひとつだった。

“Anna soror”が名調子として知られていたのは、一七世紀だけの話ではない。二〇世紀にだって、古典の素養のある人にとっては知ってて当然のフレーズだったらしい。小説家マルグリット・ユルスナールの初期作品に、“Anna soror…”(一九三五/一九八一)というラテン語題を持つ中篇小説がある(邦題「姉アンナ…」)。ただしその作品の主題は姉弟関係で、『アエネイス』とはあまり絡まない。

主流派のインテリが崇め奉るウェルギリウスの名台詞を、卑近な物語のクライマックスシーンに嵌めこんだのは、新旧論争で近代派に立つペローらしい挑発だった。

素朴で卑近な、現代的・現実的な舞台設定のクライマックスシーンで、死の恐怖に駆られた極限状況の青ひげ夫人が、一転、古代叙事詩に登場する神話的人物の名台詞を吐く――僕には、ペローがトーンのギャップで笑いを取ろうとしているとしか思えない。だって、二時間ドラマで謎の犯人に腹部を刺された被害者が、悲鳴を聴いてかけつけた人物に向かって、息も絶え絶えに〈遅かりし由良之助……〉と告げたら、それもうコントでしょ。

この時代のパリでは、文学作品は刊行される前に、サロンという社交の場で、あるいはアカデミー・フランセーズの会合で、朗読された。人々は講談でも聴くように、新作の物語や詩に耳を傾け、動画配信で政見放送を視聴するように、評論文を聴いた。先述の「新旧論争」の主要部分だって、論争文を韻文にして、アカデミー・フランセーズの公衆の前で、韻を踏みながら朗読したのだ。ラッパーどうしの「ビーフ」のように。

さきに第2章で、ペローの教訓は「結句」（とっぴんぱらりのぷう）だと書いたときに、耳で聴く物語に必要な結句を、ペローはなぜ読む文学作品につけたのか、という疑問を呈しておいた。その答えがこれだ。ペローの時代のおとぎ話は、印刷される前に、まず聴衆の前で音読された、つまり声で物語られたものだったのだ。

サスペンスの緊張感が高まった瞬間に、場違いなフレーズで意表を衝き、笑いを取る。ペローはきっと、そういう抜け目のない芸風の人だったのだろう。『短篇《コント》物語集』のクールで皮肉な文章を読むと、どうしてもそう思えてしまうのだ。青ひげ夫人が〈アンヌ姉さん〉と最初に叫んだそのすぐあとに、語り手は〈そういう名前だったわけです〉とわざわざフォローしている。聴衆・読者の笑いをうまく着地させるようなアイロニカルな手法だろう。

「だってほんとにそんな名前だったんだもの、しょうがないじゃん（笑）」

クライマックスシーンで一座の笑いを取った直後の、ペローのしたり顔が浮かんでくる。

ペローには、こういう「くすぐり」を話に入れるところがある。「眠れる森の美女」の姫が覚醒したあとの後半部分（グリムやディズニーがカットした部分）で、人喰い鬼が幼子（眠り姫とプリンスの子どもたち）を食べたいと言う台詞がある。本来なら恐怖を誘う台詞のはずが、ペロー版は〈ロベール・ソースで食べたい〉と調理法を指定するグルメぶりで笑いを誘った。玉葱をバターで飴色になるまで炒め、白ワイン（と、ときにはトマト）で煮て小麦粉でとろみをつけ、塩・胡椒で調味し、仕上げにマスタードを……。海原雄山《かいばらゆうざん》先生、手間かかりすぎです。日本むかし話の「三枚のお札」や「鯖売りと山姥」で、山姥が人間を「西京焼きで食べたい」などと小洒落たことを言うだろうか。

なお、ペローが生きた時代には、ディドとアンナの姉妹が登場するオペラがいくつも作られた。『アエネアス』という長い叙事詩の一部分だけを音楽劇にする趣向は、『平家物語』のさまざまなパーツから能や文楽・歌舞伎の演目が数多く発生したのと同じだ。

イタリアでは世紀中盤にカヴァッリ作曲の『ディド』とマッティオリ作曲の『ディド』がある。ペローと同時代の英国の作曲家パーセルが書いたオペラ『ディドとアエネアス』の初演年ははっきりしないけれど、記録に残る最古の上演は一六八九年だというから、新旧論争のまっさいちゅう。その四年後には、フランスでデマレ作曲の『ディド』が初演された。ペローの「青ひげ」の、わずか二年前ということになる。

余談だけど、ディドの名を題するオペラは、前記四作に続き、一八世紀から一九世紀前半にかけて、独・伊両語圏で、判明しているだけでも一〇本は作られた。

のちにアンデルセンの小説『即興詩人』（一八三五）で、主人公アントニオはローマの祭《フェス》でオペラに接し、ディドを演じる歌姫アヌンツィアータの姿に衝撃を受け、「推し」カルチャーで言うところの「ガチ恋」状態に落ちる。作者が上記一四作のうちどのオペラを念頭に置いていたのかは知らない。そしてアンデルセン自身、『即興詩人』の刊行後、スウェーデンのソプラノ歌手ジェニー・リンドにむけて、アントニオ同様の激しい恋慕の情を燃やすことになるのだった。

19　問9　なぜ兄はふたりで、なぜ馬に乗ってあらわれるのか

すでに述べたとおり、アンヌ姉さんが塔上から見張っていると、ふたりの兄が騎馬でかけつけてくる。そして青ひげが成敗される。個人的には、これは旧約聖書『イザヤ書』第二一章を踏まえているという気がしてならない。

『イザヤ書』では神が〈監視人を立たせ、／その見たところを告げさせよ。／彼は、二頭立ての軍馬を操る騎兵や、／ろばに乗った騎兵、／またらくだに乗った騎兵を見たならば、／よくよく注意を払わねばならない〉と告げる。そして見張り塔から監視人が〈二頭立ての軍馬を操る騎兵がやって来〉て、〈倒れた、倒れた、バベルが〉と声を上げるのを確認する。

マソラ本文（ヘブライ語原典）で〈二頭立ての軍馬を操る騎兵〉の部分は、「七十人訳」聖書では〈騎乗した二人の男〉となっていて、ますます「青ひげ」に近い（ただし驢馬と駱駝に乗ってい

ることになっている）。「七十人訳」聖書は紀元前三世紀から紀元前一世紀までにできたギリシア語訳で、いまでは東方正教会の聖典にとどまっているけれど、ルネサンス以前はローマ教会でも大いに参照された。そもそも新約聖書内の旧約引用の多くが「七十人訳」だったらしい。

日本でも、かつて普及した米国聖書会社版（一九一四）では〈馬《むま》にのりて二列《ふたなみ》にならび来《きた》るもの〉となっていた。ボブ・ディランも『イザヤ書』の当該部分をもとにした歌「見張り塔からずっと」（一九六七。僕はＸＴＣのカヴァーが好き）で"Two riders"と歌っている。こういったところを綜合すると、「七十人訳」の解釈が広まっていたと思われる。

ペローの時代にフランスで読まれていた聖書がどのようなものか、僕にはわからない。〈二頭立ての軍馬を操る騎兵〉にせよ〈騎乗した二人の男〉にせよ、経済的繁栄と宗教的堕落の象徴であるバビロンが、ついに崩壊するという徴だったわけ。金持ちのシリアルキラーの最後にふさわしい演出ではないだろうか。

こうして、「青ひげ」ができあがった。

「青ひげ」は、ペローの時代以前から口承されたむかし話、ではなかった。

マッドサイエンティスト、ヴィクター・フランケンシュタイン博士が、複数の屍体からパーツを切り取り、それらを組み合わせて人造人間を作ったように、ひとりのエリート文学者が、複数の古典文学・ルネサンス文学・同時代文学から設定・構造・キャラクター・モティーフを抜き出し、それをつぎはぎして作り出した、怪物的な魔のコンテンツ、それが「青ひげ」だったのだ。

僕は大学時代に『黄金の驢馬』を読む少し前に、「クピドとプシュケの物語」と「青ひげ」との類似にかんするヒントを、もらったことが一度ある。だけどそのときには、そのヒントをスルーしてしまっていた。

それは倉橋由美子《くらはしゆみこ》の連作パロディ掌篇集『大人のための残酷童話』（一九八四）に収録された「ある恋の物語」を読んだときだった。

倉橋のパロディでは、プシュケを〈青髭の怪物に嫁がせなければならない〉という神託が下る。青ひげは山上の城に住む王族で、何度も結婚しては離縁しており、噂では前妻たちは行方不明だとか、惨殺されたとか言われている。

プシュケの前にあらわれた青ひげは、見た目は恐ろしいが、虚勢を張っているように思われた。青ひげは自分の正体を見ようとしてはならないと命じるが、プシュケがあるとき意を決して明かりをつけると、青ひげの正体はあどけない少年エロス（クピド）だった。

そこに中年女のアプロディテが〈何ですか、お母様を騙してこんな女と淫らなことをして〉と踏みこんでくる。プシュケがエロスの矢でこの母子を刺したため、母子が恋人どうしになってしまう。困った神々は、プシュケを形式上エロスの妻としてオリュンポスにとどめおくことで、母子相姦の醜聞が世界に広まるのを防ぐことにした。〈**教訓　坊やには恋をする資格はないのです**〉（太字強調は原文）。

一九歳の僕は、「クピドとプシュケの物語」に「青ひげ」を接続した倉橋のＤＪプレイを楽しみこそすれ、前者から後者が生まれた可能性にまで思いがいたらなかった。倉橋は「クピドとプシュケの物語」が「青ひげ」の元ネタだったことを、直感的に気づいていたのだろう。

「「青ひげ」は民間伝承か、ペローの創作か」というのは、贋の二者択一、贋の問いだった。それは「クピドとプシュケの物語」というローマの古典を柱に、複数の先行作品をマッシュアップした作品だったのだ。

もとの話の柱だけ残した大改築で、設定から話の転がりかたからがらりと変わってしまった。アンデルセンの「雪の女王」とディズニーの『アナと雪の女王』くらいの変わりようだ。

だからあえて言うなら、「青ひげ」はペローの「創作である」と言ったほうがまだしも実態に近いとはいえる。イタリアの短編小説や唐代伝記をもとに書かれた『ロミオとジュリエット』『オセロ』「杜子春」「山月記」を、僕らはシェイクスピアや芥川龍之介《あくたがわりゅうのすけ》や中島敦《なかじまあつし》の創作だと見なしているのだから。

第1部のまとめ

・『ジェイン・エア』『レベッカ』のルーツはおとぎ話「青ひげ」
・「青ひげ」についていた「教訓」は必ずしも字義どおりに取る必要はない
・「青ひげ」を書いたペローは一七世紀末フランスの元高級官僚
・ペローは民間伝承を文学に書き換えたと言われている（あくまで「言われている」だけ）
・ペローはアプレイウスの「クピドとプシュケの物語」（二世紀ローマ）を中心に、その他の先行作品群をパッチワークして「青ひげ」を生み出した

第2部

「青ひげ」の正嫡たち

・「青ひげ」は、ジル・ド・レがモデルではない
・「青ひげ」は再話につぐ再話で大喜利化している
・「青ひげ」というミームは、現代まで続く
・モテ男もシリアルキラーもクリエイターも青ひげ

第1章　ミームとしての青ひげ

20　ジル・ド・レ、ヘンリー八世、コノモル伯

「青ひげ」は〈むかしむかし〉で始まる。これは典型的なむかし話の語り出しだ。でもそのいっぽうで、ジャーナリストのジャン・ティフォンが言うように、〈一部には、2人の妻を死に追いやったイングランド国王ヘンリー8世がモデルだとか、ジャンヌ・ダルクの親友で、若者〔子ども〕たちを虐殺したかどで処刑されたジル・ド・レがモデルだとする説があります〉。

実在の人物や事件がからんでくるとなると、同じ民間伝承でも、「むかし話」ではなく「伝説」の領域だ。

フランス軍元帥となった勇将貴族**ジル・ド・レ**（一四〇五?—一四四〇）は、戦ののち、連続少年誘拐・性的虐待・殺害の疑いをかけられた。黒ミサで悪魔を召喚するために猟奇的な大量殺人を犯した、と言われ、処刑されたのだ。歴史家ミシュレが大著『フランス史』（ミシュレはこの著作をヤーコプ・グリムに献呈している）の中世篇（一八四四完結）で、ジル・ド・レを、のちの青ひげ伝説の原型になった男、と書いていた。しかし近年は、ジル・ド・レの一件自体が冤罪だという学説も持ち上がっているとのことだ。

いずれにせよ、世に伝わるジル・ド・レの所業は、青ひげとほど遠い。まったく青ひげっぽくない。なにしろ妻殺しではない。米国のジャーナリスト、スーザン・ブラウンミラーは、ペローがジル・ド・レをおとぎ話にするときに、そのままだとショックが大きいので、男社会は児童殺人より妻殺しのほうが罪が軽いからそっちに改竄したのだろうと言っているが、思いついたことをなんでも言えばいいってもんじゃない。ジル・ド・レと青ひげとは、

〈大変な違いがある〉（ルーマニア出身の英米文学者レナード・ウルフ）。

〈なんの共通点もない〉（小説家・哲学者ジョルジュ・バタイユ）。

つまり、ジル・ド・レが伝説化して「青ひげ」になったということ自体が、一種の都市伝説だ。

一九世紀初頭に紀行作家エドゥアール・リシェが『下《しも》ロワール県をめぐる風光明媚な旅』（一八二〇）で、ジル・ド・レが民間では青ひげと同一視されていると書いたのが、現在判明している最初の公刊ソースだという（僕は未見だ）。

その後、『フランス西部紀行ノート』（一八三六）なる著作のなかで、〈当地ではまだ青ひげの名で有名なジル・ド・レの裁判〉が言及されている。『フランス西部紀行ノート』は歴史記念物監督官というキャリア官僚が内務大臣宛に書いた報告書の抜粋という体裁の文献だったため、両者の結合が決定的なものとなった。罪作りな監督官がいたものだ。その監督官とは、のちに中篇小説『カルメン』（一八四五）で名を馳せる小説家プロスペル・メリメその人だったのだ。

その二年後、メリメの年長の友人で『赤と黒』（一八三〇）の作者であるスタンダールが『ある旅行者の手記』（一八三八）で、ジル・ド・レに「漁色家」という史実に依拠しないイメージをつけて語り、青ひげジル・ド・レ説をさらにもっともらしくしてしまった。ジル・ド・レが処刑され

た地であるナントで、スタンダールに会ったある人物は、ジル・ド・レを〈おとぎ話に出てくる青ひげの原型〉（傍点は訳者・山辺《やまべ》雅彦《まさひこ》による）と呼ぶのだった。

　歌人・劇作家の寺山修司は、〈残虐な小児殺しを、いつのまにか七人の花嫁をめとった絶世の美男子に変身させたのは、誰のいたずらだったのだろうか？〉と書いた。寺山の頭のなかで青ひげが〈絶世の美男子〉に変貌していったのも、だれかのいたずらだったのだろうか。ペローは、青ひげが醜貌だったと明言しているし、妻の数も明記していない。

　余談だが、「青髭の城で」（二〇一〇）と題する吉川《よしかわ》良《りょう》太郎《たろう》の短篇小説は、ジル・ド・レがなぜ大量の少年を殺戮したかの謎を解こうとするある人物の語りで進行する。その人物の名は本書でもすでに出てきているけれど、内緒にしておこう。その非常に鮮やかな幕切れには一読感嘆した。ちなみに吉川のデビュー作は『ペロー・ザ・キャット全仕事』（二〇〇一）という題だ。

　ジル・ド・レの一世紀後のイングランド王**ヘンリー八世**（在位一五〇九―一五四七）のほうが、まだ青ひげっぽい。六回結婚し、歴代の妻のうちふたりを処刑し、ふたりを産褥死で失った。このように青ひげと併称されるヘンリー八世と、のちに処刑される妃とのあいだに生まれたエリザベス一世女王は、本書第3部で活躍するのでお楽しみに。

　青ひげのモデルについては、もうひとつの説がある。こちらもジル・ド・レ同様ブルターニュに縁のある、六世紀中葉の**コノモル伯爵**ないし**コモルス王**という人物がモデルだというのだ。ドミニコ会のアルベール・ル・グラン神父が書いた『ブルターニュ・アルモリカ聖人伝』（一六三七）によれば、六世紀中葉、コノモル伯がヴァンヌの伯爵の娘・聖トリフィナを娶り、身ごもった彼女と子ども（聖トレモルス）を殺害したとの伝説が存在する。神父はペローが一〇代のころまで生きていた。同書をペローが読まなかったと証明することはできない。

この伝説をもとにして、前述のリシェとも交流のあった小説家エミール・スーヴェストルが、物語集『ブルターニュの炉端』（一八四四）中の一篇「コモール伯〈パンを求める人〉の語れる物語」を書いた。

強大で邪悪なコモール伯は、ヴァンヌの王女トリフィナを力ずくで妻とする。結婚前、聖ヴェルタスは姫に、身に危険が迫れば黒変するという銀の指輪を手渡す。結婚後、妻は城の礼拝堂に日参し、伯爵の死んだ四人の先妻たちのために祈る。

コモール伯はあるとき、城じゅうの鍵をすべて妃に渡して、諸侯の集まりのためレンヌに向かう。五か月後に帰城すると、妻は赤ん坊のための帽子を編んでいるところだった。伯は妊娠の報告に顔色を変え、同時に妻の銀の指輪が黒変する。

指輪の変色に驚いた妻が深夜、礼拝堂で祈っていると、先妻たちの四基の墓が開き、黒衣の女たちがあらわれる。先妻たちが屍体ではなく幽霊、場所が禁断の部屋ではなく礼拝堂、という設定がおもしろい。

先妻の亡霊たちによれば、コモール伯は最初に生まれたわが子に殺される運命を知っていて、先妻たちも妊娠すると殺されたのだった。最初の妻は自分が飲まされた毒薬を、二番目の妻は自分の首を絞めた縄を、三番目の妻は自分を焼き殺した炎を、四番目の妻は自分の頭蓋を打ち砕いた杖を、トリフィナに授けた。トリフィナは毒で巨大な番犬を黙らせ、縄を垂らして高い城壁を降り、火で闇夜を照らし、杖をつきつきヴァンヌの王宮を目指す。アイテムの使いかたがＲＰＧっぽくておもしろい。

翌朝、妻の遁走を知ったコモール伯は追跡を開始。逃走中のトリフィナはヴァンヌのそばで男の子を産み落とすと、金の首輪をつけた鷹に指輪を託し、父王に持っていくよう頼んだ。鷹が去るのと入れ違いにコモール伯が馬に乗って登場。トリフィナは新生児を木のうろに隠す。伯は刀で妻の首を刎ね、嬰児の存在に気づかず帰っていく。

鷹が王宮に到達し、聖ヴェルタスとともに食事中だった王の盃に指輪を落とした。王は聖者とともに軍を率いて鷹を追い、娘の屍体と生後間もない赤子を発見。聖人が祈り、屍体に命じると、屍体は起き上がる。屍体は聖人の命じるまま、左腕に赤子を、右腕に自分の首を抱えてコモールの城を目指す。軍勢は全力でトリフィナを追うが、どうしてもトリフィナを追い越せない。

コモール伯は城門を閉ざす。聖人はトリフィナの腕から赤子を受け取り地面に置く。赤子は歩き出し（ブッダのようだ）堀端まで行くと、砂を摑み取り、城に投げて叫ぶ。〈見よ、『三位一体』は、ここに裁きを下し給う！〉

その瞬間、城全体が崩れ落ち、伯は一党もろとも生き埋めとなってしまう。聖人がトリフィナの頭部を身体に戻すと、娘は蘇生する。生まれた赤子は長じて聖トルヴェとなる。めでたし。

ジョリ＝カルル・ユイスマンスの長篇小説『彼方』（一八九一）の主人公デュルタルは、ジル・ド・レの伝記を書くための取材中に、ある人物からコモール伝説を紹介される。その人は言う――〈この伝説は《青髯》の歴史〔ジル・ド・レの生涯〕よりは、むしろあの巧みなペローの物語のほうに近いものです。だが、どういういきさつと理由で《青髯》の異名がコーモール王からド・レー元帥に移ったのか、それは私にも分かりかねます〉。

ペローの青ひげは富裕な新興ブルジョワの装いで登場した。ところが、人々の想像力のなかで青ひげは、ジル・ド・レ、ヘンリー八世、コノモル伯爵（コモルス王）といった王侯貴族に比されていった。同じように、民間伝承として採集された類話にも、また近代作家が青ひげをリライトした劇や小説でも、青ひげに相当する人物を王や領主とするものが見られる。

21　殺人犯もピカソも「青ひげ」と呼ばれた

モデル探しとは逆に、「青ひげ」の物語の存在を前提に、新たにある人物に「青ひげ」を襲名させるケースもよくある。ある年齢より上の人は知っていると思うけど、何度も結婚して配偶者をとっかえひっかえする人物や、妻に保険金をかけて事故死を装って殺すような人物をあらわすのに、「青ひげ」というミームが使われてきたのだ。

犯罪史では、青ひげはシリアルキラーの代名詞となっている。一九世紀末にドクター・**ヘンリー・ハワード・ホームズ**がシカゴに建てた万博提携ホテル「ワールズフェア・ホテル」から、ガス室や火葬室、不正な隠匿物資が発見された。ホームズは米国各地で、保険金殺人を含む多数の殺人を犯し、「今青ひげ」と呼ばれた。ワールズフェア・ホテルは、本書第1部で紹介したグリムの「青ひげ」型メルヒェンの題と同じ「人殺し城」(The Murder Castle) の名で呼ばれた。ホームズが「どろぼうのお婿さん」初版の悪役と同じように、食人に手を染めていた可能性も指摘されている。ロバート・ブロックの長篇小説『アメリカン・ゴシック』(一九七四) の元ネタだ。探偵小説家・批評家・編集者アントニー・バウチャーの筆名H・H・ホームズは、このシリアルキラーに因んだもの。

ノルウェー生まれの**ベル・ガネス**は渡米後、四半世紀のあいだに少なくとも一四人、一説には家族を含む四〇人を殺害し、一九〇八年に火事によって、焼死（を装って行方をくらま）したと考えられている。ガネスは「インディアナの女青ひげ《レイディ・ブルービアド》」とか「地獄《ヘルズ》のベル」と呼ばれた。身長一七〇センチ、体重九〇・七キロ、つまり、一八八〇年代の米国の男子平均身長よりも、またノルウェーの隣国スウェーデンの、一八五〇年代生まれ男子の平均身長よりも上背が高かった。筋骨逞しく、アップライトピアノをひとりで抱えて運んだという伝説もある。写真を見ると、顔もごつごつしてガテン系っぽい。

　ところが、血清学者で探偵小説家の小酒井不木は、随筆「女青鬚」（一九二五）でガネスに触れ、〈彼女は頗《すこぶ》る美人で〉と書いている。ガネスの情報が不木にいたるまでのどの段階で美人説が登場したのかは不明だ。不木も、寺山修司の青ひげ美貌説同様の願望に引きずられたのかもしれない。あるいは、『美女と野獣』のベル（フランス語で「美女」の意）と同じ名前だったからだろうか。

　パリ近郊で四年半に愛人一〇人を連続して手にかけた**アンリ・デジレ・ランドリュ**も「青ひげ」と呼ばれた。一九二二年に断頭台に消えた彼の犠牲者たちには、第一次世界大戦の戦争未亡人も複数含まれていた。チャップリンが諷刺映画『殺人狂時代』（一九四七）で演じた人物のモデルだ。小説家ミシェル・トゥルニエは、エッセイでランドリュを青ひげになぞらえている。

　一九二四年、英国の炭酸水製造会社の有能な営業マン、**パトリック・マホーン**は、恋愛関係にあった元同僚の女性の妊娠を知ると、彼女を殺害し、その屍体を損壊した。妊娠が殺害のトリガーになったあたりは、「コモール伯」に似ている。私立探偵あがりの米国のノンフィクションライター、チャールズ・ボズウェルが本件を取り上げたさい、「青髭との駆け落ち」（一九四八）という題を冠したのは、元恋人の屍体を隠した家でつぎのガールフレンドと逢引するシチュエーションが「青ひげ」そのものだったからだ。一件は語り草となり、ジョン・ディクスン・カーの探偵小説『皇帝のかぎ煙草入れ』（一九四二）には、人でなしのモテ男を評する〈あのパトリック・マホーンみたいなやつ〉というフレーズが出てきた。

一九三八年には、テキサスのバー経営者**ジョー・ボール**が、数名の女性を殺して、その肉をアリゲーターの餌にした。ボールは「鰐男」とか「南テキサスの青ひげ」と呼ばれ、都市伝説化した。トビー・フーパーの映画『悪魔の沼』（一九七六）の元ネタだ。

パリの医師**マルセル・プティオ**は、ナチス占領下の一九四二年から四四年にかけて、ゲシュタポに目をつけられた人物（しばしばユダヤ人）に声をかけ、亡命を手助けすると言って騙しては、住宅街にある邸宅内部に設置したガス室で少なくとも二七人を殺害し、屍体を焼却した。博物館員でノンフィクションライターのアラン・モネスティエは、プティオの根城を〈強制収容所のミニチュア〉と呼んでいる。モネスティエの著書で、ドクター・ホームズ、ランドリュ、プティオをジル・ド・レやトランシルヴァニアの「血の伯爵夫人」ことバートリ・エルジェーベト（一五六〇—一六一四）といった連続快楽殺人貴族とともに論じた章は、「青髭の館」と題されていた。

農場主で雑役夫のエド・ギーン（ゲイン）は、約一〇年にわたって複数の女性を殺害し、また墓を暴いて屍体を損壊した。一九五七年に逮捕されると、屍体の一部を加工した大量のオブジェが、家から発見された。ギーンの母の屍体も発見された。青ひげ呼ばわりされたこの殺人鬼をモデルに、先述のロバート・ブロックが小説『サイコ』（一九五九）を書き、アルフレッド・ヒッチコックが翌年に映画化し大ヒット。ブロックは一九八二年に続篇『サイコ2』、九〇年に『サイコハウス』を発表。そのあいだの八四年に、ギーンは精神病院で死去している。

米国大衆文化のフォークロア的側面を研究するハロルド・シェクターは、猟奇犯エド・ギーン事件にかんするノンフィクションで、保安官が初めてギーン邸に踏みこむ章の題辞《エピグラフ》として、「フォックスさん」（本書第1部参照）の“But it is not so, nor it was not so”を用いていた。

こういうミームとしての「青ひげ」は、日本でもかつては知名度は高かった。江戸川乱歩《えどがわらんぽ》の冒険探偵小説『蜘蛛男』（一九二九）作中の私立探偵・畔柳友助《くろやなぎともすけ》博士が、連続女性殺人事件にかんする推理をつぎのように披露していた。〈今度の犯人を西洋の所謂『青髭』に似た一種の変質者ではないかと思うのです。『青髭』というのは漠然たる名称で、あるものは、例えばランドルウ〔ランドリュ〕の様に、女の財産を目当てにしますが、今度の犯人にはそれはないらしい〉。やがて洋行帰りの名探偵・明智小五郎《あけちこごろう》が、〈青髭《ブリューベアド》〉を名乗る劇場型連続殺人犯の真相究明に乗り出す。夢野久作《ゆめのきゅうさく》の実験的な探偵小説『ドグラ・マグラ』（一九三五）では、唐の玄宗《げんそう》帝（在位七一二―七五六）に仕えた青年画工・呉青秀《ごせいしゅう》が、わけあって新しい墓を暴いて新鮮な女の屍骸を入手しようとしたため淫仙と呼ばれたとあり、〈淫仙というのはつまり西洋の青髯《ブルーベヤード》という意味〉と言われている。

このように猟奇犯の代名詞となった青ひげも、二一世紀の日本では知名度が下がったようだ。二〇〇九年、首都圏での婚活がらみの連続不審死事件で木嶋佳苗《きじまかなえ》が逮捕されたときに、彼女をベル・ガネス同様に「女青ひげ」と呼んだ媒体は、僕の記憶の範囲ではなかったように思う。

いっぽう、交際相手をとっかえひっかえするモテ男の形容に「青ひげ」が用いられることもある。一九四三年五月、二一歳の画学生フランソワーズ・ジロは、六一歳の世界的画家パブロ・ピカソと出会った。そして、ピカソとのあいだに九年で二児をもうけた。のちピカソと別れて渡米し、画家として成功した。ジロの回想によると、ピカソは以前から関係のあった女たちとの同時並行的なつきあいを公然と続けたらしい。パリや南仏に家やアトリエをいくつも持っていて、そのひとつひとつに以前の妻・恋人たちとの思い出の品があった。

〈ラ・ボエシ通りのアパートがアリババの洞穴であるなら、ボワジュルーは青髭の家だった〉（引用者の責任で固有名音訳を訂正した）。〈パブロはある種の青髯のコンプレックスを持っていて、それがすべての女性の首を切らせ、自分だけの博物館にそれらを集めておきたくさせるのだ〉。

クリエイター型青ひげ　ピカソの元妻や元恋人たちは、バレエダンサーやモデル、画家など、いずれも芸術関係者で、ジロも含め、全員がピカソ作品のモデルになっていた。青ひげ夫人ジロは、「**私より前から彼のことを知ってる女**」たちを厄介払いすることができず、自己肯定感がどんどん下がっていく。

ジロの回想『ピカソとの生活』は、画商・芸術家・文学者・俳優らとの交友や、対独抵抗運動・反戦平和運動とのかかわりなど、ピカソの多面的な活動にもページを割いてはいる。とはいえ基本的には暴露本だ。老いも衰えも知らない芸術家の放埒な狼藉も狼藉だけど、ジロの口調も、自分だって画家ドラ・マールからピカソを略奪したくせに、少々被害者モードが強いんじゃないか。読んでてどんどん心が冷えていったので、思い切って海辺の日帰り温泉に持っていき、そこで一気に最後まで読んだ。

アーティストに霊感を与える女神《ミューズ》といえば神々しい雰囲気がある。でもその実態はアーティストの芸の肥やし。吸いつくしたらポイ捨てされて、つぎのミューズに乗り換えられてしまう。ピカソの青ひげ性は、その恋多き生活だけでなく、彼がクリエイターであったことにも関係している。吸血鬼のような青ひげだ。

クリエイターの秘密の創造の場である仕事場や脳髄を、青ひげの館の禁じられた部屋にたとえるケースがある。のちにアトウッドやヴォネガット、モンゴメリの作品がらみで触れることにしよう。

第2章　作家たちの「青ひげ大喜利」

22　舞台化と東洋趣味　ティークその他

「青ひげ」の知名度の低下は、日本だけの現象ではない。

英国の劇場では、一八世紀前半にさかのぼるパントマイム劇（日本でこの語が意味する黙劇ではなく、子ども向けのミュージカル喜劇）の伝統があり、一九世紀になるとこの分野では、おとぎ話を題材とするものが増える。クリスマス時期にはとりわけ、おとぎ話由来のパントマイム劇を上演するのが英国の風物詩となっている。なかでも二枚看板が「シンデレラ」と「アラジン」というのはディズニーと軌を一にしている。

クリスマスシーズンのパントマイム劇では、「赤ずきんちゃん」「長靴をはいた猫」「美女と野獣」「シンドバッド」、自国のむかし話からは「ジャックと豆の木」「ディック・ウィッティントン」なども好まれる。「青ひげ」はというと、おとぎ芝居の研究家ジェニファー・シャッカーによれば〈かつては人気だったが、いまは陽の当たらない〉演目なのだそうだ。そりゃそうだろうな。

そういうわけで「青ひげ」が幾度も舞台芸術となった時代もあった。舞台にあがったとたん、「青ひげ」は奇妙に陽気なパロディになってしまう。ペローの『短篇《コント》物語集』から九二年後の一七八九年三月二日、パリのイタリア座で、オペラコミック『**青ひげラウル**』の幕が上がった。音楽はベルギー出身の作曲家グレトリ、台本《リブレット》は劇作家**ミシェル＝ジャン・スデーヌ**が書いた。

ヒロインのイゾールは、金目当ての兄たちに強要されて、富豪の貴族ラウル・ド・カルマントに嫁ぐ。ラウルはすでに三人の妻を殺していた。妻の好奇心によってラウルは死に至るであろうという予言があったのだ。舞台では妻殺しの動機が必要なのだろう。予言が動機になっているのは後年の「コモール伯」の着想を先取りしている。

イゾールの恋人ヴェルジーは、イゾールの姉妹アンヌに変装して、城に侵入する。いきなり女装だ。イゾールから禁断の部屋の話を聞いたヴェルジーは、すぐに疑いを抱く。城の広間にある絵に、好奇心のために罰せられた三人の女性――ロトの妻、パンドラ、プシュケ――が描かれていたではないか。それでもイゾールはとうとう、誘惑に勝てなかった。禁断の部屋を開けると、そこにはラウルの三人の先妻の屍体。いますぐ逃げなければ……。

このストーリーは、初演時に権威筋には物議を醸したらしい。当時のフランスでは、出版物も演劇も、当局から厳しくチェックされていた。当局が本作に、身分制への政治的批判を読み取ったという説もある。貴族しか登場しないので、それがどれくらい妥当かは、僕にはわからない。舞台自体はヒットしたらしい。すぐにベルギー、オランダ、ドイツ、ロシアなどでも上演された。一九世紀になると、ドレスデンで、ドイツロマン派の作曲家ウェーバーが演出を担当したともいう。

この劇の初日から四か月後、バスティーユ牢獄が襲撃され、フランス革命がはじまった。『短篇物語集《コント》』を献呈された姫の孫娘マリー＝アントワネットは、四年後に処刑された。

『青ひげラウル』の八年後、ドイツロマン派の作家**ルートヴィヒ・ティーク**が劇『**騎士青ひげ**』と中篇小説『**青ひげの七人の妻**』（一七九七）を書く。ティークはのちにもう一度『**青ひげ**』（一八一二）として二度目の舞台化を試みている。ティークはペローの教訓を真面目にとってしまったようで、青ひげは夫人の好奇心を呪い、青ひげ夫人自身もおのが好奇心を最大の罪悪だと言っている。

　ティークはこのほかにも『長靴をはいた牡猫』（一七九七）、『小さい赤ずきんの生と死』（一八〇〇）と好んでペローのパロディ劇を手がけている。前者はメルヒェン劇に俳優やスタッフや観客といった登場人物が乱入する趣向で、ピランデルロの『作者を探す六人の登場人物』（一九二一）よりも一世紀以上早いメタシアター。後者は狩人が登場し、のちのグリム版「赤ずきん」のヒントになったとされる作品。おとぎ芝居ではあるが、じつはかなり政治的な含みのある作品として読まれている。

　どうもティークあたりから「青ひげ」を、女の好奇心を戒める物語として読む流れができてきたようだ。ティーク作品の翌一七九八年、ロンドンのドルリー・レイン劇場で上演された**ジョージ・コールマン**のゴシック劇ともなると、もう題が『**青ひげあるいは女の好奇心！**』になっちゃってる。筋が展開する舞台はトルコ。

　家族に強いられて富豪アボメリク（青ひげ）に嫁がされた新妻ファティマは、城内全室の鍵を渡される。いっぽう恋人のセリムは森で武装決起し、婚約者を取り戻そうとする。ここまでは『青ひげラウル』の話を東洋に持っていっただけに見える。

　ファティマは姉アイリーンに焚きつけられて（お、プシュケみたいだ）、禁断の〈青の間〉に足を踏み入れる。そこには墓と、先妻たちの屍体があった。碑文には〈アボメリクの命を危険にさらす女はこの墓に閉じこめられるであろう〉との警告。青ひげアボメリクは、ファティマが部屋を開けたことを知って、殺そうとする。もみ合いになったところで、骸骨の台座からお守りの短剣を奪い取る。すると骸骨が動きはじめる。

墳墓の壁を突き破ってセリム軍団が乱入。セリムは青ひげアボメリクを骸骨の足元に倒す。骸骨が即座に、投げ矢をアボメリクの胸に突き刺し、もろともに地面の裂け目に沈んでいく。大量の炎が上がったかと思うと、裂け目は閉じる。めでたし。

異国を舞台とする悲恋ものかと思わせておいて、『ハムナプトラ』風味の冒険ファンタジー映画のようなエンディングになる。おもしろいのは、骸骨になった先妻が舞台上で動くことだ。やはり舞台にかける以上、先妻の屍骸を転がしておくだけではつまらない、せっかくだし、動かしてみたかったのかな。骸骨は配役表には書かれていない。俳優が演じたのではなく、仕掛けで動かしたか。

それにしても、なぜ舞台がトルコなのだろう。

これにはちゃんと理由がある。

ペローの死の翌年（一七〇四）から、東洋学者アントワーヌ・ガランが、『**千一夜物語**（**アラビアンナイト**）』のシリア系写本（一五世紀ごろのものと見られ、ガラン写本と呼ばれる）をもとに、そのフランス語訳を刊行しはじめた。

『千一夜物語』は『愉しき夜』や『ペンタメローネ』と同じく、枠物語だ。『千一夜物語』の外枠物語に登場するササン朝のシャフリヤール王（架空の人物）は、妻の不貞を知り、その首を刎ねる。女性不信となった王は、処女を求めては一夜をともに過ごし、翌朝にその首を刎ねることを繰り返す。そのため、領内では若い娘がどんどん減っていく。

大臣の娘シャハラザードが志願し、王に身を差し出す。そして毎夜命をかけて、王におもしろい話を物語る。王が引きこまれて続きが気になるところで話をやめて「続きはあした」とする。こうして命がけで語りつづける物語が『千一夜物語』のかずかずの枠内物語というわけだ。

連続して妻を殺す男と、その妻となったヒロイン。シャフリヤール王とシャハラザードは青ひげ夫妻に似ている。もちろんこの類似は偶然だろう。『千一夜物語』の外枠部分の原型は、遅くとも一〇世紀には成立していたというけれど、「青ひげ」の発表はガラン版に先行し、ペローはガラン版第一分冊刊行の前年に世を去っていた。青ひげとシャフリヤール王、ふたりのシリアル・ワイフキラーが、わずか九年差でフランス文学史に登場したわけだ。

ガラン版『千一夜物語』は、完結を待たずして英語やドイツ語に重訳され、一八世紀ヨーロッパで東洋趣味の流行を生んだ。そのあおりでペローのおとぎ話の人気がいったん下がったとまで言われている。もっとも、ペロー作品も少し遅れて翻訳・翻案され、また民衆本（粗悪な紙に印刷され、行商人が売った大衆的出版物）をつうじても流通するようになったのだが。

その過程で、**青ひげとシャフリヤール王のイメージが、人々の空想のなかで融合していった**。このイメージは一八世紀を生き延び、二〇世紀まで続いた。「青ひげ」の挿画では、ギュスターヴ・ドレ（一八六二）やエドマンド・デュラック（一九一〇）が、中東ふうのいでたちをした登場人物に描いている。

23 青ひげは結婚生活の犠牲者か？ アナトール・フランスその他

なお東洋史家・前嶋信次《まえじましんじ》は、フランスの東洋学者ジャン・プシルスキの説を引きつつ、『千一夜物語』の外枠物語は〈本来は冷酷に、ただ殺さんがためにつぎつぎと妻を殺していた青ひげ式の物語だった〉ところに、〈なぜそんなに世の女性を激しく憎むようになったものかを、人々に納得させるために、その由来談をつけ加えなければならなくな〉って、后の不貞という連続妻殺しの動機が〈あとからの付加要素〉として足されたのではないか、と述べている。

あくまで推測にすぎないけれど、心情的には納得できる。青ひげが妻たちを殺しつづけた動機は、作中ではいっさい説明されない。連続殺人を説明する理由がほしくなる人もいるだろう。そういう人は、「ひょっとして、妻に浮気されたのか？」と勘ぐってしまう。

たとえば心理学者ベッテルハイムは、「青ひげ」について、〈ある地域では、昔、女性が夫をあざむいたために夫が妻を殺せるのは、ある特定の罪、つまり姦通の場合に限ることになっていた〉と述べている。〈ある地域では〉なんて、どうにも眉唾なコメントだ。青ひげの妻殺しを、妻たちの姦通への復讐と解釈しているわけだ。

教育心理学者の天谷祐子《あまやゆうこ》も、〈青ひげは過去に自分の妻に裏切られたので、次に妻に迎える女性について自分が信頼してよいかどうかを、自分のいない間に鍵を与え、「入ってはならぬ」と伝えた部屋に彼女が入るか否かで試そうとしているとも読み取れます〉と書いている。心理学者というのは、シャフリヤール王の像に引っ張られた青ひげ像を抱きがちだ。

スデーヌやコールマンの舞台化で、青ひげが金の力で若いカップルに割りこむ邪魔な男として描かれているのも、ひょっとしたらこの機序で着想されたのか。

このあたりはあくまで推測にすぎないけれど、心情的には納得できる仮説だと思う。ベッテルハイムや天谷は、「なぜ連続して妻を殺すのか」を説明する理由がほしかったからこそ、先妻たちの不倫を青ひげの動機として幻視したのだろう。

そういうわけで、青ひげに殺された妻を、「殺されるくらい悪いことをしたのだろう」と意味づける人情というものが存在したわけだ。こういう勘ぐりには、人間の推論の非常によろしくないところが出ている。一九世紀前半、青ひげを結婚生活の犠牲者と見なし同情する読みがすでにあったことは、英国の文豪チャールズ・ディケンズの長篇小説『ピクウィック・クラブ』（一八三六）で、主人公サミュエル・ピクウィックの従者サム・ウェラーが父トニーを評したつぎの発言に見て取れる。

> 青髯男の家つきの牧師が、青ひげを埋葬したとき、あわれみの涙を浮かべながら言ったように、おやじは結婚生活の犠牲者だと思いますね。〔北川悌二《きたがわていじ》の訳文に補綴〕

寝取られ男としての青ひげは、ベルギーの小説家**J＝H・ロニー兄《エネ》**の作品にも見て取れる。作品集『キャモの森の奥地』（一八九六）に収録された、**「離婚の青ひげ」**という掌篇がそれだ。「J＝H・ロニー」は兄弟コンビ作家の筆名で、ソロ活動をするときにはそれぞれ「J＝H・ロニー兄《エネ》」「J＝H・ロニー弟《ジューヌ》」を名乗った。現在では兄のソロ活動が有名だ。

「離婚の青ひげ」は途中まで読むとわかるが、〈私〉が家に迎えた来客に向かって開陳している身の上話だ。若くして結婚した〈私〉は、〈こちらがどう言おうが、どう思おうが、女は私を騙す〉ということを〈公理〉として受け入れている。結婚一年後、果たして妻はあちこちの男に色目を使いはじめた。〈私〉は〈運命は、地球が太陽の周りを回るように決まってるんだ〉と考えて怒りを鎮め、警察上がりの私立探偵を雇い、若い男のワンルームにいるところを取り押さえる。〈離婚は五秒で成立しましたね。後腐れはいっさいなし。なにせ結婚契約書の作成には、細心の注意を払ってましたからね〉。

半年後結婚したアンヌ・B（アンヌ姉さんのファーストネームと、Barbe bleue《青ひげ》と同じイニシャルの姓）は、社交界で浮き名を流すモテ女だが、その夫になろうという勇気のある者は〈私〉以前にはなかった。妻への熱愛は一年で冷め、妻が浮気をするかどうか興味深く見守るフェーズに入る。用心深くしていたアンヌも、小柄で美男のハンガリー人の一途なアプローチに押し流され、二度目の離婚となった。

〈私〉はそれ以降も結婚と離婚を繰り返す。ジャンヌ・Cとのあいだにはふたりのかわいい子をもうけたが、五年で離婚。親権は〈私〉にある。〈ほら、庭で遊んでる幼い娘、あれはエレーヌ・Gの娘です〉。ジョルジェット・ド・M、そしてベルト・H。

〈どの妻も、先妻たちの運命に怯え、結婚するときには厳粛な貞節の決意を抱いてます。でも残念ながら、パリの怪物が待ち受けるあの奈落に、全員落ちてしまうんです〉。〈人はいつか裏切られるという確信は、結婚生活という料理を味わうときには、これまたひときわ味わい深いものですね〉。

〈妻たちには、そうする以外なかったんです〉。

〈どの妻とも、結婚したことを後悔したことはありません。平和な青ひげとして生きる以外の運命を望んだこともありません〉。一滴の血も流れてないのだから、そりゃ平和だろう。

結局のところ、私は東洋の大君が味わう美しい一夫多妻を、同時だったら起こったはずの面倒なしに経験したわけで、これって要するに、男だったらだれしも抱く夢ですよね。

語り手は、「人殺し城」などにあらわれた「非同期（時間差つき）一夫多妻」を、一滴の血も流さずに平和に実現した形になる。皮肉な味わいは世紀末フランスの掌篇作家たちに共通する特徴だ。女性不信などとうに通り越した達観がここにある。

青ひげ寝取られ説ではなく、青ひげ謀殺説の可能性もある。青ひげ夫人の一家が怪しい。

> 彼女は初めから、青ひげができるだけ早い時期に死んでくれることを願っていたかもしれません。〔…〕夫にたいする不実をはたらいた彼女のそばには実の姉がおり、夫に殺されそうになる瞬間に彼女のもとに二人の兄がかけつけ、正当防衛のかたちで青ひげを殺害しています。段取りがととのいすぎていますし、タイミングも良すぎます。〔法制史家・森義信《もりよしのぶ》〕

二時間ドラマ終盤で、青ひげ夫人とアンヌ姉さん、兄たちと母親を一室に集めて、歴史家探偵の森先生が謎解きを披露してるみたいだ。

じっさい、この推理で書かれた二次創作が存在する。

アナトール・フランスの小説集『青ひげの七人の妻、その他の不思議な物語集』（一九〇九）には、四篇の中短篇小説が収録されていた。

いずれも伝説的な過去を舞台とする作品で、うち三篇は、フランスの子どもならだれでも知っている人物にかんするものだ。すなわち、青ひげ・サンタクロース（のモデルになったとされるミラの聖ニコラオス）・眠れる森の美女について、あまり知られていない資料に基づいて彼らの（眠れる森の美女のばあいは、巻き添えを喰らっていっしょに一〇〇年眠った廷臣の）真実の姿をお伝えします、という体裁の語りになっている。日本でこういう書きかたをした作家はだれだろう。石川《いしかわ》淳《じゅん》か、澁澤龍彥《しぶさわたつひこ》か。

表題作は、正式には「**青ひげの七人の妻、真正の記録資料に基づく**」という。こういう副題をつけただけで、逆にいかがわしくなる。作者はそこを狙ってるんだろう。これはロニーと同じ、寝取られ青ひげの系列に属する作品だが、トホホ感溢れるロニー作品と違って、こちらは悲惨で皮肉で苦々しい。

語り手は、〈いまから四十年ほど前〉に比較神話学者の一派が主張した説を紹介する。〈青ひげの七人の妻が曙光で、その二人の義理の兄弟は朝と夕の薄明である〉、これなら〈テセウスに盗まれたヘレネを救い出したディオスクロイ兄弟にぴったり合う〉という説だ。

この小説集の四〇年前というと一八七〇年ごろ。民間説話研究が進展し、古典学とも刺戟しあって、比較神話学という学問分野が発展しつつあった。引き合いに出されるヘレネ誘拐は、テセウスとペイリトオスのコンビが、まだ幼いスパルタ王女ヘレネを誘拐した神話。ヘレネの兄弟である双子《ディオスクロイ》のカストルとポリュデウケスがヘレネを奪還したのは、言われてみればペロー版「青ひげ」の結末のふたりの兄の活躍に似ている。つまり「青ひげ」も太陽神話なのだ、という主張となる。

じっさい、まさに一八七〇年にジョージ・ウィリアム・コックスという比較神話学者が、シンデレラや蛙の王さまなどの〈おとぎ話の主人公たちは、太陽神の化身にほかならない〉、ヘンゼルとグレーテルが最後に手に入れる金は〈燦然と輝く太陽〉だ、などと主張した。

「青ひげ」について、同様の主張が存在したのかもしれない。一九世紀の学者ならいかにもやりそうな感じもする。あるいは、ここからもう作者アナトール・フランスの冗談が始まっているのかもしれない。いずれにせよ、「青ひげの七人の妻」の語り手は、この説を一笑に付す。そりゃそうだろう。

「青ひげの七人の妻」は、史料を博捜したと称する歴史物語だ。しかも時代を、ジル・ド・レの一五世紀ではなく、ペローと同時代の一七世紀、一六五〇年ごろに置いている。語り手は、ペローが一六六〇年ごろには早くも、七人の妻を娶ったことで有名なこの人物の最初の伝記を草したが、悪逆非道な人物として書く過ちを犯した、と続け、自分はサン゠ジャン゠デ゠ボワのある石屋の家で、青ひげにかんするさまざまな書類資料を発見したと主張する。

本作の舞台は、ブルターニュではなくピカルディ。一六五〇年ごろ、裕福な貴族ベルナール・ド・モンラグが、領地にあるゴシック様式の古城に住んでいた。下唇の下にだけ蓄えた髭があまりに黒くて青く見えるので、村人には青ひげと呼ばれていた。このがっしりした長身の美男子は、立派な風采で女に惚れられるタイプ。でも、その心のなかには、女性への恐れがあった。

城館の大広間の一端には〈不幸な王妃たちの部屋〉と呼ばれる部屋がある。〈アンティオペの綱で牛の角に縛りつけられている太陽の娘ディルケ、自分の子供たちが神の矢に刺されたのを見てシュピロスの山で泣き沈んでいるニオベ、ケパロスの矢をおのが胸に促しているプロクリスの物語〉といったギリシア神話の女たちの悲劇的なストーリーが、その部屋の四壁に、フィレンツェの画家によって描かれていた。〈この姿はさながら生けるがごとく、部屋に敷きつめられていた斑岩の舗石は、不幸な女たちの血で染まっているかと見えたほどである。この部屋の戸口のひとつはいつも水の涸れている庭の溝に面していた〉。

適切な縁談をいくつか断ったのち、なにを血迷ったか熊使いの芸人コレット・パサージュと結婚する。引退して晴れて貴族の身分におさまったコレットは、流浪の生活を懐かしむあまり、〈不幸な王妃たちの部屋〉から抜け出し、熊といっしょに逃亡した。八方手を尽くしたが、女の行方は杳として知れない。

つぎに青ひげは、祭で知り合ったコンピエーニュの裁判官の娘ジャンヌ・ド・ラ・クローシュに求婚する。ジャンヌはアルコール依存症で、夫にDVを働く。夫は妻の飲酒をやめさせようと、壜に薬草を入れるが、妻は毒を盛られたと思いこみ、夫の下腹に庖丁で三寸ほどの傷を負わせる。青ひげはそれでも耐える。あるとき妻は、使用人が閉め忘れた〈不幸な王妃たちの部屋〉にうっかり足を踏み入れ、絵をほんものの女だと思って錯乱、〈人殺し！〉と叫んで野原に駆け出す。後ろから青ひげが声をかけたのを、余計恐ろしがって水場に飛びこみ、溺死する。

そういえば、ペローの青ひげ夫人が禁断の扉を開けた場面に〈はじめはなにも見えませんでした。窓がしまっていたからです〉とあったことに着目すると、先妻たちの屍体が妻の誤認だった可能性もある。

部屋の窓はぴったり閉じられていたので、はじめは何も見えなかったと語られていた。そんな暗がりの中で、彼女は何を見つけたというのだろう。手の鍵をとり落とすほど、気もそぞろだった。そんな状態にあって、どうして床に固まっているのが血であり、映っているのは女の死体だとわかったのだろう？　もしかすると、ヨーロッパの古城や館によくあるところだが、それは床に描かれた装飾画とか、壁に描かれた肖像だったのではなかろうか。〔ドイツ文学者・池《いけ》

内紀《うちおさむ》〕

おもしろい仮説だ。アナトール・フランスはこれと同じことを考えていたのだろう。

アナトール・フランスに戻ろう。六週間後、青ひげは小作人の娘ジゴヌ・トレニェルを娶る。片目が斜視の、玉葱臭い農家の娘だったが、かなりの美人。貴族の妻の座におさまったとたん、金銭欲と権勢欲にとり憑かれ、宮廷に出仕して国王の愛人になりたいと焦がれ、なれない悔しさからストレスで黄疸になって死んだ。ちなみに一六五〇年なら、国王ルイ一四世はまだ一二歳だ。

つぎに結婚した騎兵士官の娘ブランシュ・ド・ジボーメは、近隣の紳士たち全員と愛人関係を結びながら、持ち前の頭の回転の速さで夫の目を欺きとおした。けれど愛人たちの目を欺くことができず、あるとき〈不幸な王妃たちの部屋〉で愛人といちゃついているところをべつの不倫相手に踏みこまれ、痴情のもつれから絵の前で刺殺される。〈不幸な王妃たちの部屋〉で、じっさいに殺人がなされてしまったわけだ。妻の死とその背景事情を知った青ひげは、ショックで病臥してしまう。

医者は手を尽くしたが、最終的には若い妻との再婚こそが良薬と診断し、青ひげは従妹のアンジェール・ド・ラ・ガランディーヌを娶る。このたびの愛らしい妻は、善良で優しい、そして前妻の才気煥発とは逆の、おそらく軽度知的障碍の女性で、夫のいないところで他の男たちの思うままになってしまった。しかもそれを夫に隠すことをせず、洗いざらい報告してしまう。青ひげは五度目の結婚にして初めて、妻を平手打ちした。このことがきっかけで、青ひげは妻を虐待するという噂が立つ。アンジェールは夫が狩に出ているあいだに、破戒の修道僧に攫われて行方知れずとなった。

青ひげは近隣の屋敷で、身分の高い美しい孤児アリックス・ド・ポンタルサンと知り合う。彼女は後見人に財産を騙し取られ、修道院にはいろうとしていたところだった。ふたりは結婚したけれど、妻は夫との同衾を拒んで〈不幸な王妃たちの部屋〉に閉じこもって暮らし、音を上げた夫はローマ教会に多額の寄進のすえ結婚を取り消させてもらう。女は出ていった。

これに懲りて、青ひげは数年間、独身生活を送る。村人は、青ひげの妻たちがどうなったかについて、剣呑な推測を噂話に仕立てた。

あるとき、シドニ・ド・レスポワスという金回りのいい子連れの中年未亡人が、二里ほど離れたところに流れ着く。夫人の四人の子のうち、姉娘アンヌは腹黒いオールドミス、若い妹娘ジャンヌはかわいい顔して海千山千の遣り手。ジャンヌという名は、アンヌと韻を踏んでいるからだけでなく、ジル・ド・レの戦友ジャンヌ・ダルクを仄めかしているのかもしれない。息子は二〇歳の漁色家で大悪党のコームと、二二歳のアルコール&ギャンブル依存症のピエール。それぞれ竜騎兵と近衛騎兵だったというから、身分についてはペロー版と完全に一致している。

レスポワス家は浪費家だったが、それはすべて借金だった。夫人は娘のどちらかを青ひげに嫁がせることで一発黒字化を狙うことにし、領主の気を引く。まんまと引っかかった青ひげは、一家や友人たちを城館に招く。

一家の友人として青ひげ城に招かれた若い領主ラ・メルリュ騎士は、妹娘ジャンヌと密かに男女の仲だった。一座のなかでただひとりそうとも知らぬ青ひげは、これまでの人生経験からなにも学ばず、不器用にジャンヌに求婚する。邸前の芝生で開かれた豪華な晩餐会では、村の学校の教師男女が子どもたちを連れてお祝いの言葉を読み上げ、〈とんがり帽を被ったひとりの星占いが婦人たちの前に進みより、手の平の條を読んで彼女たちのこれから先の恋を予言した〉（**占い師の予言**は

「青ひげ」文学にしばしば出てくるので頭の隅に置いていただきたい)。

レスポワス家とラ・メルリュ騎士は、ギャンブルで青ひげから多額の金を巻き上げる。さて本書第1部で、〈みんなはろくに眠りもせず、一晩中いたずらをしあってすごしました〉の一文を、僕は乱交パーティと感じてしまった。じっさい、アナトール・フランスはこのように書いている。

> 青ひげに関する一番古い物語の作者〔ペロー〕が言っているように、「人びとは終夜互いに悪戯をしあって一夜を過ごしたのである」。この時間は多くの者にとって一日中で一番快い時であった。なぜならば、戯れを装いながら、闇にまぎれて互いに魚心のあるものが、一緒に寝室の奥へ隠れたのである。〔杉捷夫《すぎとしお》訳〕

ラ・メルリュ騎士は、当然ジャンヌと一室にしけこんだ。

レスポワス家の息子たちは青ひげの寝室でなにかを燃やして異臭を発生させ、痒くなる粉をベッドに撒き、ドアを開けると水が落ちてくるような仕掛けもした。最後のは昭和の学園ギャグ漫画のようだ。一同は青ひげがひっかかると囃し立て、主人は例の優しさでじっと我慢した。

このあと青ひげは正式に求婚し、レスポワス邸で婚礼の儀となる。一か月後、青ひげは従兄弟の遺産を受け取るために六週間の留守をすることになった。ジャンヌに家の鍵をすべて渡し、〈不幸な王妃たちの部屋〉にも入ってもいいけど、不吉なことが続いた部屋だから、できたら入らないでほしい、くらいのやんわりした希望を述べて、出かけていった。めちゃめちゃ優しいじゃん。

来客が押し寄せ、好き勝手に城館で羽根を伸ばすなか、ジャンヌはいそいそと〈不幸な王妃たちの部屋〉に向かった。なにしろ結婚以来その部屋で、毎日二度、愛人との逢瀬を続けているのだ。ペローの「青ひげ」で、新妻が来客をほったらかして秘密の部屋に踏みこんだのは、いくら好奇心に押し流されたからとはいっても多少不自然だった。これを説明するのがこの密会説だ。レスポワス一家とラ・メルリュ騎士は、城主殺害を計画する。その首謀者は、残虐行為にのみ快楽を覚える奸悪な異常者・姉アンヌだった。

青ひげは予定より少し早めに帰ってきた。妻は夫の遠出を労った。翌朝、妻が返してきた鍵束に、〈不幸な王妃たちの部屋〉の鍵が欠けていた。夫がその返却を優しく求めると、妻はあれこれ理由をつけて引き延ばしたのちに、やっとその鍵を返した。妻はうろたえて、鍵に血のしみがあると思ってしまう。けれど、それは暁の光に映える真っ赤な空が反射していただけだった。夫はといえば、鍵が渡したときよりきれいに光っているのを見て、鍵が使用されたことをただちに見て取った。

青ひげは悲しく微笑んで、若妻に言う。〈あの小部屋へ入ったね。お前の身にもまた私にも、なにもいやなことが起こらなければいいが！　あの部屋からはどうも悪い気が発散する。お前だけはあの気に当てさせたくないのだ。もしもお前までが今度その力に押さえられてしまうなら、私はあきらめられない。許しておくれ、愛していると迷信深くなってね〉。

憂鬱と愛情とから出たこの言葉が終わるやいなや、ジャンヌは〈助けてえ！　人殺し！〉と叫んだ。あらかじめ決めていた合図だった。ジャンヌの愛人と兄弟が三人がかりで青ひげを刺す手はずだった。ところが、出てきたのはラ・メルリュ騎士ひとりだった。

予定と違うのでジャンヌは泡を喰って逃げ出し、廊下でアンヌ姉さんと出くわす。アンヌ姉さんはペロー説の言うように塔にいたのではない、というのも塔は宰相リシュリュー（在位一六二四—

一六四二）の命令で取り壊されていたからだ（こういう語り手のフォローが絶妙に胡散臭くておもしろい）。廊下ではこの大仕事に怖気づいた兄弟が真っ青になってふらついていた。アンヌは兄弟を励まし、ジャンヌは〈早く！　早く！　兄さん、私の大事な人を助けて！〉と声をかける。

叱咤されたピエールとコームは小部屋に入る。青ひげはラ・メルリュ騎士の剣を取り上げ、組み敷いている。ふたりの兄弟は卑怯にも背後から青ひげの胴を剣で貫き、青ひげが息絶えて以後も膾切りにした。

遺産をすべて得たジャンヌは、ペロー説と同様に、これを自分たち姉妹の婚資、兄弟の隊長株の購入費に使った。ラ・メルリュ騎士は、金持ちになるとすぐに真人間になった。おしまい。

最悪だ。

もう一回言う。これ最悪。

レスポワス家の登場以降、作者の筆致は、ノンフィクションノヴェルの嚆矢、トルーマン・カポーティの『冷血』（一九六六）のような乾いたタッチで、定められた青ひげの悲劇へとカウントダウンをはじめる。とくに、ふたりの兄がビビって踏みこむタイミングが遅れるというディテールが生々しい。

すでに引用したように、森義信は青ひげの成敗について、〈段取りがととのいすぎていますし、タイミングも良すぎます〉と疑念を表明した。アナトール・フランスも同じことを感じて、この短篇を書いたのだろう。

本作の青ひげは、金持ちで美男で善人で、なんなら腕っぷしも強い。一騎打ちだったらラ・メルリュ騎士に勝てたはずだ。読んでて二番目に悲しいのは、アナトール・フランスの筆致が、その青ひげにさほど同情的でないことだ。そしていちばん悲しいのは、読んでいるこちらの胸にも、あまりにお人よしで無防備な青ひげ氏を蔑む気持ちすらわき起こってくることだ。

24　グリム兄弟は「青ひげ」をだれから聴いたか？

青ひげは金持ちの〈男〉で、ヒロインは〈その妻〉だった。ところが、**グリム兄弟**の『子どもと家庭のメルヒェン集』初版第一集（一八一二）の「**青ひげ**」は〈王〉。ヒロインも〈お妃〉だ。なお、グリム初版第一集の註によると、〈ハンブルクでは、髭の濃い男のことを青髭と言う〉とある。ヤーコプとヴィルヘルムのグリム兄弟は、ティークと同じドイツロマン派の重要人物だった。やっと出てきた。

原作ではヒロインには母と姉がひとりいて、父には言及しなかった。軍人である兄二名については、終盤で後出しで登場した。いっぽうグリム版では姉はおらず、父と三人の兄（職業については情報なし）と暮らしていて、母には言及しない。青ひげ夫人の実家が母子家庭か父子家庭かの違いを重視する論者（ドイツのユング派心理学者ヘルムート・バルツ）もいるけど、本書では深追いしない。

グリム版ではヒロインがひとり娘。だから原作の、姉妹のどちらが青ひげに嫁ぐかを決めるパーティは開催されない。原作では「以前の妻たちの消息が明らかではない」という情報が、娘たちにたいしては警告であり、と同時に予告でもあった。グリム版にはそういう情報はない。ただ、〈娘はなんとなく不安だった〉とある。それで三人の兄に、〈わたしが叫ぶ声が聞こえたら、どこにいらしても、なにをさしおいてもわたしを助けにきてくださいね〉（吉原高志＋吉原素子訳）と懇願する。兄たちは、〈おまえの声を聞いたら、わたしたちは馬にとび乗って、すぐにおまえのところへ行くよ〉と約束する。不安を煽る、予告的な場面だ。

原作では夫の留守中に新妻が屋敷に友人知人を呼んで、各部屋を見て回り、部屋部屋の豪華なありさまが記述されていた。グリム版では妻はひとりで城を探検し、部屋の豪奢さについてはごく簡単に書かれているのみだ。

原作では禁断の部屋の床の血は乾いてて、屍体が逆さに映るほど表面が平らだった。だから、妻が落とした鍵に血痕がつくのは矛盾していた。ところがグリム版では、〈戸が開くと、お妃のほうへ血がどっと流れてきました。そして、壁にはぐるりと死んだ女の人がぶらさがっているのが見えました。もう骸骨だけになっている死体もいくつかありました〉。

これだったら、鍵に血がついても不自然ではない。骨になってしまった屍体がいくつかある、というのも、女たちの殺害が段階的になされたことをクレヴァーに表現している。

そのかわり、グリム版では、原作とは違った点が矛盾してしまう。ドアを開けたら〈どっと流れて〉くるほどの量の血が床にたまるには、直前に、全員を一気に殺しておかなければならない。白骨化なんかしてる暇がない。でも、そんなことをしたら、こんどはドアの下の隙間から人血が流れ出してしまうだろう。

グリム版では、禁断の部屋で鍵についた血痕が落ちない理由（魔法など）の説明はない。また妻は、血痕を取るために鍵を乾草のなかに入れる。初版の註によれば、〈乾草は血を吸い取るという俗説がある〉とのこと。

青ひげは、原作では破約のその晩に帰ってきて、長期出張が不要となった理由を述べた。グリム版では口実もなしに、翌日に帰ってくる。

そういえば、グリム版では語り手によっても青ひげによっても、死んだ女たちの正体が明言されない。これには意外の感を抱いた。ただし青ひげは、〈こんどはいやでもおまえにあの部屋に入ってもらおう〉と言う。〈こんどは〉という語から、部屋の屍体群も前王妃たちだった、と推測するのは不可能ではない。

原作では新妻が姉（おそらく前日から屋敷にとどまっていた）に声をかけて、姉がきょうやってくる予定の兄ふたりに、急いでくるように呼びかけた。他方グリム版では妃みずから窓辺で助けを求める叫びをあげると、森で飲酒中だった三人の兄がそれを聞きつけてかけつける。

原作ではヒロインは青ひげの遺産を使って姉を嫁がせ、兄たちに位階を買い、みずからも再婚した。それから、ふたつの「教訓」が書かれていた。グリム版では兄たちがヒロインを〈家へ連れて帰り〉、遺産はヒロインのものとなる。娘は作中では再婚しない。遺産の使途については書かれず、教訓もついていない。

コールマンの青ひげは、シャフリヤールの「中東」というイメージを受け継いだ。いっぽうグリムの青ひげは、シャフリヤールの「王」という属性を継承したのだ。グリムは註にも、青ひげの所業が、シャフリヤール王に〈まぎれもなく似ている〉と書いている。

グリム兄弟は「青ひげ」をだれから聴いたか。グリム家と家族ぐるみのつきあいのあったハッセンプフルーク家のジャネット（ヤネッテ）・ハッセンプフルークだ。ジャネットの父はグリム兄弟の出身地ハーナウの市長をつとめたのち、偶然兄弟と同じ年にカッセルに移って行政区長官（知事のような職）についたので、兄弟とは非常に縁が深い。

ではそのジャネットは、だれから「青ひげ」の話を聴いたのか。こういう話が伝わるときのもっとも蓋然性の高いルート、つまり母親から聴いたようだ。

中世文学の研究者で民俗学者でもあるハインツ・レレケが、ヴィルヘルムの書簡（一八一〇年二月、フリーデリケ・テオバルト宛）を引きつつ紹介するところによれば、ハッセンプフルーク姉妹の母マリア・マグダレーナ（一七六七―一八四〇）は、〈ドーフィネ出身の〔…〕ユグノー派の家庭の出で、「まったくフランスの精神のもとで育てられた」。「一八〔七〕八〇年頃になってもまだ、ハッセンプフルークの家庭の食卓でのだんらんは、フランス語でおこなわれた」〉。

つまりハッセンプフルーク姉妹は、代々のドイツ人ではなく、フランスの新教徒《ユグノー》の家系に属し、彼女たちが語るおとぎ話も、〈ペローとドルノワ〔ドーノワ〕夫人のお話に深くなじんだものである〉。ペローと同時代の作家ドーノワは、本書でものちほど登場する。

〈新教徒《ユグノー》たちはルイ一四世の迫害を逃れて亡命するとき、一連の民話をドイツに持ち込んだ。だが、それらは一般民衆の間で語り伝えられていた物語そのままなものではない。一七世紀末にパリの社交界で文芸おとぎ話が大流行したとき、シャルル・ペローやマリー・カトリーヌ・ドーノワ伯爵夫人らが童話集を編纂したが、新教徒《ユグノー》たちはこれを読んで知ったのである〉（米国の文化史家ロバート・ダーントン）。

ということで、ハッセンプフルーク家の姉妹がフランス系の母親から聴いた、文字媒体由来の話が、『子どもと家庭のメルヒェン集』に流れこむこととなった。この著作は、初版第一集の刊行後、四五年にわたって第七版まで改訂された。改訂で入れ替えがいろいろあったなかで、この「青ひげ」も第二版（一八一九）で、「長靴をはいた猫」「お姑」（「眠れる森の美女」の後半）とともにまっ先に削除されてしまった。でも「赤ずきん」「灰かぶり」（「シンデレラ」）「いばら姫」（「眠れる森の美女」の前半）は残った。

削除されたにもかかわらず、話のインパクトが強烈だったせいか、「青ひげ」にグリム童話の印象を持っている人は多い。じっさい、ジル・ド・レについて〈妻を次々に殺害する殺人鬼を描いたグリム童話「青髭」のモデルではないかという説もある〉（『世界の英雄解剖図鑑』エクスナレッジ。傍点は引用者）というキャプションを見たこともある。本章で後述するけれど、ドイツの絵本作家ヤーノシュや、日本の桐生操《きりゅうみさお》、松浦寿輝《まつうらひさき》といった作家たちも、グリムパロディの企画で「青ひげ」ネタを取り上げている。

またアニメ『グリム名作劇場』（テレビ朝日）でも「青ひげ」が取り上げられていた（一九八八放送。なお、これに先立つＴＢＳの『まんが世界昔ばなし』の「青ひげ」回（一九七六）では〈ペロー童話集より〉とクレジットされていた）。

僕なんかも、ペローの日本語訳（と称する再話）で子どものころに読んだにもかかわらず、大人になってそのことを忘れ、「青ひげ」はグリムだったっけ、となんとなく思ってたクチだ。

この印象は、ペローよりグリムのほうが一般に知名度が高いから、というだけの話ではない。たぶん、話の暴力要素に多分に影響されている。ペローにも暴力は出てくるが、どちらかというと、眠れる森やガラスの靴といったキラキラしたディズニープリンセスのイメージを抱きがちだ。いっぽうグリムには、魔女を竈で焼き殺す、悪い王妃に焼けた鉄の靴を履かせる、意地悪な継姉たちが金の靴を履くためにつま先やかかとを切り落とす、その姉たちの両目を鳩がくり抜く、そういったダイレクトな暴力描写の印象がつきものだからではないか。

グリムの「青ひげ」はメルヒェン集初版のみの収録で、「グリム童話」としてはさほど流通していないはずなのに、血まみれの部屋のせいで「グリムっぽい」と思われがちなのだ。

「青ひげ」を削除した第二版への註（一八二二）を読むと、「灰かぶり」（シンデレラ）への註釈で紹介されている各地の異型のうちのひとつが、つぎのように非常に興味深い展開を見せていた。

> 灰かぶりが王さまと一年間幸せに暮らしたあと、王さまはすべての鍵を彼女に残して去っていく。そのさい、ある部屋を開けてはいけないと命令する。しかし王さまがいなくなると、灰かぶりは継姉に指示されて、禁断の部屋の鍵を開ける。そこは血の海だった。その後王妃は、息子の出産で床につくと、邪悪な姉によってその部屋に投げこまれる。姉は王妃に代わって寝台に横たわったが、衛兵たちが王妃の泣き叫ぶ声を聞きつけ、本物の王妃を救出し、偽王妃は罰せられる。

そっけない要約なので、〈血の海〉がなんだったのかがわからない。なんにせよ、靴がぴったりの自分を見つけてくれた王が青ひげだった。グリムが省略したのか、最初から原話にも明言されていなかったのか。

この報告を読んだときには、さすがに興奮した。青ひげ夫人がシンデレラのその後の姿だったのだから。通常のシンデレラ譚では結末となるはずの結婚の、そのあとに、「青ひげ」の**見るなの座敷**モティーフと、グリムでも人気の高い「**鵞鳥番の娘**」で知られるなりすましの后モティーフが加わっていたのだから。

25 一九世紀中葉の青ひげ ディケンズその他

本書ですでに言及した文豪**チャールズ・ディケンズ**は、一八六〇年に随筆で、人間の心の随所にある闇は幼児期に乳母によって植えつけられるのではないか、という意見を開陳した。チャールズが五歳から一〇歳のころ、ディケンズ家にはメアリ・ウェラーなる乳母がいた。どうやらこの人物から、幼いチャーリーは「青ひげ」の話を聞かされ、トラウマになったらしい。乳母はペローの英訳（非常によく読まれていた）を読んだか、読んだ人から聞いたかしたのだろう。

ここからディケンズは、「**殺人大将**」の話を続ける。その物語は「青ひげ」のオフビートなカヴァーヴァージョンだ。「青ひげ」の主題による変奏と言ってもいい。「殺人大将」はディケンズ作の独立した掌篇として読まれることもある。

> 僕自身のことを云うならば、稚《いとけな》き幼年時代に最初に押し入ってきた登場人物は、殺人大将と呼ばれる人物である。当時はむろん知るはずもなかったが、悪鬼とも云うべきその人物は、おそらく青髭の眷属なのであろう。〔西崎憲《にしざきけん》訳〕

金持ちの殺人大将は若い女の肉を食べたくて結婚相手を探している。一二頭立ての馬車で花嫁を迎えるが、白馬たちの背には花嫁の血を浴びた赤い斑があり、殺人大将はこれを馬具で隠している。

挙式後一か月ぶっ通しの祝宴ののち、花嫁とふたりきりになると、調理道具を渡してミートパイを作らせる。肉はどこにあるのかと訊かれると鏡のなかにあると言う。花嫁が鏡を覗きこむと剣でその首を切り落とす。

この所業をいくたびも繰り返し、あるとき金髪の娘を妻に迎える。その娘には黒髪の双子の妹がいるが、彼女は殺人大将を疑い、憎んでいて、婚礼の直前、彼の歯が鑢で尖らせられていることに気づく。姉の死を知った黒髪の妹は、自分は姉に嫉妬していたのだと言って殺人大将に求婚する。妹も殺人大将に喰われるが、妹は首を刎ねられる直前、パイを作りながら猛毒を服用していた。その肉を食べた殺人大将の体はやがて膨らみはじめ、頭が天井につき、部屋いっぱいにまで膨らんだのちに破裂する（映画『007　死ぬのは奴らだ』［一九七三］の終盤を思わせる）。破裂の音を聞いた白馬たちは綱を切って暴れだし、屋敷の使用人全員を蹴り殺していずこへともなく走り去っていった。

翌一八六一年、フランスの劇作家**アルフォンス・ドーデ**は〈教訓劇〉と銘打った一幕劇「**青ひげの八人の吊るされた妻**」を発表した。

裕福な醜い老人である青ひげの城館には、新たな妻エヴリーヌの姉アンヌが使用人のように住みこんでいる。青ひげは〈バルザック氏の『貧しき縁者』に登場する従妹ベット〉に言及するなど、同時代の固有名を口にする。『貧しき縁者』二部作は本作の一四年前に完結した。

青ひげはエヴリーヌとともに祈ろうとするけれど、新妻は祈りのさいちゅうに私語を始め、青ひげというあだ名なのに髭が完全にまっ白なことを指摘して夫をむっとさせる。〈私の髭が白いのは、悲しみのせいなのだよ〉。大きな無人の櫓《やぐら》が立つ中庭の端の奥から、大きな悲痛な叫び声が七回聞こえてくる。新婦に問われた青ひげは、城に住んでいる悪霊を祓うためにローマに発ち、教皇にすがるつもりだ、詮索好きはよくないよ、と言い置いて出ていく。

櫓のなかにある青い部屋は、窓が壊れていて、風が吹き抜ける。部屋のそこここに、女たちが長い釘から吊るされている。全部で七人。屍体たちは青ひげの新たな結婚について会話している。妻たちは順不同で、自分が夫に殺された経緯を告白する。寝てばかりいたため絞殺された。自分宛の手紙に敬称をつけさせた傲慢さを責められて、首に縄をかけられた。小銭をけちけち貯めこんでいることが発覚して吊るされた。食料庫のコンポートを盗み食いした廉で吊るされた。ガーターをドイツ人歩兵につけさせた咎で吊るされた。勢い余って姉に平手打ちしたせいで吊るされた。

ここまでくれば、七人の先妻たちの各人が殺された理由が、カトリックで言う「七つの大罪」のひとつひとつに対応していることがわかる。順に「怠惰」・「傲慢」・「強欲」・「暴食」・「色欲」・「憤怒」……。

とすると、あとひとり残る先妻の不徳は「嫉妬」ということになる。彼女は自分が吊るされた経緯に具体的に言及せず、新妻が日を置かずにここに吊るされるだろうと予言する。この部屋という〈宝石箱〉には七つの大罪が揃っているけれど、〈真珠〉が欠けていると言うのだ。それは〈ほかのすべての悪徳を要約し、包含する悪徳だ〉、その〈女の悪徳の王〉とは〈好奇心〉だ――。

直後、鍵が回る音がして、扉が半開きとなり、外からエヴリーヌが顔をのぞかせる。暗転！　通常の「青ひげ」とは視線の向きが逆で、部屋のなかに視点を置き、外から覗きこむ青ひげ夫人の表情をとらえ返すという漫画的アングルが斬新だ。

恐怖に駆られて自室に戻ったエヴリーヌは、あの女たちには価値はない、自分には怪しげな悪癖はないから、なにも恐れることはない、と思い直す。そこにアンヌ姉さんがカフェオレを持ってやってきて、エヴリーヌの寝坊を咎める。エヴリーヌはカフェオレを口にして、その味が気に喰わず、もっと砂糖を入れて！　もっと入れて！　と叫び、怒りのあまり砂糖壺を壊す。

その新しいドレスはどこで手に入れたのか、とアンヌ姉さんに尋ねる。それはエヴリーヌが長らく着ていて、もう要らないからと姉にあげたものだった。エヴリーヌはきのうまでは要らなかったそのドレスがきゅうに惜しくなり、返せと命じる。姉が他の使用人への払いを促すと、そんな金はないと撥ねつけ、姉と使用人に悪態をつく。そして青ひげのブロンドの小姓に目をつけ、ふたりきりになるために姉を部屋から追い出す。

最終場、青ひげはアンヌ姉さんの書いた報告書を読み、悲しみに沈んでいる。先妻たちはそれぞれひとつずつしか悪癖を持たなかったのに、エヴリーヌはひとりで大罪の悪徳全部盛りだったのだ。青ひげはアンヌ姉さんに釘と金槌と縄を持ってこさせ、泣きながら妻の首に縄をかけ、絞殺し、屍体を引きずっていく。そして最後に読者に向けて、〈ご婦人がたへの警告です〉と言い残し、幕。

陰惨で後味の悪い展開だが、着想は冴えている。「観客に向けて」ではなく〈読者に向けて〉とあるのはト書きどおりだ。上演を意図しない読み芝居《レーゼドラマ》だったのだろうか。

青ひげの髭をまっ白にした〈悲しみ〉とは、このことだった。〈私の髭が白いのは、悲しみのせいなのだよ〉という台詞は、「赤ずきんちゃん」で祖母に変装した狼が、口の大きさを指摘されて、〈それはね、おまえを食べてやりたいからさ、いい子や〉と答えるのに似ている。ドーデもティーク同様、本作の二年前に、「赤ずきんちゃん物語」というやはりペローのキャラクターを使った一幕劇を発表していた（同じ戯曲集に収録）。

本作はキリスト教的なモティーフを前面に出している。青ひげは冒頭で神に感謝し、新妻とともに「主の祈り」と「アヴェ・マリアの祈り」（旧称「天使祝詞《しゅくし》」）を唱え、終盤では七つの大罪がフィーチャーされている。

コールマンの『青ひげ』では骸骨の姿で動いた先妻たちに、ここではついに台詞がついた。先妻たちの屍体が口を利くスーヴェストルの「コモール伯」から一七年経っていた。ドーデはこのあと、劇作も続けながら長短の小説にも進出した。戯曲集の四年後、短篇小説「アルルの女」を発表した。

一八六六年、フランスで活躍したドイツ出身の作曲家ジャック・オッフェンバックが、**『青ひげ』**と題するオペラ・ブフ（ミュージカル的なもの）を作曲した。舞台は一五世紀のナント近郊、つまりジル・ド・レ時代のブルターニュに設定されている。けどジル・ド・レは出てこない。

羊飼いサフィールと花売り娘フルーレット（「お花ちゃん」くらいのいい加減な名前）は恋人どうし。蓮っ葉な羊飼い娘ブーロットはサフィールに横恋慕して迫る。

領主青ひげ公に遣わされた錬金術師ポポラーニが、青ひげの六人目の妻をスカウトしにくる。このイタリアふうの名前は、ジル・ド・レを黒魔術の道に引きずりこんだイタリア人錬金術師フランチェスコ・プレラティ（一四一四―一四四六）の役回りと知れる。くじ引きで青ひげ夫人になる当たりくじを引いたのは尻軽なブーロット。

いっぽうポポラーニの旧友でボベーシュ王国の廷臣であるオスカル伯爵が、幼時、両親の痴話喧嘩のあおりを喰らって川に流されてしまった王女を捜しにやってくる。伯爵は、農民に育てられたフルーレット（**取り替え子**）に幼時の王宮の記憶がうっすらあることを確認、これこそエルミア姫にほかならぬと、王宮に連れ帰ることに。エルミアはサフィールに**出生の秘密**を明かす。

王宮で、エルミアは他国の王子と政略結婚させられることになる。挙式当日、宮廷でボベーシュ王は、廷臣アルバレスがクレマンティーヌ王妃と不倫関係にあると決めつけ、オスカル伯爵にアルバレスの処刑を命じる。嫉妬深い王は妃の浮気を疑って、これまで被疑者を四人も死刑にしていた。青ひげが六番目の妻ブーロットを連れて挨拶にくることを伯爵が告げると、王は五人も妻を殺した領主は参上まかりならんと撥ねつけ（自分は妻の浮気相手を四人も処刑したくせに）、軍を出して青ひげ領を奪取すべしと命じる。しかし王はすでに大砲を鋳潰して自分の像にしてしまっており、兵力で青ひげに勝てるはずもない。聞けば、国防費も陸軍大臣がすでに女遊びに散財してしまっていたというではないか。俺も誘ってほしかった！　と悔しがる王。「バカ殿」的なやり取りだ。

王妃は、当人の意志を反映しない結婚を強いることに反対する。エルミアもエルミアで、結婚なんて厭！　と父王のだいじな壺を割る騒ぎ。そこに到着した政略結婚の相手はサフィールだった。花売りが王女だったように、羊飼いも王子だったのだ。

サフィールはフランス語でサファイアのこと。クラシック音楽好きの手塚治虫は、『リボンの騎士』（一九五三年連載開始）のサファイア（サファイヤ）王子（＝姫）の名をここから採ったのだろうか。男と偽って王子を演じる少女と、世を忍んで羊飼いを演じる王子……。少女クラブ版『リボンの騎士』の〈色彩や画面構成は、1952年に日本公開された映画「ホフマン物語」の影響を大きく受けています〉（手塚治虫公式サイト）とのことだ。『ホフマン物語』は当作と同じオッフェンバックの幻想オペラ（歿後一八八一初演）の映画化で、ドイツロマン派の小説家ホフマンの三つの短篇をモティーフにした音楽ドラマだった。

『青ひげ』に戻ろう。夫に連れられて表敬訪問にやってきた妻ブーロットは、王宮でサフィールを見つけて追いかけ回す。青ひげは青ひげで、美しいエルミアに秋波を送り、七人めの妻にほしくなった。城に帰ると、妻ブーロットを地下室に連れていく。そこは錬金術師ポポラーニの実験室であり、城主の先妻たちの墓もそこにある。ポポラーニは、〈5人もの女がすでにここに入った…犯した罪すべてがわしの良心を責めさいなむ…新たな罪で手を汚したくはない〉とつぶやく。けれど、エルミアと結婚する気満々の青ひげは、彼にブーロット殺害を命じる。

ポポラーニはブーロットに、これは砂糖水のコップと毒薬の壜だから、私がよそ見してる間に飲むようにと言い、ブーロットはコップのほうを飲んで壜の中身を捨てる。でもコップのほうも薬だった。ブーロットは倒れる。青ひげは、ブーロットの指から結婚指輪を抜き取り、エルミアを迎えに王宮へ。

ブーロットが飲んだ薬は睡眠薬で、ポポラーニは電気ショックでブーロットを覚醒させる(一五世紀ですが?)。彼は歴代青ひげ夫人の殺害を命じられてきたが、じつはだれも殺してない。イゾール(『青ひげラウル』のヒロインと同じ名)を始めとする五人の先妻たちは、それぞれ隠し部屋でポポラーニの愛人として暮らしていた。ポポラーニは六人の青ひげ夫人を連れて、青ひげに復讐すべく地上へと赴く。

〈犯した罪すべてがわしの良心を責めさいなむ〉って、先妻殺しの罪じゃなくて、殺したと偽って勝手にハーレムを作ってる罪だったわけですね。主人が主人なら部下も部下だ。この「先妻たちはじつは生きていた」という設定は、のちの青ひげオペラに継承されていく。女優さんをたくさん出せるのが利点だからだろう。

青ひげは、ボベーシュ王の宮殿でサフィールとエルミアの婚礼が始まろうとするところに参上し、泣きながら、さきほど新妻を失ってしまったのでエルミアを妻にもらいたいと奏上する。参列者一同ドン引き、ボベーシュ王がこれを拒絶すると、青ひげは砲兵隊を呼び、王城を包囲したと告げて脅迫。サフィール王子が青ひげに決闘を申しこむ。するとボベーシュ王は、勝者に王女を与えようと言う。すごい手のひら返し！　つぎになに言い出すかわからない王さまのボケにコメディセンスが光る。

サフィール王子vs.青ひげの対決に盛り上がる一同。このあと青ひげはあっさり王子を斃してしまう。洋画や洋ドラで見るコメディのルーツはオペレッタにあったのかもしれない。

泣く泣く青ひげに連れられていくエルミア姫。ジプシー（ロマ）の旅芸人に扮したポポラーニがオスカル伯爵のもとにあらわれ、青ひげの妻たちは全員生きていると告げる。じつはオスカル伯爵も、王に死刑を宣告された廷臣五人全員をかくまっていた。そして倒されたと思ったサフィール王子も生きていた。なぜ生きてたかって？　観客も、そんなことはどうでもよくなっている。

青ひげが王女と無理やり結婚しようとするところに、ポポラーニがジプシーの旅芸人一座を連れてくる。そのなかの女占い師が、ボベーシュ王と青ひげの手相を看て、ふたりが連続殺人を犯したと暴く（**占い師の予言**はアナトール・フランスにも出てきたなあ）。ふたりは愕然とする。一座が仮面を脱ぎ捨てると、それはふたりに殺されたはずのアルバレスら五人の廷臣と五人の先妻、そして占い師はブーロットだった。

両暴君は悔い改め、アルバレスら五人の廷臣と五人の先妻、エルミアとサフィール、青ひげとブーロットの七組のカップルの合同結婚式となる。めでたし。

これで男優さんもたくさん出せるってわけ。最後に数多くのカップルができるのは、ミュージカルの見せ場である集団ダンスシーンを構成するためのものだろう。

オペラ・ブフというもの自体が日本では馴染みがない。ぶっ飛んだ筋と茶番そのものの幕切れに呆れるばかりだ。けど、ヴァルター・フェルゼンシュタイン演出のドイツ語版（カール＝フリッツ・フォイクトマン指揮、ベルリン・コーミッシェ・オーパー管弦楽団）のDVDで観て、とてもおもしろかった。こういうジャンルのコンテンツがあったということが興味深い。

作中の舞台設定は牧人小説を意識したものとなっている。牧人小説とは、一六世紀後半から一七世紀初頭にスペイン、イタリア、フランス、英国で隆盛した長篇小説の一ジャンル。時が止まったような田園風景（しばしばアルカディアと呼ばれる土地）で、羊飼いの男女（王族の世を忍ぶ仮の姿であることもある）がひたすら恋に悩んだり、誤解から相手に嫌われてしまったり、他の羊飼いの恋バナを聞いたりしているだけで、小説が膨大な長さになってしまう。文豪セルバンテスも『ガラテーア』（一五八五）という未完の牧人小説を書いたし、のちには牧人コスプレをして遊ぶ人々を『ドン・キホーテ』に登場させた。

オッフェンバックの『青ひげ』の舞台設定はそういう近世の牧人小説だけど、キャラクターの性格は一九世紀のオペレッタらしい軽くて騒々しい人たちだ。ストーリーはものすごくガチャガチャしてる。牧人小説の設定にドタバタのキャラ。能舞台の老松の絵をバックに吉本新喜劇をやるみたいなものか。

清楚なお花ちゃん《フルーレット》ことエルミア姫と、ビッチ系のブーロットというダブルヒロインを置いているのが斬新だ。後者はむかし話の、心がけのいい末娘や正直じいさんを引き立てる、根性曲がりの姉娘や隣の意地悪じいさんみたいな役回りかと当初は思った。ところが後半になって判明する。ブーロットこそ本作のヒロインだ。だって青ひげと結婚するんだもの。お姫さまになったとたんに我儘キャラに変じちゃうお花ちゃんよりも、ずっとチャーミングなキャラクターではないか。

台本《リブレット》を書いた**リュドヴィク・アレヴィ**と**アンリ・メイヤック**のコンビは、九年後、かの青ひげジル・ド・レ説を有名にしたメリメの中篇小説『カルメン』がオペラ化（一八七五）されたときに、ここでも台本を担当することになる。このオペラを作曲したのはビゼーだった。ビゼーがその三年前に劇伴音楽を担当した『アルルの女』の原作・脚本は、先に紹介した「青ひげの八人の吊るされた妻」を書いたドーデだ。

26　象徴主義と表現主義の青ひげ　メーテルランクその他

> いらなくなった妻たちを屋根裏部屋に監禁した悪人の物語は、一八四〇年代までには、いちばん有名な寓話の一つになっていたであろう。だが二〇世紀には、青ひげの物語はその野蛮な女嫌いのニュアンスのために、人気が落ちてしまった。それは〔…〕大人向きの作品の（ときどきははっきりわからない）材源として生き残った。〔英文学者ジョン・サザーランド（青山誠子《あおやませいこ》訳）〕

日本ほどでなくとも、子ども向けコンテンツとしての「青ひげ」の人気が落ちたのは、欧米でも同様だったようだ。米国の小説家リチャード・ライトの自伝的小説『ブラック・ボーイ』（一九四五）によると、〈ぼく〉は、祖母の家のポーチで、下宿人である小学校教師のエラという女性から、文学を読む危険な楽しみを教えてもらった。

「昔ね、青鬚という名前の、とっても年をとった男の人がいたのよ」彼女は、低い声で、そう語り出した。〔…〕エラは、青鬚が七人の妻をだまして結婚したことや、彼女たちをいかに愛し、いかに殺害したか、彼女たちを、暗い小部屋の中で、その髪を首にまきつけて首吊りにしたことなどを話した。〔野崎《のざき》孝《たかし》訳〕

青ひげがペロー版と違って高齢とされ、妻の人数や殺害方法が確定しているのが興味深い。青ひげは人々の記憶のなかで、ハンサムだったとか、王侯貴族だったとか、ペロー版とは違うさまざまな設定が附与されてきた。

少年の〈ぼく〉はエラ先生の話に引きこまれ、質問攻めにする。あと少しで大団円というところで、激怒した祖母が飛び出してきた。

「なにをしゃべってるんだ、不良娘!」祖母がどなった。「おれの家で、そんな悪魔つきの話はやめてもらおう!」

なにしろ、女性が本を読むということ自体が不良あつかいされる世界だったのだ。しかし〈悪魔つき〉とは、祖母はジル・ド・レの黒ミサ疑惑を聞き知っていたのだろうか。

スタンリー・キューブリックの映画で有名なスティーヴン・キングの長篇小説『シャイニング』(一九七七)では、主人公の幼い息子ダニーの視点で、つぎのように回想されている。

それはずっとむかしのことだったが、物語の内容は、いまでもきのうのことのようにはっきり覚えている。パパがそれを読んでくれたとき、ママは苦い顔をして、たった三つの子にそんな恐ろしい話を聞かせるなんて、とたしなめたものだ。そのお話の題は、『青ひげ』といった。
〔深町眞理子《ふかまちまりこ》訳〕

こんな具合だから、「青ひげ」は、現代の子ども部屋から徐々に退出していかざるをえなかったのだ。

でもそれはあくまで子ども向けコンテンツとしての人気低迷であって、一九世紀末以降の大人向きの作品ではむしろ、人気が上がっていると思える。

演劇学・音楽学の専門家である岡本佳子《おかもとよしこ》によると、〈19世紀後半には青ひげを題材とした翻案作品が数多く書かれ、1880年頃から1920年頃に限ればヨーロッパで青ひげを題材とした作品は実に41作品ある〉。ペロー原作のチャイコフスキーのバレエ『眠れる森の美女』（一八九〇）で有名なフランス出身の振付師マリユス・プティパは、一八九六年にピョートル・シェンク作曲のバレエ『青ひげ』にもコレオグラファーとして参加した。ジョルジュ・メリエスは一九〇一年に短篇映画『青ひげ』を監督した。

〈残虐性と単純な筋だけではなく、それを逆手にとるような物語や、悲しみもがき苦しむ人間的な青ひげ像が生まれていた。ジャンヌ・ダルク像の見直しと列聖とに軌を一にして、同じく中世の人物で青ひげのモデルとも称されているジル・ド・レ像の再解釈も行われたことが背景にあるという〉（岡本）。

フランス語圏では、一九世紀末になると、象徴主義の文学運動が起こる。フランスの象徴主義詩人**アンリ・ド・レニエ**の短篇集『気儘なる短篇』（一八九四）に、「**青ひげの六度目の結婚**」が収録された。

この作品もブルターニュを舞台としている。カンペルレの町を訪れた〈私〉は、小舟を雇って入江をクルーズする。〈私〉は、ぽつんと建っている、閉ざされた城館と、その庭園の美しい薔薇に心惹かれる。当地ならではの、むかしながらの農婦そのままの、大きなケープをまとった女性があらわれた。城館を管理しているというその女性によれば、それは〈カルノエ城主、青髭様のお城〉の廃墟だという。

〈アンヌ姉さんが一日中、浮游する塵を陽光が舞わせているのしか見えず、残忍な時間がせまるときにも誰も何も妹を救いに来なかったと泣いていたのは、きっと今宵のような薄闇のなかでだったのだろう〉。人気のない美しい城館のなかをさまよいながら、〈私〉はかつての城主の結婚生活に思いを馳せる。それが〈私〉の空想＝創造なのか、それとも作中の正史なのか、この短篇小説を何度読んでもわからない。

髭を生やした城主は気位の高い美男だったけれど、すべての妻を愛したし、妻たちは全員城主に恋い焦がれていた。妻が、ひとりひとりに合わせて特別に仕立てた服を着て暮らす。その服が妻の体になじみ、妻の放つ香りが染みわたり、妻と完全に同質になったところで、青ひげは妻を殺した。

ひとりひとりの妻の服は、ひとつひとつの特別室に収められ、城主は毎日交替で一室一室に籠もって過ごす。優しいエメーヌの服は白だった。その服にはヴィオラの音が漂う。純朴なポンセットの服は青だった。オーボエの歌が聞こえる。悲しげなプリスモードの赤紫の服は、リュートの音を響かせる。ミステリアスなタルジールの緑の服からはフルートの音がする。アンヌ姉さんの双子の姉妹アレードの服は、亡霊が着るような服だった。すべての楽器が合奏するのが聞こえる。先妻ひとりひとりに、アイドルグループのような「メンバーカラー」があるのがおもしろい。

廃墟の周りを六人の女の亡霊がさまよう。うち五人は裸で、最後のひとりだけが服を着ている。

城主は長らく独身が続いて、有名な青い髭も白くなってしまった（ドーデの青ひげと同じだ）。そして貧しく美しい小さな羊飼いの娘（オッフェンバックのフルーレットと同じだ）エリアードを見て、妻に迎えたいと思った。青ひげが、兵士や楽士や下僕からなる壮麗な行列を従えて、慎ましい茅屋に新婦を迎えにくると、扉を開けてエリアードが全裸で姿をあらわす。

司教が聖歌隊を揃えて聖堂前で待っていると、戦場に向かうかのような大掛かりな行列の輿から、全裸の花嫁が降りてくる。〈人々の驚嘆は感嘆に変り、神様が特別のおぼしめしで《罪人》の抑止しがたい傲慢さと残虐さとを抑えるためにこの奇蹟の《少女》をおくだしになったのだと考えた〉。

六人目の妻は青ひげと長く暮らした。青ひげがエリアードを殺すことはなかった。先妻たちを懐かしむこともなくなった。城館の雰囲気は明るくなった。妻は、夫が用意してくれた五色の服を着ることもあるにはあったけれど、いちばん気に入って、いちばんよく身につけたのは、結婚前から着ていた毛織のケープと布の頭巾だった。夫より長生きして世を去った。

〈以上のようなわけで古い廃墟のまわりを彷徨う亡霊たちのうち彼女だけが服を着たまま化現するのであり、また今宵農婦の姿で私のまえに現れてくれたのであったかもしれない。彼女は私をその館に連れていってくれ、そして汀にたたずんで、粛殺たる夜のなか、どんよりとした水に泣く櫂の音とともに私が遠ざかるのを見送っていてくれたのである〉。完。

ディケンズの殺伐としたバーレスクや、アナトール・フランスの犯罪ドキュメントタッチに比べると、この散文詩のような作品はまたずいぶんしっとりしたものだ。読んでるさいちゅうに、うっかり集中力を欠いてしまうと、なんの話をしているのかわからなくなるような、不思議な文章。オッフェンバック同様、先妻全員の名前がここにも出ている。

なんといってもラストがいい。完全に「夢幻能」のような構成になっている。ケープと頭巾を身につけた羊飼いの娘にひとさし舞ってほしい。

先述のロニーの短篇集『キャモの森の奥地』はこの二年後の作品。そしてその翌年（一八九七）に発表されたジョルジュ・ダリアンのピカレスク小説『泥棒』で、ムラテという登場人物が仮装ダンスパーティで青ひげのコスプレをする。青ひげは刊行二〇〇周年を迎え、人々にとって非常に身近なキャラだったわけだ。

オッフェンバックの『青ひげ』では、青ひげの先妻たちが全員生きて城館に隠れ住んでいた。そして、全員に名前がついていた。この路線を引き継いで歌劇《オペラ》の台本を書いたのが、ベルギーの、これまた象徴主義の劇作家**モーリス・メーテルランク**（メーテルリンク）。『泥棒』の翌々年、一八九九年に発表された『**アリアーヌと青ひげ　無用の解放**』がそれだ。

連続殺人鬼に鉄槌を下そうと、武装した民衆が青ひげ城を包囲。乳母の反対を押し切って六人目の青ひげ夫人となったアリアーヌは連続殺人説を退け、生存説もある妻たちを捜索・解放する気で城館を訪れた。

青ひげからは銀の鍵六本と金の鍵一本を受け取っていた。好きに使うことを許可されていた銀の鍵には興味がなく、放り投げてしまう。乳母がそれを全部拾って、扉を開けてゆくと、ひとつ目の部屋からそれぞれ順にアメジスト、サファァイア、真珠、エメラルド、ルビー、ダイヤモンドの細工物が溢れ出てくる。アリアーヌがタブーを破って金の鍵を使うと、地下室への階段があり、歌声が聞こえてくる。下っていくと、歌声が大きくなる。

青ひげが現れ、約束を破ったことを詰《なじ》り、アリアーヌの腕を摑んで連れていこうとする。と、民衆が城館に押し寄せるが、アリアーヌが、自分は青ひげに危害を加えられていないと説明し、民衆を城から追い出した。

青ひげはアリアーヌと乳母を地下室に幽閉する。ふたりが奥に踏み入ると、地下室ぐらしですっかり青白くなった先妻たちがいた。アリアーヌは脱出を呼びかけるけれど、先妻たちには、ここから出ていける自信がない。アリアーヌは石を投げ、ガラス窓を割っていく。外には海と空が広がっていた。

妻たちは城の広間に出ると、床に溢れたアクセサリー類で身を飾りはじめる。乳母が馬車の到来を告げる。妻たちは（アンヌ姉さんのように）塔に昇って外を窺う。青ひげが城館の前で暴徒に襲われるのが見えた。多勢に無勢、衛兵たちの援護も虚しく城主は傷を負う。農夫たちは青ひげを縛って引っ立てたまま入城し、復讐を手伝おうと妻たちに申し出る。アリアーヌは丁重に断り、農夫たちを帰す。

六人の妻は青ひげを介抱し、青ひげに声をかける。アリアーヌは青ひげに別れを告げ、もう一度先妻たちを誘う。でも先妻たちはだれひとりついていかない。アリアーヌは諦めて、乳母を連れて城を去っていく。めでたし？　これはめでたしなの？　これが象徴主義演劇か。割り切れないところがおもしろい。

オッフェンバック同様に先妻たち全員に名前がある。その名前はすべてメーテルランク自身の旧作の登場人物に由来する模様。戯曲『アグラヴェーヌとセリゼット』（一八九六）からセリゼット、人形劇『タンタジールの死』（一八九四）からイグレーヌとベランジェール、人形劇『アラディーヌとパロミード』からアラディーヌ（フランス語を解さない設定のためソロの台詞はない）、そして『ペレアスとメリザンド』（一八九二）からメリザンドが、先妻の名として流用されている。『ペレアスとメリザンド』はフォーレ（一八八九）とシベリウス（一九〇五）の劇音楽、ドビュッシーのオペラ（一九〇二）、シェーンベルクの交響詩（一九〇三）と、名だたる大作曲家が競作のように取り上げた人気作だ。

ちなみにアリアーヌという名は、ギリシア神話に出てくるクレタ王の娘アリアドネのフランス名。アリアドネは父が名工ダイダロスに命じて造営した迷宮にテセウスが踏みこむさい、糸玉を渡して脱出できるように手助けした。いっぽう本作のアリアーヌは、みずから城館の地下室に踏みこむ、活発な新妻の役。解釈にもよるだろうけど、僕には最初から最後まで明朗快活なお嬢さんに見えた。せっかく骨折って解放した先妻たちが、負傷した青ひげのもとにとどまることを見届けると、こだわらずにさっさと出ていく。ヒロインの向日性のさっぱりした行動が、割り切れない本作の救いだ。

メーテルランクは『アリアーヌと青ひげ』のオペラ化の許可を、当初ノルウェーの作曲家グリーグに与えていた。この企画が流れると、交響的スケルツォ「魔法使いの弟子」（一八九七。ディズニー『ファンタジア』［一九四〇］のミッキーのシークェンスで有名）で知られるデュカスがオペラ化に取り組み、一九〇七年に完成させた。

同じ一九〇七年、メーテルランクは、代表作となるクリスマス劇『青い鳥』（五幕、のち六幕）

をモスクワで初演（この翌々年にアナトール・フランスの例の短篇集が出ている）。一九二二年には『青い鳥』の続篇である五幕劇『許婚』を発表した。『青い鳥』『許婚』の二作では、衣裳や舞台美術でペロー作品を示唆している。たとえば『青い鳥』のチルチルとミチル兄妹の出で立ちはそれぞれペローの「親指小僧」と「赤ずきんちゃん」とされている（ミチルはグリムのグレーテルでもいいらしい）。『許婚』に登場する妖精宮には、「サンドリヨン」（シンデレラ）のかぼちゃとガラスの靴、「赤ずきんちゃん」のガレットとバター壺、「親指小僧」の小石と人喰い鬼の娘たちの金冠と人喰い鬼の七里靴、「眠れる森の美女」の錘《つむ》と蛇の桶、そして「青ひげ」の鍵が置いてあるという具合。

デュカスのオペラから四年後、メーテルランクはノーベル文学賞を受賞した。この年、ハンガリーの作曲家バルトークのオペラ**『青ひげ公の城』**（一九一二）が作曲された。台本は前年に**バラージュ・ベーラ**が書いたもの。本書ではハンガリーの人名は姓を先に記す。

このオペラは上演時間が短い。その二年前に書かれたシェーンベルクのモノドラマ『期待』と併せて、一九八九年にジェイムズ・レヴァイン指揮、ジェシー・ノーマン主演でメトロポリタン歌劇場で上演されたさい、エルサレム生まれの米国の批評家エドワード・W・サイードが劇評で両作を紹介して、つぎのように述べている。〈どちらも漠然と表現主義、あるいは象徴主義の作品と呼ばれてきたもので、反写実的であり、決して意味を取りやすい作品ではない。しかしきわめて過激で個人的な世界観を扱った創作物であることは間違いない。おもな特色は疎外、不安、誇張された孤独である〉（二木麻理《ふたきまり》訳）。

このあとのサイードの劇評はなかなか厳しい。ちなみにノーマンはこの一〇年後、ピエール・ブーレーズの指揮で『青ひげ公の城』を録音し、グラミー賞を獲っている。

それで、バラージュの『青ひげ公の城』の台本。これがおもしろいんだけど、要約するのは僕の手に余る。メーテルランクに輪をかけてわけがわからない。とくに結末。舞台を観たらわかるのだろうか。そう思って、アダム・フィッシャー指揮の映像資料を観てみた。舞台空間があって音楽と歌があって衣裳があると、ますますおもしろい。でもやっぱり最後が要約できない。

ちなみにサイードは筋を、つぎのように要約している。

> 作中のヒロイン、ユーディットは新婚の妻として夫の青ひげ（サミュエル・レイミー）に城に連れてこられたばかりである。城の壁面に一列に並んだ七つの扉を開けようと決意したユーディットは、なかを見たいと夫にねだり、夫は渋々同意を与える。ユーディットは扉を開けるたび、まずそこに力と富を見出し、ついで残虐と恐怖を見いだすことになる。たとえば第三の扉は黄金と宝石があふれる財宝蔵であるが、つぎの瞬間、宝が血にまみれていることがわかる。最後の扉からは青ひげの三人の前妻の幻影が立ち現れる。そしてこの瞬間、ユーディットは自分の未来の運命を知る。悲しみに満ちた先妻たちが去っていき、オペラは終わる。ユーディットは一連の犠牲をなす最後の妻であり、このあとのなりゆきを承知している青ひげにじっと見つめられている。青ひげは全員の夫であり殺害者なのである。〔傍点は引用者〕

カナダの民俗学者ポーリン・グリーンヒルの紹介でも、〈新妻が、夫に殺された前妻たちを発見するが、オペラの結末は救出シーンではなく、現在の妻が前妻たちに加わる場面である〉となっている。

グリーンヒルと映画監督ダニシュカ・エステルハージが共同執筆した記事では、『青ひげ公の城』は、〈シャルル・ペロー同様にATU312のヴァージョンに依拠している。女は好奇心を持つべきではないという明確な教訓がある〉とされている。記事は〈女性の好奇心が報われ、ATU955「強盗婿」話型やATU311「妹による救出」話型のように、女性が生き延びるだけでなく、繁栄し、結婚や破壊を求める人間や超自然的な男を倒すおとぎ話もほかにある〉と続く。いっぽう僕は、ペローの「青ひげ」も「青ひげ公の城」も、女の好奇心を戒める話と解釈するのは、話をつまらなくするヘタな読み筋だと考える。

これが演劇学・音楽学の専門家である岡本佳子になると、結末の解釈がサイードやグリーンヒルとは逆になっている。

> 暗闇に包まれた青ひげの城に、青ひげとその花嫁ユディットが入ってくる。ユディットは青ひげへの愛ゆえに、城の中にある7つの扉を順に開け、城に光をもたらそうとする。扉を開けると、順に拷問部屋、武器庫、宝物庫、花園、広大な領地、涙の湖が現れる。しかしそれぞれの部屋には血の跡があり、ユディットは青ひげへの疑いを強めていく。しかし最後の扉を開けて現れたのは、3人の先妻たちの生きた姿だった。ユディットも第4番目の女として第7番目の扉の中へと入り、すべての扉は閉められる。城は再び闇に包まれ、幕が下りる。原案であるシャルル・ペローの童話「青ひげ」では花嫁の好奇心が招いた危険、さらに妻を惨殺しようとする青ひげの残虐さが強調されているのに対し、本作品ではそのような特徴は踏襲されず、誰の

血も流れない不可解な結末で幕が下りる〔岡本佳子。傍点は引用者〕

結末が、ひいては作品のメッセージ自体が、サイード＝グリーンヒル解釈と岡本解釈とでは真逆に思える。前妻たちは死んでいるのか、それとも生きているのか。正直、バラージュの脚本はどっちの解釈でも成り立つ、オープンエンディングじみた書きぶりだ。演出家によってまったく違うものになりそう。

台本だけを読んだ感じで敢えて言うなら、6：4か7：3で岡本解釈かなあと思う。それは、サイードやグリーンヒルの要約が、舞台上で起こったことだけでできているのではなく、幕切れに示唆されている（と彼らに感じられた）ことまで含めて書かれてしまっているからだ。ユディットが青ひげに殺されるとしても、それは幕が下りてしまってからの話だ。

そこはさすがに演劇の専門家、岡本先生は舞台でじっさいに演じられたことと、舞台が示唆している（と感じられる）ことを峻別し、あくまでオープンエンディングのドラマとして要約した。ユディットが生きて舞台に立っているあいだに幕は下りる。である以上、上演中は舞台上でも舞台袖でも、ユディット殺しは起こらない。俺はこっちにベットしよう。

岡本説に肩入れしたくなる理由のひとつに、青ひげ夫人の命名もある。ユディットは、カトリックと正教会で旧約聖書正典とされる『ユディト記』（ユダヤ教とプロテスタントでは外典とされる）の主人公と同じ名前だからだ。『ユディト記』のユディトは、町を守るために敵陣に潜入、敵将の首級をあげた烈婦。その名をもらった新妻がせっかく単身青ひげ城に入ったのに、従容として殺されるんじゃ名前負けだろう。

ただしこれは僕が、バラージュがメーテルランク作品をかなり意識して書いたのではないかと感じているから、そう思ったのかもしれない。

世紀が変わると、文学の流行は象徴主義から表現主義へと移る。『青ひげ公の城』の翌年、ドイツの小説家**アルフレート・デーブリーン**が短篇小説集『たんぽぽ殺し』を出版した。奥付は一九一三年となっているが、一九一二年に流通していたとされる。ここに「**青ひげ公**」という特異な作品が収録されている。

軽便鉄道や自動車が出てくるから、作中年代は同時代だろう。丘と海に囲まれたある町に、海の冒険野郎パオロ・ディ・セルヴィ男爵がやってくる。ある朝、男は岩礁の上で、海藻と泥に覆われて意識不明で発見された。顔は赤く腫れて水ぶくれとなり、肌はただれてずる剝けだった。傷は一週間で治ったが、失踪当時の記憶が完全になかった。男は船を一等航海士に譲り、町に住む。

一年ほどして、男は町と海を睥睨《へいげい》する荒野の岩礁の上に邸宅を構える。岩を取り囲んで家を建てたので、岩礁は家の二階にまで達し、室内に突き出していた。〈カラフルなステンドグラスがはまり、優雅な塔がついていた。荒れ野のどまんなかに城がそびえた〉（山本浩司訳）。町民は城には否定的だった。

一か月もせぬうち、男は若い栗毛のポルトガル女を連れて劇場にあらわれた。一週間後、女はネグリジェを着て青痣と赤痣のできた顔をして、寝室前で卒倒して死んだ。医師は肺血栓と診断した。男爵はしばらくしてまた航海に出る。八か月後、若い異国の女を連れて帰館する。しばらくして女は、乗馬服姿で中庭で死んでいた。男爵は密かに指弾されるようになる。

市参事会員の娘は明るいブロンドの髪を持つスリムな女性で、そんな男爵に同情的で、周囲の制止も聞かず、男爵の押しかけ女房となった。ひと月もたたぬうちに、市壁の出入口で屍体で発見された。『アリアーヌと青ひげ』のように、民衆が憤激して男爵の城に押し寄せる。三人の妻の体から毒物は検出されない。

裕福なイルゼビル嬢が小型帆船で町を訪れ、男爵のことを嗅ぎ回る。男爵はまんまと惹きつけられ、彼女を城に招待する。ミス・イルゼビルは、奥方のための翼《よく》の一室に泊まることになる。翼の屋根の上から、白い岩礁の先端が突き出していた。ふたりでバルコニーにいるとき、彼女は泣き出し、真相を知りたい、力になりたい、と言うが、男爵は〈聴いたこともない祈りの言葉をささやくばかり。

夜、イルゼビルは〈岩礁が床から突き出している鍵のかかった部屋のドア〉をこっそり、苦労して開ける。なかは女性好みの居心地のいい部屋で、奥の壁は未加工のままのごつごつした岩だった。彼女は毎晩のようにそこで夜を過ごす。

あるとき彼女は、絶え間なく異音が聞こえる、と男爵に打ち明ける。ぶうんという音、水滴が垂れる音、地面を引っかく音。男爵はなら出ていけと彼女を罵る。市壁の外で農作業中の老人によれば、

あの男爵は悪い妖怪に身も心も売り払ってしまったんだ。妖怪は大昔から太古の海底、いまの荒れ野を徘徊し、岩礁を根城として二、三年おきに人身御供を要求するんだ。おとぎ話めいて聞こえるかも知れんが、本当の話だぞ。女たちがあんな神をも恐れぬ身持ちの悪さを見せやしなかったら、とっくに妖怪から解放されていただろうに、ほんとうに哀れな騎士だ。

男爵は女のために、町で知り合った詩人を連れてくる。詩人はイルゼビルとどんどん親しくなる。そして、岩の部屋に火を放ってここを出ていこう、と薪と燭台を準備する。海では詩人が逃走用のヨットを手配済みだ。廊下でいきなり出くわした男爵は燭台を奪い、はじめて彼女の唇にキスし、町へと出ていく。イルゼビルはどうしてよいかわからず、岩部屋で眠りについた。

火や水に責められる夢を見て、夜明けに目を覚ますと、イルゼビルはそのまま門を出て荒れ野を突っ切った。大嵐が吹き荒れ、雷鳴と海鳴りがする。堤防が決壊し、灰色の壁のような巨大な高波が城と荒れ地を飲みこんだ。山上の林に身を寄せたイルゼビルが聖母マリアに祈りの声を上げ、白樺の幹に十字架をかけると、かぐわしい煙が立ちのぼる。イルゼビルの体はどんどん細くなり、霧に消えていく。

朝日が昇り、男爵が黒馬で山から見下ろすと、道も城もあとかたもない。木にかかった小さな金の十字架の周囲に甘ったるい匂いがする。男爵は脱帽して聖母に感謝の祈りをあげる。その日、黒馬で駆け回る男爵の姿が見られた。何年も経って、男爵は中央アメリカでの戦争で〈異教のインディアンたちと戦う義勇兵団の隊長だったが、全兵団とともに、卑怯な奇襲によって戦死したとのことだった〉。

世界大戦直前の爛熟しきったヨーロッパ文化の粋といった趣の、恐ろしく洗練された短篇小説だ。そのいっぽうで、クトゥルフ神話のような世界観を感じさせもする。一九一二年といえば、大西洋を超えた新大陸では、ラヴクラフトが本格的に文筆活動に乗り出そうという時期だった。

27　日本の演劇の青ひげ　寺山修司と別役実

だいぶ舞台作品を紹介したので、日本の劇作家の青ひげもいくつか紹介したい。すでに述べたとおり日本でも、かつては青ひげというミームはメジャーだった。

歌人で劇作家の**寺山修司**は、ラジオドラマもよく書いた。一九六二年から六四年にかけて、〈日本人三部作という構想を立て、「恐山」「犬神」「山姥」と、私自身のなかを深く侵食した土着性の実態を見きわめようとした〉と、のちに自作解題で述懐している。

> 現実に於ては日本的な血族集団としての家庭から「おふくろ」を追い出したのは、近代主義だ〔…〕。そこで、私はこれを舞台化するにあたって、「青ひげ」という名の西欧的人物を設定し、彼を主人公と対比させることで、余剰生命の問題をさらにつきつめてみた。

ラジオドラマ三部作の完結篇『ラジオのための叙事詩　山姥』（一九六四）は、深沢七郎《ふかざわしちろう》の「楢山節考」（一九五六）で有名な棄老（姥捨山）伝説を題材とするものだった。〈更科や　姨捨山に照る月を／みてと詠めし人のあとならば〉と観世栄夫《かんぜひでお》の謡《うたい》をフィーチャーしてＮＨＫで放送され、山本安英《やまもとやすえ》（彼女が「つう」を演じた『夕鶴』は、一九四九年に木下順二《きのしたじゅんじ》が彼女のために書き下ろしたもの）、北林谷栄《きたばやしたにえ》、吉行和子《よしゆきかずこ》、川久保潔《かわくぼきよし》、下元勉《しももとつとむ》らが出演した。〈翻訳されて西ドイツ、チエコ、イスラエル、イタリア、デンマークその他で放送され一九六四年度のイタリア賞のグランプリをも獲得した〉（寺山）。日本文学研究者・守安敏久《もりやすとしひさ》が言うように、〈道化的なドタバタ感覚が漂っている〉作品だ。

寺山はこの「山姥」を四年後に大改造して、劇団天井桟敷で『**青ひげ**』として初演・再演した。舞台美術を、漫画家から絵本作家へと転身しつつあった井上洋介《いのうえようすけ》が担当した。第六場はバルトークに倣って「青ひげ公の城」と題されている。

村で嫁を得ることができない半助は、青ひげに唆されて、口減らしに老母・花子を青ひげに売ってしまう。そうすると、順番に嫁があてがわれるというのだ。このシステムで、好きでもない半助の嫁になった小百合は、半助を拒絶する。半助は青ひげ公の城に母を訪ねる。

花子　あたしはな、半助。よその年寄りとはものがちがうんだ……西洋館へ捨てられたって、よそのおっ母たちのように、念仏泣きしたり、腰紐で首をくくったりはしないんじゃ。
半助　へ……
花子　あたしみたいなしっかり者はな、生きて生きて青ひげ館のめかけになってな。
半助　めかけになって？
花子　そうじゃい……　七人目か八人目の女房になって、面白おかしくくらすんじゃ。
半助　食物がなくなったら？
花子　人でも食うわ。

半助は花子を家に連れ帰り、長持のなかに匿う。小百合が恋人の情次と逢引していると、長持の蓋が開き、幽霊のように花子が出てきて、バケツを叩きながら〈間男だよう！〉と叫ぶ。半助がかけつけて女房と間男を殺す。花子は息子をけしかけ、笑いながら見ている。

その後、半助はふたたび花子を青ひげ館に連れていくことにする。腰紐で花子を縛っていると、花子は〈朝は四本足、昼は二本足、夜は三本足のものは何か〉というオイディプス神話のスピンクスのなぞなぞを半助に出す。姥捨から数年、半助はまだ謎を解けない。探しに行っても、どこにも青ひげ館などない。でも半助は、母が青ひげ館で暮らしていると信じている。

後年の寺山は、当時の劇評を引きつつ、つぎのように書いている。

> この作品について、「そのつくりかたは邦楽的歌唱解説つき、部分誇張的場面展開、怪奇趣味、エロチシズム、ロウソク照明などにおいてカブキふうであり、かと思うとカリガリ博士の部屋みたいな西洋場面があってニッポン文化の合金性をあらわしている」と「サンデー毎日」誌は評したが、本物の大蛇と旅芝居の役者によって見世物ふうに味つけされた「演出は非凡」（植《うえ》草甚一《くさじんいち》）であるかどうかは、何とも言えない。

なんだか謙遜気味の自解だけど、この舞台に衝撃を受けた一七歳の女性がそのまま劇団天井桟敷に入団し、カルメン・マキの名で役者・歌手として活躍後、ロックシンガーに転身した。

守安敏久は、この作品について、〈青ひげが駆り集めているのが、幼児でも花嫁でもなく、捨てられた母親たちだというところに、皮肉な寺山の視点を感じさせる。それは血縁関係からの絶縁という意味ではペロー批判を含んだものともなっている〉と論じた。

守安がこれをペロー批判とするのは、のち一九八一年に英文学者・河村錠一郎《かわむらじょういちろう》とおこなった対談での寺山のコメントと並べてのことだ。寺山は、ペローの青ひげ夫人を姉と兄たちが救出する展開をさして、〈肉親との関係のほうが、夫との関係より深いという家・血族制についての信仰みたいなものと深く結びついている〉と言っている。血縁家族からの離脱は、エッセイを含む寺山作品のオブセッションだ。

なお、姥捨とペローのあいだに意外な接点がある。「赤ずきんちゃん」のおばあさんが森を越えた〈もっとさきの村の、最初にあるおうち〉、つまり隣村の村はずれの森ぎわ（グリムでは〈村からは三十分かかる〉〈遠くの森の中〉）にあることから、フランス中世の社会史や法制を研究した木《き》村尚三郎《むらしょうさぶろう》は〈あるいは「親捨て」かもしれないと思っております〉と興味深い指摘をしている。

一〇年以上経って、一九七九年に寺山は、バルトークのオペラに刺戟されて、メタ演劇『**青ひげ公の城**』を上演した。その二年前にもバルトークの劇音楽と同題の『中国の不思議な役人』を上演していた。寺山のなかでバルトークが「きてる」時期だったか。

これはバラージュ以上に要約しづらい。演出家の裁量でいろんな着想を盛りこめるタイプの劇だろう。ここでは公刊された脚本を文字で読んで、ごく簡単に紹介する。

筋が展開するのは、バラージュの『青ひげ公の城』本番直前の劇場。裏方が青ひげ公の城館の舞台セットを組んでいるところに、少女がやってくる。少女は「舞台監督」（という登場人物）に、青ひげの七人目の妻の役を演じることになったと自己紹介する。

このあと少女は第一から第六の妻を演じる「女優」たちや、人とは口を利かず衣裳に話しかけてばかりいる「衣裳係」、「にんじん」という名のプロンプター、「メイク係」や「楽屋番」といった、きょうの（作中の）本番にたずさわるキャラクターたちと絡む。ティークの『長靴をはいた牡猫』

を思わせるメタシアターで、寺山自身はピランデルロの『作者を探す六人の登場人物』を意識したという。控室を出て、いろんな楽屋のドアを開けていくくだりは、バルトーク作品の趣向をなぞったものだ。

〈それぞれの妻たちは自分のすぐ前の妻が早く殺されるのを望みながら順次出番を待っているのだ。しかし青ひげはいつまでも不在のままで、妻たちは空しく待機を続けるほかない〉（守安）。

「劇団関係者」たちの行動は、「魔術師」や「第八の妻コレット」、ふたり組の「アリス」と「テレス」、さらには「人形師コッペリウス」（オッフェンバックの『ホフマン物語』にも登場する、ホフマン「砂男」のキャラ）といった、虚実さだかならぬ人物たちとも交錯する。どこまでが作中現実で、どこからが劇中劇なのか、故意に曖昧にされている。

終盤で、少女がこの劇場に乗りこんできた理由が判明する。兄がこの劇団で俳優を目指し、その後諦めて照明係となり、消息を絶った。少女は劇団に乗りこんで、兄の情報を得ようとしたのだ。すると、照明係が劇の本番中に殺されたという情報が入ってくる。それはほんとうに殺されたのか、それとも劇というフィクションのなかでの話なのか？

初演には、山本百合子《やまもとゆりこ》（当時はアイドルで、この劇に出演後、声優に転身）、ピーター、高橋《たかはし》ひとみ、新高恵子《にいたかけいこ》、サイモン・ドレイク（当時ケイト・ブッシュのツアーに出演して注目を集めた英国の若いマジシャンで寺山ファン、のちに英国マジック界の重鎮となる）らが出演した。舞台美術は合田佐和子《ごうださわこ》が担当し、J・A・シーザーがバルトーク作品にインスパイアされた音楽を提供したという。

一〇年後、**別役実《べつやくみのる》**が**『青ひげと最後の花嫁』**（一九八九）を発表した。別役劇ではたいてい登場人物には名前がなく、性別と番号（登場順）で「男1」「男2」「女1」「女2」などとドライに書かれているだけだ。ややこしいので、以下適宜呼び名を与えながら紹介する。

主人公は〈安サラリーマン風の男〉とト書きで紹介される。裸電球に照らされ、莫蓙の上で卓袱《ちゃぶ》台《だい》を前に、存在しない妻との会話を、妻のぶんの台詞も自分で担当しながら、まるで落語のように演じつつ、作ったばかりのカップラーメンを食べようとしている。

そこに運送会社〈第五通運〉のものと名乗る男が三人やってきて、家具をどんどん運んでくる。絨毯、ソファ、椅子、〈中世風の鎧〉……。搬入された、見覚えのない洋服簞笥のなかから、ガウンを着た男やその小間使いの女が出てくる。

ガウン男は〈ジル・ド・レ伯爵〉と名乗る。主人公が運送会社に〈これ〔ジル・ド・レ〕だけは持って帰ってくれ〉と頼んでいるあいだに、〈古びたオルガン〉だの〈巨大なシャンデリア〉だの、見知らぬものが部屋に満ち、小間使いと思しき女まで出てきて、主人公にもガウンを着せる。運送会社の職員によると、見慣れぬ家具や人物は〈思い出〉なのだというが……。

〈黒いコーモリ傘〉（卓袱台や電信柱と並ぶ別役劇頻出アイテム）をさした神父が訪れ、花嫁を届けに来たと告げる。ウェディングドレス姿の女がやってきて、アン（アンヌの英語読み）と名乗る。アンの母も祖母も、アンという名だ。

ジル・ド・レは主人公に〈せっかくなんだから、今度はもう殺すなよ〉と言い、アンは〈私、殺されないようにします。母にもそう言われてきましたから〉と返す。主人公が着せられたガウンのポケットからナイフが出てくる。

女2〔アン〕 殺さないでください。私、言いつけは守ります。〔…〕この扉を開けてはいけないって言われたら、その扉は絶対に開けません。この部屋をのぞいてはいけないって言われたら、その部屋は絶対にのぞきません。ここで見たことはほかで話してはいけないって言われたら、ほかでは絶対に話しません……。

小間使いはなにかと主人公に、細引きだの剃刀だの、凶器になりそうな日用品を手渡してくる。噛み合わない会話と唐突なナンセンス（ジル・ド・レはなにかと胸毛を見せたがる）に満ちたブラックな展開のなか、神父の司式で婚礼が始まる。運送業者たちがさっきの家具を運び出そうとする。主人公は式のさなか、神父の命じるまま、剃刀でアンの喉を掻き切る。〈ゆっくりと、白いウェディング・ドレスが赤く染まってゆく〉（婚礼衣裳で殺されるアンは、**処刑前のお色直し**が済んだ状態で舞台に登場しているわけだ）。ジル・ド・レによると、かつてアンの母か祖母か、とにかくべつのアンが、〈開かずの間〉を覗いたのだという。

神父が立ち去り、業者はソファにアンの屍体を載せて運び出す。小間使い、ついでジル・ド・レ伯爵が、洋服簞笥のなかに消えていく。黒子が開幕時にあった莫蓙や卓袱台、屑入れとティッシュペーパーの箱を持ってくる。三人の業者によると、間違った荷物を持ってきてしまっていたらしい。主人公は業者に求められるまま書類にサインをする。

主婦（さっきの小間使いと同じ役者）がやってきて卓袱台を拭いている。そこに主人公が会社から帰ってくる。夫婦の会話になると思いきや、主人公にはそんな「妻」がいるという記憶がない。そこに第五通運の業者がやってきて。荷物を運びこむと言うが、主人公は断り、〈走り続けてくれ……。私の場所が見つかるまで〉と追い返す。舞台は暗転し、ナレーションはつぎのように告げる。

教訓……。間違いは、どんな小さなものであっても、その場で正しておくこと……。そうしないと、後で大変なことになる……。しかも、一度そういうことがあると、次には間違いでないものが、間違いに見えてきてしまう……。シャルル・ペロー……。

〈シャルル・ペロー……〉じゃないんだよ（笑）。そんな教訓、ペローの物語集のどこにもありません！

なお、本作を収録した『山猫からの手紙　別役実戯曲集』には、『眠れる森の美女』という作品もはいっている。ティーク、ドーデ、アナトール・フランスに続いて、別役実もペローに魅せられた作家だったのだ。

28　ミステリ小説の青ひげたち　アイリッシュから赤川次郎まで

青ひげは連続殺人鬼《シリアルキラー》だから、探偵小説向きのキャラクターでもある。

米国のサスペンス小説の巨匠**ウィリアム・アイリッシュ**に、「**青ひげの七人目の妻**」（一九三六）という短篇がある。語り手である〈おれ〉ドークス刑事は、妹ベティの結婚式のあと、持ってきた酒壜を開けようとして指を怪我する。新郎のヒルトンはその血を見て気分が悪くなる。彼は血や刃物が苦手なのだ。

〈おれ〉は署に戻り、カード式データベースからジェイムズ・ガーヴィーのカードを取り出す。血を見ることを極度に恐れるガーヴィーは、半年から一年に一回、殺人衝動の発作が起きたらしい。二年間に三回結婚し、妻は三人とも絞殺屍体で発見された。二人めの妻のとき逮捕されるも無罪、三人めのときに犯行を認め、精神異常と判断されるが、三年後に施設を脱走、エリー湖で彼らしき屍体が上がるが、身元が完全には確認できていない。

ガーヴィーのカードには、ジョゼフ・ラニングのカードを参照せよと書いてあった。ラニングのカードには、四年間に三度結婚し、妻は最初の妻と三人めの妻が絞殺屍体で発見されたとある。二人目の妻は結婚の二週間後に失踪し行方不明、ラニングは三人めの妻の屍体が発見されたときには失踪しており、いまだに行方がわからない。ガーヴィーはラニングだ。第三の名前はあるのだろうか？　ガーヴィーの髪は灰色だという。ヒルトンは赤毛だが……。

〈おれ〉はクリーヴランドの警察にガーヴィーの指紋写真を依頼する。〈おれ〉が義兄であることを知っているヒルトンのアパートの管理人を訪れ、「グラスの忘れものがあった」と言って鍵を開けてもらう。グラスと、外したてのカラーを入手し、洗面台を覗くと、歯ブラシが鉄錆色をしている。しかも毛がついている。もしやと思って物入れを見ると、ヘナの毛染めが出てくる。そして、男の洗面台なのに剃刀がない……。

妹と結婚した新郎が連続妻殺しの犯人である可能性が浮上する。物語は途中で〈あたし〉ベティの語りになる。〈あたし〉は夫の正体を知ってしまうが、知ってしまったことを夫に気取られてはまずい。夫は金属っぽい銀のドレスを脱いで、〈そんな鎧みたいなのでなく、なにかもっとやわらかいもの〉を着るように言う。〈あたし〉はこれが死装束かと思いながら、引き出しから花模様のドレスを出す。このくだりは民間伝承版「青ひげ」の、**処刑前のお色直し**を反映している。その横で夫は、例の手帳をひろげ、さっと線を引く。そして襲いかかってくる。

　ふたたび〈おれ〉の語り。ホテルの理容室での聞きこみを終えて戻ると、フロントで電話があったと告げられる。このホテルにいるのを知ってるのは妹だけだ。妹の家に電話をするがずっと話し中だという。タクシーを飛ばして家に駆けつける途中、スピード違反でタクシーを止めた白バイ警官に、バッジを見せて先導させる。ドアの錠に銃を六発撃ちこみ、暗い家に踏み入る。〈ベティ！　血を出せ！　どこか切るんだ！　血を出すんだ！〉

　サスペンス小説の例を挙げたから、こんどはクールな倒叙型犯罪小説のケースを見ていこう。英国の小説家**ロイ・ヴィカーズ**の『迷宮課事件簿』（一九四九）に収録された「**ボートの青髭**」だ。ジョージ・マカートニー青年は、再会した実家のもと使用人エルシー（ジョージは彼女に恨みを抱いていた）を、偶然の助けもあって、事故を装って溺死させることに成功する。そのさい、エルシーから預かったままのルビーの腕輪を使って、メイドのヴァイオレットと婚約、保険金をかけて、前回同様ボート事故を装って殺害する。

　ジョージは姓も変え、職を転々としながら、同じ手法で殺害を繰り返すが、わずかな証拠から、スコットランドヤードの〈迷宮課〉によって犯罪が暴かれ、〈一九〇九年十二月七日、エルシー・ナトレー殺害の罪で絞首刑に処せられた〉。

　もともと「青ひげ」はサスペンス小説に向いた話だ。でも謎解き小説だとどうだろうか。**栗本**《くりもと》**薫**《かおる》の「**青ひげ荘の殺人**」（一九八一）は、名探偵伊集院大介《いじゅういんだいすけ》の思い出話だ。〈ぼく〉大介は大学時代、犬の散歩のアルバイトの面接を受けるために、豪華な洋館を訪れる。通された居間には、若い女性の写真が額装されて六、七枚飾ってある。〈とすると、ここは青ひげ公の城で、ぼくはうかうかと、開かずの間のある恐怖の館に迷いこんじまったのにちがいない〉。

やってきたのはエキゾチックな中年の美人、うっかり青ひげのことを口に出した大介に、自分でもこの家を青ひげ荘と呼んでいる、と答え、自分は夫を殺したのだと告げる。しかも完全犯罪なので、全部バラしても法的に罰せられないという。

女が見せた写真の亡夫はぎらぎらと黒光りするタフガイ（享年四二）。一九歳で金持ちの未亡人（五〇）と結婚、一〇年後に死んだ妻の遺産を手にした。房事が激しくて命を縮めたのだという。夫はとにかく女に強かった。金持ちで体の弱い金持ちの年増を見つけては、同じ手で早死にさせていった。ただ、妻が出ていったケースと、結婚してなぜか健康になってしまった妻を追い出したケースと、失敗も二例あった。

後者のあと結婚したのが、大きな店でナンバーワンホステスをしていた女、いま大介の前にいる女だ。じつは、産褥死したこの男の何番目かの妻が、かつての店の同僚だった。心臓病があると偽って、夫を落とした。さて彼女は、どうやって夫を「殺した」のか。最後のネタバレは避けておく。

このように、ミステリ小説の青ひげたちは、**見るなのタブー**を課してこない傾向がある。

英国の小説家**シーリア・フレムリン**の短篇に「**青髯の鍵**」（一九八五）がある。メラニーは、夫デリクと幼いアリスンと暮らしている。あるとき、ソーシャルワーカーの夫が、八軒の里親とトラブって突き返されてきた思春期のクリストファー少年の面倒を家で見ることになった。クリストファーは部屋に引きこもり、出てくれば必ず、自他の命に関わるような問題行動を起こす。アリスンの身に危険が及ぶのではないかとメラニーは心配し、クリストファーを嫌っている。

メラニーは安全やプライヴァシーの観点から部屋に鍵をかけたいが、デリクは弱者に寄り添うタイプの社会正義を掲げ、〈家庭に鍵のかかったドアがあってはならない！〉（大村美根子《おおむらみねこ》訳）と宣言する。あるとき家が火事になり、デリクが子どもを避難させる。メラニーはクリストファーの部屋の閉じた扉の外側の鍵穴に鍵が刺さったままなのを見て、その鍵を回して施錠してしまう。

クリストファーは閉じた部屋で屍体で発見されるが、死因は窒息死ではなく、ウィスキーを一壜一気に空けた結果の急性アルコール中毒だった。不思議なことに、扉の鍵穴に刺さったまま残したはずの鍵は、鎮火後見当たらなくなっており、メラニーに殺意があったことの証拠は消え失せた。その鍵は思いがけなく、夫の上着のポケットから見つかる。火事のとき、夫は少年の部屋の扉が外から施錠されているのを知ったうえで、それを開けずに鍵を抜いたのだった。

メラニーは鍵を庭の奥に投げ捨てる。しかしあるとき、もうすぐ八歳になるアリスンが偶然それを見つけ、大喜びで〈これは青髯の鍵よ、ちゃんとわかってるの！〉と命名する。〈アリスンは友達みんなと青髯ごっこに熱中して、たがいの家を駆けまわり、順番にだれかを戸棚に閉じこめ、偃《えん》月刀《げっとう》で首をはねるふりをしながら、明るい陽光が降り注ぐ長い一日を楽しんだ〉。

メラニーは自分たちの殺意の証拠で遊ばれるのが厭で、鍵を取り上げてしまう。すると娘は抗議するのだった——。

> マ、マ、マミー！　その鍵は、あたしが持っていなくちゃいけないの！　青髯の鍵なんだもの！　ちょん切った首をしまった戸棚を開けられるのは、それひとつきりなのよ！

ちょっとイヤミスである。

偃月刀というのは東洋的な武器だ。ここにも一八世紀にシャフリヤール王と混成された青ひげイメージの影が見てとれる。

赤川次郎《あかがわじろう》が一九八二年に始めた長期シリーズ《三姉妹探偵団》の一作、『**三姉妹探偵団9 青ひげ篇**』（一九九二）では、三姉妹の長女・佐々本綾子《ささもとあやこ》が、よくわからない置き手紙を残して、謎の男とウィーンに旅立ってしまう。この始まりかたはATU311「妹による救出」そのものだ。

その男・倉崎久士《くらさきひさし》は、裕福な未亡人と何度も結婚していた。彼の妻たちはあいついで変死したのだという。姉の行方を追うふたりの妹は、倉崎という男に青ひげのイメージを投影してしまう。加えて倉崎を追う五人の女が加わり、ウィーンを舞台とするドタバタ冒険劇が始まる。

探偵役の次女・夕里子《ゆりこ》が倉崎の〈城〉の祭壇の裏の隠し部屋に、ウェディングドレスを着た六体の古い屍体を発見する場面がクライマックス。それを見た夕里子も（わけあって）花嫁衣裳を着ているのだ。自分は青ひげの七人目の妻になるのか？　この屍体の来歴は？

29　女は青ひげになれるか　中井英夫とマチャド

女の内なる「青ひげ」に焦点を当てる発想の作品もある。**中井英夫**《なかいひでお》の中篇小説「**青髯公の城**」（一九六四）は、夏の山の別荘地を舞台に、人妻・葉室麻子《はむろあさこ》と少年との恋を物語る心理小説。

寺山修司の戯曲同様、バルトークのオペラから題を採っている。中井作品のほうが先。中井は《短歌研究》編集長時代、「五〇首詠」応募作から一八歳の寺山の才能を見抜き、寺山を世に出した人だ。

夢想家の麻子は、心臓に問題があり、貧血で体が弱い。自分の（女には珍しい）色覚異常（作中の表現では赤緑色弱が遺伝するのではと恐れて、夫とのあいだに子どもを作ることをためらっている。夫の康雄《やすお》は学者で調査旅行に忙しく、別荘には来ていない。

麻子の知人の軽井沢モテ女・柚木夫人は、会社重役（天下り官僚）の妻。その別荘の前で、ストーカー的に夫人を見張っている少年がいる。少年の名は相沢滋人《しげと》といい、旧陸軍キャリア組の家族の出で、学習院高等部生。柚木夫人が一度だけ相手をしてやったら、つきまとうようになったのだという。

百貨店で気分が悪くなった麻子に、滋人が話しかけた。一回り以上年下の相沢に、麻子は心惹かれていく。じつは滋人も、柚木夫人ではなく麻子に惹かれており、偶然を装って同じ百貨店に来ていたのだった。このままでは間違いが起きてしまう。なぜ夫がいまここにいてくれないのか。


自分はいま、思いもかけず、この少年の鋭い剣に刺されて斃れようとしている。柚木夫人は、愕いて高い塔の上に駆けのぼり、野の涯に援《たす》け手の姿を求めるだろう。〔…〕日光と草の輝きと、さらに遠くの地けむりのほかは、何も見えない。……

その物語が何であったか思い出せぬまま、麻子は考え続けた。あのとき、あの妹娘は、本当に殺されるのを恐れていたのだろうか。

「アンヌ姉さん、アンヌ姉さん。まだ何にも見えなくって？」

〔…〕刀をふりあげる夫の足許にひれ伏し、妹娘は、むしろ喜びにふるえていなかっただろうか。

そして刀を振り上げていたのは――。

麻子は、ようやくその名を思い出した。同時に、それは、いまここで向かい合っている、この少年の未来の姿でもある筈だった。

その名前は〝青髯〟であった。


これはちょっと……。痺れるな。

〈青髯も、〔…〕ジル・ド・レエとか、〈ヘンリイ八世のような実在の人間であればなおさら、美しい頬をした少年時代もあったことだろう〉とか、

〈バルトークのオペラ『青髯公の城』が伝えるように、暗い扉の後ろには〔…〕覗いてはならぬ男の秘密があって、それはすでに滋人の裡にも育ち始めているというのだろうか〉とか、昭和エレガントな文章が、もういちいち気恥ずかしがってる暇もないくらいの密度で麻子の心理描写に詰めこまれていて、こうなると読者としても斜に構えてるほうが逆に恥ずかしい。こうなったら酔い痴れよう。

麻子は、自分が滋人にふさわしい少女のような気持ちになっていることを自覚する。ふたりは、皇室とも縁のある綾川《あやかわ》家の夜会で顔を合わせる。酔って気分が悪くなったふりをして退席した麻子を、滋人が綾川邸の外まで追ってくる。麻子は、あれは嘘だったと明かし、手を引いて走ってくれるよう滋人に頼む。滋人は言われたとおりにする。

少し走ったあと、麻子は言う。〈お蔭で、あたくしは花嫁になれたの。走っている間だけ、あなたは青髯だったのよ〉。麻子は思いを断ち切りながら、もう一度相沢に因果を含めてきかせる。滋

人に麻子を追わせた柚木夫人は、麻子の相沢への好意をとうに見抜いていた。

夏の終わり、ふたりはまた逢うことになった。緑のサマーセーターを着た滋人は、木蔭の草叢に身を横たえ、黙りこくってうつむいている。麻子は滋人に別れの意志を感じて動揺しつつ、あえて晴れやかな顔で滋人の顔を覗きこんだ。

相沢は麻子の顔を見ると、驚愕の、そして恐怖の表情を浮かべた。麻子も怖くなって、いっそう快活に、〈どうなすったの。そんなお顔をなさって〉と尋ねると、滋人は叫ぶ。〈あなたは、なんという残酷な人なんだ〉〈ぼくが、こんなに鼻血を出しているというのに！〉緑の草とセーターに紛れて、麻子には滋人の鼻血の赤が見えなかったのだ。滋人は言う。

> あなたは〔…〕弓矢を持ったアリスになったり、ぼくを少年の青髯に見立てたりして、楽しみながらぼくを仕留めようとしていた。ぼくが堪えきれずに悲鳴をあげるまで、御自身の心を、偽り切れなくなるぎりぎりまで偽って。そう、〝青髯〟は初めからあなたなんですよ。あなたの心が、〝青髯公の城〟だったんです。

麻子のうちにある青ひげが、少年の好意を弄ぶように麻子を仕向けていたのだった。麻子はそれを自覚せずにいた自己欺瞞に気づかされる。自分の〈心の動き〉は、〈青髯というあるじの存在を、その本当の欲望を隠すようにしか動かなかった〉。

こうしてふたりの短い関係は終わり、自分を直視することを学んだ麻子は、夫とのあいだに子どもをもうけることを決意する。

「女（妻）の内なる青ひげ」という主題は、米国の短篇小説家**カルメン・マリア・マチャド**の「**夫の縫い目**」（二〇一四）にも見られる。原題"The Husband Stitch"は、分娩後の外性器に縫合が必要なばあいに、必要以上に縫合することで膣口をきつくする、かつておこなわれていた処置のことだという。

一七歳の〈私〉は両親と近所のホームパーティに出席し、ひそかにその家の男の子とキスすることになる。〈私〉は首に緑のリボンを巻いている。男の子に訊かれて、〈触っちゃだめ〉（小沢《おざわ》身和《みわ》子《こ》訳）と返す。ふたりの仲が進展しても、〈私〉はリボンには触れさせず、リボンについて問われても答えない。

両親に紹介した。結婚した。ハネムーンはヨーロッパだった。妊娠したかもしれない。夫はしばらく喜びにひたったあと、ぽつりと漏らす。〈その子にもリボンがあるのかな？〉。〈なんとも言えないよ、今はまだ〉とやっとの思いで〈私〉は返す。〈やろうと思えば、彼は結び目をほどけたはずだ。でも私を離し、何事もなかったかのように寝転がる〉。

難産だったので、会陰切開で分娩ということになった。生まれた男の子にリボンはなかった。もうひとり子どもがほしかったけれど、母体への初産のダメージが予想外に大きく、第二子は難しいだろうと夫婦はうっすら感じている。息子のいる生活はじゅうぶんに喜びに満ちていた。

あるとき、愛撫のふりをして夫が〈私〉の首のリボンを触ったので、〈私〉は息を吞んで身をかわし、結び目を確認する。〈夫に隠し事をするべきじゃないよ〉〈このリボンは隠し事じゃない。ただ私のリボンっていうだけだよ〉〈それは生まれつきなの？　なんで君の喉に？　なんで緑なの〉。翌日、五歳の息子がリボンに触ろうとするので、〈私〉は大きな音を立てて子どもを泣かせる。

息子が大学生になって家を出ていった。〈私〉は夫がリボンをほどきたがっているのを察知し、夫にそれを許す。夫がリボンをほどくと、〈私〉の首は後ろ向きに落ちて、ベッドから転がり落ちる。おしまい。

この作品を青ひげの正嫡と見なすのには多少、議論があるかもしれない。たしかに、夫婦間のタブーはある。タブーを課す側が夫婦逆転しているのはいいとしても、タブーを破らせてとお願いしてきいてもらってるのは、さすがに通常の「違反」ではない。

本作が「青ひげ」の「隠れ正嫡」かもしれないと感じたのは、その後、マチャドの散文集『**イン・ザ・ドリームハウス**』（二〇一九）を読んでいるときだった。同作には「青ひげとしてのドリームハウス」と題する断章があり、もし青ひげ夫人がいいつけに従って**見るなのタブー**を犯さなかったとしても、べつのなにかを要求されたはずだ、ということが書いてあった。

> 彼女が言われたとおりにし続けたとしても〔…〕青ひげがこれまでの妻たちの腐った死体を抱きしめながら踊り回る場面はあるだろうし、〔…〕青ひげは死体（女性の体。かつては女性だった人たちの体）に言葉にするのもはばかられるようなことをして、妻はただ死んだような目であらぬ方向を見つめながら、黙ったまま永遠に生きられる煉獄を探している。
> 〔…〕だから彼女がそこに座って、青ひげが第四の妻の死体を回転させ、そのはずみに腐敗した頭が肉の蝶番から後ろにどさりと落ちるのを見ているというのは、論理的に理解できることなのだ。〔小沢訳〕

妻の首が後ろに落ちるイメージは、もともとそれ単体では「青ひげ」とは直接の関係はなかったはずだ。「夫の縫い目」において、マチャドはそのイメージを、「夫婦間で明文化されたタブーを破ること」の結果として使用した。この発想の延長線上で、『イン・ザ・ドリームハウス』ではそのイメージが、青ひげの先妻の屍体のイメージとして取り上げ直されたのではないだろうか。

アイリッシュ（前節参照）が物語った、妻の首を締めて殺す殺人鬼へのアンサーソングにも見える。このおもしろさは、僕が勝手に見つけたおもしろさだ。青ひげをずっと追っていなかったら感じなかっただろう。

30 アンジェラ・カーターとハーレクイン・ロマンス

英国の小説家**アンジェラ・カーター**の連作短篇小説集『**血染めの部屋**』（一九七九）は、「眠れる森の美女」「赤ずきんちゃん」「長靴をはいた猫」『美女と野獣』、シューベルトの歌曲で有名なゲーテの「魔王」、ルイス・キャロルの『アリス』二部作など、さまざまな作品をモティーフにした、耽美で暴力的なパロディ作品集だ。カーターはこの前後、みずからペロー作品やボーモンの「美女と野獣」を英訳している。

『血染めの部屋』の表題作はフランスが舞台で、題からわかるとおり「青ひげ」をモティーフにしている。一七歳の〈わたし〉は、インドシナの裕福な紅茶園主の孫だが、いまは貧乏な母子家庭の娘。社交の場でピアノを弾いている時に出会った、年の離れた富豪の侯爵と結婚することになった。ヒロインがピアノの腕で男に見初められる展開は、『クピドとプシュケの物語』をモチーフとするジュール・ロマンの《プシュケ》第一部『リュシエンヌ』（一九二二）と同じだ。

硬い顎ひげのある侯爵が（ジル・ド・レのように）ブルターニュに構えた館には、（ヴェルサイユ宮殿の廻廊のように）鏡に囲まれた寝室がある。この城館は、満潮時には陸地から切り離されてしまう。侯爵はこれで四度目の結婚で、前妻たちはいずれも不可解な死を遂げたという。侯爵に贈られたルビーのチョーカー（ヴィカーズの「ボートの青髭」［前々節参照］ではルビーの腕輪だったが）をつけると、まるで革命時にギロチンで切られた裂け目が喉にできたかのようだ。

初夜の翌朝、夫はニューヨークに急用ができたと言い、妻に鍵束を託す。

> 全部の鍵を使ってもよいが、きみに見せたあの最後の鍵だけは絶対に使わないことを約束してくれないか。どんなもの——装身具、銀皿——でももてあそんだらいい。そうしたいなら株券でおもちゃの船をこしらえて、アメリカへ向けて帆走させたっていいんだよ。ともかくみんなきみのものだし、どこを開けてもいいのだ——ただしこの鍵が合う錠前だけを除いてね。〔富《ふ》士川義之《じかわよしゆき》訳〕

〈わたし〉は社会的地位の低さから女中にも軽く舐められている。夫が結婚祝いにくれたピアノで練習していると、盲目の少年調律師ジャン゠イヴが聴きに来てくれた。退屈のあまり母に電話をかけ、泣き出してしまう。

〈わたし〉は我慢できずに、例の鍵で禁断の部屋に踏み入る。そこには拷問台や「車裂き」に使う刑車、そして「鉄の処女」が設置してあった。さらに、侯爵の最初の妻であるオペラ歌手（〈わたし〉は彼女がヴァーグナーの『トリスタンとイゾルデ』の「愛の死」を歌う舞台を観たことがある）の防腐処置済の屍体がある。また三人目の妻であるルーマニア（ドラキュラの故国）の公女カーミラ（シェリダン・レ・ファニュの同題の作品に出てくる女吸血鬼の名前）の、一〇〇本もの大釘で刺し貫かれた屍体もある（一六世紀トランシルヴァニアの吸血鬼伝説のルーツのひとつであるハンガリー貴族バートリ・エルジェーベト、一名「血の伯爵夫人」が、鉄の処女で若い娘を殺した話を仄めかしている）。恐怖に駆られた〈わたし〉は血溜まりに落とした鍵を拾い上げ、逃げるように出ていく。

ピアノ調律師と再会し秘密を打ち明けた。ジャン＝イヴはなんとか〈わたし〉を助けようとする。そこに侯爵が出張を切り上げて帰宅し、妻の破約を知る。侯爵が妻の額に鍵を押し当てると、そこに赤いハート形の痕がつく、侯爵は、〈『トリスタン』を聴くときに着ていたあの白いドレスときみの最期を予告するネックレスをつけるのだ〉と命じ（**処刑前のお色直し**）、首をはねようとする。

すると門を強く叩く者がいる。外で馬がいななないている。ジャン＝イヴと〈わたし〉が門をはずすと、棹立ちになった馬に〈わたし〉の白髪頭の母がまたがり、父の遺品の拳銃を構えている。〈夫はまるで母がメドゥーサであるみたいに驚いて身じろぎもせず立っていた。剣はまだ頭上に高く掲げたままで、お祭のときにガラス・ケースに入っているのを見たことがあるような、例の時計仕掛けの〈青髭〉のポーズにそっくりだった〉。

母は、かつて一八歳の誕生日にハノイで人食い虎を始末したときと同じように、一発で侯爵の頭を撃ち抜いた。カーターは、むかし話カタログで「青ひげ」の類話とされた人食い虎退治の話（どう見ても違う話なのだが、カタログでは類話とされている）を織りこんだのかもしれない。

〈わたし〉が手にした莫大な遺産で、城は盲学校となり、〈わたし〉は母と調律師と三人で暮らし、パリ近郊に小さな音楽学校を開いた。額についた鍵の赤い印は消えなかった。おしまい。

ゴスで耽美でビターな、とにかくいろいろ「濃い」作品だ。ポルノグラフィックな記述には、爛熟した一九世紀欧州カルチャーの固有名がちりばめられている。ドビュッシーの『前奏曲集』、ベルギー出身の世紀末画家ロップスの「好奇心の咎め」「スルタンの妻たちの生贄」、アンソールの「愚かな処女たち」、フランスの幻想画家モローの「犠牲者」、ユイスマンスの『彼方』（ジル・ド・レ伝を書こうとする人物が主人公）、オカルト思想家エリファス・レヴィの著作『大いなる神秘の鍵』や『パンドラの箱の秘密』（後者はほんとうにレヴィの著作にあるのかどうか、僕は知らないけど）、残酷劇の代名詞グラン・ギニョル座、ドラキュラ……。ちなみに、本作では触れられていないけれど、ロップスには「美女と野獣」と題する意味深な春画もある。

フランスの口承版「青ひげ」では、青ひげ邸の見張り役ジャックじいさんがヒロインに味方するケースがある。**強盗団の下働きの老女**の男版だ。本作のジャン＝イヴは、ジャックじいさんの役回り。細かいところでペロー作品を尊重して書かれた本作の、最大の変更点は、兄たちではなく青ひげ夫人の母親がレスキューにくる新趣向だろう。このカーチャンが『エイリアン2』のリプリー（シガニー・ウィーヴァー）みたいで頼もしく、ハードボイルドで滅法かっこいい。

ケイトリン・クルーズの『**黒い城に囚われた花嫁**』（二〇二〇）は「青ひげ」のロマンス小説版だが、十中八九、カーターの「血染めの部屋」を参考にしたものだ。『黒い城に囚われた花嫁』は没落貴族の娘アンジェリーナ・シャルトルが、イタリアの億万長者ベネデットと結婚する話。ベネデットはセレブで、六人もの前妻にまつわる忌まわしき疑惑がある。

本作のヒロインはもちろん、**見るなのタブー**を破ってなお青ひげ役の夫と相思相愛になる。また、ヒロインに性格の悪い姉がふたりいる。**姉の嫉妬**もある。この二点は「クピドとプシュケの物語」に先祖返りしているといえるだろう。

ポルノグラフィックな記述があるのは、女性読者の上昇婚ポルノであるこのレーベルでは当然の特徴だ。でも「血染めの部屋」にもねっとりとした性描写があったので、ロマンス小説への移植は容易だったのではないかと思われる。なんといっても、ヒロインが経済的に没落した「いいとこのお嬢さん」でピアノの名手である点、また富豪の城と陸地をつなぐ砂洲が満潮時に海に飲まれてしまう設定など、「血染めの部屋」が大好きな人が書いた成人向け二次創作の趣が、本作にはあるのだった。

本作は、ロマンス小説の老舗レーベル《ハーレクイン・ロマンス》が展開した七部作《7つの愛のおとぎばなし》の第四弾。このシリーズの他の六作は、「赤ずきんちゃん」「いばら姫（眠れる森の美女）」「灰かぶり（シンデレラ）」「美女と野獣」「人魚姫」「みにくいあひるの子」をモティーフにしている。

31　パロディや書き換え

一九七〇年代以降、おとぎ話のパロディは国内外を問わずさかんに書かれた。本書で既出の倉橋由美子やカーターはその成功例だ。それ以外の企画もののなかにも「青ひげ」を題材とした作品がある。

「青ひげ」はなるほど性的な妄想を乗せやすい話ではある。翻訳家・鈴《すず》木《き》敏《とし》弘《ひろ》が監修したアンソロジー『鏡あるいはオラントの変身　シャルル・ペロー創作童話集』（一九九九）は、ペローの若書きの表題短篇を附録として訳載している貴重な書籍。女性作家五人が「青ひげ」「赤ずきんちゃん」「眠れる森の美女」「長靴をはいた猫」「グリゼリディス」を官能小説に仕立て直している。**山藍《やまあい》紫《し》姫《き》子《こ》**の「**青髭**」の青ひげ夫人とその姉がジャンヌとアンヌなのは、先述のアナトール・フランスを踏襲したものか。

ストーリーは原作にきわめて忠実で、ただ青ひげ夫妻の濡れ場がねっとり書かれているところと、禁断の間の屍体に先妻たちだけでなく、美少年の小姓たちも含まれているところが違う。最後、ジャンヌはまともな青年と再婚し、幸福な生活を送るが、〈ふと、彼女は夫の心を試したくなってきたのです……〉で終わるのは、ちょっと気が利いている。

このような企画ものは洋の東西を問わず存在する。**ナンシー・マドア**の『大人のためのエロティック童話13篇　美女と野獣他』（二〇〇六）もそのひとつ。「シンデレラ」「美女と野獣」「白雪姫」「鵞鳥番の娘」「みにくいあひるの子」や、「美女と野獣」と同じATU425Cに属する「太陽の東月の西」などを題材に書かれた短篇が収録されている。

マドアの「**青ひげ**」では、青ひげ夫人となるのは二人姉妹の姉のほう。禁断の部屋には拷問道具が並んでおり、妻は破約のお仕置きにSMプレイでマゾヒストとして「開発」されていく。〈どうやら夫の言いつけに従うという妻の約束は、二人ともすっかり忘れてしまったようです〉。

こういうの、どこかで見た気がするな。……そうだあれだ、**桐生操**のブレイク作『本当は恐ろしいグリム童話』（一九九八）だ。桐生はこの本のなかで「シンデレラ」や「眠り姫」と並んで「**青髭　禁断の鍵はもうひとつ**」と題する作品を書いている。先述のとおり「青ひげ」はグリムのメルヒェン集では第二版以降削除されているのだけど、桐生操も、後述する松浦寿輝やヤーノシュも、「青ひげ」をグリム童話としてあつかっている。

桐生版のヒロインは貧乏貴族の家に生まれた。「クピドとプシュケの物語」同様に三人姉妹の末娘。前節で触れたアンジェリーナを先取りしている。そして青ひげは領主。戦場に赴く夫は厭がる妃に貞操帯をつける。出入り商人の手引で貞操帯の合鍵を手に入れ、貞操帯を外した妃は、愛人関係にある夫の家臣と密会する。つまり本チャンの「禁断の鍵」の前に、まず貞操帯の鍵が出てくるという趣向。

夫の女性不信は、その生母のふしだらな男遊びが原因だった。青ひげは母を殺して領主となったのだった。このヴァージョンでは、青ひげはわざと禁断の部屋の鍵を渡し、過去六人の妻の屍体をいまの妃に見せることで、不貞行為を戒める意図があったとされている。破約がバレて殺されそうになったときにヒロイン自身が塔から助けを求めるのは、グリム版に依拠している。青ひげは間男である家臣に殺される。

こんどはこの未亡人が男性不信・憎悪に陥り、巨額の財産をちらつかせて夫を募集しては、寝室に潜んだ愛人に応募者の男を殺させる、という悪事を重ねる。愛人が残虐行為の片棒を担がされるのに倦んだと見抜くと、あるとき妃は応募者の男にこれまでの企みを明かし、殺しに来た愛人を返り討ちにさせる。これが果てしなく繰り返される。おしまい。殺伐としてます。

『本当は恐ろしいグリム童話』はヒットし、シリーズ化した。『本当は恐ろしいグリム童話Deluxe』(二〇〇五、のち『本当は恐ろしいグリム童話 最終章』と改題)が出たのちも、さらに続刊が出た。『最終章』には「**人殺し城**」が収録されている。ヒュンベルク伯に嫁いだイダは、城にある女性肖像画群が気になる。夫が過去に関わった女性たちの肖像だという。それぞれの肖像画の裏には、同じ女性が血みどろで拷問されている絵が描かれていた。

イダは夫の若い使用人と愛人関係となる。いっぽう夫は異常性欲の持ち主で、処女を誘拐してはレイプする。イダには歴史上の有名な女性（ブランヴィリエ侯爵夫人やマリー・アントワネットなど）のコスプレをさせて苛む。ブランヴィリエ侯爵夫人はペローと同時代の連続殺人犯で、マリー・アントワネットはペローが『短篇物語《コント》集』を献呈した王族の孫だ。ふたりとも斬首された。

禁断の鍵で秘密の扉を開けると、女の惨殺屍体がごろごろ転がっている。このあと伯爵の女性不信には原因があり、それは最初の妻の不貞で……と続くのはさっきの「青髭」と同工なので省略。伯爵は技士を雇って、被害女性をミイラ化して保存していたのだった。拷問場面を描かせるため、夫は画家を呼び寄せる。原作と異なり、ヒロインは助からない。

松浦寿輝の短篇SF小説「BB／PP」（二〇一六）は、文芸誌《群像》二〇一六年五月号特集『絵本グリム童話』のために書かれた。同年、松浦の短篇集の表題作となり、翌年には特集を単行本化したコンピレーション『暗黒グリム童話集』も出た。BBとは青ひげ（フランス語でBarbe bleue、ドイツ語でBlaubart、英語でBluebeard）、PPは紫の陰毛（purple pubes）のこと。こちらは青ひげに相当する主人公の〈男〉BBに視点がある。

BBは金と力を持つ男。その邸宅の禁断の部屋は防音設計で、解剖台が設置してある。これまでに何度も結婚し、妻との初夜のあと、必ず「禁断の鍵」のルーティンを仕掛けては、妻を惨殺してきた。

どこでも勝手に開けて、何でも見てさしつかえない。ただし、この小さな黄金の鍵の合う部屋だけは絶対入っちゃいけないよ。もしこの部屋のドアを開けたら、とんでもないことになるからね。

その鍵を〈不用意に使うと、その鍵の表面が分子変化し、血の染みと見紛う赤いしるしが現われるようになっている〉。

BBにも老境が迫り、生身の女に倦んで、AI搭載のヒト型フェミニン人工擬《ぎ》體《たい》を購入することになった。帰宅後に鍵をチェックしても、PPと名づけた人工擬體が鍵を使った形跡は見当たらない。

あるとき仕事で一〇日ほどソウル、上海、ハノイを回って帰宅したBBは、学習によって〈自己秩序生成〉の極みに達したPPによって血祭りにあげられる。〈この部屋のことも前の妻たちのことも、何もかもとっくのとうに知っていたのだ、あの女は〉。三〇頁あまりの短篇小説の、ラスト三分の一が、BBを膾切りにするゴア描写となっている。

ここまで見てきたように、山藍、桐生（二作）、松浦は性行為と人体解体を作品のメインディッシュにしている。また山藍版が仄めかした男女逆転劇が、桐生の「青髭」と松浦の「BB／PP」で展開している。人はだいたい似たようなことを思いつくものなのだ。

（西）ドイツの小説家で絵本作家の**ヤーノシュ**が書いた『大人のためのグリム童話』改訂版（一九七二／一九九一）にも、「ラプンツェルのサラダ」や「電気じかけの赤ずきん」などと並んで「**青髭**」と題する作品が含まれていた。ちなみに同作品集には、「青ひげ」と同じくメルヒェン集初版のみで消えた「長靴をはいた猫」も含まれていた。

「BB/PP」同様、ヤーノシュ版も視点は青ひげにある。青ひげは若い王で、母親に命じられて妃を探すことになる（母親の顔色を窺っているのはクピドっぽい）。しかしどのお姫さまに求婚しても青い髭がキモいという理由で振られてしまう。

王は田舎貴族に扮し、ついで商人に扮して、あちこちの町に行き、いろんな娘に求婚する。相手の娘の身分もどんどん下げていく。青かった王の髭は白くなる。婚活地獄だ。そして王はある川のほとりで、自分の袋のなかには少しの銀貨があるから結婚しないか、と言って、見た目がそんなに好きでもない乞食娘に求婚する。乞食娘はじつは髭の青い男と結婚したかったのだけど、白ひげで妥協することに決める。

ふたりは共同生活をする。娘が自分と暮らすのは金目当てなのではないかと疑った王は、もう銀貨が尽きたのでいっしょに暮らしていけない、と告げる。でも娘は、夫が袋のなかに金貨を何枚も持っていることを知っていた。こっそり覗いたのだ（禁止はないけれど、無断で覗くモティーフは保持されている）。娘は、愛しているから離れられない、と言う。夫は娘を宮廷に連れ帰り、妃として遇し、自分が愛されたと思いこんだまま世を去る。

未亡人となった妃は、こんどこそ青い髭の男と結婚するぞ、というわけでそういう男を探させ、王として迎える。新王は妃のことを好きでもなんでもないが、王座に目がくらんで結婚する。ふたりのあいだに生まれた王子にも青い髭が遺伝する。王子も先王と同じく振られまくり、〈しまいに、やっぱり乞食娘と出会ってお妃にしましたが、その後のなりゆきもまったくおなじ。この世の終わりまで、以下同様〉。

婚活無間地獄だけど、成約して再婚して子どももできたんなら上等だ。最初の王とのあいだに子どもができてたら、その子も青い髭だったかもしれない。なんだか切ない話だな。

ヤングアダルト小説界の巨匠**フランチェスカ・リア・ブロック**にも、おとぎ話を題材にした連作掌篇集『薔薇と野獣』(二〇〇〇)がある。「眠れる森の美女」「赤ずきん」「シンデレラ」「美女と野獣」「雪の女王」などをモティーフにした諸篇と並んで、「青ひげ」のヤングアダルト小説版である「**骨**」も収録されている。

〈童話の一部になりたいと思ってた——それがどんなに恐ろしい話でも、ぞっとするような話でも。だって、童話に出てくる女の子たちは、少なくとも、死ぬ前には生きてたから〉。

クラブに入り浸り、アッパー系のドラッグを嗜む〈あたし〉は、ロスアンジェルスの韓国街の安アパートで貧乏暮らし。あるときパーティで、クリエイティヴ系の大物デリック・ブルー(**クリエイター型青ひげ**)と知り合い、激しく求められる。バンドをプロデュースし、画廊やクラブを経営するブルーは、山羊髭を青く染め、一九五〇年代に映画スターが丘の上に建てた城に住み、パリピに取り巻かれている。

あの晩、ブルーはいろんな童話をきかせてくれた。〔…〕あいつはいった。覚えてるかい?あの鍵には血がついていてただろ。あの鍵は妖精だったんだ。だから、妻がどれほど必死になっても血を拭い取ることができなかった。あの血のせいで、ばれてしまったんだよ。青ひげは、たしか残忍なことをしたんだ。あたしはようやくそれを思い出した。初めてあの物語をきいたとき、納得いかなかった——これのどこが童話なの、って。秘密の部屋に隠された、若い女性の

死体。頭のイカれた、髪《ママ》の青い人殺し。〔金原瑞人《かねはらみずひと》訳〕

〈あたし〉は、自分のような家出少女たちの骨がブルーの館の下に隠されていると直感し、館を逃げ出す。〈骨という骨が、その身に起きたことを伝える歌を作ってほしいといっている〉。おしまい。

ミステリ小説の読者なら、なにがきっかけでブルーがそういう男だと気づいたのか知りたいと思うだろうし、ひょっとしたら、これが語り手の被害妄想である可能性すら考えてしまうだろう。でも、そういうものをこの作品に求めるのは木に縁りて魚を求むのたぐいだ。思春期心性（世界にたいする被害者意識）を抒情詩的な形に定着させることが、この作品の目的なのだから。

前項・本項のために、さまざまなおとぎ話パロディを読み漁った。「青ひげ」を含まないものだと、英国の小説家タニス・リーの連作短篇集『血のごとく赤く　幻想童話集』（一九八三）、米国の小説家パトリシア・A・マキリップの『ホアズブレスの龍追い人』（二〇〇五）、西ドイツの政治学者イーリング・フェッチャーが批評文スタイルで書いた『だれが、いばら姫を起こしたのか　グリム童話をひっかきまわす』（一九七二）、米国の詩人アン・セクストンの詩集『魔女の語るグリム童話替え話』（一九七一）などに目を通した。

それらも、また本節であつかったものも、斜に構えているか、あるいは露悪的か、あるいは過度に情緒的だった。前節で触れたカーターの迫力や、第1部で取り上げた倉橋由美子の軽みと比べると、ちょっとnot for meだった。もちろん、企画ものに文句をつける僕が野暮ってだけの話。

この調査を初める前、僕にはおとぎ話についての手持ちの体験が、むかし再話を読んだり映像を見たり噂で聞いたりした情報の印象だけしかなかった。その思いこみに満ちたあやふやな印象だけで、僕はおとぎ話というものをわかった気でいた。なんなら、卒業した気でいた。「はいはいあれね、わかってるわかってる」くらいに思っていた。

　その当時の僕だったら、本節で取り上げたり紹介したりした作品を、それなりに楽しんで読んだだろう。リーの『血のごとく赤く』の訳者あとがき（一九九七）に、こんなことが書いてあった。

> 　美男美女が主人公をつとめるのは、もとのお伽噺も本書も同じだ。しかし、お伽噺の主人公は「王子さま」「お姫さま」という言葉でくくってしまえる金太郎飴みたいに、画一的な顔しか持ちえないのに、タニス・リーの書く主人公ははっきりと目に浮かぶ個性のある顔、表情を持っている。それは彼らがただの美形でなく、負の聖性を持つほど悪くて美しいからだと思っている。〔木《き》村《むら》由《ゆ》利《り》子《こ》〕

　僕もこの調査を始めたばかりのころだったなら、これくらい迂闊なことを書いてしまっていたに違いない。おとぎ話の主人公はたしかに記号的だ。だから調査開始時の僕も、そこに〈「王子さま」「お姫さま」という言葉でくくってしまえる金太郎飴みたいに、画一的な顔しか〉読み取れなかった。

　この調査で「青ひげ」の民間の異型（紙数の都合で紹介できなかったけど）を読み、またペロー作品の由来と係累とをたどってきた。民間伝承ヴァージョンや近代以前の作例に、さまざまな試みがされていることを、身にしみて知ってしまった。調査前の自分の無知を思い知った僕は、おとぎ話を軽く舐めてかかっていた過去を、いまは反省している。

古典おとぎ話の積み重ねは、お耽美な〈負の聖性〉程度で乗り越えられるものではなかった。本書第3部で取り上げるドーノワやヴィルヌーヴを読めば、ますますそう思えてくる。

おとぎ話をパロディするというのは、作家のハードルをじつは思った以上に上げてしまう。なにしろ、近代以前の段階で、複雑な経緯で成立したおとぎ話というもの自体が、すでにカヴァーヴァージョンの集積だったのだ。「青ひげ」の出自なんか、数えかたにもよるけど「クピドとプシュケの物語」の五次創作くらいの多層構造になっていた。トリビュートがミルフィユ状に重なっているのだ。

僕はべつに、おとぎ話をもっと崇め奉れと言っているのではない。現代人がおとぎ話を引きずりおろして見せて、自分の賢さをアピールするパフォーマンスも、たまに読むからいいので、調査のためとはいえ、続けて読みすぎて僕の心がささくれだっているだけだろう。

もちろん、アピール臭がしないケースもある。すでに見たカーターや倉橋がそうだったし、ジェイムズ・フィン・ガーナーの『政治的に正しいおとぎ話』（一九九四）、『政治的にもっと正しいおとぎ話』（一九九五）、小川洋子《おがわようこ》の『おとぎ話の忘れ物』（二〇〇六）、英国の小説家・児童文学者ロアルド・ダールの連作詩集『へそまがり昔ばなし』（一九八二）も好印象だった。こういった作例に僕は、おとぎ話にたいする礼節《リスペクト》を勝手に感じてしまった。ガーナーやダールが「青ひげ」を取り上げてくれてたらな、と思った。小川洋子についてはべつの作品を本書第3部で取り上げる予定だ。

32　現代文学の青ひげ　フリッシュとノートン

このように、青ひげは現代文学にもよく出てくる。「現代」をざっくり半世紀と区切って、本節ではその二例を紹介したい。

スイスのドイツ語作家**マックス・フリッシュ**の最後の小説『**青ひげ**』（一九八二）は短めの長篇小説。小説は裁判所での証人尋問のやり取りからはじまる。徐々にわかるのだけど、これは語り手フェリックス・シャート医師（五四歳）が、自分が被告人として出廷したときを回想しているらしい。元妻で売春婦のロザリンデ・ツォックをネクタイで絞殺したとして起訴されたのだ。たしかに事件当日、シャートはロザリンデを訪問した。犯行時刻のアリバイについて、シャートは繰り返し偽証している。多数の証人を呼んだ三週間の裁判を経て、最終的に無罪になった。

判決文には証拠不十分と書かれていなかったけれど、シャート自身は証拠不十分相当の判決だったと感じている。じっさい、無罪放免後の彼を待っていたのは社会的制裁だった。医院の患者が払底し、ヨットクラブからは退会を求められる。引っ越せば、と僕なんかは思うけど、それだと罪を認めたことになるのでしない。気晴らしにあれこれやり、日本を旅行したりもするけれど、どこにいても検事の尋問の記憶に苛まれる。

いろんなことが徐々にわかってくる。たとえばシャートは七回結婚している。七人目の妻が彼を〈青ひげの騎士〉よばわりしたため、このあだ名がイエロージャーナリズムでバズってしまう。青ひげが騎士なのは前掲ティーク以来のドイツ語圏の伝統だ。先妻たちは口を揃えてシャートの嫉妬深さを証言していく。

不利な証言。有利な証言。身に覚えのない証言。検事の尋問は四六時中シャートを追い回し、ように故人となった両親、さらには被害者まで法廷に立つ（芥川龍之介の「藪の中」みたい）。でもロザリンデは法廷で、なにも発話せずににこにこしているだけ。

無罪放免のあと、シャートは証言し忘れていた事実を思い出した。被害者のもとにはときどき、百合の花が五本、匿名で送られていた。事件当日、被害者との面会を終えたとき、シャートは彼女に百合を五本贈った。発見された遺体に百合が五本飾られていた。

シャートは地元の警察署で、「自分がやった」と供述し、肩の荷を下ろす。ところが警察は、まったく相手にしてくれない。犯人はギリシア人学生ニコス・グラマティコスに決まっているというのだ。ここはふたつの点で、明らかに『罪と罰』（一八六六）のパロディだろう。ひとつは、ラスコーリニコフが殺人で自首しに警察に行くと、自分が容疑者リストからはずれていることを知らされる場面。もうひとつは、その殺人でニコライ・デメンチェフという塗装職人が勝手に「自分がやりました」と名乗りを挙げた場面。ニコライのギリシア名がニコスだ。

帰路、シャートは衝突事故にみまわれた。病院のベッドにまで検事がやってきて、手術の成功を伝え、事故の事情を聴取しようとするのだった。完。おもしろい。ここまでのすべてが集中治療室での想念あるいは妄想なのか。だとしたら、ベケットの小説のような宙吊り感がある。

この三〇年後、グリム童話二〇〇周年の年に、ベルギーのフランス語作家**アメリー・ノートン**が**『青ひげ』**（二〇一二）を刊行した。ベルギー出身のサテュルニーヌ・ピュイサンは、二五歳の若さでエコール・デュ・ルーヴルの教壇に立つエリート。あまりにも条件がよすぎるルームシェア広告を見て、スペイン貴族であるドン・エレミリオ（四四歳）の豪奢な家にはいっていく。ドン・エレミリオはサテュルニーヌのために、「ドン・ペリニヨンのスカート」と称する特注の黄色いスカートを仕立てた。

その家では秘書・家政夫・運転手の三人の男が働いている。かつてドン・エレミリオは、初代ルームメイト、エムリーヌと恋愛関係となり、太陽の色のドレスを彼女のために仕立てる。エムリーヌはドン・エレミリオのプライベートスペースである黒塗りの間に侵入し、わけあって設置していた冷却装置のために命を落とした。

その後、代々の女性のルームメイトは、それぞれ毎回違った色の帽子やケープ、手袋、ジャケット、コルセットベルトなどの衣類・装身具をワンアイテムずつ仕立ててもらうけれど、数週間で同じ破約によって同じ装置のために死亡してきた。先妻たちがアイドルばりに「メンバーカラー」を持つのは、レニエの「青ひげの六度目の結婚」を意識したものだろうか。ドン・エレミリオはルームメイトがそれを着用した状態で屍体を撮影し、黒塗りの間にはその写真が合計八枚飾ってある。黒塗りの間の写真には、黄色が欠けている。

過去八人のルームメイトにはいずれも非現実的な名前がついているが、本書の読者に関係がある名前は、二代目のプロセルピーヌと六代目のメリュジーヌ。前者は「クピドとプシュケの物語」に登場する冥界の女王プロセルピナのフランス語表記。後者はフランス中世文学に登場する蛇女房で、人間の夫に**見るなのタブー**を破約されて下半身が蛇なのを見られ、それでも我慢して踏みとどまったが最終的には有翼の大蛇となって飛び去った。

ドン・エレミリオの両親がカラカサタケで腹を壊して重曹と間違えて硝酸塩を服用して爆死したとか、ヒロインの高校時代からの友人がユーロディズニーのホラーアトラクションで入場整理の仕事をしてるとか、前章で触れたシリアルキラーのプティオやランドリュに言及するとか、細部まで気が利いている。

33　クリエイターとしての青ひげ　ヴォネガットとアトウッド

前章で紹介したとおり、ピカソが青ひげ呼ばわりされたのは、なによりも彼がパートナーをとっかえひっかえするモテ男だったからだ。でもピカソがそれを長年にわたって許されたのは、彼が運よく、クリエイターに甘い時代にクリエイターとして生きたからでもある。

青ひげの禁断の部屋をクリエイターが創造力を発揮する秘密の場所（脳内であることもあれば、物理的な空間であることもある）にたとえる作品が、少なくとも三作ある。

前々節で触れたアン・セクストンの詩集『魔女の語るグリム童話替え話』のある版には、小説家**カート・ヴォネガット**が序文を寄せていた。そのヴォネガットの長篇小説『**青ひげ**』（一九八七）も、現代美術家の「青ひげの禁断の部屋」をフィーチャーしている。

『青ひげ』の語り手であるアルメニア系の画家ラボー・カラベキアン（**クリエイター型青ひげ**）は、本作に先立って『チャンピオンたちの朝食』（一九七三）に〈ミニマル・アートの画家〉として登場した。登場シーンは短いものの、非常に強い印象を与える人物だった。『デッドアイ・ディック』（一九八二）にも名前が出てくる。

『青ひげ』はヴォネガットが得意とした「前後関係シャッフル自伝」スタイルで書かれている。語り手は自分の人生を語るのだけど、その語りは素直な時間順ではなく、いくつかの系列に分かれた複数のストーリーラインを構成する断片を、ライン1、ライン2、ライン3……と反復横跳びしながら小出しにしていくというものだ。ちょっと村上春樹《むらかみはるき》の『1973年のピンボール』(一九八〇)にも似ている。ヴォネガットの主人公は、自伝の本文を書いて(語って)いる直近の、かぎりなく現在に近い過去のことも、日誌のように語るのだ。

『青ひげ』発表時、アルメニアはソ連の一構成国家だった。カラベキアンは第一次世界大戦中のオスマントルコ帝国による苛烈なアルメニア人弾圧のさいちゅうに生まれた。渡米後、ポロックやロスコと並んで抽象表現主義、ついでミニマリズムの画家として名を挙げたのち引退、いまは亡妻の残した屋敷で抽象画を蒐集して隠者のように暮らしている。つきあいがあるのは小説家のポール・スラジンジャーくらいしかいない。

そこにある日、サーシ・バーマンという未亡人があらわれる。彼女は(彼女にも驚くべき正体があるのだが、それはそれとして)、敷地内の「開かずの納屋」に興味津々。小説の複数のストーリーラインは、〈わたし〉がぜったいに開けさせないその納屋になにが収められているのか、という謎へと収斂していく。

本作はヴォネガットの作品のなかでも評判がいいようだ。あとがきで訳者・浅倉久志《あさくらひさし》も絶讃に近い文言を書いている。たしかに、納屋の扉が開く終盤には大きな感動が待っている。

のだけど、そこにいたる複数のストーリーラインが重すぎるうえに、重たい一方になってしまうことを避けるかのようないつもの自虐的で冷笑的なヴォネガット節も苦みが強すぎる。いくら終盤がすばらしくても、そこまでに痛めつけられた僕のへとへと感のほうがもっと大きくて、それをカヴァーするにはいたらなかった。すばらしい作品ではあるけれど、好みかと言われたらちょっとな……。

クリエイター型青ひげは、美術だけでなく文学でも想定される。カナダの小説家**マーガレット・アトウッド**の短篇集『**青ひげの卵**』（一九八三）の表題作を見てみよう。

会社員のサリーの仕事は将来性がない閑職で、いまやっている社内報の記事執筆もべつに楽しくはない。心臓外科医の夫エドワードのことは好きだけど、エドが自分の内面を打ち明けられる相手ではないことが少々残念だ。エドの連れ子たちはみな巣立ってしまった。

サリーは暇つぶしに夜間のカルチャースクールを手当たりしだいに受講する。中世史、クッキング、人類学ときて、いまはバーサという女性作家が講師をつとめる、小説を書く講座を受けている。目下のテーマは民話と口承文学。バーサのゼミは僕にはなかなかおもしろい。耳で聞いたおとぎ話の印象に残った点を記憶しておいて、現代ふうのリアリズムで（つまり魔法抜きで）五頁ほどの翻案を、作中人物の一人称の語りで書く、という課題だ。

バーサは、彼女の説明によれば〈青ひげ〉を主題とする異本《ヴァリアント》群の一つで、ペローの感傷的な小説化にはるかに先立つもの〉を読んでくれた。これに続く要約を読むと、それがATU311「妹による救出」話型、おそらくはグリムの「フィッチャーの鳥」であることがわかる。アトウッド本人がどうなのかは知らないけど、バーサは蒐集民話を（かつての僕みたいに）ペローに先立つものと素朴に信じているわけですね。ペローの「青ひげ」が感傷的、というのはちょっとよくわからない感想だ。

サリーは末娘に自己投影することができず、まして夫のエドを「フィッチャーの鳥」の魔法使い（青ひげ役）に擬する気にもならない。卵が処女性の象徴というのも古臭いし……と課題の悩みは尽きない（破約の証拠となる血痕がつくのは、「青ひげ」では鍵だったが「フィッチャーの鳥」では卵）。〈エドは青ひげではない。エドは卵だ。〔…〕お頭《つむ》が弱くて、たぶん茹で卵なのだろう〉。ホームパーティで料理の腕をふるった晩、サリーはひとりでベッドに横たわる。彼女の心はふたたび、創作講座の課題へと引き寄せられる。

> 目の前に今度は卵が現れる。小さくもなければ冷たくもなく、白くもなければ死んでもいない。普通の卵より大柄で、黄金のように輝くピンク色をしている。イバラの巣の中で、それは人知れず静かに成長を続ける。何か赤く熱いものが、その中で息づいているかのようだ。サリーは恐怖を覚える。見つめているうちに、それは色を濃くしていく。ピンクからバラ色に。そしてバラ色から真紅へと。あの物語に語られていなかったこと。サリーは思う。卵は生きている。いつか何かがそこから孵るのだ。でもいったい何が。〔小川芳範《おがわよしのり》訳〕

短篇はこのオープンエンディングで終わる。サリーの内面（これはバーサが講座で強調する概念）は、創作が育つ秘密の、禁断の部屋であって、そこで魔法使いの卵が成長していく。このイメージは、ちょっとおもしろい。クリエイティヴィティというのがほんとにそういう形をしているのかどうかは、僕にはわからないけど。

この少し前に、夫との会話が書かれてある。〈私が何考えてるのか不思議に思ったことない？〉と夫に尋ねると、夫は平和なことに、〈君の考えていることなら、すっかり分かってるじゃないか〉〈いつだって話してくれるじゃないか〉とお人好しな返事をする。夫は（少なくとも表面上は）、まだ言語化されてない内面などというものを重視していない。サリーは夫の考えが〈この程度〉であることに安堵する。僕には、サリーのこのリアクションのほうが、〈この程度〉のお人好しに見えるけどね。

なお、文筆家の創作現場が「青ひげ」の禁断の部屋にたとえられるのは、同じカナダ文学では先例がある。詳しくは本書第3部で取り上げよう。

第２部のまとめ

・「青ひげ」はジル・ド・レ伝説である、という説自体が伝説
・「青ひげ」を舞台化すると、先妻たちがわらわら出てくる
・「青ひげ」の二次創作には、青ひげ被害者型、男女逆転型などもある
・グリムまでのおとぎ話をちゃんと読むと、近年のおとぎ話パロディはしばしばヌルい

第3部
青ひげの縁者と私生児たち

・『美女と野獣』、『ジェイン・エア』、『女の一生』、『こゝろ』、『ソラリス』、『ねじの回転』、『レベッカ』、「薬指の標本」、なにを見ても「青ひげ」に見える

第1章　青ひげの縁者　「緑の大蛇」と『美女と野獣』

本書第1部で見たとおり、「青ひげ」は「クピドとプシュケの物語」という人気コンテンツの五次（?）創作、つまり「強いミームの変異株」だった。「クピドとプシュケの物語」の人気はペローの時代でも、その少しあとでも、まだ続いた。そのなかから、「青ひげ」の縁者と呼ぶにふさわしい作品をふたつ、紹介しよう。

34　ドーノワ「緑の大蛇」

ペローの『短篇物語集《コント》』増補版の刊行と同じ一六九七年、**ドーノワ**（オーノワ）**伯爵夫人**は『妖精譚集』、その翌年には『新譚集あるいは当世ふうの妖精たち』を出版した。両作あわせた収録作二九篇のうち、少なくとも六篇は異類婚話がある。フランス語でおとぎ話を意味する conte de fées は、ドーノワの『妖精譚集』（*Contes des fées*）という書名から派生したとすら言われる。

ドーノワは一六九〇年に、一五〇〇年ごろのイングランドを舞台とする『ダグラス伯ヒッポリタス物語』の作中作として、長らくサロンの女性たちが朗読で披露しあうことが習いとなっていた妖精と魔法の物語を、ほかの作家に先がけて活字化し、パリの文学シーンにおとぎ話刊行ブームを巻き起こした作家だ。ペローはこのブームにワンテンポ遅れて乗りこんできた男性作家ということになる。

　ドーノワの異類婚話のうち重要なのは、『妖精譚集』所収の「緑の大蛇《おろち》」だろう。原題を素直に訳すと「緑の大蛇《おろち》」なのだけど、読んでると翼があってドラゴンみが強い。題からわかるようにバジーレの「大蛇」をリライトしたもので、同じくバジーレの「金の根」のモティーフも借用し、ラ・フォンテーヌの『プシュケとクピドの恋』も仄めかすというものだった。

　ヒロインは、悪い妖精マゴティーヌの呪いで世界一の不細工になってしまったレドロネット姫。この設定だけでもぶっ飛んでいる（委細は省くが、この導入部は「眠れる森の美女」のパロディになっている）。レドロネットと双子の妹ベロットの名前は、訳すと「不細工なほう」「かわいいほう」くらいの意味になるという雑なネーミングもおとぎ話ならでは。

　姫はあるとき、緑の大蛇につきまとわれて逃げ出す。その後、難船した姫は気づくとパゴディア王国の美しい宮殿で、焼きものの人形たちにもてなされる。連日、舞踏会が開かれ、コルネイユやモリエール（一六九七年時点でふたりとも故人）の劇が上演される。姿を見せぬ夫（王）は声だけで語りかける。同じ妖精の邪悪な魔法によって、人前に七年間出られない（「大蛇」と同じ年限だ）。その期間があと二年で終わる。それまで自分の姿を見るのを待ってほしい、と。

　ここでおもしろいのが、焼きものの人形が〈当世一の流行作家がみごとな文章に仕立てたばかりの、プシュケの物語〉を持ってきて、レドロネットがそれを読む、という展開だ。王は、その物語はあなたへの警告だ、プシュケのようなことはしないでほしい、と言う。

〈当世一の流行作家〉とは、二年前に亡くなったラ・フォンテーヌのことではないだろうか。二次創作の主人公が「公式」を読む（正しくは、三次創作の主人公が二次創作を読む？）というのだからずいぶんと自己言及的な話だ。ここでラ・フォンテーヌが仄めかされるあたり、本作は「青ひげ」へのアンサーソングでもあるわけだ。

レドロネットが一度も夫にまみえたことがないときいた家族は、そんな夫は化けものに決まっていると決めつける。こうして作中世界は、人形の警告も虚しく、アプレイウス（あるいはラ・フォンテーヌ）の物語をなぞっていくのだった。

家族が帰ったあと、レドロネットは夜中に夫をこっそり照らしてしまう。ここでドーノワ夫人は、アプレイウスやバジーレの逆を行って意表を衝いた。

> ブロンドで色白で、若くて愛すべき、優しいクピド《アモル》ではなく、長い鬣《たてがみ》を逆立てた恐ろしいあの緑の大蛇を見たそのとき、レドロネットはなんと恐ろしい叫びを発したことか。

作中でアプレイウス作品を名指しておいたのは、「蛇と思ったら美青年だった」を期待させておいて、「美青年を期待してたら蛇だった」という逆の展開で度肝を抜くための布石だったわけだ。

レドロネットは失神し、大蛇は妻の破約と忘恩を詰《なじ》りながら去る。このあと、悪の妖精マゴティーヌが姫に鉄の靴（これが「金の根」からの借用）を履かせ、罰ゲームを課す。姫の対応が、ちょっとおもしろい。蜘蛛の巣を糸巻き棒で糸に紡ぐという罰ゲームのとき、ヒロインらしく黙々とやりつづけるでもなく、ただめそめそするでもなく、ちょっと試してみてできないとわかると、棒を地面に叩きつけて、〈マゴティーヌが来たいなら来い、できんものはできんわ！〉とキレるのだ。

世界一のブスという設定も合わせると、おとぎ話のプリンセスとしていろいろ斬新ですね。一七世紀でこういうのをやっちゃってると。本書第2部で僕が、二〇世紀のおとぎ話パロディが「いまさら」という感じであんまり響かない、と思ってしまったことも、少しわかっていただけるのではないだろうか。

姫は守護妖精《フェ・プロテクトリス》の助力でさまざまなタスクをこなしていく。挙げ句に、体重の一〇倍も重い石臼を首に結びつけられ、雲を越えて聳える高山の山頂で籠いっぱい四つ葉のクローバーを集めること、そのあとつぎの谷底に降りて穴の空いた水差しに〈慎みの水〉を汲んでくることを命じられる。

途中に、慎みの泉を守る二人組の巨人の頭に、履かされた鉄の靴を片ほうずつ投げ当てて倒す、とかいう任天堂テイスト溢れるチャレンジがあったりする。守護妖精は、〈慎みの水〉で顔を洗ったら世界一の美人になる、そのあと山の祠で三年間精進したら蛇の呪いが解ける、と教えてくれる。

巨人倒し成功後、慎みの泉という名前に惹かれたレドロネットは、**〈この水で、むかしより用心も慎しみも深くなりそう。そんな資質があったなら、まだパゴディア王国で暮らせてたはずなのよね〉**と言って、先にたらふく飲んでから、つぎに顔を洗う。もちろん美人化する。

すると妖精が出てきて、とんでもないことを言ってくる——**でかした！　この水が内面と外面の両方を美しくするとわかったんだね、どっちを優先するか気になって試したんだよ、内面を優先したね、おめでとう！　いまので罰ゲームの刑期が四年縮まりました！**（笑）

……危ない危ない、妖精の言うとおりまず顔を洗ってたらどうなったことやら。ほんとにRPGみたいな話なのだ。ところが、姫はこの刑期短縮をなんと断り、ボーナスステージで不細工姫《レドロネット》から思慮分別姫《ディスクレット》に変身&改名後、冥界に行って長寿エキスを持ってくるタスクに挑戦。愛神クピド（ここでは子どもの姿であらわれる）の力を借りた姫は、美男子の姿を取り戻した王と再会し、冥界の女王プロセルピナから長寿エキスの薬壜を受け取る。

開けたくなるように蓋をわざと緩めにしてある最後のトラップにも引っかからず（えらい！）、ふたりはミッションをクリア。マゴティーヌはクピドの魔力で〈なんだかよくわからないけど人間らしい気持ちが沸き起こってきて〉（何度読み直してもほんとにこう書いてある）、ふたりに王国を返す。めでたし。

おとぎ話のヒロイン、なのに不細工。

美青年だろう、と思ったら大蛇。

玉手箱をもらった、でも開けない。

逆張りの連打である。

真面目に読み通した挙げ句にものすごい疲労感があるなこれ。学生時代に友人宅でちょっとだけプレイした、名前も覚えてないＲＰＧを、もし最終ステージまでつとめあげたらこんなだっただろうか。

このほかにもドーノワ夫人は、いろんな異類婚姻妖精譚を書いた。ひとりで何度も「クピドとプシュケの物語」を〈当世ふう〉のテンプレートで書き換えたのだ。とてもじゃないが全部を読む気にはなれない。それでも、他に類を見ない作風であることは間違いない。初期の女性文学のムーヴメントだし、軽視されすぎているとは思う。その理由は、その文学史への（さらにはディズニー映画への）影響が遅れてやっと出てきた、という遅効性にもある。

35　『美女と野獣』は「青ひげ」の妹

「緑の大蛇」から四三年後の一七四〇年。フランスの作家**ガブリエル＝シュザンヌ・ド・ヴィルヌーヴ**の枠物語『アメリカ娘と洋上物語』に、作中作第一話として**『美女と野獣』**が収録された。「クピドとプシュケの物語」とドーノワの「緑の大蛇」の双方を踏まえた妖精譚だった。

没落した商人が道に迷い、たどり着いた見知らぬ城館で、末娘ベルが希望していた土産にと薔薇を摘んだ。すると恐るべき野獣《ベット》があらわれ、娘のひとりを差し出せと言う。商人が帰宅すると、五人の姉娘たちは末の妹ひとりの責任を追及する。結局、ベルは野獣の城館へと赴く。城館で眠ると、ベルの夢に〈愛の神を描いたような美しい青年〉（藤原《ふじわら》真実《まみ》訳）があらわれ、また威厳のある貴婦人も夢枕に立ち、ベルを励まし導く。〈愛の神〉という表現から、夢の美青年が愛神《クピド》に相当することがわかる。ベルは、野獣が城館のどこかに夢の王子《プリンス》を監禁しているのではないかと勘ぐる。

毎晩、野獣はベルに不躾で愚鈍な言い回しで、〈ストレートに、一緒に寝させてくれませんか、と聞いてきました〉。〈ベルは震えながら「いいえ、ベット」と答える〉。こうして、野獣はストレートに「性的同意」を求め、ベルもストレートに No means no で断る。これが毎日繰り返される。なんという意識高い会話だろう。

数か月後、ホームシックになったベルは、野獣に二か月の帰省を許される。姉たちは妹の豪華な身なりに驚き、自分たちの求婚者たちが妹をちやほやするのを見て、嫉妬心が再燃する（**姉の嫉妬**）。ベルは姉の婚約者たち（**ふられ要員**）を相手にしない。

ベルの帰省は、一般には ATU425C 型の要素とされるけれど、僕はこれ、「青ひげ」がペローの発明品だったのと同じように、ヴィルヌーヴのたいへんな発明品ではないかと思えてきた。なにしろこのモティーフは、このあと、さまざまな小説で反復されていくのだから。

さてベルはずるずると期限の二か月を迎えてしまった。すると夢に、森で野獣がベルの忘恩を責めながら瀕死の状態にある姿を見る。慌てて城館に戻ると、敷地内の洞窟で野獣が死にかけている。ベルは泉から水を汲んで野獣を蘇生させる。野獣は恢復し、例の性的同意＝求婚の言葉を口にする。ベルはためらいながらも、感謝の念から承諾する。すると城館にファンファーレが鳴り響き、盛大に花火が上がる。ちょっとスマホゲームとかパチスロを思わせる演出だ。

ここで、ベルが野獣に恋愛的な意味で思いを寄せるようになったわけではないことに留意されたい。もちろんベルは、野獣の心根に感動している。物心両面の支えには感謝している。野獣が死にかけたときに心配した気持ちにも、嘘はない。けれど、野獣の醜怪な姿には、ベルは相変わらず「キモい」という生理的反応＝差別心を抱かざるをえない状態だ。

「キモい」という生理的反応＝差別心は、当人の意識と無関係に発動する。そしてそれは、すべての人にある。汗をかかない人がいないのと同じ。発動する対象や閾値《いきち》に個人差・年齢差・性差・文化差があるだけだ。汗かきの人もいれば、あまり汗をかかない人もいるし、暑さや辛さではさほど発汗しないのに、緊張すると発汗する人もいるのと同じ。自分の生理に意志の力でさからうのは、ヒトという動物にとって最難事のひとつだ。だから人は「自分のこれは差別ではない」と自分を騙す。

そこまで堅固な己《おのれ》の生理的嫌悪感を踏み越えて、ベルは義務感から同衾＝結婚を承諾した。キモいという感情よりも感謝（東洋ふうに言えば義理）を優先した。学費を（ほんとうに）貢いでもらってるキャバ嬢でも、なかなかこうはいかない。

野獣はベルの隣に身を横たえると、すぐに寝息をたてはじめる。翌日、ベルが隣で目を覚ますと、夢に出てきた王子がそこにいた。ベルは両者が同一人物であることを理解する。

ここでおしまいではない。夢で助言してくれた貴婦人（「緑の大蛇」に出てきたのと同じような守護妖精）と王子の母（女王）が城に乗りこんでくる。女王は、呪われて野獣化していた息子が人間の姿に戻った喜びもつかの間、恩人たるベルがどこかのお姫さまではなく父子家庭育ちの商家の末娘と知ると落胆し、結婚は無効だと言い出す。プシュケが（こちらはちゃんとプリンセスだけど）人間であることでウェヌスが息子との結婚に反対したのをなぞっている。やはり家柄がだいじな世界なのだ。

このあとのベルの台詞がまたすごい。

> 私は王子様の妻になる名誉を放棄します。結婚の誓いを受け入れたとき、私は人間以下の何かに恩恵を施すような思いでした。彼と婚約したのは、彼に特別な好意のしるしを与えるためにすぎません。私の意図は野心とは無関係です。

> 高い地位に引き上げていただいたために、その地位にふさわしくないと一生涯非難されつづけるような苦しみをどうか私に与えないでください。

こういう義理堅さはディズニープリンセスではなく、歌舞伎の侍や任侠映画のヤクザのセリフだ。

批評家の円堂都司昭《えんどうとしあき》は、父のために野獣の館に向かったベルを、曲亭馬琴《きよくていばきん》の伝奇物語『南総里見八犬伝』（一八四二完結）の伏姫《ふせひめ》になぞらえている。伏姫は父・里見義実《さとみよしざね》の願いを聴いた忠犬八房《やつふさ》に、父の約束どおりに嫁いだ。なるほど、父親孝行で約束を守るベルは、どこか東洋的な「義理」のヒロインなのだ。

するると、守護妖精は女王を一喝する。息子の恩人を身分の違いで貶めるとはなにごとだ！……ではなく、ベルが守護妖精にとっても女王にとっても姪であり、王子にとっては従妹であることを明かすのだ。商人はベルの養父にすぎず、ベルの実父は女王の兄である幸福島《こうふくじま》の王、実母は守護妖精の妹だった。なんだこの『水戸黄門』じみた身分制カードバトルは……。

ここまででやっと話の前半。後半は、なぜ王子が野獣の姿に変わったか、そしてなぜベルが商人に育てられ、なぜ野獣の城に赴くことになったかが語られる。ベルは幼時、父王に横恋慕した悪い妖精に殺されそうになったところを、伯母である守護妖精に守られて逃れた。守護妖精は善良な商人の夭折した末娘とベルを取り替え（妖精というのはこういう**取り替え子**《チェンジリング》という形で人間の運命に介入するものとされる）、流浪の占い師に化けて商人に語りかける。

> この子はあんたの家に大きな名誉をもたらすだろう〔…〕。この子はそれはそれは美しくなって、彼女を見る誰からも美女《ベル》と呼ばれるだろう。

これは、オッフェンバックの『青ひげ』で女占い師に化けたブーロットが予言する場面、またアナトール・フランスの「青ひげの七人の妻」の結婚式で占い師が手相を見て予言する場面（いずれも本書第2部）の先行例だ（**占い師の予言**）。そもそもオッフェンバックの『青ひげ』のフルーレットが王女なのに農民に育てられたという**出生の秘密**も、ベルと同じパターンだった。「緑の大蛇」では王子もヒロインも、同一の悪玉《ヴィラン》妖精に呪われていた。いっぽう『美女と野獣』では、ふたりはそれぞれべつべつの悪玉《ヴィラン》妖精に呪われている。ベルには、プシュケ同様の〈怪物と結婚するがいい〉という呪い。野獣の姿にされた王子には、

> もとの姿を取り戻したければ、若く美しい娘がおまえに喰われると知りつつ自分からおまえに会いにくるのを待つように。さらに〔…〕娘は、命の危険はないと悟ったあと、おまえに求婚するほど深い愛情を抱かねばならない

という呪い。この呪いを王子にかけたのが、王子に言い寄って振られた悪い女である点は、「金の根」「緑の大蛇」と同じだ。

守護妖精はあるとき気づく。美女《ベル》と野獣《ベット》（王子）が結ばれれば、ベルにかけられた呪いと、王子にかけられた呪いとが、両方成就することによって対消滅するんじゃないか？　というわけで、守護妖精が綿密に両者の出会いをお膳立てした結果、マイナスかけるマイナスはプラスとなり、ベルと王子は末永く幸せに暮らした。めでたし。

「クピドとプシュケの物語」と「緑の大蛇」を踏まえつつ、姉の人数を「クピドとプシュケの物語」の二・五倍に増量《マシマシ》、兄も六人投入でドン！ときょうだい人数さらに倍、運命の赤い糸を妖精どうしのパワーポリティクスの結果とするなど、いろいろカスタマイズした。

そこでは、世界のすべてが妖精どうしのパワーゲームだ。作中のできごとの大半が守護妖精の策略か、さもなくばおそろしいほどの偶然のいずれか。人間はそこに巻きこまれるコマでしかない。人間は宿命のピタゴラ装置を構成するパーツなのだ。

そのすべてが後半で強引に、登場人物の台詞でつぎつぎと説明されていく。驚き呆れつつ読むうちに、もはやツッコミを入れる気力すら失い、むしろ一周回って感動している自分を見出してしまう。そんな物語だった。

もはや人間に自由意志などほぼなくなったこの世界で、意志の発動と見なされるのが、「義理」を重んじるベルが父のために払う自己犠牲と、同じくベルが野獣に示す感謝、というのがおもしろい。ベルの生きかたは、「覚悟を持ち、責任を負うこと」にある。「社長」とか「家長」とか「責任者」の責務を生きているように見える。

「クピドとプシュケの物語」と『美女と野獣』の違いは、後者が「**出生の秘密**」設定の貴種流離譚であること、親の失策をカヴァーするためにヒロインが人身御供になること、**見るなのタブー**がないこと、お姑さんが（**身分違いの結婚**に反対なのは同じでも）無茶振りタスクを負わせないことなど。

これ以上に重要な改変点は、呪いで異類と化した王子をもとの姿に戻すのが、ヒロインの行動だという点だ。「緑の大蛇」では、王子は王子の修行、ヒロインはヒロインのタスクをこなしていった。いっぽう、『美女と野獣』では、ヒロインが自分の行動で、自分にかけられた呪いも、王子にかけられた呪いも解いてしまう。たしかに一石二鳥で、こっちのほうがエレガントだ。

スイス出身の米国の文学理論家マリー゠ロール・ライアンは、〈問題を解決するための方法のうち、あるものがなぜエレガンスを内包するのか〉の理由のひとつが、こういう一石二鳥などの〈機能多価〉にあるとしている。ヴィルヌーヴはドーノワのミームを受け継ぎながら、「それぞれ自分のタスクに精進するカップル」を「おたがいの行動が嚙み合うことによっておたがいの呪いを解きあうカップル」に変えた。この文学的遺伝子操作から、ペローの「青ひげ」に匹敵するもうひとつの強力な変異株『美女と野獣』が生まれたのだ。

もうひとつの大きな改変点は、悪役を「ヒロインに呪いをかける悪の妖精1号」「王子に呪いをかける悪の妖精2号」「**身分違いの結婚**に反対するウェヌス役のお姑さん」に三分したことだ。これによってヒロインは、原作「クピドとプシュケの物語」と同じように、**嫉妬深い姉たち**との潜在的な**シンデレラ競合**と、女王との**白雪姫競合**だけでなく、悪の妖精その2との顕在的な**シンデレラ競合**まで体験することになった。

本作では、妖精にも能力の限界があり、宮廷のように忖度すべき世間があり、体育会系な上下関係がある。ストラパローラの「豚王子」やバジーレの「大蛇」で、妖精の気まぐれが不条理な運命を産んでいたのとは大違いだ。『美女と野獣』には、ランダムネスの入りこむ隙間はほとんどない。すべてが意図されたできごと、入念に仕組まれた自動装置の動きなのだった。

「クピドとプシュケの物語」の人気はその後も衰えず、この『美女と野獣』の四年後、フランスロココ絵画の巨匠ブーシェが、クピドとプシュケの結婚シーンを油彩画にした（ルーヴル美術館蔵）。

第２章　リチャードソン『パミラ』とその余波

「青ひげ」も『美女と野獣』も、「クピドとプシュケの物語」の意伝子《ミーム》を引くことがわかった。両作品はいわば兄妹のような存在だ。

ところが、『美女と野獣』と同じ一七四〇年に、海峡を隔てた英国では、『美女と野獣』と双子のようにそっくりな、**身分違いの結婚**を描いたもうひとつの小説が大ヒットしていた——。

古来、西洋の理想論的な小説では、誠実で清廉で貞節な、いわば神に嘉《よみ》された美男美女が、苦難に満ちた世界を敵に回して抵抗を続けてきた。舞台は世界の各地を転々とし、異国趣味や荒唐無稽な展開（海賊の捕虜になるとか）がパノラマ的に展開する。主人公たちの身分は高く、たとえ貧しくとも、最後には**出生の秘密**が明かされ、貴種であることが判明する。ベルの出自もこの路線を踏襲していた。

でも、英文学者イアン・ワットやルーマニア出身の文学理論家トマス・パヴェルが言うように、一八世紀の英国では、経験論哲学の隆盛によって日常世界への関心が高まるいっぽうで、メソディスト派や敬虔派の宗教儀礼が人々の心と「良心の声」とを直結させた結果、身分の上下に関係なく「有徳」であることの意義が認められるようになる。

そんなご時世にあっては、小説の主人公が有徳であるために王子や王女であることは必須ではない。そこで、平凡な生まれではあるが有徳の娘が、英国のふつうの屋敷という狭い日常世界のなかで、貞節と誠実とを守るべく主人のセクハラを避けつづけるという、地味だがサスペンスフルで説得力のある展開が新たな小説の設定として注目されるようになる。

それが、**サミュエル・リチャードソン**の書簡体長篇小説『**パミラあるいは淑徳の報い**』だ。ベッドフォードシャーの屋敷（本作の第一の青ひげ邸）に勤める、容姿も心も美しい一五歳の小間使いである〈私〉パミラ・アンドルーズの、両親宛書簡ならびに日記で構成されている。

36　雇い主のセクハラをかわしつつ

雇い主であるB夫人が身罷り、〈私〉が悲しんでいると、夫人の息子である若い独身の主人B氏が、引き続き屋敷で働いてくれればいい、と言う。ここでB氏が〈私〉の手を取っているのは、いま読めばセクハラだ。

以後B氏は〈私〉をハグしたり、キスしようとしたり、押し倒そうとしたり、セクハラ攻勢をしかけてくる。甘言をもって言い寄ったり、脅したりすかしたり、騙したり監禁したり、挙句の果てには変装したりと、あらゆる手を使って迫ってくる。あわや貞操の危機、となるたび、操の堅い〈私〉は、あるときは巧妙に言い逃れ、べつの機会には強く拒み、また筋道立てて反論し、何度か失神し、事故死の擬装まで試みて、こちらもあの手この手で必死にご主人さまの魔手をかわしていくのだった。気絶する、というのは、一八世紀小説の女性キャラクターのだいじなお仕事だ。ここまでは、ヴィルヌーヴのベルが野獣を拒否し、「性的同意」を与えずにいる場面に相当する。

とうとう〈私〉は、ご主人さまの不興を買ったまま暇をもらって、仕事に失敗した父の待つ貧しい我が家へ帰ることが決定した。なにかとパミラを守ろうとしてくれた優しい家政婦のジャーヴィス夫人や執事のジョナサンさん、家令のロングマンさんはじめ、使用人たちはパミラがいなくなることを寂しがる。

ちょっとわかりにくいが、執事（butler）は本来は食器類や酒類の管理者、家令（steward）は奉公人の総元締ということらしい。本作の主人公と同じ名を持つ経済史家パミラ・ホーンによると、〈大世帯では、家令《ハウス・スチュワード》が男女両使用人の雇用と解雇を任されたが、家令がいない場合には、家政婦《ハウスキーパー》が女性奉公人を、執事《バトラー》が男性奉公人を雇った〉。この引用で家政婦と訳されているのは家政婦長のこと。

〈私〉が両親宛の手紙を託していた使用人のジョンはB氏の息がかかっていて、主人はこれまでの全書簡（ということはこの小説の、前の書簡までの本文すべて）を読んでいた。それらの文章は、当然のことながら、読者が読んできたものと一字一句同じだ。この手法は、のちにアガサ・クリスティが『アクロイド殺害事件』（一九二六）でやったのが有名な例だ。

B氏の用意した馬車で出発する日が来た。それがそもそも罠だった。馬車は〈私〉の実家ではなくリンカンシャーにあるB氏のカントリーハウス（本作の第二の青ひげ邸）に〈私〉を拉致し、〈私〉はそこに監禁され、おちおち手紙も出せなくなってしまう。パミラの両親宛書簡第三二信は、投函されぬまま蜿蜒と小説の終わりまで続く。作者リチャードソンは、スタイルを書簡体小説から変更し、小説の残り五分の四は日記体という形を取らざるを得なくなった。

日記には適宜、パミラその他の登場人物たちの手紙が挿入されている。パミラは手紙を書いたあと、まるまる同じ文面を日記に書き写している。盗み読んだ文書も、一字一句日記に書き写している。じっさい、短い時間のなかでそういうものをひそかに書き写すのはたいへんだ、という苦労話も、日記に明記している。

別荘の管理人ジュークス夫人は冷酷かつ悪辣なわかりやすい悪役で、パミラをつねに見張っている。〈私〉の外面・内面双方の美に心打たれた村の牧師ウィリアムズが味方になってくれ、両親に手紙を届ける手段を確保することができた。

〈私〉はウィリアムズに結婚を申しこまれる。そうすればB氏の動きを封じることができるだろうと提案されたのだ。〈私〉が丁重に断っているにもかかわらず、舞い上がったウィリアムズは愚かにも、ジュークス夫人にこの計画を漏らしてしまう。計画を知ったB氏の策略でウィリアムズは不当逮捕されることに。

節度を標榜する一八世紀小説なので、ヒロイン側からは表立った嫌悪感こそ明記されていない。けれども、このウィリアムズ氏という登場人物はこの場面では、「魅力的でない異性との性的接触を排除するための嫌悪感」をコンテンツ化するために登場している。こういう嫌悪感が女性向けの娯楽として——あわよくばポルノとして——成立することを見抜いた点が『パミラ』の新しさのひとつだった。「魅力的でない異性との性的接触を排除するための嫌悪感」は、妊娠・出産・育児の労力がかかってくる哺乳類の雌ではとくに発達している。ウィリアムズの役どころは**ふられ要員**、『美女と野獣』における姉の婚約者たちに当たる。けれど牧師は、そういうモブというよりは、ひとりの滑稽な存在としてくっきり描き出されている。

パミラ派の奉公人たちがパミラに味方する。このことがきっかけでB氏は、姉であるレイディ・デイヴァーズとぎくしゃくしてしまったため、彼らを解雇《パージ》した。B氏はパミラに、自分はお前を失いたくはないが、身分違いも甚だしいので正式な結婚はできない、わかってほしい、と言う。『美女と野獣』の**身分違いの結婚**を思い出していただきたい。

ある日、〈私〉がジュークス夫人とふたりで庭にいたところ、ジプシーふうの女が近づいてきて、占ってやると言う。女は〈私〉の手相を看て〈苦難が待ち受けていますよ、あなたは決して結婚しませんね。最初の子供を産むと死んでしまいます〉（原田範行《はらだのりゆき》訳）と言う。〈私〉は憤慨するが、女が自分になにかを伝えようとしているのではないかという気もする。

一時間後、外に出て確認すると、果たして小さな紙があった。部屋に戻って密書を読む。そこには、領主はあなたを騙して、贋の結婚を持ちかけようとしている、騙されてはいけない、との匿名の警告があった。『美女と野獣』と『パミラ』に、ともに**占い師の予言**（流浪の占い師の振りをした人物の意味深な予言）が出てきていることに、深い感動を覚える。

引き続き拒絶一辺倒の〈私〉に、B氏は手紙や日記をすべて出してみせろと命じ、それを読む。この展開は二度目だ。パミラがB氏の行動を非難し、批判し、哀れみ、嫌悪してきたその文言が、すべてそのまま当のB氏の目にまるまる触れてしまう。それを読んだB氏は、意外にも激怒しなかった。実家に戻ってよろしいとさえ認めた。彼にも心優しい面があるのだろうか。〈私〉には、B氏の屋敷を去りがたい気持ちすら兆していた（なぜ？）。

それでも実家に戻ることは嬉しい。〈私〉は父が待つ家に、馬車で送られていく。帰途、パミラの監視役を仰せつかっている従者コルブランさん（じつはパミラに同情的）は、B氏からの手紙を預かっているが、翌日の正午でないと渡せない、と言う。〈私〉は無理を言ってその手紙を前倒しで読ませてもらう。そこに書いてあったことは——これまで自分がしてきたことは、お前への愛ゆえのことだった、しかしこれまでの過ちを認める、お前が書いたものは約束どおりきちんと返す、幸せになってほしい、ということだった。

B氏の態度がここまで変わってしまうと、〈私〉も動揺してしまう。これもまた策略かもしれない、とも思う。

37　これもう『美女と野獣』じゃん？

翌日、B氏の馬丁がやってきて、第二の手紙を〈私〉に渡した。そこにはこうあった——日記を読んだ、別れるのがつらい、しかも重病になってしまった（**ベルの帰省**が長引いたせいで重病になった野獣とまったく同じだ）、お前の声が聞きたい、帰ってきてほしいが、強制はしない、同封したコルブランへの手紙を見てほしい。コルブラン宛の手紙では、パミラを屋敷につれ戻してほしいが、本人が拒否したら当初の予定どおり父のもとに帰してあげること、と書かれている。

〈私〉はそれを読んで心を打たれる。

「**ひょっとして私、愛されてる？**」

これで騙されたら自分が悪いのだ。もしB氏がほんとうに誠実にこの手紙を書いたのだったら、帰還を拒否すれば自分は重病人の希望を蹴ってしまうということになるだろう。自分は中途半端に人の世話をする気などさらさらない、尽くすならとことんだ——。

このときのパミラの決断は、「人がいい」を通り越して、もはや「漢《おとこ》らしい」の域に達している。**ベルの帰省**中に野獣が衰弱、それを知ったベルが、義理を重んじて決然と実家から野獣の城館へと戻った展開に相当する。同じ年に刊行された『美女と野獣』と『パミラ』は、おたがいの鏡像のようだ。一七四〇年、ドーヴァー海峡を隔てて、英仏両国で双子のような作品が書かれた。両作の類似に気づいた瞬間、鳥肌が立った。

そのいっぽうで〈私〉は、自分はほんとうに愛されているのだ、など舞い上がっていい気になっているだけかもしれない、という自己分析も欠かさない。このあたりの心理解剖の精緻さは、英国小説というよりフランス小説流かもしれない。

それにしても、野獣もＢ氏も、ベルやパミラの帰省中に病気になってしまうんだなあ……。Ｂ氏のＢって、Bête《ベット》（Beast《ビースト》）のＢなのか？

そもそも、『美女と野獣』を含む『アメリカ娘と洋上物語』と『パミラ』のどちらが先に刊行されたのかも、リチャードソンがフランス語を、ヴィルヌーヴが英語をどれくらい読めたのかも知らない。タイミング的なことを考えると、どちらかが相手の作品を読んで自作の参考にした、ということは考えにくい。驚くべきことだけど、よく似た話が偶然、海峡を挟んで刊行されたというのが実態ではないか。

だとしたら、なぜこんなに似てるのだろうか。間違いない。リチャードソンも（自覚的にか無意識にかは知らず）、ヴィルヌーヴと同じように「クピドとプシュケの物語」をトレースしているのだ。〈パミラ＝プシュケ〉は、〈不幸な運命に囚われた老いた両親を救うために、怪物の犠牲となることを余儀なくされた比類なき少女〉であり、リチャードソンは自作『パミラ』を、『黄金の驢馬』同様に、〈魂が完全性へと進む過程、そして欲望が神聖な愛へと変容する過程を描いた物語〉（文学研究者シェリー・シャルル）にしようと試みているのだ。

屋敷に戻ったが、当日はＢ氏は面会謝絶の重病。日数をかけて本復したＢ氏は、〈私〉にこれまでしてきた不当な扱いを詫び、すっかり心を入れ替えて誠実な男となる。〈私〉はこれまでの苦しみが報われた気がする。若くて独身で裕福な美男子のB氏は、〈私〉の心に残る不信を徐々に解消していく。まさに、野獣のようなセクハラ若旦那が、美男のプリンスに変じた。

B氏は〈私〉に、結婚を申しこむ。するとB氏の姉レイディ・デイヴァーズは**身分違いの結婚**に反対する手紙を寄越した。〈私〉はそのことを知っても、自分のことではなくB氏の心や体面への気づかいを優先した。こんなところも、**身分違いの結婚**に反対してカチこんできたお姑さんにたいして「彼のことを思って、身を引きます」と宣言したベルに似てる。

B氏は〈私〉の心ばえに感動し、正式に結婚する意志をますます固め、姉とは縁を切る。そして、謎の占い師の渡した密書の筆跡を見て、これはロングマンさんの書いた手紙だと見抜くのだった。『パミラ』はATU883B「罰せられた誘惑者」話型同様に、野生の蕩児を飼い馴らし人間化（いや家畜化）するストーリーだ。ふたりはリンカンシャーの礼拝堂でウィリアムズ牧師の司式のもと挙式する。めでたし。ウィリアムズのこと覚えてます？　囚われのパミラに求婚して袖にされる**ふられ要員**ですよ。ここで出てくるのか！　さすがにちょっと笑ってしまう。

こうしてパミラは、不身持ちな美男（good gene）を性格のいい金持ち（good dad）へと調教し、いわば「家畜化」する。しかし、結婚に大反対だった小姑レイディ・デイヴァーズの存在が一点の不安材料として気にならないだろうか？

リチャードソンの匠の技がここに出ている。ヴィルヌーヴの『美女と野獣』がそうだったように、『パミラ』もここでは終わらない。このあと、結婚に大反対のレイディ・デイヴァーズが〈いったいどうして、そんな厚かましいことを、お前は自分が私の妹だなんて思い上がったことを言えるんだい〉とバカ息子を連れてB氏夫妻の屋敷に乗りこみ、夫婦を別れさせようと画策する。

絵に描いたような小姑、「クピドとプシュケの物語」のウェヌスのような「**私より前から彼のことを知ってる女**」、これがパミラの真の敵だった。『パミラ』の終盤三分の一は、『美女と野獣』の後半みたいな**白雪姫競合**だ。ラスボスはウェヌスや野獣の母（姑）と同じだが、なにしろ小説の冒頭で母が死んでるので、リチャードソンは姉（小姑）に変えたわけだ。

お、これはパミラ、知力体力フルに使って頑迷固陋な義姉の鼻を明かすのか？　それとも吉本新喜劇の山田スミ子・未知やすえ両師匠のように、

「お前ら待たんかい！　鼻の穴から割り箸突っこんで下からカッコンしたろかワレ！」

と突然のキレ芸のあと、ドン引きする一同の前でB氏に、

「あの人怖い〜」

と内股で駆け寄って小姑母子と使用人全員大コケ、B氏が

「あんたが一番怖いわ」

とツッコむ展開か？　と期待してしまうのだが、そういう展開にはならない。〈私〉はひたすら美徳を貫く。忍の一字。とんだ『細うで繁盛記』だ。かわりにB氏が姉に向かってパミラ弁護の論を滔々と展開、〈私〉を庇うのみならず叱り飛ばしさえする。「妻としての誇りを持て！」なんて感じで。

ここで、リチャードソンが影響を受けた可能性のある原典その二として、一連のATU887「**グリゼルダ**」がある。もともとは、イタリアの文学者ボッカッチョの枠物語『デカメロン』（一三五三完結）の最終第一〇〇話だ。ペトラルカによるそのラテン語版、チョーサーの『カンタベリー物

語』（一四〇〇未完）における英語版、そしてペローのフランス語韻文物語「グリゼリディス」（一六九一）と、文学史で何度も書き直されてきた話。

内容は王侯貴族の主人公が身分の低い娘を娶り、その服従を験すためにとんでもなく屈辱的な条件をつきつけるというもの。妻は忍の一字で身を低くして耐え、とうとう夫に「天晴《あっぱれ》これぞ妻の鑑！」と言わせる。なんだか美談として語られてるけど、

> なんとも真実味のない（ばかりか、胸糞悪い）ストーリーだ。嘘くささを減らそうとする気づかいも、まったく見あたらない。身分の低い出自の女が完全服従するという見え見えの着想、起こりそうもない筋、そしてハッピーエンドが相俟って、人気が出たのだろう。〔トマス・パヴェル〕

さて、夫と姉との会話のなかで、開けてはいけない蓋が開いてしまう。B氏が六年前にしでかした女性関係の「過ち」の話題が出て、新妻の〈私〉が気を揉む。B氏はサリー・ゴドフリーという女性とのあいだに六歳になる娘（**彼とべつの女性とのあいだの子**）がいて、密かに娘を寄宿学校に置いていたのだ。サリーは出産後ジャマイカに渡り、いまはべつの相手と幸福に暮らしているという。

じつに憎い展開だ。小姑と並んで、この「夫の前の女」（および隠し子）の秘密こそ、ヒロインであるパミラがB氏という青ひげの家で直面しなければならなかった「秘密の小部屋」だ。それは「血まみれの先妻たちの亡骸」ではないけれど、やはりどのみち、「**私より前から彼のことを知って**

る女2号」との**シンデレラ競合**なのだった。

リチャードソンが影響を受けた可能性のある第三の原典、それがペローの「青ひげ」だったのではないか。B氏のBって、Barbe bleue（Bluebeard）のBだったのか？　『美女と野獣』と双子の関係にある『パミラ』は、どうやら「クピドとプシュケの物語」に「青ひげ」や「グリゼルダ」のミームが流れこんだものらしい。

『美女と野獣』と『パミラ』の最大の違い。それは、魔法の有無なんかではない。後者のヒロインの、「そこらにいるふつうの身分なのに、心が美しい」という設定だった。

『パミラ』は英文学史では通常、近代リアリズム小説の出発点とみなされている。日常的な生活世界の細部や、平凡な階層に生まれたヒロインの心理といった、身近な記述対象を新たに開拓した点で、リアリズム小説の原点のひとつでもある。その理解には一理ある。

けど、一理しかない。本節で明らかになったとおりだ。

コンテンツは、ただ新しいだけではヒットしない。ベストセラーになった『パミラ』は、既存文学の要素を、それ以前には見られなかった配合でブレンドしていた。大当たりしたのは、おとぎ話という人気分野の作品ならではの要素が『パミラ』に揃っていたからだ。おとぎ話という補助線を引かずには、『パミラ』の斬新さも、『パミラ』大ヒットの文学史的意味も、つかむことはできない。

38　グッズ展開、続篇、そしてフィールディングらの二次創作

『パミラ』がどれくらいヒットしたか。パミラをモティーフとした絵やイラスト、また作中からの引用を鏤めたトランプといった商品が作られたらしい。キャラクタービジネスの元祖みたいなグッ

ズ展開だ。知的財産権ビジネスの法制が整ってなかった時代なので、業者が勝手に便乗していたのだろう。本それ自体の海賊版も、独自のイラストつきで出ていたという。

のちにリチャードソンは『パミラ』の成功を受けて、こんどは『クラリッサ』（一七四八）という悲劇的な書簡体小説を刊行し、これも大ヒットとなる。『パミラ』だけでなく、『クラリッサ』もおとぎ話のミームを引いている。ヒロインが睡眠中に不同意性交の被害にあってしまうのが、「眠れる森の美女」の元ネタであるバジーレの「日と月とターリア」そのものなのだ。

セルバンテスの『ドン・キホーテ』正篇（一六〇五）がヒットしたあと、その海賊版続篇を一六一四年にアベリャネーダなる者が勝手に刊行したことがある。『パミラ』も翌年に、『贅沢生活におけるパミラの行状』と題する続篇（ジョン・ケリー作とされることもある）やコニー・キーバー氏（その正体は後述）の『シャミラ・アンドルーズ夫人の生涯の弁明』という悪意的二次創作、さらにはイライザ・ヘイウッドの『逆パミラあるいはバレたカマトト』というパロディまで登場した。

ヘイウッドの作品はペンシルヴェニア大学がデジタル化していて、ブラウザで読める。少しだけ読んでみた。サイリーナ・トリクシーなるヒロインがカネと身分の両方でのし上がるために、いろんな男をカモろうとして、貴婦人のふりをしたり「奔放な女」アピールをしたり裕福な未亡人を装ったりするが、間が悪かったりうっかりミスをしたりしてしくじる。上昇しようともがけばもがくほど主人公が置かれている地位が低くなっていく。女性の上昇婚志向を、女性作家が意地悪く描いている。暗黒婚活コメディだ。

『ドン・キホーテ』のばあい、本家セルバンテスが非公認続篇に憤慨して「公式」の続篇（一六一五）を慌てて完成させた。リチャードソンが上記二次創作群をどれくらい意識していたかは知らないが、それらと同じ一七四一年に『身分の上がったパミラ』なる続篇を刊行しているらしい。しかしこれは『パミラ』の重視され具合に比べてあまりにも言及されていない。相当つまらない作品なのだろうか。

　このあたりはこれに先立ってデフォーが『ロビンソン・クルーソー』とその続篇（いずれも一七一九）を刊行し、翌年には第三部『ロビンソン・クルーソーの生涯と驚くべき冒険における真摯な考察』というものを出したのを想起させる。この第三部にはストーリーらしいストーリーはなく、ロビンソンの口（ペン）を借りたエッセイのようなもののようで、やはりほとんど読まれていないとのこと。

　先に言及した『パミラ』二次創作のうち有名なのが、公式のわずか五か月後に刊行されたコニー・キーバー作『シャミラ』（一七四一）だ。『パミラ』はそこそこの巨篇だが、『シャミラ』のほうはごく短めの中篇小説といった規模の作品。また『パミラ』が主人公だけ（単声）の書簡と手記で成り立っていたのにたいして、『シャミラ』は複数の人物間の手紙のやり取りで構成された多声書簡体小説だ。

『シャミラ』の作中世界においては、現実世界同様に『パミラ』が書籍として刊行されている。しかし同時に、『パミラ』の作中人物たちも実在している。ひょっとしたらこれは、『パミラ』が小説（虚構作品）ではなく現実の書簡集（ノンフィクション）として刊行されている世界なのかもしれない。

　そう考えると、『パミラ』と『シャミラ』との関係は、『ドン・キホーテ』の正篇と（アベリャネーダのではなくセルバンテス自身の）「公式」続篇との関係に近い。「公式」続篇においては、作中世界の人々は現実世界同様にベストセラーだった『ドン・キホーテ』正篇を読んでおり、ドン・キホーテとサンチョ・パンサの主従は行くさきざきで有名人として遇されるのだった。

題となったシャミラはパミラの名にsham（まやかし、ぺてん師）を被せたもの。『パミラ』で雇い主でありのちに夫となった若い金持ちB氏は、『シャミラ』ではブービー氏とされている。ちなみにboobyとは「間抜け」の意。

『シャミラ』によれば、パミラ（シャミラ）は既刊のベストセラー書簡集（＝リチャードソンの小説）で当人が主張しているような有徳の女子ではなく、男を手玉に取る身持ちの悪い喰わせものだ。『パミラ』では当て馬キャラ、ウィリアムズ牧師は人柄がよく、ヒロインに好意を抱き助力を申し出て振られる役回りだった。ところが『シャミラ』では、ヒロインはこの**ふられ要員**ウィリアムズとのあいだに、すでに隠し子までいるという設定。

『シャミラ』は『パミラ』をいわば壮大な叙述トリック作品（というのが言い過ぎだとしたら、〈信頼できない語り手〉作品）に変えてしまう、いわば二次創作的な「解決篇」なのだった。

この『シャミラ』が文学史上有名である理由は、作者コニー・キーバーが、のちに世界文学史上に燦然と輝く長篇小説『トム・ジョウンズ』（一七四九）を書くヘンリー・フィールディングの偽名だからだ。

『シャミラ』の翌年、フィールディングはこんどは本名で「公式」デビュー作を書く。長篇小説『ジョウゼフ・アンドルーズ』（一七四二）だ。アンドルーズ？　パミラの姓もアンドルーズだったが……。

はい。『ジョウゼフ・アンドルーズ』もまた『パミラ』の非公式続篇なのです。姉同様に容姿端麗なジョウゼフは、ブービー氏の伯父トマス卿の召使。卿の死後、多情な未亡人のレイディ・ブービーがモーションをかけてくる。ジョウゼフが姉パミラ同様に貞操を守るべく誘いを拒むと、夫人は怒りのあまり彼を即日解雇する。という発端は、パミラがセクハラを拒否してお暇を出される展開を男女反転したもの。

でも、本作はたんに『パミラ』をこすってるだけではない。本書の正式な題は『『ドン・キホーテ』の作者セルバンテスの流儀に倣って書かれた、ジョウゼフ・アンドルーズとその友エイブラハム・アダムズ氏の冒険物語』というもので、物語の構造やキャラクターの布置には随所に『ドン・キホーテ』をはじめとする先行作品が意識されている。

ジョウゼフがレイディ・ブービーを拒絶して苦難に遭う展開も、『パミラ』の性別を裏返すことで、有力者の妻（女王・兄嫁・継母など）の邪恋を拒んで怒りを買い讒訴される神話モティーフを喚起している。旧約聖書『創世記』のヨセフ物語、ギリシアのベレロポン神話やヒッポリュトス神話（ラシーヌの悲劇『フェードル』［一六七七］で有名）、さらには『黄金の驢馬』第一〇巻の挿話、『七賢人物語』の外枠物語などでおなじみのモティーフだ。レイディ・ブービーのばあい、有力者たる卿が死んでいて讒訴がなされない点は大きく異なる。

作者は知るよしもなかったけれど、同じモティーフは古代エジプトの「二人兄弟の物語」、『宇津《うつ》保《ほ》物語』の「忠《ただ》こそ」、説経節『愛護若《あいごのわか》』など、ワールドワイドに見られるものだ。「#metoo」で有名な女優アーシア・アルジェントが未成年のジミー・ベネットに性的暴行をおこなったとされる件で、アルジェントがいったんは「自分こそ被害者だ」と強弁した流れ（二〇一七年）を思い出させられる。

さて、クビになったジョウゼフ・アンドルーズはロンドンをあとにして、かつて同じ屋敷に勤めていた二歳年下のファニー・グッドウィルに会いに行こうとする。その旅程で追い剝ぎに半殺しにされ、近所の旅籠で看病されていると、偶然通りかかった旧師アダムズ牧師が立ち寄り、ジョウゼフの宿のつけを払う。これも新約聖書『ルカによる福音書』の「善きサマリア人の譬え」をなぞったものだ。

『パミラ』の小判鮫状態だった『シャミラ』とは正反対に、『ジョウゼフ・アンドルーズ』は『パミラ』を読んでない読者でも楽しんで読むことができる。以後、孤立無援のジョウゼフはさまざまな苦難を乗り越える。単線的な『パミラ』と正反対に、主役・脇役たちの複数のプロットラインを同時に走らせる作者のコメディセンスは、全篇にわたって超一流。その腕前を逐一分析する紙数は本書にはない。

ただ、『美女と野獣』との共通点のみ挙げておく。まず、ジョウゼフに未練のあるレイディ・ブービーが、ジョウゼフとファニーを小枝一本を盗んだ廉で逮捕させる。この奸計は、ベルの父が薔薇の花を持って帰ろうとしたために野獣に難題を突きつけられる展開だろう。

終盤でブービー夫妻（パミラとB氏）とアンドルーズ夫妻（パミラの両親）がどやどや登場するところは『美女と野獣』の後半そっくりだ。また郷士ブービー（B）氏の義弟ジョウゼフが平民のファニーと結婚することに、姉のパミラが「身分違い」を理由に反対する。これも『美女と野獣』の女王（野獣の母）＝ウェヌスの役どころ。「公式」でパミラをいじめた義姉レイディ・デイヴァーズと同じことを、こんどはパミラが小姑になって、ファニーにたいしてやっている。上昇婚の怖さがここに凝縮されている。

ところがファニーがパミラの義妹どころか、実妹だったことが、旅の行商人の証言で判明する。パミラの母によると、ファニーが赤ん坊のころ、ジプシーがやってきてファニーをさらい、幼い男児を置いていったというのだ（**取り替え子**）。これってもしかして、俺たち・私たち、入れ替わってた⁉　つまりジョウゼフはパミラとは血がつながってなかったわけ。

そこに、以前ジョウゼフとファニーとアダムズに一夜の宿を提供した家の主人ウィルソンがやってきて、ジョウゼフこそかつてジプシーが自分たちからさらった、胸に苺型の痣のある長男だったというのだ。『美女と野獣』でおなじみ「**身分違いの結婚**」に、同じく**取り替え子**と**出生の秘密**のモティーフが今回はダブルで盛りこまれる。最後にジョウゼフとファニーが無事結ばれて大団円となる。めでたし。フィールディングは古典語に通じていた。一七・一八世紀のフランス小説にも詳しかった。二年前に刊行されたヴィルヌーヴの『美女と野獣』を読んでいたのではないだろうか。

それにしても二年連続で『パミラ』をいじるなんて、どんだけあやかり商売なんだ。フィールディングは『パミラ』のなにが気に喰わなかったのか。いろいろありそうだけど、彼がいちばん言いたかったのは、

「平民の日常にシリアスは似合わない。嘘くさい。庶民を描くならコメディ一択！」

ということだったのではないだろうか。フィールディングは「感傷小説」に対抗して「滑稽小説」を押し立てていったのだ。

感傷小説とはなにか。フィールディングがいかに虚仮《こけ》にしようとも、本家『パミラ』の人気は衰えず、英国・フランス・ドイツ、そしてのちには独立直後の米国で、多様なフォロワーを生んだ。それらの作品は、リチャードソンの手法を必ずしも正確に理解して書かれたとはかぎらないし、ま

た『パミラ』に全面賛成していたわけでもない。それでも、そのさまざまな作品は、のちに感傷小説と呼ばれる大きなくくりとなった。ここではルソーの『新エロイーズ』（一七六一）とゲーテの『若きヴェルテルの悩み』（一七七四）を挙げておこう。いずれも書簡体小説だ。

のちにサド侯爵が獄中で執筆した中篇小説『美徳の不幸』（一七八七。通称『原ジュスティーヌ』）の題はおそらく『パミラ』の副題『淑徳〔美徳〕の報い』の論理学で言う「否定」だ。この作品は生前は刊行されず、九一年の改訂版『ジュスティーヌあるいは美徳の不幸』がサドの単行本デビュー作となり、さらに再訂版『新ジュスティーヌあるいは美徳の不幸』（一七九九）とその論理学で言う「裏」である『ジュリエットあるいは悪徳の栄え』（一八〇一）となった。オリジナル版が日の目を見たのは二〇世紀に入ってからのこと。

39　一七四〇年、児童文学への助走

『美女と野獣』『パミラ』と同じ一七四〇年、ロンドンの売薬業者ジョン・ニューベリーが出版業に進出した。ニューベリーは一七四四年以降、児童書に力を入れていく。児童文学は、公教育の発展・市民階級の台頭・図書市場の拡大によって生まれた、新しい分野だ。

『美女と野獣』から一五年後、ヴィルヌーヴが世を去った。その翌一七五六年に、ロンドン在住のフランス人小説家**ジャンヌ＝マリー・ルプランス・ド・ボーモン**が、同品をリライトした短縮版「**美女と野獣**」を発表した。

ボーモン版は登場人物を大幅に減らし、物語を大胆に単純化した。ボーモン版の商人には、息子三人、娘三人の六人兄妹。ヴィルヌーヴ版の半分だ。これで元ネタのプシュケと同じ三姉妹に戻っ

た。もうひとつ重要なことがある。ボーモン版では、商人がベルの実父で、ベルは平民だ。ロンドン住まいの作者は、平民がヒロインのベストセラー『パミラ』を読んでいたかもしれない。

ボーモン版は大ヒットした。おかげでヴィルヌーヴのオリジナル版は霞んでしまい、あまり多く読まれない時期がずっと続いた。ボーモン版はしばしば、フランスの、さらにはイングランドの、むかし話だとすら思われている。じっさい、本書第1部第3章で見たように、ボーモン版によく似た、ATU425C「美女と野獣」話型むかし話が、西洋各地で数多く見つかっている。

日独口承文芸の研究者である竹原威滋《たけはらたけしげ》が述べたように、〈グリム以前に人口に膾炙していた伝承メルヘンは、王子とお姫さまが結婚して、ハッピーエンドで終わるというものではなく、もっと複雑な人間関係、結婚後の愛の三角関係、インモラルな内容を含んでいた〉。それはなにも口承のむかし話だけではない。書承のおとぎ話もそうだった。ストラパローラやバジーレから、ペロー、ドーノワを経てヴィルヌーヴまで、クラシックなおとぎ話を読むと、結婚で怖い目に遭うヒロインの話はざらにあった。

そこに出てきたのが、ボーモン版「美女と野獣」だ。ボーモンは、おとぎ話を子どものコンテンツとして仕立て直した最初の作家だった。ボーモンの意図は、おとぎ話を道徳教育に用いることにあった。だから教訓を強調した。妖精界の息苦しい宮廷式政治の駆け引きの要素や、老妖精が王子にセクハラ的につきまとう詳述といった、ヴィルヌーヴの原作にあった厄介な大人要素を削除した。これを先陣として、おとぎ話は新時代の「長めのイソップ寓話」として注目されていく。西洋における「児童文学」という分野は、ここから出発した。

「人生の墓場としての結婚」というミームは、おとぎ話界を放逐され、以後はリアリズム小説の世界で生き延びることとなった。こうして、続く一九世紀に、結婚生活における幻滅や危機が小説のお家芸となった。

ボーモン版は発表の一五年後、百科全書派の小説家・思想家マルモンテルの台本で、『ゼミールとアゾール』（一七七一）としてオペラバレエ化された。この作品は、のちのメルヒェンオペラの先駆けとなった。作曲したグレトリは一八年後、なんと本書第2部で紹介したオペラコミック『青ひげラウル』を作曲することになる。

コクトー（一九四六）やディズニー（一九九一、二〇一七）の映画の原作もボーモン版だ。もうひとつ言うと、本書第2部で「青ひげジル・ド・レ説」という都市伝説を（作ったわけではないが）広めた張本人として登場したメリメは、ルプランス・ド・ボーモンの曾孫らしい。この血統は強力なミームをローンチする家系なのか。

一〇〇年以上続く米国の児童文学賞は、児童文学の父とされる先述のニューベリーの名を冠している。ニューベリーは、英国の俗謡やわらべ歌を集めて一七六〇年代に刊行したとされてきた。近年の研究では、じっさいにそれをしたのは養子で後継者のトマス・カーナンで、時期も一七八〇年ごろということらしい。この最初の歌詞集の書名は、ペローの『短編物語集《コント》』の別題『鵞鳥おばさんのお話集』にあやかって『鵞鳥おばさん《マザーグース》のメロディ』という。現在でもおもに米国では、英語のわらべ歌をマザーグースと呼んでいる。

ほかの版元もニューベリーに追随し、こうして誕生した児童文学の初期マーケットで、おとぎ話は主力商品のひとつとなっていった。

ところで、『パミラ』には、フィールディングとは逆の立場からの批判もあった。

「そもそも平凡な日常なんか描いたってしょうがないんだよ！　小説なんて空想の世界をお出ししてナンボなんだよ！」

という一派があらわれたのだ。ホレス・ウォルポール『オトラントの城』（一七六四）にはじまる「ゴシック小説」がそれだ。次章ではこちらの流れを見ていこう。

ペローを訳した巖谷國士によるちくま文庫版解説によれば、「青ひげ」については〈のちのヨーロッパではやったゴシックノヴェルズ（怪奇小説）に先駆する近代はじめの産物だったのではないか、という見かたが出てきたりする〉という。〈怪物的主人公のリアルなおどろおどろしさ自体、昔話ほんらいの不可思議とは一線を画する〉。

裏切りと良心の呵責、そしてぜったいに見抜かれるという恐怖……。この構造こそは、女性を主人公とする多くのゴシックホラーやロマンス小説のなかにも息づいているものだ。

ゴシック小説とは、おどろおどろしい恐怖やサスペンス、極悪人の苛烈な暴力、怪奇現象（作品によって超自然によるものもあれば、人力や偶然によるものもある）、そしてしばしば〈過去の罪や逸脱行為が暴かれゆく過程〉（ここが「青ひげ」っぽい）といったものがてんこ盛りの、煽情的でショッキングな小説。最初のゴシック小説とされるウォルポールの『オトラントの城』（一七六四）は、過去のイタリアを舞台にした奇怪な貴種流離譚で、物語は歌舞伎じみた**出生の秘密**の趣向で締めくくられた。

この作品から三〇年ほど経って、ゴシック分野の傑作が怒濤のように生まれてくる。そのなかで、ヒロインはかなり怖い目に遭う。

第3章　「青ひげ」、英国小説をブーストする

初期フェミニストのメアリ・ウルストンクラフトの、歿後刊行の未完の小説『女性の虐待あるいはマライア』（一七九八）を見てみよう。主人公マライア・ヴェナブルズは、夫ジョージの策略で精神病院に不当に監禁された。そこで職員として働くジマイマは、マライアが精神を病んでいないことを見抜く。

マライアはジマイマが差し入れてくれた本のなかに、同じ施設に収容されているヘンリー・ダーンフォードのメモを見つけ、彼とは連絡を取りあうことになる。ダーンフォードは酒浸りの乱脈な生活の末にここに収容されたが、いまは前非を悔いているのに、医師たちに退院を認めてもらえずにいる。

下層階級出身のジマイマも、上流夫人のマライアも、ある意味で「男の家」にはいって虐待された過去を持っていた。私生児のジマイマは幼くして孤児となり、父の家で使用人としてこき使われ、つぎの働き先では主人に暴行されて妊娠、主人の妻に追い出されて子どもを中絶、売春婦や金持ちの愛人を経て現職についた。『モル・フランダーズ』（一七二二）や『ロクサーナ』（一七二四）といった七〇年前のデフォーの毒婦小説《ピカラ》だと、ヒロインは悪事や色仕掛けで社会階層を昇っていこうとするのだけど、悪人でないジマイマはやられっぱなしだ。

いっぽうマライアは、長男のみをだいじにしてほかのきょうだいをないがしろにする両親に育てられた。家が厭だったので隣家を訪れるうちに、そこの息子で立派な若者と評判のジョージに好意を抱く。マライアの母が死ぬと、父は家政婦を愛人にする。裕福なおじが持参金を出してくれたので、マライアはジョージと結婚した。しかし夫の本性はろくでなしで、賭博や買春にかまけて家産を傾け、あまつさえS氏なる知人を買収してマライアを誘惑させようとする。不貞の女として追い出そうとするのだ。マライアは計画を見破って逃げる。

男が身を持ち崩す道楽を、むかしは「飲む・打つ・買う」と言った。この小説では「飲む」が収容前のダーンフォード、「打つ・買う」がジョージの担当。

マライアが新生児とともに英国を離れようとしたときに夫によって精神病院に閉じこめられ、子どもを奪い取られてしまったところで、原稿は未完のまま終わっていた。

この時代の小説の感じから言うと、マライアがジマイマとダーンフォードと協力して子どもを取り返そうとする展開が予想される。惜しいところで終わったものだ。

『マライア』はとくに「青ひげ小説」とはっきり言い切れる感じではないにしても、作中でマライアは青ひげ夫人のように花嫁として、ジマイマはATU311「妹による救出」話型の主人公のように使用人として、男の家に入り、えらい目にあってしまうのだった。

40　アン・ラドクリフ『イタリアの惨劇』

「青ひげ」の話のなかで、あなたが感情的に揺すぶられるのはどのパッセージだろうか？　約束を破ってしまった場面の罪悪感？　凶悪な夫に殺されそうになる場面のサスペンス？　それとも、そいつが最後に成敗される場面のカタルシス？

僕のばあいは、扉を開けて血まみれの光景を見てしまった場面のショックが、幼い自分にはいちばん強く印象を残したと思う。小説家**アン・ラドクリフ**もそうだったらしい。ブレイク作『ユドルフォ城の怪奇』（一七九四）のストーリーは、書かれた時代を二一〇年遡る一五八四年から始まる。舞台はフランスとイタリア。主人公エミリー・サントベールの周囲に怪事が続く。女の子がアウェイな屋敷の閉鎖空間で怖い空間の秘密を知ってしまうというモティーフを、作中で何度も繰り返している。

たとえば、アペニン山のユドルフォ城の大広間に掛けられた何枚かの絵のうち、黒いヴェールがかかっているのを見たエミリーは、そのヴェールを上げて目にしたもののショックで失神してしまった（彼女がなにを見たのかはここでは読者に知らされない）。あるいは、門番ベルナルディーノ（バーナディン）に導かれて拷問部屋を訪れ、カーテンを引くとカウチに屍体が横たわっていた。エミリーはここでも気を失う。さらには、ラングドックのル＝ブラン城で、ヴィルロワ侯爵夫人が死んだという寝台のカヴァーがめくれ上がり、下から恐ろしい顔があらわれる。などなど。「青ひげ」的な「見たな」「見ちゃった」モティーフの切り貼りでできた小説といえる。

一説には、この大作のなかでヒロインは一〇回気絶するという。一〇回はパミラの気絶より多いかもしれない。気を失って倒れるのは当時のヒロインの重要な仕事とはいえ、パミラのたぶん倍くらいやってそう。ちょっとやりすぎではないだろうか。

煽情的な残虐趣味のショックやサスペンスと甘ったるいロマンス趣味とのマリアージュは、一時の東海テレビ制作の昼帯ドラマのようで、ちょっと癖になる。謎の声や楽の音、ル＝ブラン城の寝室の幽霊など、超自然と思われたものがすべて人為と判明する展開は、のちの探偵小説のルーツのひとつだろう。

さて、ユドルフォ城の大広間の額縁の黒いヴェールの向こうにエミリーが見て失神したものとはなんだったのか？　これは結末の直前に、急に思い出したかのように説明される。それは蛆虫に喰い破られた人間の顔を蠟人形で精巧に作ったものだった。むかしのユドルフォ城主が、贖罪のためにこれを見つめるという苦行を教会から科されたのだという。メメント・モリというか、仏教で言えば「小野小町九相図」第七相に見られる「噉食相《たんじき》」(膨張腐乱した屍体が鳥獣に食い荒らされる図)のようなものだ。

それにしてもその説明は、ストーリーの本筋とほぼ無関係ではないか。ここまで無関係だと却って清々しい。

「あ、これ伏線にしてたのに忘れてた。いまさら説明も思いつかないしなあ」って感じでやっつけの説明を押しこんだ感がある。とにかくヒロインを失神させるのが先決、その場面を書いたときには最後どう回収するか考えてなかったのでは？　とにかく失神させとけば、読者は気になってページをめくるという寸法。

> ゴシック小説をそのまま要約したのでは無用に複雑で読みにくく見えてしまう〔…〕。もともとゴシック小説のプロットはややこしい。その複雑なプロットが成功するか否かは、読者をいかに登場人物に感情移入させ、いかに物語の雰囲気に没入させるかという、書き手の力量しだいだ。〔スティーヴン・キング、安野玲《あんのれい》訳〕

まさに『ユドルフォ城の怪奇』がこれ。その展開は非常にとっ散らかっている。人物の出し入れが行き当たりばったりに思える。読了後、結局自分はなにを読んだのか？　という疑問が浮かんでくる。逆に言うと、読んでるさいちゅうは、自分はいまなにを読まされてるのかなんてことが気にならないくらいおもしろい。読んでるさいちゅうがおもしろければ小説はしめたものだ。御の字ではないだろうか。

この三年後、ラドクリフは『**イタリアの惨劇**』（一七九七）を発表する。先述『マライア』の前年だ。原題を直訳すると『イタリア人』（定冠詞つき単数形）。こちらも相当とっ散らかってはいるが、『ユドルフォ城の怪奇』に比べればだいぶすっきりと整理されている。作中年代は作品発表から遡ることわずか三九年、舞台はやはりイタリアだ。

一七五八年。ナポリの侯爵家の跡取りヴィンチェンティオ・ディ・ヴィヴァルディと、貴族だが伯母ビアンキ夫人と貧しく暮らすエレーナ・ディ・ロザルバとが、悪党《ヴィラン》たちのさまざまな妨害による艱難を味わいつくす。謎の修道士がヴィンチェンティオと下男パウロの前にあらわれ、警告したりヒントを与えたりする。

悪党とは、貧しい娘との**身分違いの結婚**に反対するヴィンチェンティオの母・侯爵夫人と、その相談役であるドミニコ会聖霊修道院のスケドーニ神父。

ははあ、侯爵夫人とヴィンチェンティオがウェヌスとクピド、エレーナがプシュケ、本作の主題は侯爵夫人とエレーナとの**白雪姫競合**というわけか。侯爵夫人と悪僧スケドーニの敵役コンビは、ラクロの悖徳小説『危険な関係』（一七八二）のメルトゥイユ侯爵夫人とヴァルモン子爵のリベルタンなタッグを意識したのではないか。どうやら題の『イタリア人』（定冠詞つき単数形）とはスケドーニのことらしい。でも基本、登場人物ほぼ全員イタリア人なんだけどね！

侯爵夫人は、息子が翻意しないと知るや、ふたりを引き裂く計画を立てた。伯母の死後エレーナは誘拐され、スケドーニの息のかかった山あいにある聖ステファノ修道院の独房に閉じこめられる。そうとも知らぬヴィンチェンティオは謎の男の正体を暴かんと、下男パウロを連れて古い要塞を訪れる。謎の修道士がまたあらわれ（五回目）、一時間前にエレーナがいなくなったと言い、パウロは拳銃を撃つが修道士は姿を消す。ふたりは誘拐されたエレーナの捜索を開始する。

聖ステファノ修道院の院長は囚われのエレーナに、このまま侯爵夫人が選んだ男と結婚するか、さもなくば尼僧となるか、という二者択一を迫る。数日後、エレーナは晩の勤めで美しい修道女オリヴィアと出会い、自分に似たものを感じた。オリヴィアはエレーナの名を聞くと、大いに動揺する。

捜索八日目、ヴィンチェンティオとパウロが巡礼の出で立ちで修道院に着くと、エレーナが抵抗しながら、尼僧たちに無理やり修道女の着衣の儀式をさせられているではないか（ご都合主義！）。ヴィンチェンティオは駆け寄るが、尼僧院長に妨げられる。

院長はエレーナに罰として、入ったらだれも戻ってこなかった「恐怖の間」にエレーナを閉じこめようとする。ヴィンチェンティオとパウロは、一度はエレーナを救出した。ところが、愛し合うふたりが湖畔の礼拝堂で挙式しようとしたとき、武装集団が乱入し、異端審問所の逮捕状を見せてふたりの身柄を押さえる。ヴィンチェンティオは戦って負傷し、ローマに送られ、パウロも拘束された。エレーナはアドリア海沿いのあばら家へと拉致され、スケドーニ神父に殺されそうになる。

神父はエレーナを刺殺しようとして、眠る彼女がかけているロケットの肖像画を見て驚倒する。スケドーニは彼女を起こして、これはだれの肖像画かと尋ね、エレーナが父の肖像だと答えると、スケドーニは自分がその父だ、お前は赤子のときに行方不明になった娘だ、と告げる。この場面は、『スター・ウォーズ』エピソード5の終盤、ヴェイダー卿がルークに「私はお前の父だ」と告げる場面のような衝撃を、当時の読者に与えたのではないだろうか。

スケドーニは、自分がそうと知らずに娘を迫害したこと、その恋人を審問所に逮捕させたことを悔やんだ。娘がヴィヴァルディ侯爵家の御曹司と結婚すれば、自分も出世できるではないか（発想がクズだが、人間らしくて共感できる）。さっきまでウェヌス役と結託していた悪役が、ここで急に寝返るわけだ。

審問所で取り調べを受けるヴィンチェンティオは、謎の修道士の入れ知恵で、「スケドーニの正体はブルーノ伯爵フェランドである」と証言。スケドーニはローマへの道中、身柄を拘束された。彼はかつてマリネッラ伯爵といい、兄ブルーノ伯爵の称号と財産と美人妻を狙って兄を謀殺、兄嫁に求婚するが振られ、これを手籠めにして無理やり結婚した。妻に軽蔑された彼は妻に愛人がいると疑い、来客を愛人と勘違いして刺殺しようとするが、客に逃げられ、妻を刺した。

いっぽうシスター・オリヴィアはエレーナの逃亡後、もとの修道院にいられなくなって、サンタ・マリア・デッラ・ピエタ修道院に移籍していた。彼女の正体はスケドーニに刺されたがじつは生きていたブルーノ伯爵夫人であり（さらなるご都合主義！）、夫から身を守るために自分は死んだことにして身を隠し、最初の夫とのあいだの娘エレーナ（つまりスケドーニの娘ではなく姪）と、スケドーニとのあいだにできた娘とを、姉ビアンキ夫人に託したのだった。

スケドーニの娘のほうはその年に死んだ。エレーナは伯母ビアンキ夫人の死後に見つけた叔父の肖像画を、まだ見ぬ父のものと思い、スケドーニのほうはじつの娘が死んだことを知らなかった。そこで、双方共通の誤解が生じたわけだ。

子どもの死亡率が高い時代とはいえ、スケドーニの実の娘の死というのは雑な解決だ。けれどそのご都合主義を踏み台にしたことで、スケドーニが姪を娘と思ってしまうという解決がむしろエレガントに成立している。『ジョウゼフ・アンドルーズ』に出てきたような「**出生の秘密**」展開が、本作では二重底になっている。おまけに「**取り替え子**」ライクな効果まで発生してしまった。

スケドーニの悪行を暴露したのは、例の謎の修道士ニコラ・ディ・ザンパリ神父である。彼はスケドーニの一派だったが、あるときからスケドーニを裏切ることにしたのだ（これもいつもの後出しだが、ドラマチックだ）。スケドーニは死刑になるくらいならと服毒し、自分を裏切ったニコラ神父にも致死量の毒を飲ませていた。

侯爵夫人は息子の恋人を迫害したことを悔いながら死んでいた（これまた唐突）。無罪放免となったヴィンチェンティオに、父は結婚を認めると告げる。ふたりは結婚し、パウロは式に列席する。めでたし。

男性主人公にたいする謎の修道士の警告を除けば、この作品には特段『青ひげ』的な禁止と違犯のモティーフが局所的に存在しているわけではない。むしろ「恐怖の間」に幽閉するという「逆・青ひげ」的な状況が示唆される。

では『イタリアの惨劇』のどのへんが「青ひげ」的なのかというと、要は結婚をめぐる話だからでもある。そしてヒロインの結婚の障碍となるのは、ほかでもない愛する男の母親、つまり「**私より前から彼のことを知ってる女**」だ。

ホラーに詳しい英国の映像文化研究者スー・ショートの発言を見てみよう。

> ホラーはおとぎ話と親和性がある。どちらにも、神経を逆なでし、血も凍らせるような怪物（超自然の怪物もあれば怪物的人間もある）がどんどん出てくるではないか。何世紀もの間、

私たちは殺人・食人などの残虐行為を犯す極悪非道な人物の物語を共有してきた。「青ひげ」(ATU312)のシリアルキラーは、スラッシャー映画で大暴れの無数のサイコ野郎の先駆とみていい。いっぽう、かつては食人鬼や魔女の専売特許だった人肉嗜食は、いまでは『悪魔のいけにえ』(一九七四)、『クライモリ』(二〇〇三)、『ディセント』(二〇〇五)などの映画に出てくる外道へと変わっている。〔英国の映像文化研究者スー・ショート〕

ラドクリフの作品は、前章で触れたリチャードソンの『パミラ』と正反対の作風だけど、これはこれで大人気だった。『パミラ』に『シャミラ』というパロディが登場したように、ラドクリフ作品にもパロディ的作品があらわれた。それがジェイン・オースティンの『ノーサンガー・アビー』(一八〇三年完成、歿後一八一七年刊)だ。

41　ジェイン・オースティン『ノーサンガー・アビー』

少し遡って、フィールディングの『ジョウゼフ・アンドルーズ』に戻ろう。この小説は、長い題の一部に〈『ドン・キホーテ』の作者セルバンテスの流儀に倣って書かれた〉と明記してある。『ドン・キホーテ』正篇(一六〇五)の冒頭部分は、一七世紀初頭でもまだ人気だった騎士道小説を読みすぎて、自分を遍歴の騎士、世界を騎士道RPGの世界と勘違いしたおじさんが惹き起こす騒動を物語った。セルバンテスは自作で、当時の人気ジャンルを揶揄したわけだ。

フィールディングは『ジョウゼフ・アンドルーズ』の序文で、こういうパロディやコメディを持ち上げ、身分の高い高潔な美男美女が大冒険を繰り広げる大作群を批判した。たとえば、ペローの同時代人マドレーヌ・ド・スキュデリの歴史ロマンス『クロエリア　ローマの物語』（一六六〇完結。フランス語読み『クレリー』として言及されることが多い）などが槍玉に挙がっている。槍玉に挙げる以上、完結から八〇年経ったフィールディングの当時でもまだ人気があったのだろう。

クロエリアはスキュデリ夫人の創作した人物ではなく、紀元前六世紀末ローマの伝説上の女傑だ。ティトゥス・リウィウスの『ローマ建国史』（紀元前一七？）や、プルタルコスが紀元一〇〇年前後に書いたとされる『対比列伝』中の「プブリコラ」、同じくプルタルコスの『倫理論集』中の「女性たちの勇敢」などに記されている。

その『クロエリア』を読みすぎて頭がおかしくなった女を描く滑稽小説が、『ジョウゼフ・アンドルーズ』の一〇年後に書かれた。シャーロット・レノックスの『女キホーテあるいはアラベラの冒険』（一七五二）。もう題から「ドン・キホーテいただきました」と宣言したようなものだ。ヒロインは『クロエリア』をはじめとする一七世紀フランスのプレシオジテ（言動にサロン的な洗練を求める風潮）の小説を読みすぎて、そこに出てくる冒険やロマンを実現しようと滑稽な試みを繰り返すという。しかもカナダの英文学者マーガレット・アン・ドゥーディによると、『女キホーテ』は、**ジェイン・オースティン**の**『ノーサンガー・アビー』**の元ネタになったらしい。

Project Gutenberg で一部をつまみ読みしてみた。ヒロイン、騎馬の人たちが襲ってくると勘違いして、『クロエリア』の主人公を真似てテムズ川に飛びこんで体調を崩したりしている。題名どおり、風車を巨人と勘違いして突撃する『ドン・キホーテ』序盤の手法なのだ。

『ジョウゼフ・アンドルーズ』と同じ一七四二年には、フランスでもイライザ・ヘイウッド作品と同題の『逆パミラ』が出た。これは『パミラ』そのものを読んで自分もあんな奥さんを探すぞ、と勘違いする男の話らしく、ヘイウッドの『逆パミラ』から見ても男女逆の婚活コメディのようだ。

またドイツの小説家ヴィーラントの『ドン・シルビオ・デ・ロサルバの冒険』（一七六四）は、ドーノワらのおとぎ話《メルヒェン》にたいして、同様の手法を試みたらしい。僕はまだ読んでいないが、主人公は〈妖精物語の読み過ぎで現実と妄想の区別がつかなくなった若者〉（ドイツ文学者・小黒康正《おぐろやすまさ》）だというから、ドイツで一八世紀に前世紀末フランス産おとぎ話がよく読まれていたんだろうな。

さて、こういった過剰没入読者のゴシック小説版が、『ノーサンガー・アビー』の主人公キャサリン・モーランドだ。

> 子供のころのキャサリン・モーランドを知っている人は、彼女が小説のヒロインになるように生まれついたなんて絶対に思わないだろう。彼女の境遇、両親の人柄、彼女自身の容姿と性格など、どこから見てもヒロインとしては完全に失格だった。〔中野康司訳〕

こんなことが書かれるくらいだから、当時小説の主人公といったら、基本的に美男美女と相場が決まっていたということだろう。これが一五歳くらいになると、ぎりぎり美人の範疇に入った、というニュアンスで書かれていた。

> 最近では両親も、キャサリンの器量が良くなったことをときどき話題にするようになり、〔…〕「もう美人と言ってもいいんじゃないかな」などという両親の会話を、キャサリンはときどき耳にした。〔…〕生まれてから十五年間ずっと不器量だった娘にとって、「もう美人と言っても

いいんじゃないかな」と言われることは、赤ん坊のときから美人だった娘には想像もつかないほどうれしいことなのだ。

彼女はウィルトシャーの田舎育ちの一七歳。後見人であるアレン夫人は近隣の財産家の奥さまで、夫の痛風の治療のため保養地バースに滞在することになり、キャサリンも連れていくことにする。そこでキャサリンはふたりの人物と知り合った。

ひとりはヘンリー・ティルニー。ハンサムな二五歳の牧師ヘンリーは頭の回転が早く、笑いのセンスもいい。もうひとりはアレン夫人の学友の娘イザベラ・ソープ。イザベラはゴシックロマンスの読書を嗜み、気が合うのでキャサリンはヘンリーが気になっているということを打ち明けるまでにいたる。

作中で、キャサリンとイザベラの会話には、ラドクリフの『ユドルフォ城の怪奇』や『イタリアの惨劇』の書名がズバリ出てくる。その手の本をよく読むイザベラが「貸したげようか？」と言うと、キャサリンはわくわくして、「全巻揃い？　それちゃんと怖い？」みたいなことを言う。過去にも「緑の大蛇《おろち》」のレドロネットが「クピドとプシュケの物語」の当世ふう再話を読み、『美女と野獣』のベルは読書好きという設定だったが、キャサリンは青ひげ夫人史上初のオタク女子と言っていいだろう。作者が本作を書きはじめたのは、『イタリアの惨劇』刊行の翌一七九八年だったという。

ふたりとも兄がおり、偶然にも兄どうしが友人だった。キャサリンの兄ジェイムズとイザベラの兄ジョンがバースに合流する。キャサリンはジョンを苦手に思う。ジョンはベルの姉たちの婚約者やウィリアムズ牧師に続く本作の**ふられ要員**だ。００７シリーズにボンドガールあれば、青ひげ小説に**ふられ要員**あり。以後、キャサリンがヘンリーやその妹エリナーに近づこうとしても、五回のうち三回はジョンに邪魔される。ソープ兄妹はキャサリンがティルニー兄妹とつきあって自分たちと疎遠になることをよく思っていないらしい。

いっぽうキャサリンの兄ジェイムズはイザベラと婚約してしまった。ところがイザベラは、ヘンリーの兄ティルニー大尉がバースにあらわれると、大尉に接近してつきあい始める。リゾート地の恋模様を記述する作者の文体はしかし、トレンディドラマと呼ぶには少々クールで皮肉だ。

ティルニー三兄妹の父ティルニー将軍が、その屋敷であるノーサンガー・アビーに、娘の友人であるキャサリンを招待する。両親の許しを得たキャサリンは、ヘンリーから屋敷の怪しげな抽斗、暗く不気味な廊下などのことを聞き、ゴシックロマンス好きの血が騒ぐ。しかしノーサンガー・アビーは、着いてみれば日当たり良好な好物件で、なかもきれいに住まれていた。オースティンがおもな標的として意識しているラドクリフ的な「青ひげ」状況のパロディが起こるのはその屋敷の一室だ。

ヘンリーの母は亡くなった、とキャサリンは聞かされる。しかし彼女はラドクリフ作品のような謎と秘密のゴシック趣味で頭がいっぱい、

「彼のお母さまは亡くなったときいたけど、じつは殺されたのでは……。この家に秘密があるのでは……」

と、あらぬ妄想を逞しくし、邸内で勝手な探偵行為に乗り出してしまうのだ。彼氏の母＝「**私より前から彼のことを知ってる女**」が生存しないなら、せめてその屍体が必要だ、とばかり。

夜は嵐になった。キャサリンに割り当てられた寝室には、なかなか開かない黒と黄色の飾簞笥が

ある。この引き出しこそ、青ひげの秘密の扉、プロセルピナの美の小筥《こばこ》なのだ。

彼女の鋭い目は、奥のほうに押し込んである巻紙を見つけた。明らかに隠す目的で、奥のほうに押し込んであるのだ。それを見つけたときのキャサリンの気持ちは、まさに筆舌に尽くしがたいものだった。〔…〕胸は早鐘のように高鳴り、膝はがくがくと震え、頰は死人のように青ざめた。彼女はぶるぶると震える手で、その貴重な古文書をつかんだ。

〔…〕

古文書の古い文字を暗い明かりで読むのは二重に大変なので、光を明るくするために急いでろうそくの芯を切った。ところがなんと、ろうそくは芯を切ると同時に消えてしまった。ランプだってこんな恐ろしい消え方はしないだろう。彼女は恐怖のあまり、金縛りにあったように立ち尽くした。〔…〕部屋は漆黒の闇に包まれた。外では突然怒り狂ったように突風が吹き荒れ、暗闇の恐怖に追い討ちをかけた。キャサリンは全身わなわなと震えた。〔…〕人間の神経はこれ以上の恐怖には耐えられないだろう。彼女の額に冷たい汗が吹き出し、古文書が手から落ち、彼女は手探りでベッドまで行くと、急いでベッドにもぐりこみ、布団をすっぽりかぶって、すこしでも恐怖から逃れようとした。

〔…〕

疲労困憊したキャサリンは、屋敷じゅうの時計が午前三時を打つのを聞いたが、それからようやく嵐がおさまった。あるいは、疲労困憊していつのまにか深い眠りに落ちたのかもしれない。

ここで『ノーサンガー・アビー』第二一章は終わる。絶妙な引きだ。

後世の読者には、オースティンという超一流の小説家がラドクリフという売れっ子B級小説家の失神シーンを余裕綽々でおちょくっているように見えてしまう。でもそれは後世の僕たちが編み上げた文学史によって勝手に味つけした見かたなのだ。

なにしろ本作を書いた当時のオースティンはまだ一冊も本を出してない無名作家。『ノーサンガー・アビー』自体も一度は版元にボツにされ、作者歿後にようやく刊行された作品だ。村上春樹の文章を小説投稿サイトの匿名ユーザがパロディ化するような感じだったのではないだろうか。

章が変わって第二二章、キャサリンは明るく晴れた朝八時に目覚める。

> メイドが部屋を出てゆくと、すぐにベッドから飛び起き、昨夜床に落として散らばったままになっている紙を拾い集め、枕にもたれてゆっくり読むために、急いでベッドに戻った。小説に古文書が出てくると、いつも恐怖に震えながら読んだものだが、小説に出てくるような長い古文書ではないことはすぐにわかった。
>
> 〔…〕
>
> 内容を見てぎょっとした。こんなことがありうるだろうか？　私の目の錯覚だろうか？　どうやらそれは、現代的な下品な字で書かれたリンネル類の明細書らしいのだ！　目の錯覚でないとしたら、彼女が手に持っているのは、洗濯屋の請求書なのだ！

恐るべき秘密を解き明かす古文書と思ったら、クリーニングの請求書でした。……コウメ太夫さんのネタのようだ。ここで僕はウンベルト・エーコのメタ伝奇小説『フーコーの振り子』（一九八八）を思い出す。トンデモ歴史家が持ちこんだ「暗号」のひとつが、冷静に読んでみたら、古い時代の〈洗濯屋さんの配達伝票〉（藤村昌昭《ふじむらまさあき》訳）だということが判明する。でも時遅し、それを暗号だと信じる陰謀論界隈によって、「暗号」の持ち主は命を狙われるのだった。エーコは間違いなく『ノーサンガー・アビー』を意識している。

キャサリンのゴシックロマンス眼鏡はさらに続く。兄妹の父である将軍の態度に謎めいたものを感じたキャサリンは、数年前に亡くなった夫人を将軍が殺害したのではないかという疑惑を胸に抱く。これは『美女と野獣』でベルが、野獣がじつは城館のどこかに夢の王子《プリンス》を監禁しているのではないかと勘ぐるのに似ている。ただしキャサリンの邪推は、『美女と野獣』よりは「青ひげ」に似ている。

所用でロンドンに出かけていた将軍が戻り、いきなりキャサリンに、理由も告げず、翌朝早々に出ていくように申し渡した。キャサリンはだれひとりお供をつけてもらえず、わけがわからないままひとりで七〇マイルの道を家へと帰っていく（**ベルの帰省**）。ここはお暇をもらったパミラに似ている。家族に慰められても、ヘンリーへの思いは断ち切れない。

そのヘンリーがキャサリンを訪ねてきて、彼女にプロポーズする。キャサリンにたいする将軍の勘気は、ジョン・ソープが振られた腹癒せに讒言を吹きこんだことに原因があったことが判明したのだ。横恋慕する**ふられ要員**は、ベルの姉の婚約者たちはモブ、パミラに言い寄るウィリアムズ牧師は滑稽な非モテ男だったが、無神経なチャラ男のジョンははっきり敵キャラとしての役を与えられている。最終的に誤解が解けた将軍はヘンリーとキャサリンの結婚を許すのだった。めでたし。

一連の先行作品では、「招かれた娘」であるプシュケ、青ひげ夫人、ベル、パミラが、どのような形で謎と直面し、恐怖を体験するのか、ということが注目の対象となっていた。この構造に気づいたオースティンは、『ノーサンガー・アビー』というパロディ作品において、「謎と恐怖」がないなら自分の妄想でそれを補塡してしまう主人公、というものを作り出したのだった。

『ノーサンガー・アビー』は、ラブコメ界のクラシックにして金字塔。こんな困った主人公のキャサリンでも、いろいろあって最後には、気になるヘンリーと結ばれる。仕事柄、この小説を若い人といっしょに読む機会がある。思いこみの激しいヒロインがかわいらしくて、応援したくなる、という意見が出る。僕も同感だ。

42　ウォルター・スコット『ケニルワースの城』

一八〇五年以来、スコットランド史に材をとった一連の伝奇的物語詩を世に問うてきた**ウォルター・スコット**は、一八一四年に『ウェイヴァリー　あるいは六〇年前の物語』で散文物語（小説）に転じ、一七年間に二六作の《ウェイヴァリー小説》群を矢継ぎ早に世に問うた。

この時期に、ヨーロッパ人の「歴史」観が変わったらしい。その原因は、フランス革命とナポレオンだ。本書で詳述する紙数はないけど、じつはグリム兄弟を文献学やむかし話収集に押しやった力のひとつもまた、革命からナポレオン戦争にいたるフランスの政治的動乱だった。だからグリムのメルヒェンを生んだ力はまた、西洋文学に「歴史小説」を誕生させた力でもあった。パリ生まれで米国で活躍したオーストリア系ユダヤ人の比較文学者ジョージ・スタイナーが講演録『青ひげの城にて　文化の再定義への覚書』（一九七一）で述べたとおり、〈平凡な庶民の私的生活のなかに歴史の過程というものを叩きこんだのは、実に一七八九年から一八一五年にかけての事件なのである〉（桂田《かつらだ》重利《しげとし》訳）。

《ウェイヴァリー小説》第一三作『**ケニルワースの城**』（一八二一）が、僕の青ひげ捜査線上に上がった。この作品の舞台は、刊行の二四六年前、一五七五年のイングランド。つまり『ユドルフォ城の怪奇』の作中年代とほぼ同じ時代。だけど、両作の史観はおそろしく異なっている。なにしろスコット作品のメインキャラクターは実在の人物たちなのだ。

『ケニルワースの城』の主人公は（いちおう）初代レスター伯ロバート・ダドリー（一五三二―一五八八。以下、登場人物の生歿年は作中のものではなく史上のもの）。このレスター伯が青ひげで、悲運の若妻エイミー・ロブサート（一五三二―一五六〇）が青ひげ夫人というわけ。

『ケニルワースの城』で、青ひげの妻が館で出会う先妻たちの屍体に相当するのが、最高権力者エリザベス一世女王（一五三三―一六〇三）、その役どころはエイミーと**シンデレラ競合**の関係にある「**私より前から彼のことを知ってる女**」だ。というのも、レスター伯は女王の寵臣にして愛人でもあったからだ。

　歴史に疎い僕は、本作読了後に慌ててこの件について調べてみた。ダドリーの父が王位継承権の変更を企てて挙兵し失敗、若きダドリーはメアリ一世女王によってロンドン塔に投獄された。女王は異母妹エリザベスもワイアットの乱共謀の廉でロンドン塔に幽閉、反宗教改革派としての苛烈なプロテスタント迫害で血まみれ《ブラディ》メアリと渾名され、ウォッカのトマトジュース割りにその名を残している。ダドリーとエリザベスはいわば「ブラディ・メアリ被害者の会」メンバーで、メアリ病歿後は、ダドリーがエリザベスと結婚して王になるのではと噂するものもあったという。

本作で青ひげ邸に相当する建造物はふたつある。ひとつはカムナー館《やかた》、もうひとつはケニルワース城、双方とも歴史上実在した建造物だが、前者は現存しない。この作品の特徴は、青ひげの妻エイミーがカムナー館↓ケニルワース城↓カムナー館とふたつの「青ひげの館」を、ほぼ幽閉状態で往還する点にある。

第一の「青ひげ邸」カムナー館は、一五三八年に解散した修道院内の邸宅で、一五五九年当時、すでに築二〇〇年とも言われていた。しかも作中では墓地のそばにあると設定されている。オタク女子キャサリンが泣いて喜びそうな物件だ。『ケニルワースの城』は『ノーサンガー・アビー』のわずか四年後に刊行された。

ダドリーとエイミーの結婚は史実では、作中年代を四半世紀さかのぼる一五五〇年。まだエリザベスは女王ではないし、ダドリーもレスター伯になってない。

第二の「青ひげ邸」ケニルワース城は、エイミーの死後エリザベスがダドリーに下賜したもの。ダドリーは一五七五年にこれを大幅リフォーム、さらに大枚をはたいて女王を迎える壮大な宴を催した。ここでダドリーは女王に求婚して失敗した――「ごめんなさい」された――とされている。

史実におけるエイミーの転落死は、エリザベスとダドリーのウィンザー城での逢瀬のさいちゅうに起こっている。留守を守る妻エイミーがカムナー館の階段下で死んでいるのが発見されたのだ。転落事故と見られたが、夫が謀殺したのではないかとの憶測が飛び、女王との結婚はますます遠くなった。これを作者は一五年後の、エリザベスとダドリーの、イングランド中部にあるケニルワース城での逢瀬の時点に移転したわけだ。無茶な歴史改変ですね。

共通点のあるふたつのできごとをマッシュアップするこの手法は、四半世紀ののち、スコットを愛読したとされるアレクサンドル・デュマ・ペールが『モンテ・クリスト伯』（一八四六）を書くときにも使うことになる。一七九七年、リスボンで活動した実在のインド人カトリック司祭ファリア（作中人物と同じ苗字）がピントの陰謀（一七八七）連座の容疑で逮捕され、マルセイユ近海のシャトー・ディフ監獄で一四年の刑期を勤めた史実（獄死せず釈放された）と、一〇年後の一八〇七年、ニームの靴職人ピエール・ピコーが陰謀による冤罪でイタリアの牢獄に入り、獄中で富裕な囚人トルリ神父から財産を遺贈された史実。デュマは「神父の投獄」という共通点を持つふたつの史実を組み合わせて、陰謀による冤罪で入牢した主人公ダンテスと政治犯ファリア神父との邂逅、獄死する神父からダンテスへの莫大な資金の遺贈、という物語を作り出したのだった。

レスター伯の居城カムナー館では、執事アントニー・フォースター（これも実在の人物。エイミーの親戚筋だった可能性あり）がある若い女を監禁している。カムナー村の宿屋「黒熊亭」では、亭主の甥でフォースターの旧友でもあるならずもののマイケル・ランボーンが、その女の噂をしていると、客のひとり、エドマンド・トレシリアンと名乗る三〇歳手前のコーンウォール人が、館に行くランボーンに同行を願い出た。

トレシリアンは噂の女性と対面する。それは許婚者のエイミー・ロブサートだった。エイミーはトレシリアンの前から、突然姿をくらましていたのだった。トレシリアンはエイミーの父が病に倒れたことを告げ、父のもとに連れ帰ろうとする。エイミーは父を案じつつ、カムナー館は牢獄ではなく、自分の意志でここにいるのだと拒絶する。エイミーの身の回りの世話は、フォースターの娘ジャネットが担当している。このジャネットが小悪党の父と正反対の、清廉な忠義もののメイドとして描かれている。これがまたうまい。

トレシリアンは館を去るとき、伯爵の主馬頭《しゅめのかみ》リチャード・ヴァーニーに曲者呼ばわりされ、あわや斬り合いか、という危機を間一髪のところでランボーンに仲裁される。歌舞伎っぽい！　ランボーンは屋敷の用心棒として雇ってもらうことになる。ヴァーニーは内心エイミーに懸想しているが、主君レスター伯のエイミーへの思いを叶えるためにエイミーの出奔を援助していた。

エイミーのもとに、密かに結婚したばかりの夫レスター伯が帰ってくる。彼女は、つぎに会えるときには、父親にこの結婚を報告したいという願いを口にする。だが伯爵はエリザベス女王の勘気を恐れていた。王の最大の寵臣のひとりレスター伯は、おもに男性として寵愛されていたからだ。伯爵は新妻のために女王の寵をなげうつことも考えた。伯爵に出世して（あわよくば女王と結婚して王となって）もらって自分も権力の座につきたい家臣ヴァーニーは伯爵を丸めこんで、結婚の秘密を守らせるように既定路線に戻す。このヴァーニーが本作の悪役《ヴィラン》で、時代劇ふうの魅力的な悪役だ。

トレシリアンは宿屋の亭主ジャイルズ・ゴスリングから、甥ランボーンがトレシリアンを見張っていることを知らされ、その警告に従って村から姿を消す。道中、ディッキー・スラッジ少年とウェイランド・スミス（鍛冶屋《スミス》）と知り合う。ディッキーは醜貌ながら才気煥発、きわめて機転の利く少年。ウェイランドは以前、錬金術師・占星術師の助手をしていたことがあり、医術の心得もあった。こういった人物の設定・配置は、歌舞伎や講談、あるいは国枝史郎《くにえだしろう》の伝奇小説を思わせて、日本人の心に訴えるものがある。

トレシリアンはウェイランドを従者として、エイミーの父ヒュー・ロブサート卿の館を目指す（史実ではエイミーの父はサー・ジョン・ロブサートなので、ここは史実と違う）。娘の失踪で抑鬱状態にあった卿は、ウェイランドの調合した薬で気力をやや取り戻した。

トレシリアンは、主君であるサセックス伯トマス・ラトクリフ（ラドクリフとも。一五二五？—一五八三。宮廷でレスター伯と対立関係にある）か、もしくはレスター伯本人に、エイミーの解放を願う嘆願書を出そうと覚悟する。そこにサセックス伯から、急病ゆえ至急来るようにと手紙が届く。ウェイランドはサセックス伯が毒を盛られた可能性を主張。ふたりはロンドンで薬を購入してデッドフォードのサセックス伯邸に赴くことになった。

ウェイランドはサセックス伯の解毒を試みつつ、館の訪問記録から、おのが旧師ドゥブービーの訪問を知り、旧師が毒を盛ったと推理する。いっぽう、面会謝絶の伯爵を守る忠臣ウォルター・ローリー（一五五四—一六一八）は、勅命で往診にきた侍医マスターズを門前払いしてしまった。サセックス伯の命で、主馬頭ブラントはローリーらをともなって、侍医派遣の礼と門前払いの陳謝を女王に伝えにゆく。このあたりで俳優・劇作家としてシェイクスピアが一瞬登場する。

美貌の冒険家ローリーがサセックス伯爵方の才気煥発な伊達男として颯爽と登場し、じつにカッコいい。またウェイランドが『テンペスト』の一節を口ずさむなど、作中人物たちはエリザベス朝の人気劇作家シェイクスピアの詩句をしばしば引用し、シェイクスピアご本人も役者として一瞬だけ登場する。でも現実の一五七五年にはローリーはいまだ学生の身、シェイクスピアにいたってはわずか一一歳だった。『テンペスト』の初演はエリザベス一世の死から八年を経た一六一一年、つまり作中時間の三六年後。史実に反した年代錯誤を意図的に犯しているわけだ。

作中では謁見のさい、女王はローリーの風采と度胸に好印象を抱き、サセックス伯を訪問すると突然言い出した。病み上がりの無骨なサセックス伯は自宅で大慌て。トレシリアンがヴァーニーによるエイミー誘拐を告発するために書いた書状が、こうして女王の手に渡る。

レスター伯とサセックス伯とが女王の前に出頭した。女王はレスター伯が若い娘を拐かしたことに逆上しつつ、政治を配慮して両伯爵のパワーバランスが一方に極端に偏らないようにも気を配らねばならない。問い詰められたレスター伯が進退窮まると、ヴァーニーが罷り出て、エイミーの正式な夫になったのは自分だと偽証した。レスター伯は内心歯嚙みしつつ、家臣の嘘を肯定するしかない。女王は次週訪問予定のレスター伯の所領ケニルワース城にサセックス伯を招き、ヴァーニーには「新妻」をそこで披露することを命じた。

レスター伯は渋々、ケニルワース城でヴァーニーの妻のふりをするようエイミーに手紙を書く。ヴァーニーを毛嫌いするエイミーは当然憤慨。しかたなくヴァーニーはエイミー病欠の口実を作るため、ドゥブービーに命じ、死なぬ程度の毒（『ロミオとジュリエット』の仮死薬みたいなもの）をエイミーに盛らせようとする。果たしてエイミーの運命は？

しかし有能な鍛冶屋ウェイランドが、エイミーのかつての婚約者であるトレシリアンの命を受け、行商人に変装してカムナー館に潜入捜査中だった。彼はすんでのところでヒロインの服毒を阻止する。錬金術師の助手や物売りを経験し、医術の心得もある有能な鍛冶屋が間諜の密命を帯び、布地売りに扮して囚われの若き伯爵夫人に接触する──第二〇章の伯爵夫人の台詞に注目したい。呼びかけの挿入句“good fellow”は「善意の人」だが、無冠詞のこれは呼びかけだから、僕なら「あなた」とか「ねえ」と訳すところ。これが朱牟田夏雄《しゅむたなつお》訳だと〈呉服屋さん〉と呼びかけている。呉服屋さん！　布地売りならたしかにそうだ。一六世紀英国の呉服屋さん。いいなあ。

そういえば『ハムレット』（一六〇一）第五幕第一場の野島秀勝《のしまひでかつ》訳（岩波文庫）では、“Cannot

you tell that?"（言えませんか？）を〈ご存知ねえとは恐れ入谷の鬼子母神だな〉と訳していて話題になったが、朱牟田先生は『ケニルワースの城』でレスター伯の台詞中の"fooled by my own generosity"（自分の寛容さに騙された）を〈宋襄の仁〉と訳した。もうほとんど齋藤孝先生監修のEテレ『にほんごであそぼ』の世界だ。

さて、このままではレスター伯が女王と結婚してしまうだろう。ウェイランドは忠義な侍女ジャネットとともにエイミーをカムナー館から落ち延びさせる。この場面はウェイランドとジャネット、脇役どうしの恋の予感が描かれており、なかなかいい。

悪戯の天才ディッキー少年も合流し、一行は旅芸人の一座に紛れこんでレスター伯のいるケニルワース城にお忍びで到着する。かくてヒロインは第一の「青ひげ邸」カムナー館での軟禁から、第二の「青ひげ邸」ケニルワース城（『パミラ』の別邸に相当する）での潜伏へと遷移するのだった。

女王行幸の騒ぎで城下はお祭り気分。ここに始まる城内の宴の記述はあまりの盛大さに驚くけど、ある程度史実らしい。史実のレスター伯は祝宴準備に巨額の出費をしたという。

ウェイランドの手引でトレシリアンが泊まる部屋に匿われたエイミーは、レスター伯に助けを求める手紙を書く。そこにトレシリアンが入ってきて鉢合わせる。トレシリアンが、あなたはヴァーニーと結婚したのかと尋ねる。でもエイミーは夫レスター伯の秘密を漏らせない立場。今後二四時間、手出ししないでほしいと頼むことしかできない。

トレシリアンが部屋を出たところで出くわしたランボーンは、相手が部屋に女を匿っていると勘づく。いっぽうウェイランドはトレシリアンに渡すべきエイミーのレスター伯宛書状を紛失し、身の危険を恐れて城から去る。このあたりトラブル連発で、ずいぶんとっちらかった展開だ。

女王を迎えて盛大な催しが展開するなか、ヴァーニーは女王に偽造診断書を見せて「妻」の欠席を詫びる。エイミーの城内潜伏を知るトレシリアンは、それは嘘だと告発するが、エイミーに口止めされてるもんだからマシなことが言えない。それでも、二四時間以内にそれが嘘だと証明できなければ刎死するとまで約束する。女王はヴァーニーを騎士分に取り立てる。

エイミーはレスター伯が来てくれず落胆し、翌朝、ふらふらと庭園の洞窟に赴く。そのころ女王は、〈私は国民の母たる身〉、だれとも結婚しない、とレスター伯のプロポーズを退けたのち、庭園の洞窟でエイミーにぱったり出会う。

エイミーが夫の愛人である最高権力者（**私より前から彼のことを知ってる女**）と遭遇する場面は、本作中もっとも緊迫した場面のひとつだ。青ひげ夫人が先妻たちの屍体を見てしまう場面に相当する。エイミーはひざまずき、ヴァーニーは夫ではありません、あの男から守ってください、レスター伯が事情を知っていますと言って（匂わせ女子！）、女王を激昂させる。しかし、伯爵を振ったばかりの女王に伯爵を責める資格はあるんでしょうかね。

そこに現れたレスター伯はエイミーを見て驚愕する。妻がなぜここに？　ヴァーニーが素早くフォローに現れて大袈裟に嘆いてみせ、じつは「妻」は精神を病んでいるのです、と贋の告白を重ねる。女王はそれを信じ、「夫」ヴァーニーにエイミーを任せる。

この、女性が精神を病んだことにされてしまうパターンは、ウルストンクラフトの『マライア』ですでに見たものだ。

レスター伯は洗いざらい女王に白状しようと思うが、ヴァーニーがエイミーはトレシリアンと密通しているのだ、と讒言。これに伯爵は激昂して（振られたとはいえ女王に求婚したばかりの伯爵に、妻の元婚約者との不貞――嘘だが――を責める資格はあるんでしょうかね）エイミーを城外で殺害せよとヴァーニーに命じ、自分は刺し違える覚悟でトレシリアンを血眼で探す。

しかし翌日、伯爵は自分の動きがヴァーニーを通じて女王に伝わったと知り、エイミー殺害を延期せよとの書状をランボーンに託してヴァーニーの跡を追わせる。ランボーンはヴァーニーに追いつくが、陰謀の露呈を恐れたヴァーニーに殺されてしまうのだった。

ついにレスター伯はトレシリアンと剣を交える。ここ、『スター・ウォーズ』的な熱いチャンバラの見せ場で手に汗握る場面だ。そこにディッキー少年が悪戯でウェイランドから盗んだエイミーの手紙を持ってあらわれ（お前が盗ってたんかい！）、ふたりを止める。レスター伯はこの手紙でエイミーの無実とヴァーニーの陰謀を知り、トレシリアンと和解する。

レスター伯から秘密結婚の真実を聞いた女王は逆上する（繰り返すが、女王に伯を責める資格はあるんでしょうかね）。トレシリアンのとりなしに矛を収めた女王は、トレシリアンとローリーをカムナー館へと派遣し、悪漢ヴァーニーの動きを阻止せんとする。

かくしてヒロインは第一の「青ひげ邸」へと差し戻されるはこびとなった。ヴァーニーは部下フォースターにエイミーをある部屋へと案内させる。その部屋は長い階段を登った高層階にあり、戸の外に細い木橋があった。怯えながら監禁されているエイミーは翌晩、中庭で馬の足音と、レスター伯の逢引の合図のような口笛を聞いた。夫が帰ってきたと思ったエイミーは部屋から駆け出し、戸の外の木橋に足を載せた。橋はじつは落とし戸になっており、真ん中で分かれて、エイミーは転落死する。

遅きに失したトレシリアンとローリーはヴァーニーを拘束しようとするが、ヴァーニーはドゥブービーが作っていた毒で自殺してしまう。エイミーの訃報を受けて、ケニルワース城の盛大な宴会はおひらきとなった。フォースターの行方はわからなかった。しかし後年、彼が金を隠していた隠し部屋で骸骨となって発見された。

レスター伯は数年間、宮廷を離れて暮らし、調査と裁判を要求した。陪審員はエイミーの件を事故死と認めた。階段から落ちて、頭部を二箇所と頸椎を骨折した、と結論づけたのだ。それでも、伯が女王との結婚を望んで妻の死を偽装したのでは、という疑惑が広まるのを抑えることはできなかった。

エイミーの父は娘のあとを追うように逝去。トレシリアンは元婚約者の悲しい最期のショックから、死にどころを求めるかのようにサー・ヒューの遺産を携えて新大陸に渡り、ヴァージニアで生涯を終えた。忠義な侍女のジャネットは、女王に取り立てられ出世した鍛冶屋のウェイランドとめでたく結婚。ディッキー少年も顧問官に仕えて出世した。

伯爵はのち、女王に呼び出されて政治の表舞台に返り咲き、華やかに活躍した。語り手は〈もし彼の死が、人に呑ませるつもりだった毒薬を呑んだためだったとするならば、何かそこには因果応報を思わせるものがあるではないか〉と述べている。え、それってなんの話？

作者はこれに註をつけ、ある奇説を紹介している。それによると（朱牟田訳では大意しかないので以下は拙訳）、

> レスターは夫人〔二番目の妻レティス・ノウルズ〕に、どんな目まいでも回復する薬だと称し善意を粧って毒薬を渡した。妻がそれを飲んでぽっくり行かないものかと思っていたが、自分の

ほうがその毒がもとで死んでしまった。

つまり夫の体調が悪いので、伯爵夫人レティスが夫のくれた「薬」をよかれと思って夫に与えたのだと。

そして、シェイクスピアの追悼文を書いたことでも知られる桂冠詩人にして劇作家のベン・ジョンソン（一五七二―一六三七。本作第一章の題辞にも引用されている）がスコットランドの詩人ウィリアム・ドラモンド・オヴ・ホーソーンデン（一五八五―一六四九）に漏らしたものを、医師で好古家のロバート・シッボルド（一六四一―一七二二）が書き写した〈奇妙な写本〉が、この奇説の出どころであるとスコットは述べている。この説について、作者は本作の序文（朱牟田訳では訳出されていない）でも明記している。

『ケニルワースの城』では、主役級（レスター伯、エイミー、女王、トレシリアン、ヴァーニー）は男女・善玉悪玉、全員が虚栄心やメンツに振り回されている。さもなくば保身に。本作にかぎらず、スコット作品の登場人物には強烈な動機はあるが、内面があまりない。SNSで他人の内面を読まされてしまう当世には、これが却って気持ちいい。

脇役に（主役にしたら魅力が失われる型の）デキる人物たちが揃っていればなおさらだ。医薬に詳しい鍛冶屋ウェイランド、その旧師で怪しげな錬金術師兼占星術師ドゥブービー、神出鬼没のディッキー少年、忠義な小間使いジャネット、サセックス伯の無骨な主馬頭ブラント。これに実在の有能な伊達男ローリーを加えてもいい。

読めば読むほどエリザベス一世が、人の上に立つにふさわしくない公私混同のセクハラ&パワハラ上司に見えてきてしまう。もっとも、歴史上の権力者はたいていもっと露骨に色を好んだし、側室やハーレムを持っていた。それに比べると本作の女王のしていることは、『めぞん一刻』の響子《きょうこ》さん程度のめんどくささではある。この違いは男女の遺伝子拡散戦略の違いに起因するものだ。それが最高権力者の座でおこなわれるせいで、ことさらひどく見える。女性には気の毒な話ではある。

女王に振り回されながら未練がましく（地位に？）恋々とするレスター伯は、文学史上もっとも気の毒でもっとも情けない青ひげだ。そして彼は、妻エイミーにとっては青ひげでありながら、**身分違いの結婚**に挑むプシュケ＝ベルの側面も持っている。

一五年も懸隔のあるふたつのできごとを同時進行させるため、この小説はあちこちでいろいろと無理している。たとえば、作中ではダドリーのレスター伯叙任と富裕層への上昇後にエイミーが妻となったため、彼女がダドリーへの愛だけでなく、伯爵夫人の地位にもこだわった感じの台詞を発している。しかも彼女はそのために婚約者を捨ててまでしている。だから僕は、エイミーにあまりいい印象を持たなかった。

ところが、本稿を書くために英国史の文献を読んで、史実では伯爵叙任がエイミーの死後のことと知った。しかもロンドン塔投獄中に孤閨を守ったエイミーという妻がありながら、史実のダドリーは出獄後、女王の愛人然とした生活を送っていたというではないか。それを知った僕は、こんどはエイミーに、地位を失い無一物で出獄した夫を支えたのに裏切られた（おまけに小説に悪く書かれた）妻という悲劇的イメージを抱いて、大いに同情してしまった。

しかもスコットは、エイミーがトレシリアンという婚約者を棄ててレスター伯のもとに走ったという設定までつけ加えている。エイミーを、ダドリーを信じる悲劇のヒロインにとどめず、汚れキャラの側面を加えてないだろうか。ベルの姉の婚約者たち（モブ）、ウィリアムズ牧師（間抜け）、ジョン・ソープ（チャラ男）に続いて、誠実で腕が立つ不器用な男トレシリアンが、新たな**ふられ要員**として登場している。**ふられ要員**のヴァリエーションもだいぶ増えてきた。これまで、**ふられ要員**が出てきたばあいは『美女と野獣』寄りの展開で、ヒロインがべつの男（野獣）と結ばれて幸福になったが、本作ではその「べつの男」が青ひげのパターン。

ケニルワース城祝宴時にエイミーが妻として存命であるとなると、もっと大きな改変が生じる。現実世界のダドリーは一五七五年、二度の結婚期間のあいだにあって男やもめであり、女王に求婚するのも（一五年前の夫人謀殺疑惑が汚点とはいえ）やってやれないことはない。しかし作中ではエイミー・ロブサートは存命で、ダドリーは妻帯者だ。妻のある身で女王に求婚するとはどういう話なのか？

スコットはこの難問を、これまた先述のマッシュアップ法で無理やり乗り切っている。レティス・ノウルズとの再婚が秘密婚だった史実にヒントを得て、エイミーとの結婚も女王にバレぬよう秘密婚だったことにしてしまったのだ。そのため作中のダドリーは、美人妻エイミーも手放せない、最高権力者である女王にもいい顔したい、という非常に応援しづらいヒーローになってしまった。以前、婚活サイトでハイスペック男を装って女性登録者を騙した男が妻帯者だった、ってニュースをどこかで読んだ気がするけど……。

スコットの歴史改変のせいで、妻も夫も女王も、ちょっと「汚れ」にキャラ変しちゃったのだ。三方一両損（意味が違う）。それでもなお（それゆえに？）、『ケニルワースの城』がたいへんおもしろい小説であることは間違いない。

史実のダドリーはのち一五八五年に、女王の意嚮に反してネーデルラント総督に就任。翌年には甥のフィリップ・シドニー卿が現地の戦に参加して負傷し、やがてその傷がもとで命を落とした。その歿後、シドニーの遺稿から特異な牧人小説『ペンブルック伯爵夫人のアーケイディア』が刊行された。一六世紀末英国文学の一大事件だった。アーケイディアはアルカディアの英語読みだ。

シドニーのこの遺作の中心となる王家の賢明な長女はパメラ（英語読みでパミラ）。これが約一五〇年後の『パミラ』のヒロイン名を決定づけたという。シェリー・シャルルによると、一八世紀前半当時の英国では、パミラという名は文学的な、レアな名前だったという。そしてじっさい『パミラ』作中で『アーケイディア』が複数回言及され、一度などはある人物がパミラの名前から『アーケイディア』を連想してイジる、ということまで起こっている。

43　キャサリン・ゴア『テリーサ・マーチモント』

僕がこの件の捜査にかかわっていることを知ったフランソワーズ・ラヴォカ（パリ第三大学）が、**キャサリン・ゴア**の中篇小説『**テリーサ・マーチモントあるいは名誉の侍女**』（一八二四）の存在を教えてくれた。持つべきものは相談相手だ。作品名はおろか作者名すら知らなかった。

ゴアのごく初期の作品だという。スコット同様に歴史上の特定の時期を舞台としており、ゴシック趣味と、一七世紀フランスの歴史短篇小説のような心理描写とが同居する作品だ。作中年代は一六七六年のイングランド。これは『ケニルワースの城』作中年代の一〇一年後、ペローがアカデミー会員としてバリバリ活動していた時期だ。

本作の青ひげ邸はランカシャー州の荒涼とした海岸に建つ館グレヴィル・クロス。これもまたかって修道院として使われていたが、宗教改革後にグレヴィル一族の所有物となったと書かれている。現所有者グレヴィル卿は、かつて宮廷に仕え、戦場や外交で功績を挙げた人物。沈鬱で気難しい人だ。妻テリーサの死後、この館を訪れることはほとんどなかった。しかし、老家政婦アリス・ウィシャートが病気になったのをきっかけに、再婚相手ヘレンと息子ヒューを伴って、久々に館を訪れる。上品で若く美しいヘレンは名門パーシー家の出身。彼女は夫を愛しているがゆえに、夫の冷淡さ、無関心さに傷ついている。

あるときヒューが、このようなことを言う。

> まっ青な顔の女の人が、豪華な服を着て、この部屋を滑るように歩いてるんだ。ハーバートもリチャードも見たし、ほかにも見たっていう召使いたちがいるんだよ。アリスさんだって、あの人はその女の人に話しかけてるところを見られたけど、そのことについてだれにも話したがらないんだ。アリスさん、その女に呪われたんだって。それでいまの病気で死ぬんじゃないかって。それも、この「レディの間」でだよ。

これを耳にしたグレヴィル卿はヒューを強くたしなめる。ところがべつの晩、ヘレン自身が「レディの間」で、白髪の美女の幽霊を目撃する。幽霊は、悲しげにヘレンのほうを見ていた。グレヴィル卿の亡き前妻テリーサ・マーチモントの肖像に瓜ふたつだった。あまりの恐怖にヘレンは気絶する。

幻覚だろうと片づけて取り合わなかった夫は、しかしあとになって、衝撃的な告白をする。前妻テリーサ（**私より前から彼のことを知ってる女**）は死んでいない。精神を病んで幽閉されている。だからヘレンとの再婚は法的には無効で、ふたりのあいだの息子ヒューが嫡出子として認められない可能性もあるのだと。

テリーサは庶民の出ながら、美貌と気品ゆえに宮廷に侍女として出仕、ヘレンと同じ一族の若き士官ヒュー・パーシーと密かに婚約した。しかし、王（エリザベス一世の従姉の曾孫チャールズ二世）の策略で引き離され、パーシーは戦場で命を落とす。恋に敗れた騎士が前線に死地を求める展開は、一七世紀フランス文学の雰囲気を再現しようとしているように思える。前節のトレシリアンがヴァージニア植民地に骨をうずめに行ったのもこのパターン。

婚約者の訃報に絶望したテリーサは精神を病み、王の圧力でグレヴィル卿と結婚させられる。彼女のメンタルは恢復せず、幽閉され、世間から隔絶された生活を送ることになった。

ヘレンは当然のことながら、夫の告白にショックを受ける。前妻が生きていたこともそうだが、僕はむしろ、息子もパーシーと同じヒューという名であることにひっかかる。前妻の心から去らなかった亡き恋人の名を、後妻である自分とのあいだにもうけた子に（おそらく夫が）つけたわけだから。これ、夫も気の毒だ。

ヘレンは気丈に、息子の将来だけでなく、気の毒なテリーサをも救うために行動する。テリーサを自ら世話することを申し出て、グレヴィル卿との生活を終わらせるのだ。ヘレンはテリーサを献身的に看護する。亡きパーシーへの思いを断ち切れないテリーサは、ヘレンに深い信頼を寄せるようになる。それぞれの悲劇を抱えたふたりの女性には、特別な絆が芽生える。

シルシー城に移ったグレヴィル卿は良心の呵責もあり、健康状態が悪化、一年たたずして世を去った。卿はいまわのきわに二通の遺言を残した。ひとつはヘレンとの結婚を無効と認め、遺産のうち法的に可能な部分を彼女と息子ヒューに分配するという案。もうひとつはヘレンとヒューを法的根拠のある正妻・嫡子と認知する案。どちらを公表するかはヘレンの判断に委ねられた。

ヘレンは迷わず前者を選び、卿がヒューに遺贈した南イングランドの邸宅で、息子を育てつつ、テリーサを引き取って世話を続ける。息子は立派な青年となり、〈つぎの御代の初め、息子はパーシーの名と紋章とを使用してよいとする勅許を得た〉（つまり法的には嫡出子である息子が、父の正妻の亡き婚約者と同じ姓名を名乗ることになる）。ヘレンはテリーサにとって、亡き婚約者が送り出してくれた〈守護天使〉だったのだ。完。

屋敷で女の幽霊と遭遇するが、じつは夫だと思っていた男が、精神を病んだ妻を死んだことにして座敷牢に閉じこめていたのだった――これ完全に『ジェイン・エア』の元ネタじゃん！　そしてヒロインと「**私より前から彼のことを知ってる女**」とのシスターフッドときたかあ……。

ゴアはこのあと、こういった沈鬱な歴史ロマンスから転身し、一八三〇―四〇年代には一九世紀の上流階級を描く社交界小説（一名「銀製フォーク小説」）を大量に執筆し、高く評価される売れっ子となった。それにとどまらず、戯曲で成功し、作曲も手がけ、別名で雑誌にコラムを書き、さらには実用書（薔薇の栽培ガイド）にまで手を染めたというから多才な人だ。一八歳年下のシャーロット・ブロンテのデビュー前の人気作家だったわけだ。

44　シャーロット・ブロンテ『ジェイン・エア』

シャーロット・ブロンテは、同じ頭文字のカラー・ベル（Currer Bell）名義でデビュー作『**ジェ**

イン・エア』（一八四七）を発表した。

孤児のジェインは『イタリアの惨劇』のヒロイン同様、当初は姻戚上のおばセーラ・リード夫人の家ゲイツヘッド邸《ホール》に寄食している。ここでおばや従兄ジョン、従姉妹イライザとジョージアナにいじめられる部分はシンデレラのパターン。イライザは美しい妹に嫉妬して宗教に走る。このあたりの厭な感じは作者一流だ。従兄の名前ジョンと、彼にふたり妹がいることを記憶にとどめていただきたい。

あるときジョンにこっぴどく殴られたヒロインは力ずくで反撃し、懲罰としてリード夫人に陰鬱な一室に閉じこめられる。それは彼女の夫（ヒロインの亡母の兄）が死んだという部屋で、ジェインはそこで意識を失い（失神はヒロインのお仕事！）、病に臥せってしまう。これもちょっとした「青ひげ」的展開と言えないことはない。『イタリアの惨劇』のエレーナが修道院で、入ったらだれも戻ってこなかった「恐怖の間」に閉じこめられたのに似ている。

ヒロインは子守のベシーの看病で体調を回復した。おばは五〇マイル離れた、孤児と貧しい家の娘のための学校ローウッド校にジェインを入れてしまう。ここからは『小公女』や『あしながおじさん』、多和田葉子《たわだようこ》の『飛魂』にいたるガーリッシュな寄宿学園もの小説のルーツとして読める。親友となった年長の生徒ヘレン・バーンズが流行のチフスで落命する場面は、作者の二歳上の長姉マリアがチフス大流行（一八二五）で寄宿学校にて一一歳で衰弱死した件が反映されているらしい。

ジェインはこの学校で六年学んだのち、さらに教師として二年間勤める。そして家庭教師《ガヴァネス》としての雇用を求める広告を出す。（住みこみの）家庭教師と訳されるガヴァネスという身分は、本書でも引き続き出てくる。ガヴァネスは、ミドル／アッパーミドルクラスの体面を保ってその階級の人々と交際しながら、じっさいにはその一員と見なされていなかった。近代英国の身分社会のなかの、非常に厄介な位置づけだ。ブロンテ三姉妹は全員この身分を体験した。

英文学者・川本静子《かわもとしずこ》によると、ガヴァネスは一家の主人や若旦那と間違いを起こしてはまずいので、〈容姿端麗な人お断り〉の傾向がある職種。で、美人でなかったジェインは無事家庭教師の口が決まる。

『ノーサンガー・アビー』のヒロインは、美人じゃないけど、かわいくないわけでもないというくらい、とはっきり書かれていた。ジェイン・エアになると、美人ではない、と自分で言っている。

> なるべく自分に似合った格好をし、私の器量の悪さが許すかぎり人に気に入られることを望んだ。私はときどき自分がもっときれいで桃色の頰とまっすぐな鼻と小さくて桜んぼのような口をし、背が高くて肉付きがいい体つきであればと思い、実際には小さくて青白い顔をし、目鼻だちが整っていなくて表情に癖があるのを不幸に感じることがあった。

近代のある時期まで、語り手が自分の容姿をどうこう言う作品は、そもそもスタンダードではない。なにも言われなければヒロインを美人に想定してしまうのはロマンスを読むときの慣習であり、語り手を兼ねる美人ヒロインは美人を自称することはなく、明言されるとしたら周囲の人間に「あなた（彼女）は美しい」と言われるくらいだろう。

自己申告なので、ジェイン・エアが不美人であるという確証はない。『ジェイン・エア』の新しさはむしろ、語り手兼主人公が自分の容姿に言及したこと、もっと正確に言うと、自分の容姿に対する評価を明言したことにあった。つまり、「自分は美人じゃない」という自意識を明示的に主人公に与えた点にあるということ。しかも、妖精のいない世界なので、「緑の大蛇」のレドロネットのように美女に変身することもない。

このあと、ヒロインが家庭教師《ガヴァネス》として雇用されたソーンフィールド邸《ホール》で、当主ロチェスター氏に結婚を申しこまれるという急展開は、まさに「館」もののロマンスになっている。ゴシックホラー要素もちゃんとある。求婚ではなく就職（奉公）として屋敷に上がる点は『パミラ』と同じで、つまりATU311「妹による救出」話型の冒頭を踏襲している。

館の主人エドワード・ロチェスターはつねに旅に出ていて館にめったに立ち寄らないのだと、当家の遠縁でもある家政婦のアリス・フェアファクス夫人はジェインに告げる。この、ヒロインが屋敷に入ると先輩としていろいろ教えてくれる年長の家政婦、というのは、『パミラ』のジャーヴィス夫人の後継者。

ジェインは外出中にひとりの紳士と知り合う。帰館後、この男が雇用主ロチェスター氏であることを知る。館の陰鬱なあるじ、その陰鬱さの理由、これすべて『テリーサ・マーチモント』に由来するもののように見える。

ジェインが面倒を見るべき生徒はアデル・ヴァランスというフランスふうの名の娘だった。ロチェスター氏はアデルの後見人であり、かつて恋人だったフランス人ダンサーのセリーヌ（**私より前から彼のことを知ってる女**）が彼を騙して娘アデルを押しつけて、ミュージシャンといっしょにイタリアに駆け落ちしたのだという。アデルは自分の父はロチェスター氏だと主張する（**彼とべつの**

女性とのあいだの子）が、氏はセリーヌの男性関係が乱れていたこと、またアデルの容貌が自分に似ていないことを理由に、その説を却下している。ジェインとアデルはだんだん仲よしになっていく。

本書の冒頭でも触れたとおり、『ジェイン・エア』の語り手はソーンフィールド邸《ホール》の廊下を青ひげ邸にたとえた。

> それはせまくて天井が低くて、ずっと向こうにある小さな窓からしか日が差さず、両側に小さな黒い戸がいくつも並んでいるのが青ひげの城のどこかにある廊下のようだった。〔吉田健一《よしだけんいち》訳〕

屋敷のなかの〈戸がいくつも並んでいる〉長い廊下という設定は、部屋数の多い（つまり鍵の本数の多い）青ひげの屋敷を示唆する特別なトポスであるということに注目したい。

さて、ソーンフィールド邸《ホール》ではゴシックホラー的な怪現象が連続して起こる。たとえばある晩、怪しい物音に眠りを破られたジェインは、ロチェスター氏の部屋の開いた扉からベッドが燃えているのを発見する。ジェインはロチェスター氏を起こし、ベッドと氏の双方に水をかけて氏を救った。人を呼ぼうとすると、ロチェスター氏にこの不審火のことを口止めされる。

さらに屋敷でジェインは、狂ったような奇妙な笑い声を耳にする。三階に女がいるらしい。ロチェスター氏に雇われているという三〇代のお針子グレイス・プールだろうか？

ロチェスター氏は地元社交界ではちょっとした顔であるらしい。そこで氏はレイディ・イングラムの美しく才気溢れる娘ブランシュ嬢（**私より前から彼のことを知ってる女**2号）と結婚する可能性がある。あるとき、ブランシュ嬢を含む客たちがソーンフィールド邸《ホール》を訪れ、泊まりでパーティを催し、彼らはジェインに対して見下した態度をあからさまに取る。

ジェインは屋敷の主人ロチェスター氏に心惹かれはじめている。いっぽうロチェスター氏はブランシュにアピールを続けていた。こうなるとブランシュ嬢はジェインにとって**シンデレラ競合**の相手だ。たんに恋敵であるだけではない。ジェインへの侮蔑的な態度がシンデレラやベルの姉たちにつうじる。ところが、身分でも美貌でも負けているはずのジェインは、英文学者・新井《あらい》潤美《めぐみ》も言うように、なぜか〈不敵〉に構えている。

ある夕方、寛ぐ宿泊客たちのもとにジプシーの占い師が現れて手相を見ようと申し出る。それはロチェスター氏の変装だった。『美女と野獣』や『パミラ』にも出てきた**占い師の予言**（意味深なことを言う流浪の占い師）の表象は、青ひげロチェスター氏が余興で演じるくらいには一般的だったんだろう。

またあるとき、ロチェスター氏の取引相手リチャード・メイソン氏が西インド諸島から訪れ、屋敷の三階に住む謎の住人に襲われ、負傷するという事件が起こる。メイソン氏は夜が明ける前に秘かに屋敷を立ち去った。ここに来て、この屋敷にはなにか恐ろしげな秘密がある、という雰囲気が濃厚に立ち昇ってくる。

かつて養家ゲイツヘッド邸《ホール》でジェインの面倒を見ていた養育係のベシーがやってくる。おばが酒と賭博で身を持ち崩した息子ジョン（例の意地悪な従兄）に先立たれ（自殺ともいう）、みずからも死に瀕してジェインに会いたがっているというのだ。ジェインが養家に戻ると、リード夫人は死の床でジェインに義弟（ジェインの父方の叔父）ジョン・エアからの手紙を渡す。手紙の日付は三年前で、北大西洋のマデイラ（ポルトガル領）にいる叔父は養子縁組を求めてジェインを呼び寄せたがっていた。リード夫人はジョン・エアにジェインはローウッド校で伝染病で死んだと嘘を書き送り、姪が家族や財産を得るチャンスを秘かに握りつぶしていた。死の間際となって良心の呵責に耐えられなくなり、彼女にこれを打ち明けたというわけ。

ジェインはおばの葬儀を済ませてソーンフィールド邸《ホール》に戻る。ロチェスター氏はある晩、庭でジェインを抱き寄せ、結婚を申しこむ。ジェインはプロポーズを受諾し、教会での挙式を考え、叔父への手紙にリード夫人の虚偽と自分の結婚計画を書き送る。

挙式前夜、夜中に目を覚ますと、恐ろしげな女がベッド脇に立っていた。この女はジェインが用意していた婚礼用のヴェールをつけようとしたあと、それを手で細かく引き裂いてしまう。『ジェイン・エア』における「青ひげ」モティーフだ。ロチェスター氏はそれをジェインの見た悪夢として片づけようとしたが、朝になってみるとジェインの寝室にはびりびりに引き裂かれたヴェールがちゃんとあった。

教会での挙式中、司式者による例の「この結婚に異議のある者は……」という呼びかけに、大声で応えた者がいた。

オッフェンバックの『青ひげ』では、エルミア姫の挙式直前に青ひげが「ちょっと待った！」と割りこんでくる。それに先駆けて『ジェイン・エア』では、式のさいちゅうにちょっと待った事案が発生していた。映画『卒業』（一九六七）では式のさいちゅうにダスティン・ホフマンが「ちょっと待った！」とやってきたけれど、『ジェイン・エア』では、ジェインと結婚したいべつの男がやってきたわけではない。

その人物は、この結婚は成立しないと主張し、ある書きものを示す。それは以前屋敷に滞在中に三階の住人に負傷させられたメイソン氏の署名入りの文書で、ロチェスター氏が一五年前にジャマイカでメイソンの妹バーサ（**私より前から彼のことを知ってる女**3号）と結婚した、と書かれてあった。氏はその事実を認めた。

ジャマイカという土地も重要だ。『パミラ』で、ヒロインが結婚したB氏には隠し子があり、その母親（B氏の元カノ）はジャマイカに行ったという話だった。ガチガチの階級社会を反映する英国小説で、登場人物に階級を超えた自由度の高い動きをさせるために、外国育ちの人物が起用されるケースがままあった。ロチェスターが後見している（たぶん非嫡出子の）アデルもこれだ。

一同がロチェスター氏によって屋敷の三階に導かれると、狂女バーサ・ロチェスターが大暴れしていた。彼女はグレイス・プールによって世話されていた。昨夜の幽霊じみた女はロチェスターの狂える妻だった。そしてかつてのメイソン氏は、会いに行った先で実の妹に襲われたのだった。

サンドラ・M・ギルバートとスーザン・グーバーの『屋根裏の狂女　ブロンテと共に』（一九七九）という研究書は英米文学界隈で有名で、よく参照されるらしい。そのせいで僕も長いこと間違った上書きをしてしまっていたけれど、バーサ・ロチェスターが監禁されているのは屋根裏ではなく三階だ。〈彼女は屋根裏の狂女でもなければ、また（一九四四年の映画が暗示するような）塔に閉じこめられた狂女でもない〉（ジョン・サザーランド）。

バーサは屋敷の主人ロチェスターの妻であり、物語を語っている未来のジェインからすれば夫の先妻にあたる。これは、青ひげに惨殺され禁断の開かずの間に放置された女たちが、青ひげ夫人にとっては夫の先妻たちであることとパラレルだ。シャーロット・ブロンテははっきり自覚のうえで、「青ひげ」をリライトしたのだ。

英国民法下で、重度の精神疾患ゆえに意思表示ができない妻と離婚できないというシチュエーションは、ドラマ『ダウントン・アビー』第三シーズン（二〇一二）で、伯爵家の男運のない次女（長女・三女に比べてモテないという設定）と恋仲となる編集者グレッグソンに受け継がれたものだ。このドラマではグレッグソンが離婚の権利を得るためにドイツ国籍を取得しようとしてドイツに渡るが失踪、第五シーズン（二〇一四）で一九二三年のミュンヘン一揆に巻きこまれて死亡したことが確認されるという絶望的な展開となっていた。

結婚式という重大なセレモニーにおいて、ロチェスター氏の気のふれた妻が館に幽閉されているという事実が判明する——。ジェイン・オースティンが半世紀前に『ノーサンガー・アビー』で、オタク女子にありがちな妄想として一笑に付した構図を、シャーロット・ブロンテは正面から取りあげる。それも彼氏の母ではなく妻という形で。

「青ひげ」で先妻たちの血まみれ屍体に相当する存在は、ゴアの『テリーサ・マーチモント』では幽霊のような狂った隠し妻だった。『ジェイン・エア』ではゴア作品の着想を受け継ぎつつ、さらにアクセルを踏んだ。テリーサは会話可能で、ヒロインは彼女を支えることができたが、バーサは意思疎通不可能な狂女となっている。

狂女が〈人のなりゆきに襲いかかる力を持つ〉（トマス・パヴェル）という設定は、スコットが開拓したものだ。たとえば『ミドロジアンの心臓』（一八一八）では狂女が妖精ばりに赤ん坊をさらい、**出生の秘密**を作ってしまう。狂女のモティーフは『ジェイン・エア』にもオペラにも継承された。『ジェイン・エア』では狂女が不正にたいして罰を与える機能を背負わされている。

打ちのめされたジェインはロチェスター氏に別れを告げ、有り金のほとんどを馬車代にして館を去る。二日ののち、ジェインは荒野で馬車を降ろされた。手持ちの金はもうなくなっていたので、物乞いをして命をつなぐ。行路病者として朽ち果ててもおかしくないところを、ハンサムで生真面目な牧師セント・ジョン・リヴァーズに拾われる。

セント・ジョンは妹メアリとダイアナとともに、ジェインを看護する。ジェインはジェイン・エリオットという偽名を使い、ローウッド校出身であること以外は身の上を明かさなかった。徐々に健康を回復し、セント・ジョンは女学校教師のポストを見つけてくれた。

セント・ジョンのもとに顧問弁護士からの知らせが届く。セント・ジョンの近親者ジョン・エアがマデイラで死亡し、二万ポンドの遺産を姪ジェイン・エアに残したが、ジェイン・エアが不可解な状況で失踪しているため、弁護士がセント・ジョンをつうじてジェインの居場所を探そうとしているのだった。

世話をしていたジェイン・エリオットが遺産相続人ジェイン・エアであることがローウッド校とのつながりから判明し、しかも彼女はセント・ジョンおよびメアリとダイアナといとこどうしであることも明らかとなる。

ここのところが、本作最大のご都合主義的偶然だ。英仏語の cousin が「いとこ」だけでなく広く「親戚」を意味するところを差し引いても、ここが気に喰わない人はいるだろう。一九世紀半ばに書かれた近代小説で、主人公が不美人という新機軸を打ち出しながら、『ジェイン・エア』はラドクリフ流の古いロマンスのしっぽを引きずっている。だがそれがいい。

思い出してほしい。幼いころにヒロインをいじめていたほうのいとこ（おばリード夫人の子どもたち）も男ひとりと女ふたりで、しかも男のほうはジョンという名前だった。ややこしい。こういうアウトサイダーアートすれすれの素人臭さもまた、『ジェイン・エア』という小説の吸引力のひとつ。登場人物の関係・配置は、ヒロインの「慢」（仏教における māna、己を他と比較し自我に固執する心）がそのまま反映された「心の世界地図」なのだ。そしてロマンスのヒロインは、読者の「慢」の受け皿たらんとする。

ジェインは二万ポンドの遺産を親戚たちと分け合おうと申し出る。いっぽうセント・ジョンは宣教師としてインド植民地に渡航することを決心する。そしてジェインにプロポーズする。それはジェインを女性として愛し求めているからではない。人間としてその真摯さを尊敬し、自分の布教活動を支えてくれることを期待してのことなのだった。こういう結婚の動機はロマンティックではないが、もともと結婚というものはそういうものだったとも言える。

ジェインもいったんは彼の手を取ろうとする。しかしある晩、ロチェスター氏に名前を呼ばれるという夢を見た。ある意味でこのパッセージだけが、『ジェイン・エア』作中における超自然的要素だと考えることもできよう。ここは明らかに**ベルの帰省**中に野獣が病臥する姿を幻視する場面、パミラがB氏から重病の報せを受け取った場面に相当する。翌日、彼女は馬車でソーンフィールド邸《ホール》に戻った。

ただジェインは、ベルそのものというわけでもない。すでに見たように、ベルが野獣との性的同意に応じたのは、あくまで感謝の念からで、彼女はいわば義理立てして野獣と結ばれたのだ。いっぽうジェインは、セント・ジョンへの義理は義理として、自分が結ばれるのはロチェスターだと決めていたのだった。

　そんなわけでジェインにふられるセント・ジョンは、ベルの姉たちの婚約者軍団、ウィリアムズ牧師、ジョン・ソープ、トレシリアンといったふられ要員のなかでは、職業も含めウィリアムズ牧師に近いかもしれないが、あんなバカではない。従兄セント・ジョンには、意地悪で酒と賭博に溺れて最後は自殺したらしいもうひとりの「従兄のジョン」といういわば分身がある。

　ソーンフィールド邸《ホール》は焼跡の廃墟と化していた。嵐の夜に狂妻バーサが火を放って大火となり、ロチェスター氏が燃える館から彼女を救おうとしたが彼女は死亡したという。この「燃えさかる邸宅」という趣向は、ゴシック的というか楳図かずおの怪奇漫画的なカタストロフィだ。ATU311「妹による救出」話型の話には、グリム兄弟の「フィッチャーの鳥」のように、最後に魔法使いの家に火が放たれる例がある。オーヴェルニュ地方の民話と称するヴァージョンの「青ひげ」（じつは作家アンリ・プーラによるきわめて自由な再話）でも、最後に青ひげ邸が焼き討ちにあっていた。

　ジェインは当時のヒロインとしては例外的な意志の強さを見せる。そうはいっても、ヒロインに略奪愛をさせるわけにはいかない時代だった。だから、逃げているあいだに男の妻が勝手に自滅してました、という形になる。とにかく主人公を結婚させるために、邪魔な妻を消したり、「悪い従兄のジョンと妹ふたり」が「よい（↑聖なる《セント》）従兄のジョンと妹ふたり」という、なんだか「きれいなジャイアン（ときれいなジャイ子×2）」的なものに差し替えられたり、そういう豪腕な展開がロマンスの「慢」の条件ともいえる。悪い従兄にせよ求婚者たちにせよ求婚者の妻にせよ、主人公を邪魔したり承認したりするすべてのキャラクターは、結婚という最終的な承認までのあいだ、承認を引き延ばしつづけるために登場したり消えたりするわけだ。

ヒロインが初手から孤児なのも、そもそもが仏教で言う「慢」の慰撫を目的とするロマンスという承認ゲームのコートに乗るうえで、両親が邪魔だから「消しておいた」のである。作者がね。吉本ばななの『キッチン』（一九八七。角川文庫他）を読んだとき、「あ。最初に両親を消したな。邪魔だから」と思ったものだ。

こうなるとオースティンの小説の大半で両親なり片親なりが最後まで健在で、ヒロインを心配したり賢明な忠告を与えたり空気を読まない勘違い発言で場を凍りつかせてしまったりしていることの凄さが逆にわかる。あれこそロマンス的なものをくじくためのマメな「膝カックン」だったのだ。

さてロチェスター氏自身も火事で視力を失い、少し離れたファーンディーン農場に住んでいる。ジェインは彼のもとを訪れ、ふたりは結婚する。被後見人のアデルは厳しい学校に入れられていたが、ジェインはアデルを訪ね、もっと居心地のいい学校に入れ直す。夫妻は子どもにも恵まれ、結婚から二年後には、ロチェスター氏の片目の視力も回復するのだった。めでたし。

45　『ジェイン・エア』の余波

『屋根裏の狂女』によると、ジェイン・エアの遍歴はジョン・バニヤンの宗教的寓意物語《アレゴリー》『天路歴程』（正篇一六七八、続篇一六八四）の筋を借りているという。

われわれは、今日『ジェイン・エア』を教訓的な内容を含んだゴシック物語、『パミラ』の娘、『レベッカ』の叔母、つまり気難しい顔つきをした、陰気な館の主であるバイロン的ヒーローと身をふるわせておののくヒロインとの、スリルに満ちたロマンチックな出会いというような

物語の原型を書き込んだシナリオだと思いがちである。〔山田晴子《やまだはるこ》＋薗田美和子《そのだみわこ》訳〕

でも、そもそも『パミラ』や『レベッカ』（後述）を〈陰気な館の主であるバイロン的ヒーローと身をふるわせておののくヒロインとの、スリルに満ちたロマンチックな出会い〉とまとめるのは一面的すぎる。『屋根裏の狂女』には〈ジェインとロチェスターの出会いは妖精物語〔おとぎ話〕そのもののような出会いである〉とあるけど、著者たちはおとぎ話はおとぎ話でもわりと「白雪姫」に着目していて、あまり「青ひげ」のことを気にしていない。『ジェイン・エア』に引くべき補助線は「白雪姫」ではなく、あくまで「青ひげ」だ。

むしろ、アンガス・フレッチャーのほうがわかりやすい。

ブロンテ自身が当時、これはあからさまな〔『パミラ』の〕盗作なのではないかと自責の念に駆られていたほどだ。たとえば、どちらの小説でも、女性の召使が主人の非嫡出子の世話をする。また、放浪の占い師が結婚のアドバイスをする。さらに、主人のもとを離れていた女性の召使が、主人が病気だと知って戻ってくる。〔山田美明《やまだよしあき》訳〕

もうひとつ、サザーランドの意見。

『ジェイン・エア』においては、終わりの数章で、われわれは青ひげ——罪を犯したというよりも、むしろ罪を犯された夫——に対して同情の気持ちをそそられる。監禁された妻がこの作品の悪役になる。それはまるで「赤頭巾ちゃん」の話を、狼に同情せずにおられぬように書き替えるか、あるいは「ジャックと豆の木」の話を、イギリス人の骨を砕いてパンにする巨人に同情を感じるように書き替えるようなものだ。〔青山誠子《あおやませいこ》訳〕

サザーランドはロチェスターによるバーサ謀殺説にやや傾いている。これはこれで説得力のある推理だ。

『ジェイン・エア』はその後の小説にその谺を響かせている。そのなかでも重要な数例を、かんたんに紹介しておきたい。

『ジェイン・エア』の四五年後、米国のフェミニズム作家シャーロット・パーキンズ・ギルマンの短篇ホラー小説「黄色い壁紙」（一八九二）が書かれた。『マライア』にはじまる、「男によって狂女のレッテルを貼られてしまった女」の系譜だが、本作では、男によって狂女のレッテルを貼られたことによって、主人公はほんとうに精神の健康を損なう。

「黄色い壁紙」はゴーゴリの「狂人日記」やモーパッサンの「オルラ」に続く「信頼できない語り手」による手記形式の小説だ。医師である夫による医療的隔離が狂気を生み出す可能性が取り沙汰された。そして、ギルマンは間違いなく『ジェイン・エア』を読んでいただろう。

つぎに、ウォルター・デ・ラ・メアの長篇小説『ヘンリー・ブロッケン』（一九〇四）。少年時代に痩せ馬ロシナンテ（ドン・キホーテの馬と同じ名前）にまたがって、文学の登場人物たちのもとを遍歴した記憶を、老境にあるヘンリー・ブロッケンが物語る。〈私〉が旅先で出逢うのは、『天路歴程』や『ガリヴァー旅行記』、シェイクスピアの『真夏の夜の夢』、チョーサー作品などのキャラクターたち。本書の興味に関係するのは、眠れる森の美女の城（全員熟睡中）を訪れる第六章と、ロチェスター夫妻に一夜の宿を提供される第二章だろう。ロチェスターは原作どおり陰鬱だが、ジェインにはなにか吹っ切れたような明るさがある。

三番目に挙げるのは、ジャマイカを舞台とするジーン・リースの『サルガッソーの広い海』（一九六六）だ。この小説は三部構成となっていて、第一部の語り手は（徐々にわかっていくのだが）のちにロチェスター氏の妻＝〈屋根裏の狂女〉となるバーサことアントワネット・メイソンの若き日の姿だ。『ジェイン・エア』ではミドルネームはアントワネッタとなっていたが、『サルガッソーの広い海』ではより一般的な表記となっている。〈私〉アントワネットはフランス領マルティニーク出身の母を持ち、メイソンという姓は母の再婚相手のもの。第一部の最後には母アネットの狂気が描かれる。

第二部の語り手〈ぼく〉は若き日のロチェスター。家督を継げず、食いっぱぐれ気味になってジャマイカへやってきた。若く美しく資産もあるアントワネットと結婚するが、じきにふたりの関係はぎくしゃくしていく。バーサという名前はロチェスターが彼女を呼ぶために勝手につけた英国ふうの名前だった、というのは新設定。

読みにくい小説だが、どうやら『ジェイン・エア』で描かれたバーサの精神錯乱は、ロチェスターがバーサを「母が狂ったから娘も狂ってる」と決めつけたせいで起こったのではないか、と言いたい小説のように読めた。じっさい、夫が妻の「保護監督責任者」とみなされた時代においては、夫が妻を（善意からであれ、悪意からであれ）隔離・幽閉したり、入院させたりする力を持つケースがあった。女性にとってこれは恐怖だっただろう。

ごく短い第三部はロチェスターとの仲が決定的にすれ違ってしまったアントワネットの心象、追憶、世界観を、モダニズム流の「意識の流れ」の手法で書いている。ジーン・リースは英国領ドミニカ（のちのドミニカ国）出身。

『ジェイン・エア』の書き換えは、ジャネット・ウィンターソンのデビュー作『オレンジだけが果物じゃない』（一九八五）にも登場する。とはいってもこんどは、作者ウィンターソン当人が二次創作したのではなく、作中人物、具体的には語り手兼主人公のジャネットの毒母が、『ジェイン・エア』の違うヴァージョンを語るのだ。

同じ毒母ものでも、キャシー・アッカーの『わが母　悪魔学』（一九九四）の母と違って、『オレンジだけが果物じゃない』の母は、娘を学校に行かせることに対してきわめて消極的というか、学校にたいしてかなりの抵抗を示す。この点は、小川洋子の『ホテル・アイリス』（一九九六）の、娘がなにかを学んでくることに否定的なホテルの女将に似ている。

またジャネットの母はマイナーなキリスト教系カルトを主導する宗教家だ。この点は赤坂真理《あかさかまり》のカルト毒母小説『ミューズ』（一九九九）の主人公の母に似ている。『ミューズ』では母親が娘を依り代にして、神道にオカルト宇宙論が喰い入ったような儀式を執りおこなう。

ジャネットの母は狂信的なキリスト教徒で、マイナー宗派〈癒しの奇跡〉集会のヒーラーとして、人々の病気を治してやっている。『ミューズ』の切実な痛々しさとは正反対に、『オレンジだけが果物じゃない』の各エピソードは爆笑を誘う。

この母の娘である主人公ジャネットは、厳しい聖書教育を幼くして受け、母の信じるとおり、神の意志によってこの世が作り上げられていると、当初は無邪気に信じていた。しかしその世界観は徐々に綻びていく。


「〔…〕忘れたのかい、ジェイン・エアとセント・ジョン牧師のことを」母はそう言ってうっとりとした目つきになった。

もちろん忘れてはいなかった。でもわたしは知っていた。母は『ジェイン・エア』の結末を、勝手に作り変えていたのだ。『ジェイン・エア』は、聖書以外の本のなかでは母のいちばんのお気に入りで、小さいころに何度も読んで聞かされた。

〔…〕それから何年か経って、字が読めるようになったのと、好奇心とから、もう一度自分でこれを読み返してみようと思いついた。

〔…〕そしてあの悪夢のような日、図書館の片隅で、わたしはジェインがほんとうはセント・ジョンと結婚したのではなく、ロチェスターのところに戻っていったのだということを知ってしまった。〔岸本佐和子訳。引用者の責任で改行を加えた〕

宗教的な正しさ《リリージャス・コレクトネス》で『ジェイン・エア』を「アップデート」し、改変版のストーリーをホンモノとして娘に吹きこむ毒母のやり口は、《オズ》や《ドリトル先生》などの定番シリーズを改竄したり、学校図書館から追放したり、絶版にしたりしてきた米国のポリティカル・コレクトネス検閲を想起させるものがある。

そういえば数年前、ある文筆家が、「娘が保育園児のころ、ピンクが好きになった。女子はピンク好きというのは社会による無意識の刷りこみではないのか。中学生になった娘はいま、服選びで親の意見をけっこう受け入れてくれるようになった」(大意) と答えている取材記事を見た。スティーヴン・キングの『キャリー』(一九七四) に出てくる、娘とのあいだに自他境界がなく、ヒロインを束縛しつづける狂信的な毒母を思い出した。

最後の五例目は、本書第2部で紹介したアトウッドの「青ひげの卵」。ヒロインが受講する小説講座の先生 (小説家) をバーサと名づけていたではないか。バーサ先生は自嘲する――〈こんな調子だから〝バーサ〟なんて名前の講師は埒があかないんだわ〉。

第4章　結婚生活における「青ひげ」的瞬間

おとぎ話の児童文学化において、話の教訓性を強調したボーモンは、おとぎ話を道徳教育の教材として方向づけた。

半世紀以上たって、おとぎ話の児童文学化を引きついだのがグリム兄弟だった。『子どもと家庭のメルヒェン集』のなかに、「眠れる森の美女」の前半（ディズニーが映画化したロマンス部分）と後半（お姑さんがプリンセスと王子たちに襲いかかるホラー部分）を別個の話として収録し、第二版では、結婚生活の危険を物語る後者や「青ひげ」を削除してしまった。グリム兄弟の力でメルヒェン・短篇物語《コント》はもっぱら子ども向けのものと見なされるようになった。

結婚生活の危機という大人向けコンテンツのニーズはその後、近代リアリズム小説が一手に引き受けるようになった。「青ひげ」ミームもリアリズム小説に流入することになる。

46　アン・ブロンテ『ワイルドフェル・ホールの住人』

さて、前章で見たシャーロット・ブロンテといえば「ブロンテ姉妹」の「姉のほう」。「妹のほう」は、同じ一八四七年にあの奇怪で激しい恋愛小説『嵐が丘』を発表したエミリー・ブロンテ、ということになっている。ふたりとも、各社世界文学全集の常連だった。でもブロンテ姉妹には、下にもうひとりいた。このなかでただひとり、作品が各社の世界文学全集に収録されていない**アン・ブロンテ**だ。

ちなみにブロンテ家は六人姉弟。シャーロットの上に姉がふたりいたが、それぞれ一一歳と一〇歳で死亡。またシャーロットとエミリーのあいだに男児ブランウェルがいて、少年時代にシャーロット（もちろんデビュー前の）と合作で『アングリア物語』という特異な作品を書き、また単独で詩も遺している。

アン・ブロンテは長篇小説を二篇書いた。第一作『アグネス・グレイ』は、『ジェイン・エア』『嵐が丘』と同じ一八四七年に刊行された。『ジェイン・エア』と同じ家庭教師《ガヴァネス》小説で、主人公は勤務先の家庭でそれなりにしんどい目に遭う。しかも最後にヒロインは結婚する。でも「青ひげ」っぽくはない。

ところが、アンが翌一八四八年に刊行した『**ワイルドフェル・ホールの住人**』のほうは、家庭教師《ガヴァネス》小説ではなく結婚小説で、これが『ジェイン・エア』に負けない「青ひげ小説」なのだった。

この小説は、書簡に手記が埋めこまれ、時間の前後関係がややこしい。ここでは野暮を承知で、年代順に並べ替えて紹介しよう。

幼いころに母をなくしたヘレンを、父はスタニングリーに住む兄マックスウェルに託す。ヘレンは裕福な伯父夫婦のもとで育つ。一八二一年、絵のうまい、意志の強い一八歳のヘレンはロンドンで社交界デビューし、以下のような面々と知り合う。

・伯母の知人ボーラム氏。話の退屈な非モテ独身中年。

・伯父の亡友の子息アーサー・ハンティンドン。ハンサムで機知に富んだ、強引で危険なモテ男。ヘレンより一〇歳ほど年長。
・裕福な独身中年ウィルモット氏。助平ジジイ。
・その姪アナベラ。二五歳くらいの恋多き派手なモテ美女。
・その従妹ミリセント・ハーグレイヴ。ハンティンドンの友人の妹で、住まいもハンティンドンの屋敷に近い。優しく善良だが気が弱い娘。ヘレンの親友になる。
ヘレンがボーラム氏やウィルモット氏（いずれもモブ的な**ふられ要員**）に絡まれて困るたびに、ハンティンドンがスマートなやりかたで窮地から救ってくれる。少しバイロン的な強引さもある彼は、噂では節操に欠けて非行に走りやすい人物らしい。『風と共に去りぬ』（一九三六）のレット・バトラーのプロトタイプか。以後、モテ男にぽーっとなってしまったヘレンの、盲目的なガードの甘さが露呈していく。

このあと、ハンティンドンを中心とする六人グループが作中で重要な役を果たすので、先に紹介しておく。
・ハンティンドン（上述）。サークルのリーダー格。
・アナベラ（上述）。サークルの「姫」。ビッチ。
・ウォルター・ハーグレイヴ。前出ミリセントの兄。一座のなかではまともなほう。
・ロウバラ卿。三〇代。陰鬱で気難しく無気力。だが献身的な面もある。後述の事情で自責の念に苛まれている。
・グリムズビー。粗野で女性差別的。

・ラルフ・ハタズリー。酒癖が悪い。
ロンドンから帰ったあとの九月、ボーラム、ウィルモット（アナベラとミリセントを伴う）、ハンティンドン、ロウバラ卿がスタニングリーに滞在する。アナベラをちやほやするハンティンドンに気を悪くして、ヘレンがひとりになろうと座を離れると、ハンティンドンがやってきて声をかけ、いきなりキスしてきた。

七〇〇頁の小説で、初登場からキスまでに要したページ数わずか三四頁（五％）、すがすがしいくらいロマンス小説らしい女たらしだ。ヘレンは怒りのあまりその晩はよく眠れないけれど、翌朝にはもうハンティンドンへの自分の恋情に押し流されている。のちに僕はハーレクイン・ロマンス版の「青ひげ」（本書第2部）を読んで、なるほど、こういう暴力性というか侵襲性がロマンスの王子さま役の伝統なのね、と納得することになる、

ロマンス小説的な駆け引きは逐一紹介したいくらいに心憎い。ハンティンドンはヘレンの心を完全に読み、翻弄する。「壁ドン」みたいなこともする。また、口ではNoを言うヘレンを抱擁してキスの雨を降らせているところに（ベルと違い、ヘレンはNo means noではない）、なんと交際反対中のマーガレット伯母さんがあらわれてしまっても、驚愕する伯母に向かって堂々と、いま求婚していたところです、と言い切ってしまう。いちいちおもしろいけど、紙数の都合で涙をのんで委細を割愛せざるを得ない。いっぽうこの滞在で、アナベラとロウバラ卿の関係も進展した。

ハンティンドンによればロウバラ卿は、アルコール・ギャンブル・阿片《ドラッグ》のトリプル依存で身代を潰した。「飲む・打つ・キメる」のトリアーデを抜け出し真人間に戻ろうとあがくロウバラ卿を、ハンティンドンら悪友たちは茶化し、断酒の試みを妨害したこともあるという。忠実な女中レイチ

ェルはヘレンに〈もしわたくしがお嬢さまなら、飛ぶ前によく見極めますね。結婚をなさる若いご婦人は、慎重でありすぎることはないと思うのですが〉と警告する。

一八二二年。それでもヘレンはハンティンドンと結婚し、グラスデイル・マナー（本作の青ひげ邸）に住んだ。情熱的だがわがままな夫ハンティンドンに少々失望気味だ。本作の青ひげは、根っからの悪人ではないが、享楽に逆らう強さを持たない。

親友ミリセントが夫の悪友ハタズリーと不承不承結婚することを知って、ヘレンはショックを受けた。以後ヘレンは手紙で、また親友の帰省時には対面で、ミリセントと励まし合う。ミリセントに人格を認めないハタズリーは、文句を言わずに好きなことをさせてくれる静かな妻を望んだだけだった。対象的にロウバラ卿と結婚したアナベラは、夫を小馬鹿にしながら享楽的な暮らしに満足している。

ここまででヘレンとハンティンドン、アナベラとロウバラ卿、ミリセントとハタズリーという三組の夫婦が誕生した。結婚生活に苦しむ妻を描く吉屋信子《よしやのぶこ》の家庭小説のようだ。夫たちは悪友グループのメンバーであって、本作はある意味「トリプル青ひげ小説」とも言える。ただし悪女アナベラはどっちかというと青ひげサイドだが。

秋、ハンティンドンはロウバラ卿の目の前でアナベラと親しげにしてヘレンを不快にさせる。近所に住むミリセントの妹で一〇代半ばの高潔な少女エスターとの交際が、ヘレンの心の支えだ。そのヘレンに息子アーサーが生まれる（父と同じ名でややこしいので、本稿では父のほうは姓で呼ぶことにする）。ハンティンドンは息子に愛情を抱かない。

翌一八二三年。ハンティンドンはロンドンに出かけ、いつ帰ってくるやもしれない。夫チーム唯一の真人間ハーグレイヴが夏に帰省し、グラスデイルにも訪ねてくる。首都でのハンティンドンの不品行を怒りもあらわに告げ、見捨てられた人妻ヘレンへの同情、いや愛を表明した。本作は青ひげ夫人がほかの男に言い寄られる「よろめきドラマ」でもあるわけだ。

ヘレンは三年間に合計三回、ハーグレイヴ（メインの**ふられ要員**）に求愛され、三回拒絶する。夫を愛するからではない。愛はもう涸れつつある。ヘレンは結婚という神聖な制度を尊重したのだ。ヘレンという人物の最大の特徴は、この信仰の篤さにある。

ベルの姉たちの婚約者軍団、ウィリアムズ牧師、ジョン・ソープ、トレシリアン、セント・ジョンに続く第六の**ふられ要員**ハーグレイヴは、人柄がいいところがトレシリアンやセント・ジョンに似ている。ハーグレイヴもたいがいしつこいけれど、夫の悪友グループにいたという以外に落ち度もなく、苦しむヘレン母子に積極的に手を差し伸べる善意の人だ。でも彼の愛は報われないんですよねー。

一八二四年。長らく離れていた父の病が進行したとのことで、ヘレンは父の顔を見に行く。離れて暮らす兄とも、息子アーサーの幼児洗礼の日以来久々に会うこととなった。

深酒で健康を失いつつある夫を、ヘレンは優しく説得し、深酒をやめさせようとするが、うまくいかない。グリムズビーとハタズリーが夫に酒をたんまり飲ませてしまうわ、ハタズリーが妻ミリセントにDVを働くわ、見かねたヘレンは割って入るしかなく、酔客たちの醜態は深刻で手がつけられない。

ハーグレイヴも男たちの徒党から足抜けしたくなってきた。そしてある日、ヘレンに真相を告げる――ハンティンドンはヘレンと出会う前からアナベラと男女の仲で、両人とも結婚したいまも、グリムスビーの助けを借りて、それぞれ自分の配偶者を馬鹿にしながらダブル不倫を続けていた。ここでも禁断の間が開いたわけだ。「青ひげ」の先妻たちの屍体に相当する「**私より前から彼のことを知ってる女**」アナベラを、ヘレンは直視することを余儀なくされるのだった。

一八二六年。ロウバラ卿が妻の不貞を知ってしまう。アナベラを心から愛していた彼は自殺も考えたが、強い意志と信仰で思いとどまる。ハタズリーは決闘を申しこむようけしかけるが、卿はこの案も退け、妻とともにグラスデイルを去った。

一八二七年一月。ヘレンは脱出計画を立てるが、ここまでの日記を夫に読まれてしまう。なんと、『パミラ』でヒロインがつけていた記録をセクハラ雇い主B氏がすべて読んでしまうのと同じ展開だ！　でもその効果は『パミラ』とは逆になる。手記を読んだB氏がパミラの内心の高潔さに感化されて真人間になっていったのにたいして、ハンティンドンはヘレンが脱出先で自活のたつきにしようと考えていた画材を燃やしてしまい、所持金も取り上げて、ヘレンを監禁状態にするのだ。四月。ヘレンは夫の留守に兄フレデリックを迎え、逃亡計画を練る。

九月。ミリセントが夫ハタズリーと幼い娘（親友にちなんでヘレンと名づけられた）を連れて帰省する。ヒロインのほうのヘレンはハタズリーと、子を持つ親として腹を割って話し、これまでミリセントがヘレンに宛てた、荒んだ夫との生活の苦衷を綴った手紙をハタズリーに読ませる。ハタズリーは自分が〈呪われたろくでなしだった〉ことを痛感し、〈そこを悔い改めなければ［…］僕は神に呪われるんだ！〉と叫ぶ。妻にも自我や感情があることを知ったハタズリーは以後自分を改め、愛情深い夫であり父親となる。この展開は本作のなかでもっとも胸を打つものだ。

一〇月。帰宅したハンティンドンは息子アーサーの家庭教師《ガヴァネス》——ジェイン・エアの仕事だ——としてアリス・マイアズを雇い入れる。女中のレイチェルが、マイアズとハンティンドンとの不倫の証拠を見つけ出す。ヘレンは同情的な執事ベンソンの手を借りて最低限の荷造りを終え、アーサーとレイチェルを連れて決死の脱出に成功、無一文での苦難の旅を経て、兄が管理する生家ワイルドフェル・ホールに秘密の避難所を得たのだった（**ベルの帰省**）。

ここまでの部分、じつは小説中盤を占めるヘレンの日記だ。小説全体の七分の四を占めるこの日記は、教養ある豪農《ジェントルマン・ファーマー》ギルバート・マーカムが、義弟である牧師ジャック・ハルフォードに宛てた長い手紙のなかで、二〇年前のできごとを回想するにあたって引用されたもの。手紙の内容は、自分がどのようにしてヘレンと知り合ったか、という話だ。つまり、約二〇年前を回想する語りに、その「二〇年前」から見てさらに六年前から都度都度書かれてきた直近の（ほぼリアルタイムの）記録がサンドイッチされているわけだ。少々ややこしい。

以下に小説の序盤を要約する。一八二七年一〇月下旬。亡父から農園を受け継いで間もない自作農ギルバートは二四歳で、母と、一九歳の賢くかわいらしい妹ロウズ、一七歳の生意気で怠惰な弟ファーガスと四人で暮らしていた。

母は村の牧師マイケル・ミルワードの思想や人柄を高く買っている。でも長男ギルバートが、牧師の次女イライザと交際している件については、もっとほかにいい相手がいるのではないか、と口に出す。イライザは美人ではないが、かわいいタイプ。三、四歳年上の、常識ある地味で寡黙な姉メアリがいる。姉は家事をとりしきるしっかり者なのに、周囲の人々に軽んじられている。

ギルバートの友人である若い郷士フレデリック・ロレンス氏は、近所の邸宅ワイルドフェル・ホールの所有者だ。その邸宅に、ギルバートと同年輩のヘレン・グレアムなるシングルマザーらしき女性が、使用人の女性（レイチェル）とともに越してきて、小さな村の好奇の視線を浴びる。ロレンス氏と「グレアム夫人」が兄妹であることは、この時点では当時のギルバート青年も、読者も知らない。

ギルバートは美しい「グレアム夫人」に強い印象を受けた。また、狩の途中で、五歳くらいの男児（あとでわかるが、アーサー坊っちゃんだ）と仲よくなる。「グレアム夫人」が姿をあらわし、その子を連れて無愛想に家に引っこんでしまった。マーカム家とグレアム母子のぎこちない近所づきあいが始まる。「グレアム夫人」は周囲と距離を取っているけれど、徐々に村の社交界に巻きこまれていく。

一一月五日、マーカム家でパーティがあり、ロレンス氏、ミルワード牧師と娘のメアリとイライザ、近隣のライコート農場のウィルソン家（未亡人の母と三姉弟）が顔を揃えた。気位だけは高い弟ファーガスは、例によって気の利いたことを言ったつもりでスベり倒す。

ウィルソン夫人とその娘ジェインは、イライザ同様にゴシップ好きで、あることないこと三人で噂話に興じる。ジェインはロウズの友人で、裕福なロレンス氏にさかんにアピールしている。ジェインの弟のうち、ロバートは快活な〈いい奴〉だ。でも、そのいかにも農夫というラフな人柄を、姉は恥ずかしいと思い、自分と同じく高等教育を受けている内気なリチャードを、ロレンス氏に見せつけたいらしい。

ギルバートはその後、謎めいた「グレアム夫人」のことを知るにつれてどんどん惹きつけられ、イライザへの興味が薄れていく。「グレアム夫人」はしかし、ギルバートを避けるかのようにつれない。ガールフレンドであるイライザはギルバートの翻意に憤慨し、あの人にはよくない噂がある、と思わせぶりに言う。あーあ、そんなことやるとますます男の心は離れてくんだけどな……。イライザら村人の口にするゴシップに乗せられるかのように、堅物のミルワード牧師が「グレアム夫人」を悪く言うようになった。そしてギルバートも、ロレンス氏と「グレアム夫人」が男女の仲なのではないかと疑ってしまう。信じたくはないのだけれど、よく見れば、幼いアーサーの面差しは、ロレンス氏にちょっと似てるではないか！

ギルバートが相手のきょうだいを恋のライヴァルと思いこんでしまう誤解は、大むかしの少女漫画にありそうだ。ロレンス氏と「グレアム夫人」＝ヘレンとの兄妹関係は、序盤では明かされず、中盤の手記パートでもかなりあとになって明かされる。叙述トリックと呼ぶのは大袈裟だけど、明かされたときにはアハ体験がある。ヘレンの息子が伯父に似てたとしてもなんの不思議があろう。僕の息子も細君の弟に似ている。

困ったことにギルバートは当時、嫉妬深く不機嫌で怒りっぽい性格だった。道端で偶然行き交ったロレンス氏に殴りかかり、落馬させてしまうのだから大変だ。「グレアム夫人」はこの対決を知らぬまま、ギルバートの求愛を拒否する。ギルバートが、ロレンス氏との関係について詰め寄ると、グレアム夫人は、そんなことはありえない、と否定し、自分の日記帳を（最後の数頁を破り取って）ギルバートに渡すのだった。

そこには、六年前に遡るグレアム夫人の結婚生活のこと、そしてなぜ彼女がこの村のワイルドフェル・ホールにやってきたのか、その事情が、赤裸々に綴られていた。グレアム夫人は、「青ひげ邸から逃げ出してきた青ひげ夫人」だったのだ。ということで、先述のヘレンの苦難が読者にも開陳されるというわけ。

ヘレンは未亡人ではなく夫ある身（女性版ロチェスター?・）、改めてギルバートの求愛を拒む。ギルバートは怪我をさせたロレンスと和解する。そのロレンスは、ガールフレンドのジェインが悪意からヘレンに関する心ない噂を広めたことを知り、ジェインとの関係を断つ。

さてヘレンは、夫の重病の報に接して、なんと青ひげ邸・グラスデイルに戻ってしまうのだった。ギルバートはショックを受ける。あんなにたいへんな思いをして脱出したのに……。瀕死の野獣のもとに戻ったベル、B氏重篤の報に触れて屋敷に取って返したパミラ、ロチェスターが呼んでる気がしてソーンフィールド邸《ホール》に帰ったジェイン・エアを思わせる（**ベルの帰省**からの帰還）。けれど、先の三人がその後青ひげ（野獣王子・B氏・ロチェスター）と結婚するのにたいして、すでに結婚しているヘレンは、酒びたりの青ひげを介護するために戻るのだ。

ベンソンもマイアズも去った館は荒廃していた。ハーグレイヴ家のエスターは、意に染まない結婚を母親に強いられそうになって苦しんでいた。ハンティンドンを励ましに、エスターの義兄ハタズリーがやってくる。ヘレンの介抱もむなしく、この年の末にハンティンドンは、堕地獄の恐怖に怯えながら死んでいった。死ぬときはだれでもひとりなのに、ひとりで死ぬのが怖いのだ。アルコール依存の惨状を、また自分の行動に責任を持つことのない人間の死を、ここまで冷徹に記述した文学作品はなかなかない。

それから一年が過ぎた。エスターはなんと、ヘレンの兄ロレンスと結婚する。グラスデイルを訪れたギルバートは、ヘレンが亡くなった伯父の財産を得てスタニングリーに移って画業を続けていることを知った。彼は、自分よりはるか上の立場になってしまったヘレンに気後れを感じながらも、スタニングリーへと向かう。道徳的に成長し、ヘレンにふさわしい人物であることを証したギルバートに、ヘレンは心を開き、和解して求婚を受け入れる。めでたし。

本作の魅力は、錯綜する語りの時間、多数の脇筋、出入りの多い登場人物といったごちゃついた条件下でなお、骨太かつサスペンスフルな語りで読者を引っ張っていく点にある。

小説にとってテーマとは副次的なものにすぎないかもしれない。けれど、それでもホモソーシャルなコミュニティの暗部、人権を軽視された妻・娘たち、女社会の陰湿な噂話ネットワーク、アルコール依存の恐怖、信仰の重要さといった主題をくっきり見せた点で、本作は青ひげ小説のなかでも一大傑作群像ドラマとなった。

また、過ちから立ち直るメンタルの強さの事例も豊富で、近代的なキリスト教文学だなと思う。ヘレンに思いを寄せたハーグレイヴとギルバートは、人間的欠陥を乗り越えて成長した。依存症から生還したロウバラ卿も、ヘレンとの激論で悔悟したハタズリーも、与えられた「立ち直り」「やり直し」のチャンスをだいじにしたといえる。それだけに、いちばん救いたかった夫だけ最後まで救えなかったのは、ヘレンに降り掛かった運命の皮肉だった。

ヴィクトリア期英国小説によくあることだけど、終盤で脇役たちのその後が語られるのもよい。本作のように脇役ひとりひとりがきっちりキャラが立っていると、余計に頼もしい。以下、手短に紹介しよう。

数年後、ヘレンの伯母が世を去る。ギルバートの怠惰で冷笑的な弟ファーガスは兄から農場を譲られ、その後結婚して性根が叩き直されたのか、真人間になった（これもまた「立ち直り」の一例だ）。

ジェインの弟たちのうち、自慢の弟リチャードは牧師となり、ミルワード牧師からリンデンホープの牧師館を受け継ぎ、地味で性格のいい長女メアリと結婚。自慢ではないほうの（でもギルバートからは好意的に見られた）弟、農夫のロバートも、平凡な妻を得た。ロレンスに振られたジェイン自身は結婚相手への高望みを捨てられず、よその町に移り住み、気位ばかり高い老嬢として生きている。

ロウバラ卿はアナベラと離婚後、平凡な中年女性を、よき妻として、そして娘の継母として得る。浮気性で大胆なアナベラは、べつの愛人と大陸に渡ったあと貧困に陥り、孤独な死を遂げたという噂があるいっぽう、存命説も聞く。悪役ながら、最後まで華のある人物だ。

ギルバートの妹ロウズはジャック・ハルフォード（物語には登場しない。小説本文であるギルバートの手紙の宛先）の妻となる。改心してよき夫となったハタズリーは、銀行家の父の遺産を使って農場を経営し、良馬を育成している。

幼いアーサーは長じてハタズリーとミリセントの娘ヘレンと結婚し、グラスデイルの屋敷を受け継いだ。次世代のカップルが、破綻したヘレンとアーサーと同名なのは、西洋で親子同名がザラにあるとはいえ、胸を打つ。親世代の因果が次世代の幸福な結婚で解消されるのは、ディケンズの『オリヴァー・トウィスト』（一八三八）の影響だろうか。

47　ウィリアム・メイクピース・サッカリー『虚栄の市』

『ジェイン・エア』が発表された一八四七年、ある傑作小説の分冊刊行がはじまった。その小説は翌年、『ワイルドフェル・ホールの住人』と同じ一八四八年に完結した。後者同様に、結婚生活の芳しからぬなりゆきを記述する、もうひとつの青ひげ群像ドラマだった。分冊刊行中の副題は『英国社会のペンと鉛筆による素描集』だったが、完結後の合本版では副題を『主人公のない小説』と改めた。

主人公はないというけれど、小説の最重要人物は『ワイルドフェル・ホールの住人』のアナベラのような美しい悪女《ヨゴレ》であり、アナベラのように英国から大陸へと落ち延びる。彼女のキャリアの初手は、ジェイン・エアやマイアズと同じ家庭教師《ガヴァネス》だった。そして彼女は『ジェイン・エア』のアデル同様、英国人とフランス人ダンサーとのあいだに生まれた。

彼女の名はレベッカ（ベッキー）・シャープ。〈もしベッキーとジェインがガヴァネスでなかったとしたら、のちに彼女の夫となった男性との出会いのチャンスはなかっただろう〉（川本静子）。

ベッキーの生みの親は**ウィリアム・メイクピース・サッカリー**。小説の題を『**虚栄の市**』という。この題は『天路歴程』に登場する地名に由来する。当初の副題にある〈ペンと鉛筆による素描集〉というのは、作者がペンで文章を書き、鉛筆で挿画を描いたことをあらわしているのだろう。サッカリーはすぐれたイラストレーターでもあった。

僕には、この至高の一九世紀小説の魅力を伝える筆力がない。基本的にコメディだということ、そのなかに一八一〇年前後のナポレオン戦争が重く影を落としていることだけを述べておこう。

お金がなくて抜け目もなくて野心家のベッキーが一八一四年に学校を卒業し、持ち前の抜け目のなさで社会階層を昇っていく話。堕落した田舎貴族サー・ピット・クローリー準男爵の娘たちの家庭教師《ガヴァネス》となり、ピット卿をたらしこみ、病弱な妻の死後、三番目の妻にとプロポーズされた。でもそのときベッキーは、卿の次男ロードン・クローリー大尉（これがドラ息子なんだ）と秘密裏に結婚していた。

あー早まった！　卿の奥さんがこんなに早く亡くなるならもうちょっと待ってたのに……と臍《ほぞ》を噛むベッキー（青ひげ夫人）。家のメンバーは全員、卿の異母姉妹である大金持ちのクローリー嬢の遺産を狙ってしのぎを削っていた。ロードン（モテるがだらしない青ひげ）はベッキーと結婚したためにクローリー嬢の寵を失い、遺産はロードンの兄に渡る。あーあ。

……これで小説の最初の四半分。**ふられ要員**2号（1号は後述）が金持ちでヒロインが逃がした魚の大きさを悔やむパターン、これ新しいでしょ。

このあともベッキーの読みは、あるときは当たり、あるときははずれる。人生の浮沈はあるものの、一貫して彼女は明るく逞しい。しぶとく社会階層を一段一段よじ登っていく。ベッキーは悪巧みの得意な悪女でありながら、絶妙なさじ加減でかわいげのあるヒロインだ。そしてクローリー家の「家族のちょっとしたないしょごと」のいくつかが、ベッキーの画策によって読者の前で露呈していく。

『虚栄の市』を読んでいると、作中のベッキーの機能は、**筒井康隆**の連作小説『**家族八景**』（一九七二）の、テレパシー能力を持つ若い家政婦・火田七瀬《ひだななせ》にも似ている。七瀬はパミラのように、住みこみの家政婦というメイド的な立場で、若くしてさまざまな家庭にあがり、その超能力でベッキーのように家庭の秘密を知ってしまう。ただし七瀬は、雇い主に性的な関心を抱かれることを避けるべく、第八話で家政婦を引退する。

ベッキーを含む登場人物の魅力は、その陰翳まで酌みとって訳した中島賢二《なかじまけんじ》の名訳に負うところもある。最初に読んだ三宅幾三郎《みやけいくさぶろう》の旧訳ではここまでの躍動感を感じなかったけれど、中島訳で再読して、まるで初めて読んだみたいに驚いた。

僕が「青ひげ夫人というのは、なかなかしたたかな女なのではないか」と思ってしまう一因は、はっきり言ってこのベッキーのせいなのだ。僕の脳内の青ひげ夫人像は、けっしてペローに忠実ではない。ベルでもジェイン・エアでもなく、ベッキーのイメージで上書きされてしまい、現在にいたる。

本作には「青ひげ」への言及が二箇所ある。いずれもわりと最初のほう、ベッキーが有利な結婚のために男を落とす気満々の時期だ。

〈もしもヘンリー八世や青髭が今も生きていて、十人めの妻をほしがったとしたら、彼らが、今度の社交シーズン中にお披露目をすることになっている、一番可愛いお嬢さんを花嫁にしてしまわないと、誰が保証できるだろうか？〉

『千一夜物語』を読んで豪奢な東洋のイメージを抱いたベッキーは、『青ひげ』の行進曲に乗ってムガール帝国皇帝に謁見する自分を空想していたというのだから意気軒昂、婚活に向けて気炎をあげている状態だ。ベッキーは二一世紀の現在なら、結婚せずともひとりで生きていける活力と才覚を備えている。『青ひげ』の行進曲というのはグレトリの『青ひげラウル』（一七八九）の第一幕にある曲（本書第2部）。そして先述のとおり一九世紀、「青ひげ」には、原作になかった中東・東洋的なイメージがついていた。

この小説では複数のストーリーラインが同時に走る。もうひとつの筋は学校でベッキーの同窓だったアミーリア（エイミー）・セドリーの物語。ベッキーは卒業後、家庭教師になる前に、この級友の裕福な家に滞在し、エイミーの兄ジョウゼフ（ジョス。ベッキーの**ふられ要員**1号）と俺様キャラのイケメン婚約者ジョージ・オズボーン大尉、そして大尉の軍での友人ウィリアム・ドビン大尉と知り合う。

エイミーは悲劇のヒロインでもあって、まず父親が事業に失敗して破産したら、ジョージの父親から結婚に反対されてしまう。ちょっと『ノーサンガー・アビー』のキャサリンを思い出すね。

それでもジョージ（青ひげ2号）は勘当覚悟でエイミー（青ひげ夫人2号）と結婚した。というのも友人ドビンの励まし（？）があったから。このドビンは見た目はぼーっとした独活《うど》の大木ながらなかなかいいやつで、じつはエイミーのことが好きなんだけど、エイミーがオズボーンに惚れてるのわかってるもんだから自分の思いを秘して、及び腰のジョージを一喝して「お前ら結婚しろ！」という青春コントみたいな活躍を見せるわけです。

でも、そのジョージの正体はダメ男で、駐屯先のベルギーではベッキーの夫ロードンにギャンブルで金を巻き上げられっぱなし。しかも世間知らずの妻に飽きてベッキーに色目を使いだし、妻はそのせいで気をもむ。そのあげく、一八一五年（グリム童話集初版完結の年）、酸鼻をきわめたワーテルローの戦いでジョージは戦死してしまう。エイミーが悲劇のヒロインというのはこういうわけ。

腹黒したたかちゃんのベッキーと正反対に、エイミーはピュアで善良なお嬢さん。読者は最初は彼女に幸あれと思ってしまう。けれど、読んでいくうちに彼女の圧倒的な鈍《にぶ》さ、というか鈍《どん》さにだんだん苛立ってくる。なにしろ、寡婦となったエイミーは男児（ジョージJr.）を出産、ドビンはエイミーへの愛から母子に些少ながら経済的援助をおこなうが、亡夫への想い断ち切れぬ彼女は上の空でドビンへの感謝もきちんとできない。この場面で読者はエイミーへの同情心も失ってしまう。失意のドビン（エイミーの**ふられ要員**）は連隊に戻りインドへ。失恋後の身の振りかたがトレシリアンと同じ路線ですね。

このあとベッキーもいろいろあって大陸に落ち延びる。大陸篇は『ワイルドフェル・ホールの住人』のアナベラの「もうひとつのその後」の観がある。

オズボーンの父（エイミーの舅）は亡き息子の忘れ形見にほだされ、自分のところで育てることにした。自分の窮境ではいかんともしがたく、エイミーは子別れを受け入れる。海外赴任一二年を経て帰国したドビンくん、ここで意を決してエイミーに愛を告白するも、亡夫を忘れられないエイミーに（今度ははっきり）ふられてしまう。お人よしのドビンはオズボーン父とエイミーとを和解させ、オズボーン父はエイミーに年金を、孫に遺産を譲って世を去った。

エイミーは晴れてまたいっしょに暮らせるようになった息子と、兄ジョスとともに（なぜかドビンもいっしょに）ヴァイマールを訪れ、そこで詐欺師たちを手玉に取りながらギャンブル漬けの暮らしを送るベッキーに再会。**ふられ要員**1号ジョスは、ベッキーの美貌にまたもふらつき、これまた人のいいエイミーも同情心からベッキーを一行に加えようとする。

ベッキーの性悪を見抜いているドビンがこれに反対。でも反対のしかたがまずかった。「ベルギーでオズボーンを誘惑しようとしたような女を一行に加えるわけにはいかない」と言ってしまった。エイミーはこれまでシングルマザー生活を支えてきた神聖なる亡夫の記憶を冒瀆されたと反撥、この決裂でドビンは連隊に戻ってしまう。

でもベッキーは、じつは読者と同様に、「エイミーのことを本気で想っているのはドビンなのに」ってことをわかってたんですよね。悪女なのに？　いやいや、そこんところがわかる女じゃないと、悪女になれるわけがないって話かもしれない。だからドビンが自分の悪を知る敵であることは重々承知のうえで、エイミーにあるものを見せる。それはジョージがワーテルロー戦の前夜、ブリュッセルの舞踏会でベッキーにこっそり渡した、駆け落ちしようと誘う手紙だった。

ベッキーという女は、自分の不利になるかもしれない証拠を一〇年以上保管し、放浪時にも肌身離さず持ち歩いていたのだ。これを読んでエイミーは、自分が亡夫を理想化していたこと、夫は「思ってたんと違う」やつ、迫る敵軍を前にして国家の大義も妻も相手の配偶者も捨てて顧みない卑怯ものだったこと、それどころか、「以前は引け目を感じてたけど、いまは落ちぶれて、なんなら軽く下に見てる同窓生」の**ふられ要員**（3号）だったことを知ってしまう。

十数年ものあいだエイミーを呪縛していた亡夫の幻影が退散してみると、自分が拒みつづけてきたドビンがもっとマシな男だったことがわかった。エイミーとドビンは和解し帰国する。青ひげ2号が青ひげ夫人1号の**ふられ要員**3号だったとか、その青ひげ夫人1号の画策で青ひげ夫人2号が**ふられ要員**と結ばれるとか、これはなかなかすごいですね。

アミーリア〔エイミー〕はお人好しで、人間の腐敗になど考えがおよばない。周囲の人の本性を見誤る。信じちゃダメな人を信じ、信ずるに値する人がそこにいるのに気づかない。純粋で世間ずれしてないと言えば聞こえがいいけど、その長所がまんま失敗のもとになる。この点でサッカリーは、フィールディングの堅固な楽観から遠い。〔…〕

本作の新基軸は、無垢に発する不幸に打つ手がないわけではないという点だ。なにごとも修行、アミーリアもいつかは目が開く。アミーリアの再婚は、初婚に比べるとロマンティックではない。でも、ずっと幸せな結婚になる。美しい魂と現実経験との統合だ。〔トマス・パヴェル。

「引用者の責任で改行を加えた」

これはアミーリア（エイミー）に少々優しい解釈かもしれない。エイミーはたしかに亡夫を神格化してたけど、ドビンのほうだってエイミーを神格化してたからこそ十数年も片恋を続けてたのだ。ベッキーの致命的なひと押しで結婚となったときには、そこまでの積み重ねで、エイミーの視野狭窄と幼稚さにさすがのドビンくんも少しは醒めてたように読める。

ベッキーとジョスは大陸に残り、その後ジョスは財産の一部をベッキー宛の生命保険として署名、そののち死亡した。ベッキーは保険金殺人を疑われる。青ひげ夫人が青ひげになったようなものだからなあ。食うに困らなくなって帰国したベッキーは体裁のよい暮らしを送るが、旧知の人たち全員は彼女にもう近寄らないのだった。完！

複数の筋が高速で同時展開する長く入り組んだ小説の、ほんの一部を紹介したけど、拙著を読み終わったら、ぜひまっ先に読んでほしい。文句なしにおもしろい。

なお、作者は本作に先立って「青ひげの霊」（一八四三）というパロディを書いている。また作者の長女は長じて作家アン・リッチーとなり、「青ひげの鍵」（一八七四）という再話的なおとぎ話を書いている。

48 『女の一生』、『ミドルマーチ』、『ある婦人の肖像』、『エフィ・ブリースト』

八年後に書かれたフローベールの『ボヴァリー夫人』（一八五六）は青ひげ小説ではないけれど、夢見るヒロインが結婚に裏切られるパターン。エマ・ボヴァリーは『ノーサンガー・アビー』のキャサリン同様に、小説を読むことで毒されて、現実にロマンティックなものを求めてしまうタイプの人間になってしまっている。作中の記述からわかるのは、エマはジェイン・エア同様、ウォルター・スコットを愛読していたということだ。そんな彼女には、夫シャルルが退屈な人間に見えてしまうわけ。

さて、このフローベールの指導を、**ギ・ド・モーパッサン**は若いころに受けた。その『**女の一生**』（一八八三）も「夢見るヒロインが結婚に裏切られる」パターンだけど、『ボヴァリー夫人』とは芸風がけっこう違う。

主人公ジャンヌは一七歳まで修道院でお硬い教育を受け、両親のもとに戻る。結婚生活に夢を見た彼女は、美青年ジュリアン（ド・ラマール子爵）と結婚するが、夫は軽薄な蕩児で、この結婚が金目当てのものだったことが徐々にわかる。

青ひげ夫人が禁断の部屋を開ける瞬間に相当するのは、本作ではジャンヌが、乳姉妹で女中のロザリーが夫に妊娠させられていたことを知る場面だ（**彼とべつの女性とのあいだの子**）。この**シンデレラ競合**は、主人公の社会的地位が最初から高い点が新味のひとつ。夫は女中を放逐しようとするが、ジャンヌはそれを押し留め、ロザリーの結婚相手をなんとか見つける。

ジュリアンはまた、息子ポールにも興味を示さず、隣人フルヴィル伯爵夫人とも堂々と不倫の仲となる。その事実を知ったピコ神父がジャンヌの制止をきかずに伯爵に知らせたため、激怒した伯爵は妻と間男が密会している移動小屋を崖から突き落として殺す。

その同じ日にジャンヌは娘を分娩するが死産。いやモーパッサン、これはさすがにやりすぎでしょう、同じ日にって……と思ったかもしれない――「世間で小説と呼ばれているもの」だけを視野に入れていたなら。でもどうだろう、ここまで僕といっしょにおとぎ話の歴史をたどってきたあなたは、もはやそんな狭い料簡の文学史は卒業している。あなたはこの「やりすぎ感」にむしろ、おとぎ話的なひらめきを見て取ったはずだ。だって文学は伝言ゲームなんだもの。いや、大喜利なんだもの。

未亡人になったジャンヌは、溺愛する息子に出奔され、孤独に直面する。だがそこに、あのロザリーが戻ってくる。ロザリーの大活躍で、ジャンヌは新しい人生へと漕ぎ出すのだ。**シンデレラ競合**の相手とのシスターフッドは、キャサリン・ゴア以来。これはいわば「ジュリアン被害者の会」だ。

英国の小説家**ジョージ・エリオット**が『**ミドルマーチ　地方生活の研究**』を完成したのは、『女の一生』より一一年さかのぼる一八七二年のこと。おじのもとで暮らす美人姉妹の孤児、ドロシア&シーリア・ブルックが登場する。一九歳のドロシアは知的で、小作農のために建物を改修するという変わった趣味を持っている。若い地主ジェイムズ・チェタム卿（**ふられ要員**）に求愛されるけれど、彼には関心を持たず、二六歳年上の言語学者エドワード・カソーボン牧師（青ひげ）に惹かれ、縁談を受け入れる。この結婚を心配していた妹は、姉から乗り換えたチェタムと結婚する。

ドロシアは、カソーボンが自分を知的に同等なパートナーと見なしていないことに気づき、がっかりする。カソーボンに経済的援助を受けている若い親戚のウィル・ラディスローが、ドロシアに好意を抱く。

不遇の身にあるラディスローは、ドロシアに残酷な指摘をする。彼女の夫カソーボンはドイツ語ができないせいで、学者として時代遅れになってしまっているというのだ。〈歴史研究では、ドイツ人が先頭に立っているのです。彼らがもう道路を造ったのに、いまごろ森の中で小型のコンパスを使って探り当てたような成果を見せられるのですから、笑いものになっていますよ〉。作中年代は一八三二年の第一次選挙法改正に向かう時期だから、ラディスローは当時ドイツで言語学・文献学・歴史学・神話学が大きく変化していたことを言っているのだろう。作者はここでグリム兄弟らを念頭に置いているようだ。

ラディスローはなぜカソーボンの経済援助を受けているのか。ラディスローの母は貧しいポーランド人と結婚し、その後カソーボン家から絶縁されたため、親戚であったカソーボンの受ける遺産が激増し、そのなかからラディスローの教育費が捻出されていたのだ。夫はドロシアに全財産を遺すことにしていたが、ドロシアはラディスローに半額を与えることを提案、これがもとでカソーボンは妻がラディスローに恋情をいだいているのではと邪推し、遺言を書き換えて、ラディスローと再婚したら遺産が与えられないようにしてしまう。

この小説は『ワイルドフェル・ホールの住人』同様に、ドロシアとカソーボンの周囲に、複数のカップルを描き出す。妹シーリアとチェタム卿、志は高いが女性蔑視的なところのある青年医師リドゲイトと美しい悪妻ロザモンド、ロザモンドの兄で浪費家のフレッド・ヴィンシーと素朴な幼馴染メアリ・ガース。フレッドが真人間に変わったり、ドロシアが夫の遺産を放棄してラディスローと最後に結ばれたりと、終盤の展開が胸を打つ。

英国で活躍した米国作家**ヘンリー・ジェイムズ**が『**ある婦人の肖像**』を書いたのは、『女の一生』の二年前、一八八一年だった。ニューヨーク州出身の二三歳のイザベル・アーチャーは、ロンドンのおば夫婦の屋敷で、隣人ウォーバートン卿（**ふられ要員1**）、ボストンの工場主の息子キャスパー・グッドウッド（**ふられ要員2**）と立て続けに求婚され、両方とも断ってしまう。**ふられ要員1**は快活、**ふられ要員**2は裕福で魅力ある人物なのに。じつはイザベルはキャスパーには少し好意を持ったけど、この人といると自由がなくなるとも感じていた。

親切で病弱ないとこラルフのはからいで、おじタチェット氏の遺産の多くを手にしたイザベルはフィレンツェで、優雅なマール（メルル）夫人の紹介で、米国出身のギルバート・オズモンドと出会い、その求婚を今回は受け入れる。夫妻がローマに移住すると、夫オズモンドがひどく自己中心的で妻を愛してもいないことがわかってくる。イザベルは、オズモンドの前の結婚でできたらしい娘パンジー（**彼とべつの女性とのあいだの子**）をかわいがる。

パンジーは若い美術コレクターのエドワード・ロウジアと結婚したい。イザベルは応援したいけれど、オズモンドはこの**身分違いの結婚**に反対し、イザベルに以前プロポーズしたウォーバートン卿の求婚を受け入れるほうがいいと言うのだけど、しかし卿がパンジーに興味があるふりをして、自分に再接近しようとしているのではないかとイザベルはストレスを感じる。

そこに、ラルフの病が重篤だという報せがくるが、夫は妻を脅して渡英を許さない。イザベルみたいに帰省することができないのだ。そしてここで青ひげの禁断の扉が開く。義妹が言うには、パンジーはオズモンドとマール夫人との長年の不倫によってできた娘で、この結婚はマール夫人の策略によってなされたものだったのだ。

オズモンドは当てつけのように、パンジーを修道院に入れてしまっていた。渡英しラルフを看取ったイザベルは、グッドウッドに夫を捨てていっしょに逃げようと言われる。ところがイザベルはローマに向かった。

イザベルはなぜローマへ戻るのか？　修道院からパンジーを救い出し、いっしょに帰米する？　いやいや、イザベルの先輩たち、ヘレン・グレアムもドロシア・ブルックも、悪い夫を看取るまでは、ギルバートやラディスローになびかなかった。ではイザベルはパンジーのために、オズモンドとの地獄の暮らしに戻ったのか？　ベルが野獣の城に、パミラがB氏の屋敷に戻ったように？　オズモンドがB氏のように真人間（王子）に変身するとは思えないのだけれど……。

本文にはいずれともはっきり書いていない。わかるのは、たぶんイザベルの行動の動機に、「**彼とべつの女性とのあいだの子**」にたいする責任感があるだろうということだ。

ドイツの小説家**テオドール・フォンターネ**の『**エフィ・ブリースト**』（一八九五）は『女の一生』の一二年後に発表された。小説冒頭でエフィは『女の一生』のジャンヌ登場時と同じ一七歳。『ミドルマーチ』のドロシアや『ある婦人の肖像』のイザベルは結婚相手の選択に考えすぎて逆張りしてしまったけど、エフィはジャンヌのようにわりと軽い気持ちで、ドロシアのようにうんと年上（二一歳年長）で堅物の高級官僚インシュテッテン男爵と結婚する。

男爵はじつはエフィの母親のかつての取り巻きで、つまり自分が結婚できなかった女が夫とのあいだにもうけた娘に求婚したわけ。そして母親もそれと知って娘の結婚を認めたってことですね。こういう、そこはもうちょっと考えたりしないのだろうか、というような軽さがフォンターネのいくつかの小説の主要人物の行動の特徴。

だからといってこの作家は、「あー、だから言わんこっちゃない！」みたいな大袈裟で深刻な語り口を採用しない。僕はこの作者のそういうところがとても恐ろしいし、すごいと思う。そういうところが大好きなのだ。そもそも男爵は貴族で**身分違いの結婚**ではないし、男ぶりがいいし、すでに高い地位にいるうえに、ビスマルクの覚えめでたく、さらなる栄転が約束されている。年齢差さえなければ、熟慮の末でも彼を選んでしまいそうだ。

夫の任地はポンメルン（ポモージェ）東部の地方都市ケッシン（架空）だった。貴族の夫人には仕事がないので、エフィは退屈と孤独に苛まれる。広壮な州参議官邸の上階は打ち捨てられており、長いカーテンがはためくと床に当たって、階下にいると上からなにか引きずるような怪しい物音がして怖い。かつて変死した人の幽霊などという噂もある。「青ひげ」の禁断の間を思い起こさせる。

エフィを支えるのは、夫の飼犬ロロ（「青ひげ」のフランスでの口承民話版には、犬が青ひげ夫人の助力者として登場するヴァージョンがある）と、善良な理解者である薬剤師ギースヒュープラー（トマス・パヴェルいわく〈『ボヴァリー夫人』の薬剤師オメーとは真逆のキャラ〉）だけだった。娘アニーが誕生すると、カトリックの家政婦ロスヴィタをベビーシッターとして雇う。このころ、かつて夫とともに軍務についていたこともあるクランパス少佐がケッシンに流れてくる。この夫とは正反対の、ノリで行動する軽薄な歴戦の女たらしは、暗い妻の嫉妬と不機嫌に厭気がさしていた。それでエフィに魅了されて接近、初めは彼の魅力に抗っていたエフィも、夫にしじゅう放っておかれているうちに、疚しさを感じながらも関係が深まっていく。ふたりが橇に同乗する場面は、『ボヴァリー夫人』でオメーの店子の公証人書記レオンとエマが馬車で密会する場面へのリプライだろうか？

エフィはこの秘めごとを持つこと自体に良心の呵責を覚え、数週間後、夫インシュテッテンが首都ベルリンに政務次官として異動が決まると、不倫の関係が終わることにホッとしてしまう。エフィが少佐の異性としての魅力に惹かれ、いけないと思いつつ「落とされて」しまったにもかかわらず、恋愛強者の少佐が小説で果たした機能はむしろ**ふられ要員**の機能だったというのがおもしろい。

エフィが首都で念願のキラキラ生活を手にして六年がたった。妻が温泉療養中に、夫は偶然、裁縫箱からクランパスからの外聞の悪い手紙を発見、ふたりの関係を知ってしまう。おいおい、本作は青ひげのほうが開けちゃいけない蓋を開けてしまうのかよ。斬新だな……。

この小説の凄みはこのあとにある。手紙を発見したとき、夫はまず妻を許した。だって（妻は愛されてる自覚があまりないかもしれないけど）彼は愛してるからだ。そもそも六年も前に終わった話だ。でも彼は、クランパスに決闘を申しこみ、死なせてしまう。

ええぇ？　なぜ？　そう思うよね。僕も思った。夫は、決闘の介添役を頼む友人にこんなことを言っている。

> 人間は單に個々の人間ぢやなくて、ある全體に屬してゐる。そしてわれわれは常にその全體を顧慮しなくてはならない。〔…〕人間の共同生活に於ては、嚴として存在し、その條項に從つて他人とわれわれ自身、その他萬事を判斷する慣はしとなつてゐるあるものが出來上つてゐて、これに違反することは斷じて許されない。そんなことをすれば社會の侮蔑を蒙り、しまひには自らを輕視し、耐へられなくなつて拳銃を己の額にあてるやうになる。

この夫は、貴族社会では名誉のコードが人の行動を条件づけていることを、もちろん知っている。そして夫はそのことにじゅうぶん批判的だ。名誉のコードなど、哲学的に考えたなら絶対でもなんでもない。それでも彼はそのコードに従って行動することを選ぶのだ。社会の厳然たるコードに違反しない、ただそのためだけに。こんなに情熱のない復讐が、本作以前に文学作品で書かれたことがあっただろうか（あったらゴメン、僕が知らなかっただけです）。

この決闘って、僕が考える復讐の意味合いからプライドや憎しみなんて要素をすっぽり抜き取った、なんだか現代美術的な、コンセプチュアルなパフォーマンスになってしまっているではないか。人がひとり死んでるってのに。

決闘を選択したことを半ば悔いつつ、インシュテッテンは、妻も幸福も失ってしまうと知りながら、エフィと別れる決断を下す。意味はわかるが、もうわけがわからない……。俺、しびれました……フォンターネ先生の小説に……。前節で見た『虚栄の市』の、もう何年も前に終わった不倫未遂の手紙という「発掘された不発弾」の効果を、もっと強くした感じがある。

エフィの両親も社会のコードに従って、彼女の帰還を許さない。夫にも両親にも見捨てられ、親権もないエフィは、ベルリンの手狭なアパートで、忠実な家政婦ロスヴィタ（『女の一生』終盤のロザリーの役回り）とふたりで、世捨て人のように過ごす。

長い時を経て娘アニーと再会するのは、『女の一生』の、出奔後にボロボロになった息子ポールが戻ってくるのをジャンヌが待つというエンディングを思わせる。僕が『女の一生』の最後に一抹の希望を見たのはそれが理由だけど、容赦ないフォンターネ先生は、モーパッサンに反論するかのように、親子の再会をがっつり記述してしまう。アニーにとって、母はもう「よその人」だった。

嗚呼、そうだよね。

これが最後のひと押しとなって、エフィは心身ともに崩れてしまう。ルムシュッテル医師の助言で、両親は病気の娘を実家に受け入れる。死が迫るこの期間に、エフィはかつての夫の行動——少佐を殺し、妻と別れ、娘に母親を忘れさせたこと――に理解を示す。……示すのかエフィさん！

ええ。どうでもあのひとに知つて貰ひたいと思ひます。〔…〕あのひとのしたことは何から何まで正しかつたのが、はつきり分つたつてことを。〔…〕こんなふうに納得してあたしが死んで行つたと、あのひとに傳へて下さいな。それを知つたらあのひとの氣持が慰み、引立ち、ひよつとしたら宥《なだ》められるでせう。

あんたもたいがいすごいよエフィさん。

そしてエフィはアラサーで世を去るのだった。

アッパークラス、あるいはアッパーミドルクラスの結婚生活の危機を物語る一九世紀小説は、すべて「リアリズム小説」の枠で語られる。けれどその小説を駆動する図式は、「青ひげ」や『美女と野獣』といったおとぎ話の図式なのだ。それは、かつて（現代人のおとぎ話観とは反対に）結婚生活の危機を物語るジャンルでもあったおとぎ話が、グリム兄弟によって子ども向けに再編成されていくなかで、成長著しかったリアリズム小説という領域が、おとぎ話からこぼれ落ちたニーズの受け皿として機能したからなのではないだろうか。

49　バロネス・オルツィ『紅はこべ』

ハンガリー出身の英国のイラストレーター兼小説家**バロネス・オルツィ**は、一九〇二年に歴史ロマンス『**紅はこべ**』を完成させ、翌年に翻訳家の夫モンタギュー・バーストウ牧師と共作でこれを舞台化し、ロングランとなった。小説版は一九〇五年に刊行された。

穏健な共和派の平民アルマン・サン・ジュストは、サン・シール侯爵の娘との恋が原因で、侯爵に虐げられた。両親亡きあと、アルマンが親代わりとなって育てた妹マルグリットは、コメディ・フランセーズの美人女優。彼女は復讐心から侯爵を告発《キャンセル》し、侯爵と息子たちは断頭台に消えた。時は『青ひげラウル』初演から間もない、革命後の恐怖政治の時代だった。

マルグリットは裕福な英国の準男爵パーシー・ブレイクニー卿と結婚するが、夫はこの話を聞いて以来、妻と疎遠になる（兄アルマンも恐怖政治には反対の立場）。マルグリットはマルグリットで、夫が軽薄で派手な暮らしを送っていることに幻滅していた。

〈紅はこべ団〉と称する英国貴族の秘密結社が、処刑から貴族たちを救う活動をしていた。リーダー〈紅はこべ〉の正体を知る可能性があるのはウェールズ公（のちのジョージ四世）のみだという。共和国政府全権大使ショーヴランは、アルマンが紅はこべと結託している証拠の手紙を入手し、マルグリットを脅迫して、アルマンの命を救いたくば紅はこべ対策に協力するよう要求。マルグリットは紅はこべに同情的だったが、ショーヴランに情報を渡し、紅はこべの正体が明らかになる手助けをする。

その夜、マルグリットは夫に兄の危険を相談する。夫は兄を救うと約束して出ていった。翌朝、同窓生シュザンヌ・ド・トゥルネーを待ちながら、マルグリットは、〈ふと、夫の聖域をのぞいてみたいという、子どものような好奇心に襲われ〉、

静かにそっと、まるで青髭の妻のように、興奮と好奇心で半ば震えながら廊下を横切ると、敷

居のところで奇妙な不安とためらいを覚え、ふと足を止めた。〔圷《あくつ》香織《かおり》訳〕

室内は遊び人の夫に似つかわしくない、地味で真面目な部屋だった。壁には地図が貼ってあり、机には大量の書類が整理されている。夫は実務能力の高い人間だった。ではなぜ遊び人のふりをしているのか？　居心地の悪くなったマルグリットは、〈頭痛を覚えながら振り返り、この奇妙な青髭の部屋、入ってはみたものの不可解なばかりの場所から出ようとした〉。

このあと妻は、夫の昼行灯は世を忍ぶ仮の姿、その正体が紅はこべだったこと、自分が夫を死地に送ってしまったことを知る。夫が正体を明かさなかったのは、かつてサン・シール侯爵を陥れた妻に、今度は自分も密告されるだろうと考えていたからだった。軽薄な遊び人を演じて世を忍ぶとは、大石内蔵助《おおいしくらのすけ》メソッドだ。夫を追って渡仏することを決意したマルグリットは、果たして兄と夫＝紅はこべを救えるのか？　以下略！

パーシーは読者から見ればスーパーヒーローだが、妻からすれば「隣国の反体制組織のボスで賞金首」なわけで、秘密を知ったあとの妻が世界観をひっくり返してある意味別人みたいになるのは、『レベッカ』（後述）を先取りしている。

50　続々映画化された結婚サスペンス

少し寄り道というか、戻り道をたどることにしよう。本書第2部でアイリッシュやヴィカーズの青ひげ短篇ミステリを紹介した。あの種の連続妻殺しで長篇謎解き小説を書いたのが**カーター・ディクスン**。やはり第2部で触れたが、『皇帝のかぎ煙草入れ』（一九四二）で猟奇犯パトリック・マホーンに言及したディクスン・カーの別号だ。

ディクスンの**『別れた妻たち』**(一九四六)の興味の焦点は、過去に連続妻殺しを働いておりながら英国警察の前から行方をくらましたロジャー・ビューリー。少なくとも四人と結婚し、四人全員が新婚旅行中に姿を消してきた。

数年後、著名俳優ブルース・ランサムのもとに、ビューリーを題材にした匿名の戯曲が届いた。ランサムはそれを興行にかけると決意する。台本にはビューリー本人と警察と目撃者しか知りえない情報が含まれていた。やがて美人演出家ベリル・ウェストが怪事件に巻きこまれ、タイピストのミルドレッド・ライオンズがランサムの寝室で屍体となって発見される。という謎に、ヘンリー・メリヴェール卿が挑むというもの。

このように、ディクスンはヴィカーズ同様に捜査サイドから連続妻殺しを物語った。いっぽうアイリッシュは、捜査官である青ひげ夫人の兄と新妻である青ひげ夫人のふたりを語り手に据えた。

では、本章前節までに見てきたような、妻＝青ひげ夫人サイドから語られた「夫の秘密」をめぐるミステリには、どんなものがあるだろうか。サスペンス畑にたくさんありそうなんだけど、小説・映画ともサスペンスものに疎い僕としては、三例を紹介するのが関の山だ。

まず**フランシス・アイルズ**(アントニー・バークリー)の**『レディに捧げる殺人物語』**(一九三二)。ヒロインのリナ・マクレイドローは、イングランドの田舎で両親と暮らす。二八歳は、その時代的には「行き遅れ」呼ばわりされる年齢だ。美しい妹は有望な作家と結婚している。

リナは本好きで、この設定はエマ・ボヴァリーや『美女と野獣』のベル、『ノーサンガー・アビー』のキャサリンにつうじる。じつはパミラも、社会階層が低いという設定なのに、文学の教養がけっこう高かった。エフィ・ブリーストだけは、自他ともに認める「本を読まない女」だった。この退屈な田舎に、評判の悪い家柄のジョニー・エイズガース（訳書ではアスガース）が現れ、リナに接近。異性としての魅力はかなりあるほうで、ちょっとクランパス少佐の登場に似ている。だれがどう見ても金目当てなのに、父の反対を押し切ってリナはジョニーと結婚。

ふたりは『女の一生』のジャンヌや『ミドルマーチ』のドロシア同様、外国での新婚旅行を楽しんだあと、田舎の豪邸に住む。無職のジョニーは高額の借金を抱えていた。リナに促されて、ジョニーは親戚の農場の管理を始める。その後もショッキングな事実が明らかになっていく。ジョニーは客から宝石を盗んでは売り払ってきた。リナのだいじなアクセサリーや家財道具もアンティークショップに売ってしまっている。

リナの署名を偽造して小切手を切るわ、職場で横領が発覚して解雇されるわ、競馬やカジノに入れあげるわ、近くの町に借りたアパートで地元の人妻や娘たちとしけこむわ（**シンデレラ競合**）、『女の一生』のジュリアンさながら使用人のひとりに子どもまで産ませるわ（**彼とべつの女性とのあいだの子**）。耐えかねてリナはついにロンドンの妹の家に身を寄せる（**ベルの帰省**）。リナがパーティで知り合った親切な画家カービーが、離婚して自分と結婚しようと求婚してくるけれど、リナはこんないい人を袖にして（**ふられ要員**）、ジョニーとの地獄のような生活に戻る（**ベルの帰省**からの帰還）。

ジョニーはクリスマスにリナの実家を訪れたとき、リナの父に心臓に負担がかかる「手品」をさせ、これが原因で父親は死んでしまった。リナは遺産を相続し、ジョニーの使える金が増える。ジョニーはさらに学校時代の友人を説得して不動産に投資させ、パリで大量のブランデーを飲ませて死亡させ、友人の投資額を自分のものとする。

ジョニーは村によく来る犯罪小説家イゾベル・セドバスクから、牛乳に混ぜれば味が変わらず、屍体に蓄積されない即効性の毒物の存在を聞き出す。妊娠しているリナは、ある晩体調を崩し、ジョニーから牛乳の入ったグラスを受け取る。リナが危険の可能性を知りながらそれを飲むところで小説は終わる。果たして毒が入っているのか、そもそもセドバスクが言うような化学物質は（作中で）実在するのか。『ある婦人の肖像』さながらのオープンエンディングだ。

本作はヒッチコックが『断崖』（一九四一）として映画化した。ジョニーを演じたのはケイリー・グラントだが、リナがジョーン・フォンテインだというから驚く。前年に同じヒッチコックの『レベッカ』の主人公を、二年後にはジェイン・エアを演じている。「青ひげ夫人女優」なんだな。

英国の劇作家**パトリック・ハミルトン**のスリラー劇『**ガス燈**』（一九三八。ブロードウェイでの題は『エンジェル通り』）は、一八八〇年のロンドンが舞台。主人公のベラ・マニンガムは、夫ジャックの強圧的な態度によってメンタルがピリピリしている。だれもいないはずの上階から物音が聞こえたりもする。ジャックは妻に見せつけるように一九歳の小間使いのナンシーといちゃついたりして、ベラの不安を募らせ、家のガス灯が暗くなることを妻の妄想だと信じこませるまでに、たくみに妻を狂気に追いやろうとしている。

しかしラフ刑事の介入によって、ベラは夫が自分を洗脳している可能性に気づく。じつはこの建物の〈最上階がこの耐えがたい恐怖の根源〉（林清俊《はやしきよとし》訳）だった。〈この家を買ったとき、夫が最上階は使わないだろうと言って閉めてしまった〉のに、なにかそこから物音がする気がするのだ。

前述『エフィ・ブリースト』の上階によく似ている。ラフによると、かつて最上階に住んでいた資産家の未亡人アリス・バーロウが宝石目当ての強盗に殺され、犯人がまだ見つかっていないのだ。家の上階に夫が閉鎖した空間があり、そこで死んだ女がいる。ただし本作ではそれは先妻たちではなく、建物の以前の所有者だったのだ。この屍体は**シンデレラ競合**の相手ではない。けれど、前の持ち主なら男でも成り立つ話を「女の屍体」としているあたり、作者が「青ひげ」の禁断の間を意識したんじゃないかと思わせる。

じつはジャックが毎晩その部屋に侵入し、遺されたルビーを探していた。そのさいに上階のガス灯を点けることによって、建物全体のガス圧が下がり、ガス灯が暗くなるのだった。

ラフが言うには、さらに衝撃的なことに、夫の正体はシドニー・パワーなる人物であり、しかも、

> 彼はあなたと会う何年も前にべつのご婦人とおなじように結ばれていたのです。しかもそのご婦人はまだ生きている。イギリスの法律は一夫一婦制にきびしくこだわっておりましてね。これでおわかりでしょう。

これはこれで『ジェイン・エア』だ。ただしパワー夫人がいるのはジャマイカではなくオーストラリアだが。

ラフはベラを説得し、忠義ものの女中エリザベスの協力を得て、証拠を押さえることにして姿を隠す。帰宅したジャックは異変を察知し、〈今晩はどういう狂乱した、異常な夢を見ていたんだ？〉と、いつもの「お前は狂人だ」という洗脳をはじめる。ベラが、夢で男の人が私に会いにきたと言うと、身を隠していたラフが登場する。このあたり、ATU955「強盗婿」話型の末尾よく似ている。

ベラは最後、ジャックの逃亡を助けるふりをして、最後の瞬間にジャックに、自分は気が狂っているから、あなたを助けられないし、あなたが逮捕されるのを喜んで見ている、と告げるのだった。めでたし。

『ガス燈』は一九四〇年に映画化された四年後、ジョージ・キューカーによるリメイク（イングリッド・バーグマン主演）で広く知られた。のちに、加害者が被害者に、自身の知覚・思考を疑うように誘導する心理的虐待をさして、「ガスライティング」と呼ぶようになる。

米国の小説家**ルーファス・キング**の**『ドアのかげの秘密』**（一九四六）は語りの視点が複数の登場人物たちのあいだで頻繁に移動する。ニューヨーク在住の裕福で美しい未亡人リリー・コンスタブル（青ひげ夫人。以下固有名は邦訳ではなく原文に従う）は、夫をなくして三年後、友人のパーティで中西部《ミッドウエスト》新聞社の社主アール・ラムニーと知り合い、再婚する。豪邸に向かう汽車で、目的地を同じくする国際的な左派ジャーナリスト、レナ・ドラムと知り合う。レナは夫の愛人だが、リリーはそのことを知らない。駅に迎えに来たダイアナ・ゴフ（夫の姉。『パミラ』のレイディ・デイヴァーズに相当する）は旧知のレナとばかり会話し、リリーは疎外感を覚える。

酔狂な夫アールは自分の豪邸に、歴史上の殺人が行われた部屋を「蒐集」している。実際の事件の部屋を、内部の調度を細部までこだわって、いくつも移築・再現しているのだ。たとえば、聖バルトロメオの虐殺（一五七二）で暴徒化したカトリックにブルマノワール伯爵夫人が殺された部屋、一八四八年に黄金を巡ってふたりの男が殺しあったカリフォルニアの坑夫小屋、オーストリアのエリザベート皇后刺殺（一八九八）の犯人ゆかりの部屋、一九世紀末にボストン郊外で殺人鬼に殺された子どもの部屋……。そういう部屋が一二室までは「ツアー」として公開されているが、一三号室だけは非公開だ。

こんな狂った富豪、一九九〇年代の新本格ミステリに出てきそうだ。豪邸に寄食している傲慢なド変人の亡命ポーランド人作曲家（ハープ協奏曲を一日に一音符ずつ書いている）とか、神秘主義の歴史にやたら詳しい少年（アールの亡き先妻とのあいだの子）とか、事故で負った傷痕を隠すヴェールをかぶっているはずがじつは傷痕なんかまったくない女性秘書とか、脇役が新本格、というか竹本健治先生作品のイメージで想像されてしまう。

でもアールの新聞経営はうまくいっておらず、この結婚は妻の金目当てだった。リリーが電話で精神科医ラサック博士に相談すると、その助言に従って、リリーは蠟で一三号室の鍵の型を取る。博士の協力で合鍵を手にしたリリーは夜、ひそかに一三号室にはいる。そこは、窓がないだけで、自分に割り当てられた寝室、つまり亡き先妻（**私より前から彼のことを知ってる女**）の寝室とそっくり同じだった。

> 青ひげの七人目の妻にはたしかアンヌという姉があって、いよいよ危ないというとき、高い窓から気をもみながら遠くを見やっていると、救援にかけつける兄弟たちの一行が道路に砂煙をあげて現われる……〔…〕
> わたしにもあんな兄弟があるとよいのだが……〔延原謙《のぶはらけん》訳〕

設定はおもしろい。ペローだけでなく、アナトール・フランスの「青ひげの七人の妻」にも言及している。一五一四年にコノモル伯爵の伝説を書き残したアラン・ブシャールの名前も出てくる

(そのなかにアナトール・フランス作品が入っているのと記述されているのは作者のミスだろうが)。リリーが館の図書室で『青ひげとその追随者　臨床史話』という本で読む青ひげの話は、青ひげがラウルで七人目の妻がファティマとされているから、本書第2部で紹介したスデーヌの『青ひげラウル』なのだ。

ただし、小説の技術面でいろいろ問題のある作品で、加えて延原謙の訳文もなんだかよくない。読むのに時間がかかってしまった。

本作のフリッツ・ラングによる映画化(一九四七)は心理スリラーとかフィルムノワールに分類されている。

なお、ディクスンの『別れた妻たち』とキングの『ドアのかげの秘密』にはふたつの共通点がある。いずれも一九四六年に発表されていることと、日本語訳の別題がそれぞれ『青ひげの花嫁』(文庫化にさいして)、『青髯の妻』(初刊時)となっていることだ。青ひげが原題にないのに使われている。かつての日本で、青ひげの知名度はそれだけ高かったのだ。

第5章　強盗婿小説の諸相

本書第1部で紹介したATU955「強盗婿」は、ATU312「乙女を殺す男（青ひげ）」やATU425の異類婿話型群と違って、ヒロインは「彼」と結婚はしない、あるいはできない。本章では少し寄り道して、強盗婿説話をカヴァーした小説二篇と、強盗婿説話形式で書かれた小説二篇を紹介したい。

51　ユードラ・ウェルティの強盗婿小説『大泥棒と結婚すれば』

グリムの「どろぼうのお婿さん」(Der Räuberbräutigam) は英語では“The Robber Bridegroom”という。それをそのまま題に持ってきた小説がある。ユードラ・ウェルティの中篇小説*The Robber Bridegroom*（一九四二）は、日本では『**大泥棒と結婚すれば**』と訳されている。

一八世紀末から一九世紀初頭のミシシッピ。農場主クレメント・マスグローヴには、妻と息子と知人を先住民に襲われて失った過去がある。そのときに生き残ったのは彼と幼い娘ロザモンド、そして知人の妻サロミーだった。クレメントはサロミーと結婚し、いまでは金持ちの農場主だ。

あるときクレメントはふたりの男と宿屋で相部屋となる。そのうちのひとりは、伝説の喧嘩屋として知られる船乗りマイク・フィンク（一七七〇／一七八〇—一八二三?）。もうひとりの客のジェイミー・ロックハートは、フィンクが物盗り目当てで自分たちふたりを殺そうとしていることに気づき、知恵を働かせて被害を未然に防ぐ。フィンクはふたりを殺したつもりだったため、隠れていたところから出てきたふたりを見て「化けて出た」と思いこみ、退散してしまう。

クレメントの家で、虚言癖のある娘ロザモンドは継母サロミーに冷遇され、こき使われている（シンデレラと継母の設定）。近くの谷間には貧しい未亡人と六人の娘とひとりの息子が住んでいた。少年は通称《山羊》といい、サロミーの使い走りをしていた。六人姉妹というのは、ウェルティがアプレイウスだけでなくヴィルヌーヴも意識してたんじゃないかと考えたくなる。

サロミーはロザモンドをいつものハーブ採りに行かせる。サロミーの命を受けた《山羊》がひそかに尾行する。このあたりは豹が出る。事故を装って娘を殺し、証拠のドレス（父が買ってきた土産もの）の切れ端を持ち帰るミッションを帯びているのだ（「白雪姫」でおなじみのモティーフ）。

そこに強盗ジェイミー・ロックハートが、苺の汁で顔を隠して登場。紳士的な態度でナイフをつきつけ、ロザモンドから身ぐるみ剝いで、騎馬で去ってしまう。全裸で帰宅したロザモンドは一部始終を両親に話す。クレメントは娘の名誉のため犯人を探し出すべく、かつて宿で手際よく自分を救ったジェイミー・ロックハートに捜査を依頼することを決意。

翌朝、例の盗賊がロザモンドを森の入口で赤馬の後ろに乗せ、タンデムで山の背を登った。この場面の疾走感がすごい（ほんとに疾走してるんだけど）。このあと、ロザモンドはジェイミーに身を任せる。空っぽのバケツを持って帰宅したロザモンドはサロミーにひっぱたかれ、来客を迎える準備をするように言いつけられる。そこに父の客ジェイミーがやってくる。

ジェイミーは苺の汁で顔を汚しておらず素顔で、上等の服を着ていたし、逆にロザモンドは、とても見られる状態ではなく、髪の毛には灰がかぶり〔シンデレラを仄めかしている〕、頬にはすすがこびりつき、舌はみじめにもだらりと垂れて、ドレスは総飾りまで一面が焼けこげだらけだった。〔…〕二人はおたがいにまったく気がつきもしなかった。〔…〕いまは、身ぎれいなのがかれの方で、汚れた恰好は彼女だったのだ。〔青山南《あおやまみなみ》訳〕

クレメントはジェイミーに、娘を守ってくれたら娘をやる、というが、ジェイミーはクレメントからも金を盗むことは考えても、この小汚い娘と結婚するのはぞっとしないと考え、答えを濁して立ち去る。

ロザモンドは盗賊に会いたくて、棲家を探しに行く。原作の「どろぼうのお婿さん」に忠実に、〈帰れよ、さあ／さっさと、うちへおかえりよ〉と鴉が警告する。盗賊が留守にしているアジトを見つけたロザモンドは、部屋を片づける。そこに一団が戻ってきたので、ロザモンドは大樽の後ろに隠れた（原作に忠実）。すると一団は、部屋が片づいているのを、盗みが入ったのだと勘違いして騒ぎ出す。

この展開は、白雪姫と七人の小人や、ゴルディロックスと三匹の熊を踏まえている。とくに、ロザモンドがまんまと盗賊団首領夫人兼下働きの座におさまるコミカルなシーンが、五年前に公開されたディズニーによる世界初（異説はあるが）の長篇アニメ映画『白雪姫』（一九三七）をそのままなぞっていることは間違いないだろう。

ロザモンドは毎晩、首領に顔の苺の汁を落としてほしいと懇願するが、首領は応じない（クピドがプシュケに自分の姿について**見るなのタブー**を設定したのを踏まえている）。

このあと、短いページ数で楽しい話が続く。兄弟盗賊ハープ兄弟が登場したり、再会したクレメントから娘がさらわれたことを聞いたジェイミーが、娘さんを取り戻すために一肌脱ぐ約束をしたり。史実の賞金首ハープ兄弟は、一七九九年八月に兄ビッグ・ハープが斬首され、一八〇四年一月に弟リトル・ハープが絞首刑になった。作中では首だけになったビッグ・ハープが、リトル・ハープが持ち歩いているトランクのなかで元気に生きている設定。つまり作中年代は一八〇〇—一八〇三年ごろということになる。

両親のもとに、ロザモンドが帰ってくる（**ベルの帰省**）。サロミーは継娘の夫がゴージャスな盗品を持って帰ることに気を引かれ、娘が夫の素顔も名前も知らないと聞くと、〈きっと、その男は怪物みたいなんだよ、まちがいなくね〉と吹きこみ、苺の汁を落とすための薬の調合を教える（「クピドとプシュケの物語」そのままだ）。盗賊の女房になったロザモンドに虚言癖がないことに気づいたクレメントは、娘の夫が娘を真人間にしたのだと解釈する。

ロザモンドがぼろぼろの姿でアジトに戻ると、首領の留守にリトル・ハープが盗賊団を訪れ、この娘を出せと命じている。ロザモンドが大樽の陰から見ていると（二回目）、盗賊たちはリトル・ハープをからかうために、そこらを歩いている先住民の娘をつれてくる。リトル・ハープは娘に黒酒（先住民の薬で、飲むと仮死状態になる）を飲ませ、娘の薬指を切ると、薬指は宙を飛んで床を転がり、ロザモンドの膝のそばで止まった（原作どおりの**左手薬指切断**）。そのまま娘は殺される。戻ってきた首領はリトル・ハープの首を絞めて気絶させ、外に放り出させて、ベッドに倒れこむ。

ロザモンドは継母にもらったレシピで苺汁を消す薬を作り、夫の素顔を見る。ジェイミーが目を覚まし、ふたりはおたがいの正体を知る。ジェイミーは〈きみはぼくを信じていなかったし、愛してもいなかったのだ。きみは、ぼくがだれであるかだけを知りたかったのだよ、もう、きみと暮らすわけにはゆかない〉と言い残して姿を消す（クピドだ）。

一部始終を盗み見ていた《山羊》が翌朝、ロザモンドに告げるには、昨夜の娘殺しでジェイミーの首に賞金がかかっているという。やがて先住民たちは盗賊のアジトに火を放ち（原作どおり）、盗賊たち全員、クレメント、サロミー、リトル・ハープ、ロザモンド、そして睡眠中のジェイミーをさらって一箇所に集める。《山羊》の介入でロザモンドやジェイミーの一団は脱出、サロミーは先住民たちを挑発した罰で炎天下に強制的に踊らされ、踊り疲れてこと切れてしまう（白雪姫の王妃が受けた罰）。

ジェイミーが戻るとアジトが焼け跡になっている。焼け跡にある先住民の娘の骨をロザモンドの遺骨と勘違いしてショックを受ける。

いっぽうロザモンドは道に迷って、街道沿いに夫を探しつづける（ATU425「いなくなった夫探し」）。途中で出会った郵便配達人にジェイミー・ロックハートのことを尋ねると、とうに死んでお化けになった、きのうもそのお化けに遭ったばかりだ、と答える。郵便配達人はロザモンドの頼みで、彼女を馬に乗せてつぎの中継地まで走る。「せめてお名前を」との問いに、配達人はマイク・フィンクと名乗り置いて去っていくのだった。

ロザモンドはニューオーリンズで、黒船に乗ってザンジバルに行こうとしていたジェイミーと再会し、牧師のもとで結婚する。翌春、双子の母となったロザモンドは父クレメントとも再会し、豪商となったジェイミーに引き合わせる。めでたし。

のちにブロードウェイミュージカルになったこのドタバタラブコメは、先住民のあつかいが雑だし、ハッピーエンドの印である「富」に多数の奴隷が含まれている。「作中年代」「書かれた時代」の二重の意味での時代性で、いまとなってはあまり歓迎されない作品だろう。

それでも、「どろぼうのお婿さん」に「シンデレラ」「白雪姫」を足したようなプロット、米国らしい法螺話《トールテイル》テイストの語り口で、しかも全体をとおして見ると「クピドとプシュケの物語」になっている、という稀有な作品なのだ。小説の神が降りているとは、こういう作品のことを言うのだろう。

52　結婚しない青ひげ　『サイコ』と『コレクター』

ロバート・ブロックのホラー小説『**サイコ**』（一九五九）は、本書第2部で触れたエド・ギーンをモデルに、ノーマン・ベイツというサイコキラーの独身中年男性を生み出した。

不動産会社の客からの大金を持って高飛び中のメアリ・クレインは、その金で恋人サム・ルーミスの借財を返し、結婚しようと考えていた。間違って高速道路の本線からそれて、寂れたベイツ・モーテルにチェックイン、管理人ノーマン・ベイツの家で夕食に招待される。ノーマンは二階で母（**私より前から彼のことを知ってる女**）を寝かしつけていたと言う。

自室に戻ったメアリは罪を悔い、お金を返す決心をした。その直後、メアリはシャワー中に、老人のような姿の人物に食肉処理用ナイフで首を切られて死ぬ。夕食後、酒に酔って倒れていたノーマンが戻り、メアリの屍体を発見。通報しようと思うが、流砂に沈む母が自分自身に変わる悪夢を見て翻意、母親に励まされつつ証拠を湮滅。サムはメアリの妹ライラから彼女の失踪を知る。

遺失金回収のために不動産会社に雇われた私立探偵アーボガストはノーマンの母に会おうとするが、ノーマンに拒否された。そしてライラに連絡したあと、ベイツ宅で例の謎の人物に剃刀で殺された。

サムとライラは町の保安官から、意外な話を聞く。むかしノーマンの母が恋人を毒殺したあと自殺、ノーマンは母の屍体を見つけてメンタルを病み、精神病院にいたことがあるというのだ。ふたりはモーテルに向かい、サムがノーマンを引きつけているあいだに、ライラが家探しする。寝室には、異常心理学、オカルト、降霊、悪魔崇拝、サドなどの本が並んでいる。ノーマンはサムに、母は死んだふりをしてただけで、入院中の自分とやりとりしていたと言う。ノーマンはライラの探索を見抜いており。ボトルでサムを殴って気絶させた。

ライラが貯蔵室に入ると、ノーマンの母のミイラ化した屍体（**私より前から彼のことを知ってる女**）があった。そこに母の服を着たノーマンがナイフを持って闖入、意識を取り戻したサムは危ういところでノーマンを取り押さえる。沼地からメアリとアーボガストの遺体が発見された。逮捕後、ノーマンは精神病院に収容され、「母」の人格に精神を完全に支配されていく。

ベイツ母子は共依存の関係にあった。外界の文化に染まることを固く禁じる抑圧的な母とその恋人を毒殺したのも、母の筆跡を真似て偽造遺書で自殺を装ったのも、じつはノーマンのしわざだった。罪悪感を抑圧するノーマンのうちに「母」の人格が育っていく。墓をあばいて持ち出した母の遺体に防腐処理を施し、母の服を着て母の声で自分に話しかけるようになったのだった。

今回読み直してみて、ベイツが裡《うち》なる「母」と一体化したという説明に、ペローがウェヌスと息子の（ラ・フォンテーヌ版）クピドを合体させて青ひげを作り出した機構を思い起こした。強盗婿のくせに、ウェヌスみたいなママ（という概念）に頭が上がらないのもおもしろい。**身分違いの結婚**でなくても、お姑さんが実在せずとも、**ヴァーチャル白雪姫競合**は作れるというわけ。『サイコ』は刊行の翌年、ヒッチコックによって映画化された。その三年後、英国の作家**ジョン・ファウルズ**がスリラー小説『**コレクター**』（一九六三）でデビューする。

孤独なフレデリック・クレッグ青年（ワーキングクラス）は、美大生ミランダ・グレイ（ミドルクラス）に執着している（**身分違いの結婚**）けれど、内気で未成熟な彼は、面と向かってアプローチできない。サッカーくじで大金を当て、退職してサセックス州にぽつんとある一軒家を購入、ミランダを自分の「コレクション」に加えようと決意する。いっしょに住めば、そのうち自分のよさをわかってくれるだろう、という考え。

クロロフォルムでミランダを気絶させて、地下室に監禁した。でも、目を覚ましたミランダに激しく非難されて、一か月後に解放すると約束する。敬意を払うこと、襲いかからないことや、プレゼントを与え、快適な環境を保証することを誓う。完全に『美女と野獣』ですよ。

小説の第二部はミランダの手記の断片からなっている。『パミラ』方式ですね。どうやらミランダは、誘拐が体目当ての性的なものではない可能性があることに気づいた。ミランダは、だんだんにクレッグがかわいそうに思えてきた。初読時、「なんだ、ただのストックホルム症候群（拘束された被害者が時間とともに加害者に共感を覚えるようになる現象）じゃん」と思ったのだけど、本件捜査中に再読して「これはベルが野獣に抱いた感情だ」と思い直した。

ミランダはシェイクスピアの『テンペスト』（一六一一）で前ミラノ大公にこき使われる島の怪物（魔女の息子）キャリバンに譬える。するとクレッグはフェルディナンドと名乗る。じつは『テンペスト』の大公令嬢がミランダという名前で、キャリバンはミランダ誘拐計画を練る**ふられ要員**、フェルディナンドはミランダと結ばれるナポリの王子だ。

　脱出計画はことごとくクレッグに阻止される（ここも『パミラ』方式）。色仕掛けで切り抜けようとしてキレられたりもする。クレッグを殺そうとしてもうまくいかない。脱出を希望しながら、ミランダは病に倒れ（手記はここまで）、落命する。

　クレッグはミランダの屍体を見て自殺を考えるが、手記を読んで、自分が愛されていなかったことを知ると、なぜかその死には自分は責任がない、ミランダなどいないほうが自分にはよかったのだと考えた。そしてミランダの屍体を庭に埋めると、つぎのターゲットを物色しに出るのだった。完。

「豚王子」（本書第1部）の最初の結婚を思わせる話だ。もし野獣がベルに愛されなかったら、彼はきっと青ひげになっただろう。

　この前年に刊行された安部《あべ》公房《こうぼう》『砂の女』に「強盗婿」ミームを投入して男女逆転したような小説だ。スティーヴン・キングの『ミザリー』（一九八七）で、自作小説の狂信的ファンのアニーに監禁された主人公の作家は、ジョン・ファウルズの最初の小説をどうかアニーが知らないでほしいと願う。サスペンスホラー映画『CRUSH』（二〇一三）でさわやか男子をストーキングするヒロインの愛読書も『コレクター』だった。

　じっさい、米国で一九八二年以降少なくとも二五人を殺害したふたり組のシリアルキラーの片割れで、一九八五年に逮捕後服毒自殺したレナード・レイクは、本作を愛読していたという。またその前年にやはり米国で、一二人の美女・美少女を誘拐し、うち八人を殺害して「ビューティークィーンキラー」の二つ名をもらい、警察官と争って射殺されたオーストラリア出身のクリストファー・ワイルダーの所持品にも、本作があった。

一九八四年から一九八七年にかけて少なくとも六人の男性を監禁・拷問・殺害したロバート・バーデラは、本作の映画化（一九六五）を参考にしたと証言したせいで、ズバリ〈コレクター〉という二つ名になってしまったそうだ。

53　マーガレット・アトウッドの強盗婿小説『寝盗る女』

本書第2部で触れた「青ひげの卵」のアトウッドには、ATU955「強盗婿」を男女逆転した長篇小説がある。"The Robber Bridegroom"を*The Robber Bride*（どろぼうのお嫁さん）と変えたのがその長篇小説の題。日本語訳では『**寝盗る女**』（一九九三）という。

トロントに住むトニー、ロズ、カリスの三人の女は、過去、ズィーニアという同じ女に裏切られ、男関係を破壊されたという共通の経験を持つ。いわば「ズィーニア被害者の会」だ。彼女たちはある時期から、月に一度、ある決まったレストランでランチ会を開催している。ある回で、三人はとうに死んだはずのズィーニアがいるのを見つけてしまう。

という印象的なオープニングのあと、三人のひとりひとりの回想がはじまる。いちばん古い経緯は大学時代に遡る。ズィーニアがどのようにして、三人の女のパートナーを奪っていったのかが、読者に少しずつ明かされていく。ズィーニアは彼女たちやそのパートナーたちの人生をいわば乗っ取るのだが、そのときそのときでズィーニアが語る身の上話は大きく異なる。どれもこれも、なかなかにたいへんな話なので、最初のトニーの回想場面で、読者はうっかりズィーニアに同情しそうになる。でもおそらく、ズィーニアが語る身の上話はすべて、真っ赤な嘘なのだ。

回想のなかで、トニーがロズの双子の娘たちにグリムの「どろぼうのお婿さん」を読んであげる場面がある。『シャイニング』の「青ひげ」もそうだが、どいつもこいつも子どもに読み語るには不向きな話ばかり選ぶものだ。双子は読み語られる話のキャラクターが全部女性でないと気がすまなかった。プーさんもピーターラビットも雌ってことにしないと収まらないのだった。


美しい娘が夫を探していると、金持ちで魅力的な見知らぬ男が現れるが、実はこの男、罪のない娘たちを森にある自分の砦におびき寄せては、体を切り刻んで食べている。「ある日、求婚者が現れました。彼は……」

「彼女よ！　彼女！」と双子たちが騒ぎ立てる。

「さあ、トニー、どうする」ロズが戸口に立って言う。

「『泥棒花嫁』に変えればいいわ」トニーが言う。〔…〕「花嫁は誰を殺したらいいの？　被害者は男か、女か？〔…〕」泥棒花嫁、暗い森の中の住処《すみか》に潜んで、罪のない人々を餌食にし、若者たちをおびき寄せて、邪悪な大釜の中で破滅させる。ズィーニアのように。〔佐藤《さとう》アヤ子《こ》＋中島裕美《なかじまひろみ》訳〕

三人の被害歴はなかなか多彩で、そしてどれもこれも悲惨そのものだ。紙数の都合で省略せざるを得ないが、魔性の女という表現がかわいらしく見えるほどの、意味不明の悪としてズィーニアはあらわれ、すべてを破壊して立ち去る。あとにはズィーニアという人物の謎だけが残るという景色。

三人の回想はズィーニアの葬儀にいったんは収斂する。葬儀のあと、月例ランチ会が始まった。終盤、ロズ、カリス、トニーがひとりずつ、トロントのホテルの一室で蘇った（？）ズィーニアと対峙する。ズィーニアは三人のひとりひとりに、あの男たちは要するに自業自得だったのだと嘯き、またも出鱈目な自伝を物語る。

ズィーニアとの面談は、さらなる無力感を三人に与えるものだった。面談を終えた三人がレストランで話し合っている。スピリチュアル系のカリスが蠟燭の炎に塩を撒く。するとカリスは炎のなかに、水へと落ちていくズィーニアの姿を見てしまう。しかもズィーニアは、ホテルの部屋から突き落とされたのだ。突き落とした人物は〈カレン〉だった。カレンとはカリスの出生名。彼女はあるとき、カレンという名を捨ててカリスと名乗ってきたのだった。〈それ以来カレンはずっとどこかにいる〉。

落下現場は噴水だとカリスが言う。ロズはホテルを会議場に使えるかどうか見たいとフロントの職員に告げる。そして、季節がら閉場している噴水のある庭への扉を解錠してもらった。

> ライトが点き、噴水の上からも下からも巨大な投光照明が当たると、ズィーニアの姿が現れた。髪は海草のように伸び広がっている。〔…〕カリスは吐き気をもよおす。
> 「触っちゃダメ」トニーは言うが、カリスには触わる《ママ》必要がある。カリスは手を伸ばして、死体を引っ張る。するとズィーニアはゆっくりと回転し、白い人魚のような目で三人をじっと見据える。

大人の自分がここにいてなにも知らないときに、若いころの自分が勝手によそで殺人を犯している、というのは、村上春樹が『ねじまき鳥クロニクル』や『海辺のカフカ』、『1Q84』などの見せ場に盛りこんだ暴力描写に似ている。娯楽性たっぷりのこの小説の結末をネタバレしてしまったのはほんとうに心苦しい。どうか許してほしい。

ズィーニアの怖さは、やることとの動機がまったくつかめない点にある。ただもうひとつ興味深いのは、男を寝盗る女・ズィーニアにとって、ロズ、トニー、カリスのほうが「**私より前から彼のことを知ってる女**」だということだ。

本作は二〇〇七年にドラマ化されたという。またアトウッドはスピンオフ「わたしは真っ赤な牙をむくズィーニアの夢を見た」（二〇一二）を発表した。カリスは寝取られたビリーと復縁している。カリスにまとまった金が入ったと知って、のこのこ戻ってきたのだ。ビリーは、新しく家に来た犬のウィーダに股間に喰いつかれ、病院送りとなる。カリスはズィーニアが犬に転生したと思う。怖！

ズィーニアの行動は最初から善意だったんじゃないかしら。そもそもビリーを寝盗ったのはあんな腐ったリンゴからわたしを守るためだったのかもしれない。トニーからウエストを寝盗ったのは、なにか人生訓を伝えるためだったのかもしれない。もっと音楽に理解をもて、とかね。ロズからミッチを寝盗ったのは、たぶん邪魔者を消してはるかに良い夫サムに出会わせるため。ひょっとしてズィーニアは三人の、なんというか、隠れたオルターエゴなんじゃないかな。自分では実行する力のないことを代わりにやってくれる。そういう目で見なおしてみると……

〔鴻巣友季子《こうのすゆきこ》訳〕

トニーとロズはカリスの想像に、どうにかつきあってあげる。短篇は、カリスの解釈が正しいとも正しくないとも言わずに終わる。

若いころ、「フラワームーヴメント」という流行りの「正義」にかぶれ、ヒッピーじみた島暮らしを経てヒーラーになったカリスが、携帯電話の時代になると、そのスピリチュアル系にトッピングするかのように、フラワームーヴメントと同じくらいの歴史がある「シスターフッド」という「正義」にまでかぶれてるのがわかる。僕は『寝盗る女』という小説が好きだから、こういうキャラ作りに作者の名人芸を見たい。

けれどひょっとしたら、作者自身がカリスと同じ「正義」に身を任せる快楽に抵抗できなくなってしまって、ズィーニアの動機を宙吊りにできるだけの体幹を失い、作中世界を平板なものにしてしまった可能性もゼロではない。だとするとこの短篇小説は、二〇一〇年代の支配的イデオロギーを後世の読者に証す、貴重な歴史資料にはなるはずだ。寂しい話だけど。

犬の名前がウィーダなのが気になる。ウィーダとは『フランダースの犬』（一八七二）の作者の名だ。パトラッシュは人の股間に喰いついたりしないぞ。

第6章　男は青ひげ夫人になれるか

前章で見たとおり、アトウッドはATU955「強盗婿」を男女逆転して『寝盗る女』を書いた。その前には、フィールディングが『ジョウゼフ・アンドルーズ』で、女主人のセクハラに遭う男性使用人を主人公にした。本書第2部で見たように、中井英夫やカルメン・マリア・マチャドは「女青ひげ」を作り出した。

だったら、男は青ひげ夫人になれるのだろうか?

この問いへの答えは、「青ひげ」という話のどこに要点を見いだすかよって、イエス・ノーが大きく変わってくる。

性愛や女性の上昇婚志向が「青ひげ」の眼目だと考える人は、男女は生物学的に異なり、それを反映して社会的役割も違う以上、男には青ひげ夫人になることはできないと結論づけるだろう。

いっぽう、この話を「人の秘密を見てしまったこと」をめぐる物語だと解釈する人は、性愛の問題を横に置いて、男でも青ひげ夫人になることができると答えるだろう。

男女の生物学的性差はもちろん否定できないけれど、本章では思考実験として、後者の立場に一時的に身を置いて、男が青ひげ夫人になるとしたらどんなケースがあるだろうか。考えてみることにしよう。

54 「男と男」の青ひげ小説『ケイレブ・ウィリアムズ』

話は『ユドルフォ城の怪奇』が刊行された一七九四年に戻る。この年はまた、思想家**ウィリアム・ゴドウィン**が社会派サスペンス小説『**ケイレブ・ウィリアムズ**』を発表した年でもある。

ゴドウィンは、前に言及した『マライア』の作者メアリ・ウルストンクラフトの夫だ。そしてふたりのあいだに生まれた娘は、あの『フランケンシュタイン』の作者メアリ・シェリー。その夫が詩人のパーシー・ビッシュ・シェリー。

階級問題や社会不正を論じたゴドウィンだから、ゴシック小説といっても「空想の世界をお出ししてナンボ」という感じではない。小説で、司法制度がいかに階級差別にたいして無力か、階級社会が人をいかに破壊していくかをめいっぱいアピールするうちに、作品が恐怖小説になってしまったのだ。

語り手の〈私〉、貧しい小作農の息子ケイレブは利発だったので、領主のファーディナンド・フォークランド氏に引き立てられ、秘書として屋敷で働くことになる。氏は心の広い人格者で、若いころから人望が高かった。でも、なにか深刻な悩みごとがあるらしく、いまでは隠者のように暮らし、ときどき手がつけられないほど激昂することがある。なにがあったのか気になるケイレブは、氏の財産管理人コリンズ氏から、氏の過去のできごとを聞き出す。

かつてフォークランド氏の隣地は、裕福でタフな領主バーナバス・ティレル氏に強引に支配されていた。しかしあるときから、隣地の人々は上品でフェアなフォークランド氏を支持するようになった。ティレル氏は機嫌を損ね、いろいろと奸策をめぐらすが、悪巧みはすべてフォークランド氏にくじかれる。ティレル邸に半ば使用人のような立場で同居していた従妹エミリーは、火事に巻きこまれたところをフォークランドに助けられ、思いを寄せるようになる。ティレルはエミリーを下品な小作人グライムズに襲わせるが、これもフォークランドに阻止された。ティレルはエミリーを寄食費用不払いの廉で訴え、エミリーは拘置所で死んでしまった。

このことでティレルは近隣の不評を買い、集会でフォークランドに責められたさいに、相手に殴る蹴るの暴行を働く。ティレルは路上で刺殺体で発見され、アリバイのないフォークランドに嫌疑がかかるが法廷で無罪となり、しばらくして、かつてティレルに土地を追われ困窮していた元小作人のホーキンズ親子が犯人として逮捕され、死刑となった。

コリンズの話にウィリアムズは完全には納得できなかった。そこで邸内を密かに捜査してみた。フォークランド邸が火事になったとき、ウィリアムズはドサクサに紛れて、フォークランドが大事にしていた箱を開けようとして、見咎めたフォークランドに拳銃を突きつけられる（**見るなのタブー**）。鎮火後、フォークランドは自分がティレル殺しの犯人であると明かし、他言は死をもって報いられるだろうと脅すのだった。

詮索好きの好奇心が身の破滅、ここからウィリアムズの受難がはじまる。このあとの主人公のいじめられかたがとにかくしつこい。ウィリアムズはフォークランドの監視を逃れて出奔するも、窃盗の冤罪で投獄され、脱獄を二度試みる。二度目に脱獄に成功すると、森の盗賊たちの内紛に巻きこまれる（盗賊団に老婆がいるのが「どろぼうのお婿さん」に似ている）。再逮捕され、フォークランドの旧悪を公にするが、すぐには信用されない。あちこちでフォークランドの息のかかった人物に行く手を阻まれる。

最後にフォークランドを起訴すると、そのときフォークランドは病床で奪《やつ》れており、狂気の兆候が見える。彼もまた、隠していた旧悪に責めさいなまれながら生きてきたのだ。ウィリアムズは法廷では、逆にフォークランドの心根の正しさを讃え、その行為に打たれたフォークランドは、殺人を自白し、三日後に世を去った。ウィリアムズもまた自分の行為がもとでフォークランドを死に追いやった悔恨で、この物語を公にするのだった。

ちなみにこの結末のほかに、初版刊行時に発表されなかった当初の結末案がある。ここでは、ウィリアムズの訴えは法廷で相手にされず、ウィリアムズは投獄される。しかも看守が盗賊団の内紛で自分を襲ってきた仇敵だった。ここから語りが信頼できなくなる。ウィリアムズの発狂を示唆しているのだろう。最後には、フォークランドの死を伝えられたも、ウィリアムズはフォークランドがだれだったかもはや思い出せない。というわけで、初稿はさらに攻めたエンディングだった。

とても一八世紀の小説とは思えない、きわめてモダンな作品。改変前の結末など、おそらく尖りすぎて、編集者にさえよさが伝わらなかったのかもしれない。

男が青ひげ夫人の役回りになる。だからといって青ひげ役は女ではなく男だし、同性愛の話でもない。少なくとも、表立って性愛の要素はない（精神分析的に深読みする人はしたらいいけど）。だから、本件の調査に着手したとき、僕の捜査線上に「青ひげ小説」として本作が浮上してこなかった。けれど、読み返してみたら、作者自身が三八年後のまえがき（一八三二）でこんなことを書いている。

私がこの作品の主な目標を定めた時、その題材に関係のありそうな作家の書いたものを集めるように私は努力した。〔…〕私と先行作家達とが或る意味で同じ目的地へ向かって進みながら、同時に私は私で自分の道を切り開いて行くためである。〔…〕
　恐怖小説の最高の実例たる青ひげの物語を読んだときには、〔…〕この話とケイレブ・ウィリアムズの話の間の類似点を発見して面白いと思った。フォークランドは私の青ひげであって、彼が犯した凶悪犯罪が発覚すれば彼は世間から復讎《ふくしゅう》を受けねばならない。ケイレブ・ウィリアムズは青ひげの妻と同じで、止めるように警告を受けたにもかかわらず禁じられた秘密を探り出すことを諦めない。そして、秘密を摑んだ時にそれがもたらす結果から逃げようとするがそれも徒労となる。同様に、青ひげの妻も血に汚れた部屋の鍵を洗うが落ちず、片側を洗えば裏側にくっきりと血が現われる。〔岡照雄《おかてるお》訳〕

　作者本人が、自作と「青ひげ」との関連を肯定している。なるほど、性愛の要素をはずしても、**見るなのタブー**の要素が残っていれば、「青ひげ」っぽさは残る、という意見もあるだろう。

　ゴドウィンとペローとのつながりは意外に強い。『ケイレブ・ウィリアムズ』の一〇年後（グリム兄弟が詩人ブレンターノからメルヒェン収集を慫慂されたころ）、ゴドウィンは三巻本のおとぎ話集『子どものための人気物語集』を編んでいる。その第二集には、ペローの『短篇物語集《コント》』全篇とボーモンの「美女と野獣」、ストラパローラの「フォルトゥーニオ」を収録している。

　ペローの「親指小僧（Le Petit Poucet、直訳すると「小さな親指《プーセ》」）」の英語題はロバート・サンバーの初訳（一七二九）で"The Little *Poucet*, and his Brothers（小さなプーセとその兄弟）"で、一七六四年の版以降は直訳"Little Thumb（小さな親指）"だった。『人気物語集』で「親指小僧」を

"Hop o' my Thumb" と改題・改名したのがゴドウィンだった。以後、ペローの「親指小僧」の英語の題としてはこちらが決定版になっている。

55　ウィリアム・フォークナー「エミリーに薔薇を」

のちにノーベル賞を受賞する米国の小説家**ウィリアム・フォークナー**の初期短篇に「**エミリーに薔薇を**」(一九三〇)がある。

物語は南部ミシシッピ州ジェファーソン(架空の町)の独身老女エミリー・グリアソンの葬儀の記述にはじまり、彼女と町民(一人称複数でさししめされる)とのかかわりを回想していく。エミリーは南北戦争後に衰退したグリアソン家の末代に当たる。エミリーは、結婚を許さなかった(理由は作中で明示されていない)横暴な父を三〇歳ごろに失った。エミリーはショックで父の死を認められず、遺体を手放すことを三日間拒んだ。『サイコ』のベイツ母子は、これを男女逆転したものだったのかもしれない。町民はエミリーと父の共依存関係(という概念は執筆当時なかったかもしれないけど)を憐れむ。

以後エミリーは忠実なコック兼庭師のトビーに買物に行かせ、家からあまり出ずに過ごす。それでも四〇歳までは、地元の子どもたちに美術を教える教室を開いていた。少し元気になって、父の死のあとに流れついた道路工事の現場監督で北部出身のホーマー・バロンと親しくなり、町民を驚かす。しかしホーマーは結婚するようなタイプではないとされていた。性的マイノリティなのか、それとも酒場のホモソーシャルな人間関係を好む独身主義者なのかは曖昧にされている。

あるとき、エミリーは薬局で砒素を購入する。薬剤師が職務上の義務で購入理由を尋ねると、エミリーは理由を明かすことを拒んだ。薬剤師は家に鼠でも出たのだろうと考えたが、自殺計画説を支持する町民もいた。

エミリーとホーマーの関係を憂慮した牧師の妻が、グリアソン家の遠縁の親族に連絡して呼び寄せた。アラバマからきた親戚たちはエミリーに輪をかけて堅物で、なにかエミリーと衝突したらしい。エミリーは結婚祝いの品々を買う（**身分違いの結婚**）。エミリーが親戚を追い返す時間を作るためか、ホーマーはこのあと一時的に町を出た。親戚がいなくなって三日後、ホーマーは町に戻り、エミリーの家に入るのが目撃された。その後彼の姿を見たものはなく、逃げたんだなと解釈された。

やがてエミリーの家から悪臭が漂い始め、トビーの手が回らずに食品を腐らせたのではないかと噂される。市長サートリス大佐は、エミリーの税金を免除すると非公式に取り決めるが、のちに大佐やグリアソン家に縁のない新世代からは、税金納入の要求が出る。エミリーは拒否し、新市長を大佐と呼ぶが、これが認知症のあらわれなのか、それとも意図的な抵抗なのか、本文からはわからない。町民にもわからなかっただろうな、と思わせる書きぶりで、作者の腕前に感心する。

エミリーは肥満で動けなくなり、家に引きこもる。古株の町民に最後まで尊重されつつ煙たがられてもいたエミリーの埋葬後、好奇心に駆られた町民の一団がエミリーの家に入ってくる。トビーはエミリーの死後出ていって、どこに去ったかも知れない。

寝室のドアは施錠されていた。町民がドアを壊して中に入ると、ホーマーの腐爛屍体がベッドに横たわっていた。部屋にはエミリーがホーマーに買ったプレゼントが勢揃いしており、ホーマーの枕の隣の枕には、頭を載せたへこみと一本の白髪が残されていた。エミリーはホーマーの遺体に添寝し、服を部屋に保管し、モノグラムのついた結婚用の品々を化粧台に置いていた。トビーは最後まで秘密を守っていたのだった。

この作品では、町民という複数の人間が青ひげ夫人のような視点を担い、ホーマーという男性の腐爛屍体が青ひげの先妻の屍体に相当する機能を果たしている。

56　P・G・ウッドハウス「モードレッドの焔のごとき求愛」

英国の作家**P・G・ウッドハウス**が一九三四年に米国の雑誌に発表した「**モードレッドの焔のごとき求愛**」では、作者の作品によく登場するマリナー氏が、甥の詩人モードレッドの話を披露してくれる。

モードレッドは歯科医院の待合室で、ウスターシャー在住の娘アナベルと出会い、一目惚れする。あまりロンドンにこないアナベルは、もっと店を見て歩きたい。そこでモードレッドはアナベルに、自分の予約順番を譲る。アナベルの番が終わったとき、モードレッドは無意識に煙草をゴミ箱に投げ入れ、あわてて拾い上げた。なにしろよくゴミ箱に煙草を捨ててしまう癖があり、今年もう二度もボヤを出してしまったのだった。

翌日、モードレッドはアナベルの母から感謝の手紙を受け取り、スプロケット＝スプロケット家に招待された。家には若い独身男性が六人もいて（男の**シンデレラ競合**）、全員ハンサムで立派な連中なので、勝ち目はないと落ちこむ。

アナベル一家は親切で、煙草をたっぷり出してくれる。アナベルの父はモードレッドを寝室に連れていき、煙草も紙もゴミ箱も、必要なものが全部揃っていると念を押す。モードレッドは煙草をくゆらせつつ、アナベルを題材とする詩を何度も書き直し、ゴミ箱は紙くずでいっぱいになる。

外を散歩していると、部屋のカーテンが燃えているではないか。モードレッドが助けを呼べば、若者たちが連携してすばやく消火する。モードレッドは要領が悪く、消火活動の足を引っ張ることしかできない。火事が自分の不始末のせいだと告白し、翌朝の列車で帰りますとアナベルの父に告げる。寝室が焼けたので、図書室のソファで横になる。

夜、アナベルの一家が図書室に入ってきた。モードレッドがこっそり聞いていると、家族が家を火事にして、保険金を得ようとしていたことがわかる。

> イギリス貴族も、二〇世紀に入ってからは相続税と固定資産税のダブルパンチを受けて厳しい生活を余儀なくされるようになった。〔…〕建て替えようとしても、歴史的建造物となればままならぬ。それならば保険をかけておいて、いっそ火事になってくれれば、あとは保険金をもらってロンドンのしゃれたタウンハウスに住めるかも……。〔英文学者・小林章夫《こばやしあきお》〕

父上は若者たちの消火活動を恨んでいる。アナベルはアナベルで、私は歯医者の待合室でモードレッドに恋をした、だから彼以外とは結婚しないと述べた。

モードレッドは颯爽と姿を見せ、アナベルに焔のごとくプロポーズする。そして、保険金詐欺計画続行のプランを提供する。カーテンの火が完全に消えなかったという体で、今度はパラフィンや紙屑を利用しようと提案したのだ。そして賛同したアナベルとふたりで、協力して燃えやすい材料を集めに行くのだった。完。

『ジェイン・エア』の重大な火事から、われわれはこんなにも遠い地点へとやってきた。男が主人公だとこうなってしまうのか。

57　ダフネ・デュ・モーリア『レイチェル』と『こゝろ』

ダフネ・デュ・モーリアのゴシック小説**『レイチェル』**（一九五一）の語り手〈わたし〉ことフィリップ・アシュリーは一歳で親をなくした。齢の離れた従兄アンブローズが親代わりとなって、コーンウォールの海沿いの邸宅で〈わたし〉を育てた。従兄は日曜ごとに、フィリップの名親ニック・ケンダルと娘ルイーズそして、パスコー牧師一家とともに昼食を取る。健康上の問題から、冬にはイタリアに転地する。

イタリアからの手紙によると、アンブローズはフィレンツェで遠縁の未亡人レイチェル（サンガレッティ伯爵夫人）と出会った。春には結婚し、当面は戻らないという。しかしその後ようすが変わった。イタリアの屋敷の雰囲気がよくない、体調を崩した、レイチェルの友人ライナルディが別の医師に診てもらうよう言ってくる、だれも信用できない、四六時中監視されている……。

イタリアに向かった〈わたし〉は、従兄がすでにこの世になく、レイチェルが屋敷を立ち去ったと知る。こうして〈わたし〉は二五歳になるまで、ニックの後見のもとに置かれることとなった。

少しして訪英したレイチェルを〈わたし〉は館に招待、その美貌とたたずまいにどんどん惹きつけられていく。そして二五歳の誕生日の前日、アンブローズの財産をレイチェルに譲渡する準備を整え、家宝の宝石を渡し、レイチェルと肉体関係を持つ。

翌日、〈わたし〉は知人たちにレイチェルと結婚予定であると宣言する。ところが彼女はこれを否定。事態が不可解ななか、〈わたし〉は病気で数週間ものあいだレイチェルに看病される。恢復の途上でレイチェルの部屋を家探しすると、毒のある種子の入った小包が出てくる。そういえば、サンガレッティ伯爵邸にもこの木があった。〈わたし〉は、あの重病はレイチェルに毒殺されかかったのではないかと疑い、幼馴染のルイーズとともにふたたび家探しするが、罪に問えるような物証は見つからず、誤解だったかと考える。

そのころレイチェルは屋敷の庭園を歩いていき、工事中の橋に足をかける。〈わたし〉がかけつけたときには、資材のなかにレイチェルが倒れていた。抱きかかえると、レイチェルは〈わたし〉の顔を見て、従兄アンブローズの名を呼びながら息を引き取る。完。

女青ひげの名にふさわしい謎の美女レイチェルと結婚した男たちは死んでいる。〈私〉はコシモ・サンガレッティ伯爵、アンブローズに続く第三の「男青ひげ夫人」、誠実な幼馴染のルイーズはその**ふられ要員**という男女逆転の構図だ。一種のリドルストーリーとして読める。けれどレイチェルは、いまわのきわに従兄の名を呼んだ。彼女が潔白だったと信じたい気持ちが、僕のなかにないわけではない。

これを読んで、僕は**夏目漱石**の『**こゝろ**』（一九一四）を思い出した。『こゝろ』は上中下の三部構成で、「下　先生と遺書」は全体のちょうどうしろ半分の量。上中の語り手〈私〉が先生と呼んで私淑する年長の既婚男性から、帰省中の〈私〉が受け取った長文の手紙という体裁で、かつてはこの部分だけが高校の「現代国語」教科書に掲載されていることが多かった。

先生が手紙で〈私〉に告白するところによれば、先生は若いころ、下宿先の娘（〈お嬢さん〉）と親しくなった。幼馴染の親友Kが実家とも養家ともうまくいっておらず、心身ボロボロだったのを、先生は自分の下宿先につれてきた。

先生はKに親切にしてやってほしいと、下宿先の奥さんやお嬢さんに頼む。あるとき、Kはお嬢さんに恋心を抱いていることを先生に打ち明けた。じつは先生もお嬢さんが気になっていた（男の**シンデレラ競合**）が、先に言われてしまうと、もうそれをKに言い出せない。

で、いろいろと緊迫感のあるやり取りののち、焦りを感じた先生は、下宿先の奥さんに〈お嬢さんを私に下さい〉と言って、お嬢さんとの結婚の約束をうまいこと取りつけてしまう。奥さんから経緯を知ったあと、〈Kは自殺して死んで仕舞ったのです〉。

> 何時《いつ》も立て切つてあるKと私の室《へや》との仕切りの襖が、此間《このあいだ》の晩と同じ位開いてゐます。けれども此間《このあいだ》のように、Kの黒い姿は其處《そこ》には立つてゐません。私は暗示を受けた人のやうに、床の上に肱を突いて起き上りながら、屹《きつ》とKの室を覗きました。洋燈が暗く點《とも》つてゐるのです。それで床も敷いてあるのです。然し掛蒲團は跳返されたやうに裾の方に重なり合つてゐるのです。さうしてK自身は向うむきに突つ伏してゐるのです。

遺書には、薄志弱行先の望みがないから自殺する、と書かれていた。ここ、隣室が「青ひげ」の禁断の間のようだ。

この一件から、先生は妻（お嬢さん）にもほかのだれにも、心を開くことなく生きていくこととなった。余生のように生きてきた先生は、明治天皇の崩御と、大喪の礼当夜の乃木《のぎ》希典《まれすけ》大将の殉死を機に、自分も自殺する決意を固めた。それを〈私〉（『こゝろ』上・中の語り手）に報せるのがこの長文の手紙だった。

〈此《この》手紙があなたの手に落ちる頃には、私はもう此世《このよ》には居ないでせう〉。ざっと斜め読みした〈私〉は慌てて駅に走り、東京行きの三等車輌に乗りこむ。

かつて、日本近代文学の研究者である石原《いしはら》千秋《ちあき》さんが、このあと〈私〉は奥さんと結婚するという説を出したらしいと聞いたときは、「それはもう非公式の続篇だ」と思ったものだ。だけど『レイチェル』を読むと、いや石原先生、難癖つけてすみませんでした、少なくとも〈私〉は先生の未亡人に求婚はしましたよね、なんなら結婚できたかもしれませんね、くらいな気持ちになってしまう。

もちろん〈わたし〉フィリップがレイチェルに初めて遭ったのは兄の死後なので、両作品の構図はだいぶ違う。それでも僕は

フィリップ→〈私〉
アンブローズ→先生
レイチェル→奥さん（お嬢さん）
　故コシモ→K

のようにとらえてしまいそうになるのだ。

58　そこには鏡があった　『モレルの発明』と『ソラリス』

青ひげ夫人は禁断の部屋で、血の〈鏡〉に映った先妻たちの屍体を見た。それは自分自身の未来の姿でもあるという点で、「思いもかけない自分の姿」を鏡に見てしまったということだ。

禁断の間で「見知らぬ自分」と対面してしまうという小説をふたつ、紹介しておきたい。

アルゼンチンの作家**アドルフォ・ビオイ・カサーレス**は非常に若くしてデビューしたが、そのブレイク作となったのは長篇小説**『モレルの発明』**（一九四〇）だ。年長の友人で詩人・短篇作家のボルヘスが序文を添え、ボルヘスの妹ノラが表紙絵を描いた。終身刑を宣告され無人島に潜伏中のベネズエラ人作家の日記という形式で書かれている。

無人島のはずなのに、観光客らしき一〇人弱の姿が見える。彼らは丘の上にある博物館にどやどやとやってくる。それまでそこに住んでいた逃亡者は沼地に避難した。島には放射線被曝によるものに似た風土病？が存在している。

観光客のひとり、西の崖から毎日夕日を眺める女性フォスティーヌは、科学者モレルとしょっちゅう会っては、フランス語で会話している。主人公はフォスティーヌに恋心を抱き、接触を試みるが、完璧に無視される。フォスティーヌだけでなく、一団の人々には主人公の姿が見えないらしいのだ。しかもフォスティーヌとモレルとは、一週間ごとにまったく同じ場所でまったく同じ会話を繰り返しているではないか。自分は気が狂ってきたのか？

観光客たちがいきなり姿を消したすきに、博物館を調べてみた。しかし、人が住んだ形跡がない。自分は幻覚を見たのか？　ところが晩に、一団はまたあらわれる。さっきまでいなかったとは思えないくらい、ふつうに会話している。

水族館にも、島にたどり着いたときに見たのと同じ魚の死骸があった。暑い日だというのに、観光客たちが寒がってとび跳ねている。空を見ると、太陽も月もふたつずつある。

あるとき、モレルが他のメンバーたちに語りかけているのを見た。モレルが発明した機械は現実を3Ｄ再生できる（ホログラフィ的なもの？）。その録画は魂を捕えることが可能（「デジタル不老不死」？）。その機械で前週の行動を録画した。再生するたびにその七日間が永遠に繰り返される。そうすれば自分（モレル）は愛する女性と永遠にいっしょにいられる。モレルは名を明かさないが、フォスティーヌのことを言っていることは明らかだった。太陽と月がダブるのも録画のせいだった。モレルのそのあとの告白は衝撃的なものだった。以前の実験で記録された人はその後死んだというのだ。ひとりが、自分たちも死ぬのか、と憶測する。

主人公はマシンの操作を修得し、自分自身を録画して、すでにある録画に合成し、フォスティーヌが自分と恋愛関係にあるように見えるフェイクのシークェンスを作り出す。フォスティーヌが一団のなかのあいつやこいつと恋仲だったとしても、今後は自分が彼女の正式なパートナーなのだ。永遠に。

主人公は迫りくる死を待ちつつ、自分の魂が録画に転移するのを待っている。彼の望みは、モレルの発明をベースに、自分の魂をフォスティーヌの魂と融合するテクノロジーが生まれることだ。ディズニーのおとぎ話映画のエンディングにある、they lived happily ever after（それからは、ふたりはずっと幸せに暮らしましたとさ）をデータの形でヴァーチャルに実現するSFミステリだ。じつに悲しく美しい。ちなみにモレルの名は、H・G・ウェルズの『モロー博士の島』にちなむものらしい。島にはマッドサイエンティストが似合う。

ポーランドの作家**スタニスワフ・レム**の小説**『ソラリス』**（一九六一）は、人類と異星の知的生命体との接触《コンタクト》（あるいはその失敗）の物語。惑星ソラリスを覆うコロイド状の〈海〉はある種の知性を持っているように見える。そして惑星の軌道運動を変動させる原因なのではないかと見られてきた。地球人は長年、海の上に研究ステーションを浮かばせて、ソラリスの海と意思疎通を試みてきたが、成功例はない。

心理学者の〈私〉ケルヴィンが地球からステーションに到着すると、スタッフの科学者スナウトとサルトリウスは軽い狂気を思わせる不条理な言動を見せた。〈私〉の到着前、彼らは思い余って高エネルギーのX線を海に照射した。実験によって思わぬ結果となり、スタッフにトラウマを負わせた。ステーションのリーダーだったギバリャンは、〈私〉の到着の数時間前に自殺していた。

ステーションに、〈私〉の自殺した恋人ハリーが姿をあらわす。彼女の死に罪責感を抱く〈私〉が避けても避けても、ハリーは繰り返し戻ってくる。ほかのスタッフたちも同様の〈訪問者〉につきまとわれていた。それが奇行の原因なのか。〈私〉はハリーそっくりの存在がほんものではないと知りながら、徐々に彼女を愛するようになる。

どうやら海は、星を訪れた人間の記憶を、ニュートリノで合成し具現化するようだ。下意識から呼び出された姿の物理的コピーによって、人間のメンタルは拷問される。この現象には海の意図があるのか、それともただの反応なのか？

一同は〈私〉の脳波図を海の奥深くに送りこみ、その精神状態を伝えようとする。いっぽうハリーは、自分がケルヴィンの知るあのハリーではないということを知り、自発的に消滅＝死を選ぶことにする。

これまた高度な思考によって悲しい結末を導き出すSFだ。カフカの『城』にも少し似ている。とりわけ印象的なのは、スナウトのつぎの台詞。

> われわれは宇宙を征服したいわけでは全然なく、ただ、宇宙の果てまで地球を押し広げたいだ

けなんだ。〔…〕人間は人間以外の誰も求めてはいないんだ。われわれは他の世界なんて必要としていない。われわれに必要なのは、鏡なんだ。

X線を照射されたソラリスの海は、もちろんなにを考えてるのか（そもそもなにか考えてるのかも）わからない。でも海が示す反応は、地球人スタッフから見れば青ひげじみている。文学史上最大（物理的な意味で）の青ひげだ。

第7章　青ひげの鏡

ペローいわく、〈たまたま青ひげにはあとつぎがひとりもありませんでした〉（巖谷國士訳）。でも「青ひげ」という変異株ミームは、きわめて子だくさんだ。一九世紀末以降も、「青ひげ」の私生児とも呼ぶべき作品は書きつづけられた。『虚栄の市』や『エフィ・ブリースト』に比肩すべき作品群が、文学史という巨大大喜利空間に、つぎつぎと誕生してきたのだ。その代表的な作品を、ここで見ていくことにしよう。

59　ヘンリー・ジェイムズ『ねじの回転』

『ドアのかげの秘密』で言及されたオーストリアのエリザベート皇后刺殺の年（一八九八）、『ある婦人の肖像』の作者**ヘンリー・ジェイムズ**が、中篇小説『**ねじの回転**』を発表した。『エフィ・ブリースト』の三年後だ。

この小説にはごく短いイントロがついている。それを読むと、小説の本体部分がある女性の手記であること、その手記は文中のできごとが起こってからそれなりに時間が経ってから書かれたことなどが、手記の現在の所有者であるダグラスという人物（故人）によって説明されている。このイントロのせいで、この手記の提示をめぐる時間関係がかなりややこしくなっているのだけど、紙数の関係で本書では手記単体を取り上げることにする。

手記を書いた女性は若いころ、エセックス州ブライの邸宅で、家庭教師《ガヴァネス》として雇われた。雇い主は両親を亡くした甥と姪を引き取ることになった裕福な男性。子どもたちを育てることに興味がなく、家庭教師に丸投げし、なにがあっても自分に連絡を取るなと厳命した。

マイルズ少年は寄宿学校生、妹のフローラは家政婦長グロウス夫人が面倒を見ている。夏休み直前、校長からマイルズが退学になったと手紙がくるが、帰省したマイルズはいっさい話さない。退学の背景にはなにか恐ろしい秘密があるのだろうか？〈わたし〉はマイルズのあどけないかわいらしさに負けて、真相を追及することができない。

〈わたし〉は敷地内で見知らぬ男女の姿を目撃するが、他の住人には見えないらしい。そして予告なく現れたり消えたりする。ここでおもしろいのが、〈わたし〉もまたこの屋敷になにか怪しいものを感じたとき、『ノーサンガー・アビー』のキャサリン同様、まっさきにラドクリフの『ユドルフォ城の怪奇』を想起したことだ。

> ブライには〝秘密〟があるのか――ユドルフォ城のような謎が。あるいは、誰もその名を言わない狂った肉親が幽閉されているのかもしれない――
> 〔南條竹則《なんじょうたけのり》＋坂本《さかもと》あおい訳〕

狂人とか幽閉とか、『ジェイン・エア』のほうも意識されている。

グロース夫人によると、かつてここで働いていた下男ピーター・クィントと、前任の家庭教師ジェスル嬢とが、深い仲だったという。ふたりは死（その事情は詳述されない）の前、マイルズとフローラと多くの時間を過ごしていた。子どもたちが幽霊の存在を知っているのではないか？　幽霊たちはふたりになにかの影響を及ぼしているに違いない、と〈わたし〉はにらむ。

この幽霊たちが、**私より前から彼のことを知ってる女（＋男）**なのだ。手記を記述したこの女性が、二度の採用面接で、雇用者である〈その独身貴族の魅力に〔…〕屈した〉ことは、手記の前にあるイントロで明言されている。雇用主である男性は独身でハンサムで優雅で、要は爛熟した文化を体現する、世紀末文学にふさわしい美麗な男だ。他方、クィント（の亡霊）も非常に美しい容姿をしていると書かれている。〈わたし〉が恋の対象である雇い主とクィントとのあいだを勘ぐる腐女子的想像力の持ち主でなかったと、だれが言えようか。

さらに、グロウス夫人がクィントをよく思っていないことは、その言葉のはしばしからわかる（〈わたし〉の記述を信じるなら、の話だが）。グロウス夫人によると、生前のクィントは〈勝手に〔…〕坊ちゃまといっしょに遊び、甘やかそうとした〉、〈まったく勝手に振舞いました〉。これは『人間失格』の〈自分〉大庭《おおば》葉蔵《ようぞう》が幼時に使用人に性的虐待を受けていたのと似た事態をさしているのではないのか。

フローラはちょっとした隙に無断で外出し、あとで気づいた〈わたし〉はグロウス夫人といっしょに探しに出て、湖畔で追いつく。フローラはジェスル嬢の幽霊と話していたに違いない、フローラにも幽霊が見えるのだと〈わたし〉は確信する。グロウス夫人にはなにも見えない。フローラはジェスル先生なんか見ないと強く言う。

〈わたし〉はジェスルの力からフローラを守るために、グロウス夫人にフローラをおじのもとに連れていかせる。〈わたし〉は屋敷でマイルズと差し向かいになり、マイルズは退学の事情を話すが、それはマイルズがだれかにあることを言ったせいだ、というだけで、だれになにを言ったのか覚えていないという。

クィントが窓に姿をあらわした。〈わたし〉はマイルズがクィントを見ないように守る、もう大丈夫、幽霊はあなたを支配していない、とマイルズを励ましたとき、マイルズは〈わたし〉の腕のなかで息絶えていた。完。

〈わたし〉の文章は下手くそではないが非常に主観的で、肝腎のところが舌足らずで情報が曖昧、コンテクストを言語化しそびれている。作者はあえて素人くさい書きかたをシミュレートしたのだろうか。子どもたちが天使のようにかわいいと何度も力説したり、根拠を示さぬままこれは幽霊のしわざに違いと即断したりする部分は、〈わたし〉という人物を絶妙に薄っ気味悪く見せることに成功している。

読者には、手記に表明された〈わたし〉の判断（これが歳月がだいぶ経ってからの回想である点も曲者なのだが）の当否を判定できない。『ねじの回転』では、終盤でヒロインが積極的に敵と戦おうとする姿勢を見せる。その「悪霊」どもが果たして彼女の外に実在するのかどうか迷うように書かれている、という一点から、この小説の苦みが生まれているのだ。川本静子も言うとおり、マイルズとフローラは〈わたし〉と恋しい雇い主を結ぶ〈唯一の綱〉であり、〈子どもたちを失うまいとする強迫観念が［…］幽霊を生んだと言えないこともない〉。

批評家エドマンド・ウィルソンが、こんなものは家庭教師の性的欲求不満からくるヒステリーだと断じた、と聞いたとき、大学生だった僕は、なんとデリカシーのない解釈かと不愉快だった。当時の僕は作中で幽霊に実在してほしかったのだ。いまはウィルソンの印象に半ば以上同意できる。

『ノーサンガー・アビー』のキャサリンをヒステリックにしたら、『ねじの回転』のヒロインになるというわけ。

文面上、紳士には姪以外の女の影がない。ここに出てくる女はヒロインと、紳士の姪と、いちおう味方だけど最後にはヒロインを理解しない家政婦長と、美しいが邪悪な前任者の霊だ。ジェイムズはこの作品ではホラー小説の要素を充たしながら、オースティンとは違ったやりかたで、ロマンスの「慢」をくじき、エロス的被承認欲求を相対化しているように見えるのだが、それは意地悪な読みかただろうか？　ロマンスのエロス的「慢」は、このように構造を知れば知るほど、切ないものに感じられる。

60　ガストン・ルルー『オペラ座の怪人』

フランスの小説家**ガストン・ルルー**は、オペラ座（ガルニエ宮）建設時に広まった都市伝説や、一九世紀にじっさいに起こった劇場での火事や事故（照明に蠟燭を使っていたために火事が起こりやすかった）にインスパイアされて、長篇小説**『オペラ座の怪人』**（一九一〇）を書いた。

一八八〇年代のパリ。オペラ座で〈幽霊《ファントム》〉の目撃情報が相次ぐ。目撃者のうち、道具係は縊死体で発見された。支配人の退職祝いの公演で、まだ無名の若手ソプラノ、クリスティーヌ・ダーエ（フランス育ちのスウェーデン人）が、病欠したプリマドンナ、カルロッタの代役でグノーの『ファウスト』（一八五九）のヒロイン、マルグリット（グレートヒェン）を演じ、大成功を収めた。それまでは平凡な歌手だった彼女は、本公演で大化けしたシンデレラガールだった。

クリスティーヌの幼馴染である海軍軍人ラウル・ド・シャニイ子爵（二一歳。少年少女期のふたりの淡い交流と別れが、叙情的に語られる）は、客席でその成功を見守ったのち、楽屋を訪れる。なかでは彼女を賞讃する男の声がする、クリスティーヌが部屋を出たあと、楽屋を覗いてもだれもいない。クリスティーヌは、〈音楽の天使〉に教えを受けていると説明する。

ラウルは郷里ブルターニュの海辺で、同じく帰郷していたクリスティーヌの宿のそばで、妙なるヴァイオリンの演奏を耳にし、髑髏じみた様子の怪人に襲われる。

オペラ座旧支配人たちの交替劇にはわけがあった。幽霊《ファントム》に恫喝され、五番ボックス席を幽霊《ファントム》に占有させ、その指示どおりのキャスティングを強いられていたのだ。逆らうと凶事が続発する、と引き継ぎ時に説明しても、新支配人チームは一笑に付し、幽霊《ファントム》が推すクリスティーヌをキャストから外して、看板歌手カルロッタを再起用して『ファウスト』を上演する。するとカルロッタのアリアに蟇蛙《ひきがえる》の声のような雑音がまじり、シャンデリアが客席に落下する。このあとクリスティーヌは行方不明となった。

彼女は二週間後に戻ってきた。ラウルは楽屋で男の素晴らしい歌声を耳にする。クリスティーヌによると、声の主はエリックという名前らしい。ふたりの関係はエリックのことで険悪になる。クリスティーヌは不在の二週のあいだ、オペラ座地下にある幽霊《ファントム》の宮殿に囚われていたという。

天才音楽家である幽霊《ファントム》こと怪人エリックはオペラ座を知悉し、闇の奥から支配しながら、全身全霊をかけて作曲を続けている（**クリエイター型青ひげ**）。クリスティーヌは怪人が顔を隠している仮面（**見るなのタブー**）をはずし、骸骨のような顔を見てしまった。ここのクリスティーヌは、あまりにプシュケに似ている。マリア・タターの言いかたを借りるなら、クリスティーヌはベルから青ひげ夫人へと変わってしまったのだ。

クリスティーヌにはエリックへの思いやりはあっても、それをエリックと結婚するのに必要な情熱へと転換することは結局できなかった。野獣怪人にとっての美女役《ベル》を拒否して、「知りたがり」の女へと変わってしまうのだ。クリスティーヌはまずエリックの仮面を引き剝がし、ついでエリックに禁じられていた部屋に入ろうとする。〈私、今まで見たことのないこの部屋を見てみたいの。それに、あなたがいつも私に隠していた部屋でもあるし……それが女の好奇心ってものよ〉〔…〕と、クリスティーヌは陽気な口調で言い、エリックを言いくるめて従わせ、その凶悪な行為を止めようとする。でもエリックは、自分のベルが青ひげ夫人に変じたと知るや、反論する。〈私は好奇心旺盛な女は嫌いだ！〔…〕〈青髭〉の話もあることだし、お前も気をつけたほうがいい〉。『美女と野獣』には、怪物にされた呪いが思いやりによって解け、幸せなカップルが誕生する物語がある。いっぽう「青ひげ」では、夫の暗い秘密を暴こうと決意した女が、自らも夫と瓜ふたつの怪物と化すリスクを冒すストーリーを見せてくれる。〔タタ－。『オペラ座の怪人』からの引用は長島良三《ながしまりょうぞう》訳〕

怪人はクリスティーヌを地上に帰さないと決めるが、彼女に説得され、忠誠を誓わせて解放した（**ベルの帰省**）。忠誠の証の指輪を与えて。

オペラ座の屋上でクリスティーヌは、エリックにけっして見つからない場所へ連れていってほしいとラウルに懇願する。ラウルはすべてを捨てていっしょに逃げることを約束する。はじめてキスを交わしたふたりは、エリックに見張られていたことに気づき、オペラ座の常連である謎のペルシア人ことダロガの助力でその場を逃走、ラウルは意識朦朧としながらも怪人に発砲し、傷を負わせる。

翌晩、『ファウスト』の公演中にクリスティーヌが魔法のごとく誘拐された。ラウルは警察に訴えるが、警部は**身分違いの結婚**に反対する兄フィリップ・ド・シャニイ伯爵の画策ではないかと疑う。ラウルはダロガに導かれ、オペラ座の地下へ。じつはエリックは楽才のみならず、建築・工学の天才でもあり、その手腕でペルシア宮廷に出仕していた時期があった。ダロガはかつて同情心からエリック暗殺の勅命に背き、国外追放の憂き目にあっていたのだった。鏡張りの拷問の間で、ふたりはエリックとクリスティーヌの会話を耳にする。地下へと脱出したふたりは爆薬庫を発見。クリスティーヌが求婚に応じないなら、エリックはオペラ座を座員・観客もろとも爆破する気なのだ。クリスティーヌは爆破を防ぐために、やむを得ず求婚を受け入れる。エリックは爆薬を消火するために用意していた水を放出し、火薬を無害化するが、同時にその水でラウルとダロガに溺死の危機が迫る。クリスティーヌはラウルを救うため、エリックの花嫁となったあとも決して自殺しない、ずっといっしょに生きていく、と約束した（**ベルの帰省**からの帰還）ため、エリックはふたりを解放した。

エリックが仮面を外し、クリスティーヌの額にキスすると、クリスティーヌは口づけを返す。エリックはそれまで、だれにもキスされたことがなかった。母親ですら彼にキスすることを拒んだのだ。クリスティーヌはこの告白に涙を流し、エリックの手を取るのだった。

クリスティーヌのラウルへの愛をわかっていたエリックは、じぶんが遠からず死ぬことを告げて、三人の前から姿を消した。エリックは生まれながらの障碍をもってノルマンディの建築家の家に生まれ、ユーラシア各地のフリークショウで働きながら軽業やイリュージョンを独学で身につけた。

ついで中東で仕掛け屋敷のクリエイターとしてキャリアを積んだのち帰国、建設業者としてオペラ座の基礎工事の下請けを任されたさいに、ひそかに自分の隠れ家を造っていたのだった。

61　ルーシー・モード・モンゴメリ『青い城』

カナダの作家**ルーシー・モード・モンゴメリ**の少女小説の登場人物名には、ブロンテ姉妹の影が落ちている。このことを教えてくれたのは、比較文化学者の中尾知代《なかおともよ》氏だった。『赤毛のアン』（一九〇八）の主人公アン・シャーリーのアンは『ワイルドフェル・ホールの住人』のアン・ブロンテから、シャーリーはシャーロット・ブロンテが『ジェイン・エア』の成功を受けて世に問うた次回作『シャーリー』（一八四九）から取った可能性がある、というのだ。

それだけなら偶然ですませられるかもしれない。けれど、一九二一年に《赤毛のアン》シリーズをいったん擱筆し、一九二三年から新たに初めたシリーズ《エミリー》三部作の主人公名が、『嵐が丘』（一八四七）のエミリー・ブロンテと同じ名前ということになると、さすがにこの線はアリ、というかそれで決定だという気にもなる。ブロンテ姉妹は、英語圏で小説を書く女性にとっての導きの星とでもいうべき先達だったのだから。

《エミリー》三部作の第二作と完結篇とのあいだに、モンゴメリは長篇小説『**青い城**』（一九二六）を発表した。主人公は少女ではなく大人の女性で、舞台もプリンス・エドワード島ではなくオンタリオ州だ。

地元旧家の娘ヴァランシー・スターリングは、周囲の「結婚しろ圧」にもかかわらずご縁に恵まれない二九歳。口うるさく過干渉な毒母アミーリアと、疲れ切って愚痴っぽいおばのクリスティーンというふたりの未亡人と暮らし、ゴシップ大好きな親戚たちにはなにかあると（なにもなくても）モテ美人のオリーヴと比べられて生きてきた。心のなかでは親戚たちの自己欺瞞をあざ笑いながら。

ここの興味は、ヴァランシーがシンデレラやジェイン・エアと違って実母とともに暮らしていながら、ここがほんとうの自分の居場所ではないと感じてるってことだ。フロイトの言う「家族ロマンス」の記述のようでもある。

ネイチャーライティング（自然を主題とする文学）の作家ジョン・フォスターを愛読するヴァランシーは、心のなかに「青い城」という空想の空間を持ち、そこに住むであろう魅力的な男性を思い浮かべることで自分を保っている。

ヴァランシーの生活に変化が起きたのは、トレント先生から送られてきた健康診断結果に、重度の心疾患とあったとき。余命一年、強い精神的ショックを受けたら、それで死んでしまうかも知れないという。

日本映画ではいっとき「余命宣告もの」の恋愛映画がはやったが、本作は世界初の「余命宣告青ひげラブコメ」なのだ。ヴァランシーは診断結果をだれにも言わず、ずっと縛られてきた抑圧をはねのけて、最後の日々を自分として生きることにした。急にずけずけと発言するようになった彼女は、頭がおかしくなったと一族に見なされるようになる。

ヴァランシーは家を出て、幼馴染のシシー・ゲイの家で家政婦として働きはじめる。シシーは結核で死にかけており、未婚のまま出産したことで町の人たちに遠ざけられている。その赤ん坊も生後間もなく亡くなった。シシーの父エイベルは腕利きの大工だが札つきの大酒飲み。ヴァランシーはシシーと同じ部屋で暮らし、生活し、友情を再生させる。また、この父娘の親しい友人でいろいろと型破りな男バーニー・スネイスと知り合い、いっしょに時間を過ごす。バーニーは裏でどんな犯罪をしてるか知れたもんじゃないとか、シシーの死んだ私生児の父ではないかとまで噂されていた。シシーは静かに息を引き取った。ヴァランシーは葬儀を手配し、家を整理する。

旧家の娘ヴァランシーがマージナルな人々の家に奉公するという「乱心」で、一族は噂の的。ヴァランシーは葬儀のあとゲイ家に戻らないと同意して一家を安心させるが、さらに驚くべき行動に出た。バーニーに結婚を申しこみ、残り少ない人生を楽しみたいと伝えたのだ。これによって、故シシーは事後的に**私より前から彼のことを知ってる女**となる。つまり擬似的**シンデレラ競合**が成立する。バーニーは結婚を承諾し、隣町で静かな結婚式を挙げた。一家はショックのあまりヴァランシーを勘当した。

バーニーはヴァランシーを、ミスタウィス湖上の島にある自宅へ連れていく。森に囲まれたその家は、夢想していた「青い城」そのものだった。バーニーはヴァランシーに、ある部屋に入ることを固く禁じた（**見るなのタブー**）。

> 「〔…〕差し掛け小屋だけは〔…〕入ってもいけない。鍵をかけて、ぼくが鍵を持っているよ」
> 「青髭の部屋ね。〔…〕あなたがそこに髪の毛で吊るされた妻を何人閉じこめていようと、かまわないわ。完全に死んでいる限りはね」〔谷口《たにぐち》由美子《ゆみこ》訳〕

ヴァランシーは自由人の夫と長い散歩を楽しむ。バーニーとの会話は喜びと発見に満ちているが、愛読するジョン・フォスターの言葉を引用すると、バーニーはその本を嫌っており、取り合わない。クリスマスにバーニーは、ヴァランシーがほしがっていたネックレスを贈った。

ヴァランシー最後の一年が終わりに近づいたあるとき、ハイヒールが線路に挟まり、列車に轢かれそうになったところを、バーニーが命懸けで救い出す。あれ？　強いショックを受けたのに、生きてる……。バーニーもなにか感ずるところがあったのか、〈青髭の部屋〉や森にこもってなにか考えている。私を憐れんで結婚した（ベルの野獣にたいする気持ちを男女逆転させたもの）バーニーは、望まない結婚に縛られているのに飽きてしまったのだろうか。

ヴァランシーがトレント先生を再訪すると、同じ日に診察を受けた老嬢ミス・スターリング宛の診断書をヴァランシー宛に送ってしまったのだということが判明する。ヴァランシーが宣告された余命は、同姓の他人のものだった。医者からの帰り道、脱力と落ちこみでトボトボ家に戻る。このあとバーニーの父が裕福な製薬業者レッドファーン博士なる地元名士だったことが判明する（貴種流離）。

バーニーはきっと、私に騙されて結婚したと思ってるだろう。そう考えたヴァランシーは、別れる前に詫びの手紙を書くことにする。紙とペンを探すうち、うっかり〈青髭の部屋〉に足を踏み入れ、バーニーが作家ジョン・フォスターであることを知ってしまう（**クリエイター型青ひげ**）。驚きつつもなんとか別れの手紙を書き、診断書の誤配を説明し、離婚の意志を明記、ネックレスを置いて、悲嘆に暮れて実家に戻る（**ベルの帰省**）。

バーニーがレッドファーン博士の息子で人気作家ジョン・フォスターであることを知った家族は手のひらを返し、バーニーを逃すなと娘を焚きつける。さて、バーニーが姿を消した理由は？

このあとさらにいろいろあって、もちろんハッピーエンドとなる。親戚内カーストの高い美人娘オリーヴの、婚約者セシル・ブルース宛の手紙で小説は終わる。オリーヴは、親戚全員がヴァランシーとバーニーに卑屈に媚びていることに苛立っている（**姉の嫉妬**）。

オリーヴは、家族の期待に応えつづけてきた自分がこんなにないがしろにされるなんて、と不満たらたら。『ルカによる福音書』に出てくる放蕩息子のまじめな兄のようだ。もっともオリーヴはこのことで物理的ななにかを失ったわけではない。これはあくまで「相対的剝奪感」なのだ。

62　ダフネ・デュ・モーリア『レベッカ』

先に紹介した『レイチェル』の作者デュ・モーリアの、いちばんのヒット作が『**レベッカ**』（一九三八）だ。

語り手の〈わたし〉は当時まだ二〇歳を少し過ぎたくらいだった。モンテカルロで、裕福で横柄で噂好きな俗物米国人ヴァン・ホッパー夫人のつきそい《コンパニオン》をしていた。コンパニオンというのは、

> 裕福な未亡人や独身女性の身の周りの世話をして、話し相手を務めるために雇われる女性であり、使用人とは違う。彼らは雇い主と同じ階級〔…〕の出身で、知性も教養も礼儀作法も申し分ないが、何らかの事情で仕事につかなければならなくなった独身の女性である。〔…〕「ガヴァネス」と同じく、経済的に窮したアッパー・ミドル・クラスの女性がつくことのできる数少ない仕事の一つなのである。〔新井潤美〕

これは、意地悪な継母やおばのもとにいるシンデレラやジェイン・エアの初期状況に相当する。〈わたし〉は英国の裕福でエレガントな四二歳の男性マキシム・デ・ウィンターと出会う。マキシムは一年前に、ヨット事故で妻レベッカを亡くしたという。ふたりはわずかな交際期間を経て結婚式、コーンウォールにある美麗な邸宅・マンダレイに移る。

マンダレイにはダンヴァーズ夫人という不気味な威圧感のある家政婦がいた。前夫人レベッカを狂信的なまでに崇拝し、その美貌、洗練、センス、ホスピタリティをうっとりと回想してみせることで、その完璧さと比較された世間知らずな〈わたし〉のメンタルを削る。

ダンヴァーズ夫人だけでなく、ほかの使用人もレベッカの信奉者で、なにかお願いごとをするたびに、前夫人がいかに類似の状況ですばらしく屋敷を取り仕切っていたかを、感無量といったようすで力説する。富豪の後妻が孤立していく記述は、すでに述べた『ドアのかげの秘密』の元ネタとなったはずだ。

〈わたし〉のような出自の低い人間とノリで結婚したマキシムは、きっと後悔しているはずだ、レベッカのようなパーフェクトカリスマ奥さまには勝てない……。読者はこの小説の最初の三分の二のあいだ、〈わたし〉の自己肯定感が右肩下がりにダウンしていくのにひたすらつきあわされる。内気とか気弱を通り越して、もう「いじいじしている」の域に達しているヒロインに、読者もいいかげん苛立ってくる。

前夫人レベッカは生前、マンダレイで仮装舞踏会を何度も開催し、成功させていた。前夫人の死による中断を惜しむ声もあって、〈わたし〉は仮装舞踏会を再開することにする。ダンヴァーズ夫人の提案で、〈わたし〉は屋敷の先祖を描いた肖像画に登場する衣裳を再現・着用して舞踏会に出る。ところが、新夫人のコスプレを見て来客はドン引きし（この場面は夢に見そうなくらい強烈だ）、マキシムは激怒して着替えを命じた。〈わたし〉は知らなかったのだ、レベッカが死の前に同じドレスを身にまとって大評判となった事実を。

〈わたし〉をまんまとはめたダンヴァーズ夫人は、前夫人に取って代わろうなんて思い上がりも甚だしい、と軽蔑も露わに〈わたし〉をこきおろす。ダンヴァーズ夫人は、いますぐこの窓から飛び降りろと言わんばかりに詰め寄るが、そこに近くで船が難破したという報せが届く。

ダンヴァーズ夫人は怖い人で、スティーヴン・キングの『骨の袋』（一九九八）で何度も言及されているし、ジャスパー・フォードの『文学刑事サーズデイ・ネクスト』第三巻『だれがゴドーを殺したの？』（二〇〇三）では、ダンヴァーズ夫人の無数のクローンが作られるというギャグネタが入っている。ちなみに同シリーズの第一巻は『ジェイン・エアを探せ！』（二〇〇一）。

難破船の船体を調査した潜水士は、レベッカのボートの残骸を発見、なかにはレベッカの腐爛屍体があった。マキシムは事故二か月後に打ち上げられたとして遺体を妻のものと確認していたけれど、それは別人のものだった。

マキシムはついに、レベッカの死の真相を告白する。レベッカは外面《そとづら》はいいが、じつは複数の男を手玉に取る、エゴ丸出しの非情な女だった。完璧な奥さまと信じさせる人心掌握術に長けていた。最後の夜、レベッカは、自分はほかの男の子どもを身ごもるのだとほのめかし、その子をマキシムの子として育てる、と宣言した。公然托卵の可能性を否定する証拠がなく、マキシムは怒りのあまりレベッカを撃ち殺し、遺体を乗せたヨットを沈めた。

通常なら、「夫は殺人犯だったのか！」というショックが最初に来るはずだ。なにしろマキシムは青ひげなのだから。ところが〈わたし〉の心に広がった感情は、それだけではなかった。

> もうひとりのわたしは、たったひとつのことだけを考え、それだけを思いながら、むしろ超然と、こころ静かに絨毯に坐っていた。
>
> たったひとつのこと。
>
> 「マキシムはレベッカを愛していなかった。マキシムはレベッカを愛していなかった」
>
> そればかりを幾度となく繰り返していた。〔茅《ち》野《の》美《み》ど里《り》訳〕

レベッカという女はおかしいし、マキシムも（同情の余地はあるが）マトモではない。でも〈わたし〉もじゅうぶんいかれている、と僕は思う。〈わたし〉の感情では、「夫が殺人犯だったなんて！」よりも「夫はあの女を愛してなかった♪」のほうが大きいらしい。

さて、ここから〈わたし〉は人が変わったように、夫を守るために大車輪の活躍を見せる。ダンヴァーズ夫人をはじめ、使用人にもぴしゃりと言えるようになった。それまで靄がかかったみたいだった作中世界が、今後はすみずみまでくっきり焦点の合った、極彩色の博物画のような鮮明さを帯びる。

そんな急に頼もしくなった〈わたし〉を見て、マキシムは気になることを言う。

> ぼくが好きだったあの表情、なんだか途方に暮れたような、あのおかしな初々しい感じ、あれが消えてしまった。もうもどってこない。レベッカのことを打ち明けたとき、ぼくはあの表情

も殺してしまったんだ。二十四時間で消えてしまった。きみはすっかりおとなになった……

辛辣な展開だ。〈わたし〉はたいした主体性もなく、夫を人として愛したわけではなく、自分をコンパニオン稼業から連れ出してくれた裕福な存在として頼っていた。だから、自分がその人のナンバーワンでないのではないかという不安に怯えていた。ところが夫の思わぬ弱みを知ってしまったあと、その夫を救うために（正しいことかどうかはともかく）主体的に動く人になった。

ところが夫が愛していたのは、かつてのうじうじした自分だった。『虚栄の市』のエイミーのような清純なお人形さんだった。マキシム救済の采配を振るようになった妻は、ある意味、行動力溢れるレベッカ側――レベッカ・デ・ウィンター、そして『虚栄の市』のレベッカ・シャープの側――に立つ女になってしまったのだ。

裁判ではレベッカの自殺と判断される。ところが、レベッカの親戚で愛人でもあったジャック・ファヴェルという男が、事件当夜にレベッカがファヴェル宛に送った手紙をもとに、自殺の意図がなかったと主張する。ファヴェルはマキシムを強請《ゆす》る気なのだ。

その後の調査で、レベッカが事件の直前にロンドンの医師に会っていたと判明。妊娠したかどうかを確認するため？　しかし医師は、レベッカは癌で余命数か月だったと言う。しかも、レベッカは子宮に異常があり、妊孕《にんよう》可能性はゼロだった。ダンヴァーズ夫人によると、怖いもののないレベッカがただひとつ恐れていたこと、それは長い苦しみを経て死ぬことだった。どうやら、死期を悟ったレベッカは、自分を殺させるようにマキシムを操ったようだ。

ダンヴァーズ夫人がマンダレイから姿を消したという知らせが入る。悪い予感を覚えたマキシムは、夜道を車を飛ばして屋敷を目指す。地平線に炎の明かりが見え、灰が風に運ばれてくる。完。『ジェイン・エア』でも『レベッカ』でも、屋敷の火事それ自体は記述されない。前者では時間的距離を置いて、鎮火後のソーンフィールド邸《ホール》の焼跡だけが、後者では空間的距離を置いて、遠くのマンダレイが発する火の明かりと風に舞う灰だけが、作中に姿をあらわすのだ。

なお、『レベッカ』の特定の版を、ナチス軍が暗号のコードキーとして使用する計画があったとされている。何ページ何行目の何番目、と単語を組み合わせて文章を作るものだったらしい。ただし、コードが漏洩したと判断され、じっさいに用いられることはなかったという。この話題は、ケン・フォレットの『レベッカへの鍵』(一九八〇)やマイケル・オンダーチェの『イギリス人の患者』(一九九二)に出てくる話だ。

63　ヘンリク・イプセン『ロスメルスホルム』

本書第2部で、劇文学をいくつか取り上げたことを思い出していただきたい。第3部はもっぱら小説を紹介してきたけれど、最後にもう一篇、戯曲をフィーチャーしておきたい。それもフランスやドイツや英国ではなく、近代リアリズム劇の開拓者であるノルウェーの劇作家**ヘンリク・イプセン**の四幕劇『**ロスメルスホルム**』(一八八六)を取り上げる。

書かれたのはモーパッサン『女の一生』の四年後。イプセンといえばフェミニズム的なリアリズム劇『人形の家』(一八七九)で知られる。またファンタジー寄りの劇詩『ペール・ギュント』(一八六七)は、『アリアーヌと青ひげ』をオペラ化する予定だったけどしなかったグリーグの劇音楽(一八七五)や、アルフレート・シュニトケのバレエ音楽(一九八七)で、音楽ファンに名が通っている。

『ロスメルスホルム』は『ペール・ギュント』のような幻想劇ではない。『人形の家』と同じ「現代劇」と分類され、そのなかでも「社会劇」とか「問題劇」と呼ばれる系統の作品と言われている。ところが、その陰鬱な雰囲気や設定は、英国のゴシック小説のホラー趣味と接してもいる。社会派・ホラー・リアリズム劇……三題噺みたいだ。

この戯曲の青ひげは元牧師のヨハネス・ロスメル。青ひげ夫人は、その亡妻ベアーテの友人で看護人でもあったレベッカ・ヴェスト。『虚栄の市』のレベッカ・シャープ、『レベッカ』のレベッカ・デ・ウィンターについで、本書三人めのレベッカだ。『レベッカ』では亡妻の名前がレベッカだったけど、こっちはヒロイン側がレベッカ。混乱しないように。名前同様性格も両レベッカにつうじる強さがある。

町はずれの名家の館ロスメルスホルムは、家政婦のヘルセット夫人によると、死者に取り憑かれている。この古い館で人死にが出ると、幻のような白馬が姿をあらわすのだという（**占い師の予言**）。また、人が記憶するかぎり、この屋敷では赤ん坊が泣いたことがない、赤ん坊が大きくなっても、死ぬまで一度も笑わない、ともいう。ゴシックとJホラーを混ぜたような雰囲気の設定だ。

軍人と牧師を輩出してきた名家の当主ヨハネス・ロスメルは、ほんとうの民主主義を実現する夢を抱くようになり、最近牧師をやめてしまった。

町では自由解放派《リベラル》が派手に活動している（演劇学者・毛利《もうり》三彌《みつや》によると、当時のノルウェー自由党新政権の改革路線が反映されているという）。ロスメルの元家庭教師ウルリック・ブレンデルは自由解放運動のために奔走しているが、経済的には苦しい。援助を求めてやってきたブレンデルの落魄した姿に軽蔑の念をいだきつつ、ロスメルは服や金銭を与えて帰す。

これにたいして、保守派の政治工作をおこなっている義兄クロル校長は、名士である義弟ロスメルを自陣営に引き入れようとしている。しかしロスメルはその誘いを断り、自分の関心は政治改革よりは精神の浄化にあるが、自由解放運動がその目的のステップにはなると考えている、と明かし、クロルの政治工作を非難、ふたりの仲は険悪になる。クロルからすると、義弟は貴族としてのルーツを裏切ったことになる。

ふたりの関係は複雑だ。クロルの妹ベアーテはロスメルの妻で、数年前からヒステリー症状を見せはじめた。ベアーテは友人レベッカ・ヴェストを看護人兼話し相手としていたが、一年前、屋敷からも見える丸木橋から投身自殺した。このトラウマで、ロスメルは妻が身を投げた丸木橋を渡ることができず、いつも遠回りして移動している。レベッカは、ベアーテの死後もずっと館に滞在している。

故人の兄クロルの立場では、レベッカがロスメルと正式に結婚するでもなく屋敷に逗留しているのは外聞が悪い。おまけにレベッカは、町の「リベラル」派のリーダーである新聞発行人ペーデル・モルテンスゴールに手紙を書いて、ブレンデルへの援助を頼んだりする（本書では、引用符つきの「リベラル」を、自由を尊重するという語の原理的な意味ではなく、あくまで特定社会のなかでたんに標榜するポジション、レッテルとしての意味で使う）。

じつはロスメルが人心を解放し、すべての人を高貴にし、ほんとうの民主主義を目指すと言うとき、またレベッカがそれに賛同するとき、それは自由党政権やモルテンスゴールの改革とは必ずしもイコールではない。でも、クロルからしたらどっちも同じ、敵陣営の運動なのだ。

ベアーテは死までの二、三年は、〈自分のせいでもないこと〉なのに、〈理由もなく自分を責めていた〉（毛利三彌訳）。ロスメルは妻のヒステリーを精神疾患だったと考えてきたが、じつは自分の性行為忌避が原因だったのではないかと、罪悪感を抱きはじめる。晩年のベアーテの苦境に同情的な家政婦ヘルセット夫人は、のちの『ねじの回転』のグロウス夫人が九割、『レベッカ』のダンヴァーズ夫人が一割のアマルガム、といった趣がある。

ベアーテのヒステリーは性的「承認」の問題以前に、「妊活」的な意味もあっただろう。当時、子を持たないことは、宗教的に見てよろしくないとされていた。性行為を拒絶されて精神的に追いつめられたのは、母となって「宗教的な正しさ」で生きることが叶わないつらさもあっただろう。近代文明が個人主義・男女平等の観念を誕生させると、女性にも男性同様「淘汰される側」となる機会が与えられる。ベアーテは、淘汰される側になる恐怖に耐えられなかった。

そこを見抜いた保守派クロルは、〈あの頃、新しい結婚観について書いた本がこの家にはなかったか？〉と述べる。ロスメルが新思想の個人主義的・ノーキッズ的家族観にかぶれて性行為を忌避したのであれば、妹はいわば流行りのキラキライデオロギーに殺されたようなものだ。しかも〈新しい結婚観について書いた本〉は、妹の友人レベッカの養父ヴェスト博士のもので、子を持たないこと、性行為をしないことまで含めて提案されていたことが、会話からうかがえる。

晩年のベアーテは、悩みを兄クロルに密かに打ち明けた。そして丸木橋から滝に投身する前々日、〈やがてロスメルスホルムに白い馬が現れる〉、〈あたしの命はもう長くありません、だって、ヨハネスはすぐにレベッカと結婚しなくちゃなりませんから〉と去りぎわに兄に漏らしていたという（**占い師の予言**）。ロスメルはこれを知って動揺するが、屋敷に長逗留するレベッカとの恋愛関係については否定する。

クロルと入れ替わりに、「リベラル」派機関紙の発行人モルテンスゴールが訪れる（すれ違う宿敵どうしがバチバチやり合う短い場面がある）。彼はかつてロスメル牧師に姦通の罪で糾弾されたことがあった。けれどロスメルを味方と踏んで、助力を仰ぎに来た。しかし、あること（後述）からロスメルに利用価値なしと見たモルテンスゴールは、掌を返してロスメルに喧嘩を売り、ベアーテの自殺にレベッカが関係があるということを暗に仄めかして去る。晩年のベアーテは、モルテンスゴールにも手紙を書いていた。

ロスメルは悩む。妻の自殺は自分のせいなのか？　たしかに自分は、レベッカに思想的に同調しつつ、女としての魅力を感じてもいた。それが妻にバレてたのか？〈ぼくら二人を最初から近づけて——固く心を結び合わせたのは——男女の間にも、清らかな共同生活が可能だという信念だった〉。ロスメルはアセクシュアルという性的マイノリティだったのだろうか。あるいは、ベアーテがロスメルにたいしてデリカシーのない言動をして、ロスメルの性欲を殺いでしまった？　イプセンはなにも明言しない。

レベッカはロスメルを励まし、過去の亡霊を追い払って新しい生活を始めるべきだと主張する。ロスメルはこれに力を得てレベッカに求婚する。第二幕終盤の山場だ。

ロスメル　（近づく）レベッカ——もし今、ぼくが結婚を申し込んだら——ぼくの二番目の妻になってくれる？

レベッカ　（一瞬、言葉もなく、歓喜の声）あなたの妻に！　あなたの——！　わたしが！

ロスメル　よし、やってみようよ。ぼくら二人は一つになる。もうここには、死んだものが残した空洞はなくなるんだ。
レベッカ　わたしが――ベアーテの場所に――！
ロスメル　そうすれば彼女は記憶から消える。あとかたもなく、永久に。
レベッカ　（ゆっくり、震えて）そう思う、ロスメル？
ロスメル　そうだ！　決っている！　死人を背負って生きていくのはごめんだ。それを棄てるのを助けてくれ、レベッカ。

ロスメルは、過去から逃れようとしてレベッカに結婚を申しこんだ。でも、事情をまったく知らない女の人と結婚するんならわかるけど、ロスメルの気持ちがレベッカに向いたのを察した妻が自殺した、という可能性もあると考えると、このチョイスで過去から逃れられるとは、僕にはちょっと思えない。

レベッカは最後には求婚を「ごめんなさい」した。でもプロポーズされた瞬間には〈一瞬、言葉もなく、歓喜の声〉を挙げてしまっている。従来の結婚制度に批判的な新思想の持ち主であるレベッカでさえ、プロポーズされたらつい〈歓喜の声〉を漏らしてしまう。このあたりの機微が、イプセンという劇作家の怖いところだ。「リベラル」思想はつねにこの「動物としての自分」を否認しようとして足もとをすくわれてきたのではなかったか。

レベッカという人がよく出ていると思われるのは、家政婦とのつぎの会話だ。

レベッカ　〔…〕でも、考えると、牧師さんにはよかったと思わない、ヘルセットさん？
ヘルセット　何がですか？
レベッカ　子供がいなかったこと。
ヘルセット　さあ、どう申せばよいか。
レベッカ　そうよ。よかったのよ。牧師さんは、赤ん坊の泣き声に我慢できる方じゃないもの。

レベッカは、ロスメルが思想的に性行為を忌避していることを、重々承知しているくせに、ここでは、ロスメルの思想的立場を知らないかのように話している。夫妻に子がいなかったことを、赤ん坊という存在（および亡妻）のせいにしているようなところがある。そしてヘルセット夫人が言葉を濁してるのも、こっちはこっちでロスメルの思想を知ったうえで知らないふりをしてるように思える。この劇怖い怖い怖い。やたらと〈血筋〉の話をするのも怖い。

ロスメルと絶交したクロルが、保守派の《郷土新聞》に手を回し、実名こそ出さないがロスメルにたいする暗喩的誹謗中傷記事を載せさせた。「リベラル」派の女といちゃついて妻を自殺に追いやり、指導者の靴を舐めるとは、名家の面汚しだ、とばかりに。

ロスメルは妻を自死へと追いやったのは自分の罪だと思い直し、自分には人心解放の仕事など無理だと落胆する。罪とは、ベアーテの友人レベッカとの友情（と当初思っていたもの）だ。ロスメルは自分たちの関係は〈心と心の結婚〉だった、〈だから、僕は罪を犯していたんだよ〉。

ロスメルが散歩に出ていったあと、レベッカはクロルとサシで勝負することになる。義弟と対立して、絶交まで宣言し、誹謗記事まで書かせておいて、そのうえで日参するとは。うーむ、クロルって男もたいがいしつこい。

クロルはコロンボ刑事よろしく、レベッカに、その**出生の秘密**を告げる。彼女は出生名レベッカ・ガンヴィク、孤児になったときにヴェスト博士が養父となった。じつは彼女は実母とヴェスト博士との不義の子であり、つまりヴェスト博士は養父ではなく生物学上の父親だったというのだ。クロルは、博士がレベッカ誕生の前年に彼女の生地フィンマルクに立ち寄っていた、と言い添え、ロスメルを利用して自分の政治的野心を実現しようとするんじゃない、と非難した。レベッカはクロルの言いぶんを躍起になって否定する。

ここの部分には、作者が自由な女レベッカと養父との性的関係を示唆している可能性すら読み取れる。ソポクレスの悲劇『オイディプス王』に似た展開だ。フロイトは『ロスメルスホルム』を論じて、早くからこれを指摘していた。もし自分が博士の私生児なら、養父ではなく実父と性交渉をおこなってしまったことになるわけ。その可能性を知って狼狽したレベッカは躍起になって、思考の結果ではなく、咄嗟の反応としてそれを否認しようとしたと考えておけばいい。

ロスメルが帰宅する。このあとがじつに「劇的」だ。レベッカはクロルの面前でロスメルに、自分は妻ベアーテの自死について責任があると告白する。そして、自分が友人ベアーテを訪ねてこの館ロスメルスホルムにやってきたのは、主人ロスメルに「リベラル」思想を吹きこむためだった、と、訪問の動機を明らかにする。友人の夫である町の有力者ロスメル牧師を「リベラル」派にオルグろうとした、というわけだ。

レベッカはロスメルを思想的色仕掛けで落とす直前まで行く。ただロスメルは、ベアーテ（**私より前から彼のことを知ってる女**）との陰鬱な結婚生活に縛られていた。そこで、目的の障碍となるベアーテに、自分が〈出ていくのがみんなのためにいちばんいい〉、〈手遅れにならないうちに〉、〈わたしがこれ以上ここにいると、——もしかすると——もしかすると——どうなるかわからない〉などと、意味ありげに仄めかした、というのだ。

もともとベアーテは、友人レベッカの影響力に抵抗できないタイプだった。加えてメンタルを病んでいた。だから、暗示にころりとかかった。レベッカの目論見どおり、友人と夫の関係を誤解した。レベッカによれば〈あの人は、子供の生《マ》め《マ》ない体だから、あなたの妻になっている権利はないと思いこんだ〉（ベアーテの不妊のように読めてしまう。その可能性もゼロではない。イプセン劇は非常に多義的だ。ちなみに原千代海《はらちよみ》訳では〈子どもが産めない以上〉となっている）。まさに江戸川乱歩が言う〈プロバビリティーの犯罪〉だ。このレベッカ・ヴェストの虚偽による自殺教唆は、のちの『レベッカ』におけるレベッカ・デ・ウィンターの虚偽による殺人教唆を先取りしている。

レベッカは館を去る準備をして、ヘルセット夫人に〈白い馬をちらっと見かけたような気がする〉と告げる。ヘルセット夫人は衝撃を受ける。白い馬とは、死者への罪障感、日本的に言えば「因果」のシンボルなのだ。

妻を殺された保守派の義兄クロルは、同じ女に妹を殺された保守派の義兄クロルと和解した。人心を浄化する仕事などだれにもできないよ、と説得されたのだ。

でも、レベッカにはまだ伏せておいた動機があった。館を訪れたのはたしかに思想的洗脳のためだったが、そこで出会った友人の夫ロスメルに、レベッカは過去の人生で体験したことのない性欲を感じたのだった（**シンデレラ競合**）。ベアーテを洗脳して自死に追いやった動機はそれだった。

これはフロイトによると、母からヴェスト博士を奪ったことを、女友だちから夫を奪うことで繰り返した、ってことになるようだ。レベッカが人《ロスメル》を利用して実現しようとしたのは、政治的野心だけではなく、性的野心もだった。

しかし目的を達成すると、自分の肉欲は霧消し、いまはヴェスト博士の思想にふさわしい静かな愛情に変わった——とレベッカはロスメルに告白する。その言葉を信じることができないロスメルに、レベッカは、あなたは私の心を浄化したのだから、人心解放の仕事に自信を持つべきだと励ます。

ロスメルは、その言葉を信じさせたいなら、ベアーテが身を投げた橋——ベアーテの死後、ロスメルが通ることを忌避してきた橋——から今夜飛び降りてほしい、と無理を承知で言う（無理以前に、意味がわからないよ）。レベッカはそれを承諾し（するのかよ！）、飛びこんだらすぐに水から引き上げてほしいと言う。ロスメルは逆に慌て、止めようとするが、レベッカはもはやその身投げに贖罪の意味を見出してしまっている。ロスメルは同道を申し出る。ふたりは夫婦として屋敷を出ていき、丸木橋に向かう。

ふたりが腕を組んで丸木橋から滝へとジャンプするのを家政婦ヘルセット夫人が窓から目撃し、椅子の背に摑まって震駭しながら、〈亡くなった奥さまがおふたりを引きこんだ〉とホラーな台詞をつぶやく。幕。

なぜ心中するのか、納得できるようには書かれていない。湊《みなと》かなえの「イヤミス」をイングマール・ベルイマンが映画化したかのごときイヤーな読後感。舞台で観たらどうなのだろうか。ロスメルがきわめて受け身の近代的な青ひげだとすると、そこを訪れたレベッカが直面する屋敷の怪物**（私より前から彼のことを知ってる女）**はその妻で、やはり受け身の故ベアーテだった。レベッカが同じ相手と二度直面するのが、本作の新基軸。一度目は恋の相手の妻である生前のベアーテをまんまと殺し、二度目は亡きベアーテの吸引力に屈したかのように、青ひげごと滝に沈む。

この劇には露骨に超自然が登場するわけではない。そのため最後の壮絶な顚末が、果たして心霊現象なのか、それとも純粋な心理ドラマなのか、どちらともつかない。できごとの解釈のサスペンスフルな〈ためらい〉を生む効果はまさに、ツヴェタン・トドロフがいう〈幻想文学〉のピュアな構造を、戯曲で実現している。この点で本作は、『ねじの回転』を先取りしている。

ところで、僕はなるべく中立的に要約したつもりだけど、みなさんはレベッカ・ヴェストという青ひげ夫人《ヒロイン》をどう思われただろうか。あるいは作中に登場する自由解放思想を、どう意味づけるだろうか。

どうも関連文献を読むと、このレベッカは一般に、七年前に書かれた『人形の家』のノラ同様、旧弊と戦って傷つく「応援したいヒロイン」的に見られているらしい。え？　じゃベアーテにたいする自殺教唆はどうなの？　となるわけだが、イプセンの全戯曲を個人訳した劇作家・原千代海によると、〈イプセンは、この暗い過去を持ったレベッカの純化を信じ、この虚言者、殺人者たる女の中に、堅実性が、純潔が、そして、ついには、偉大性さえあることを描いたのだ、とブランデス〔デンマークの批評家〕は言っている〉らしい。原自身も、〈このレベッカは、イプセンのもっとも優れた創造物の一つである〉とコメントしている。〈ノルウェーの北部地方フィンマルクの荒々しい風土に育ち、異教的なその風土を象徴するかのごとき意志の強い〔…〕女性〉とも書いている。好意的だ。

さらには、レベッカはベアーテに自殺を教唆してないというのが定説ですらあったらしい。

通常の解釈は、自らの罪を自覚したレベッカが、せめてロスメルの罪の意識を拭い消してやりたいと思ったのだとする。告白はすべて作り話であって、ただロスメルの心を安心させるために自分に罪を着ようとしたのだという極端な見方さえ可能かもしれない。〔毛利三彌〕

こう紹介している毛利自身は、その後の展開と結びつかないということで、この通説に与していない。僕も同じく、それは少々無理筋の擁護だと感じる。

『ロスメルスホルム』は、いくら読んでも理解できた自信がまったく湧いてこない難解な結末を持つ劇でありながら、同時にものすごく魅力的な作品だ。そういう「わからないけど好き」に耐えられない人が、わかったってことにするために、「レベッカはロスメルを楽にするために、やってもいない自殺教唆をやったと主張した」という解釈を出したんじゃないのか。だからって、そんな無理筋の擁護が〈通常の解釈〉として罷《まか》り通ってしまうのか。芝居は難しいな。

演劇が社会に与える影響が強かった時代だった。イプセン劇は当時、ドイツや、とくに英米で注目された。晩年・死後には日本演劇にも衝撃と影響を与えた。杉田久女《すぎたひさじょ》が〈足袋つぐやノラともならず教師妻〉(一九二二)なんて俳句を書いたほどだ。近年もコロナ禍のサイエンスコミュニケーションに関連して、『民衆の敵』(一八八二)が注目された。製革所から出た廃液の環境汚染に気づいた医者が、温泉景気で盛り上がる町で孤立する話だ。

『ロスメルスホルム』もまた大きな爪痕を遺した。英国の社会主義小説家・フェミニスト論客のレベッカ・ウェストの本名はレベッカでもウェストでもない。彼女は十代のころ舞台女優だった。芸名を『ロスメルスホルム』のヒロインにちなんでつけた。一九歳のとき、『モロー博士の島』の作者ウェルズの『結婚』(一九一二)を挑発的に腐す書評で文壇デビューした。二六歳年上のウェルズはこれを読んで「おもしれー女」と思い、妻のある身でこの新人批評家を愛人にし、経済的に援助、息子までもうけた(息子は長じて文芸批評家になった)。レベッカ・ウェストはチャップリンとも浮名を流したらしく、レベッカ・ヴェストに名前負けしない奔放な経歴と言える。

このようにレベッカ・ヴェストはノラと並んで、「リベラル」やフェミニズムのアイコンとなっている。それはそれでかまわないし、イプセンもそのつもりで彼女を創造したのだろう。でも僕は、レベッカ・ヴェストにも、作中に記述された四者四様の「リベラル」にも、べつの感慨を抱く。

ブレンデル(理想主義的「リベラル」)の悲惨な現実と、モルテンスゴール(実利的「リベラル」)の権威主義(後述)と、レベッカ(ライオットガール的「リベラル」)の秩序破壊の三極の、どれにもロスメルは与することができない。ロスメルは人心解放を目指しながら、自分がレベッカの性欲の対象になっていることに気づかない。彼の性嫌悪的「リベラル」はなるほど、人を高貴にはしても、幸福にはしない。

ブレンデルは、政治的自由と改革を説こうとして、酔った聴衆に袋叩きにされた経験から、理想の敗北を自覚し、あくまで政治屋のモルテンスゴールのほうが実効性があると認めた。そしてロスメルに、一途に愛してくれる女性がいればそれがきみの勝利であろう、などと無責任なことを言って町を去った。

モルテンスゴールは「リベラル」機関紙に、〈ロスメル牧師〉の賛同談話・記事を載せたいと訪れる。信頼できる名士や敬虔な市民が「リベラル」に賛同しているという印象を与えたい。町の名士（名家の当主で宗教家）が「リベラル」に賛同すれば人心を摑める。

でもロスメルは、すでに牧師を辞めていた。それは、もちろん「リベラル」に賛同したからのことでもある。辞職を知ったモルテンスゴールはいきなり掌を返す。教会を離脱するなどというスキャンダラスなことをした者が「リベラル」賛同者と知れるのでは、「リベラル」の評判が下がると瞬時に踏んで、ロスメルに見切りをつけたのだ。

なるほど、イプセンは当時、自らも左派でありながら、左派政権の欺瞞に失望していた。モルテンスゴールのように、「リベラル」が既存の権威の威光を借りたがるパラドックスは、経済学者トマ・ピケティが指摘した〈バラモン左翼〉へとつながる現象だ。「既存の権威」が宗教から学歴・年収へと移行しただけのこと。

「リベラル」思想の牽引者だったヴェスト博士は、故ベアーテと並んで、舞台に登場しないのに作中世界を支配する不在者だ。レベッカは〈自分の自由解放思想の師である養父と個人的にも愛人関係を結んだが、ヴェスト博士が実父であると知ることで、彼らの自由解放思想と愛人関係とが両立しなくなる。もしその事実をヴェスト博士が知っていたのなら、これは彼の裏切りに等しい〉（毛利）。

さらに、あなたはヴェスト博士の実子ではないかとクロルに言われたときの返答には、レベッカがどんな人物かがよくあらわれている。〈私生児呼ばわりされたくありませんもの〉。その言いぐさにクロルはコメントする。

> あなたもやっぱり一種の偏見をもってるってわけだ——その点では。〔…〕あなたが解放と呼

んでいるものも、大体そんなものなんだ。あなたは新しい思想や考えについては山ほど学んでいる。いろんな研究にも通じている――これまで確実で不変の真理だと思われていたことをくつがえしてしまうような研究もね。しかしみんな、単なる知識にすぎない。あなたの血肉にはなっていない。

「リベラル」派にも偏見があり、どんな教養や勉強もたんなる知識にとどまっている。だから「リベラル」を標榜しながら、私生児への差別発言をしてしまうのだ、と。

またレベッカは、自分が夫と不倫し、妊娠しているという嘘を仄めかして、ベアーテを自殺に追いやったと告白する（前節で見たデュ・モーリアの『レベッカ』におけるレベッカの妊娠偽装の元ネタ？）。そして彼女は、なぜそのような恐ろしい嘘を、とロスメルに詰め寄られて、〈二つの命のどちらかを選ばなければならないと思った〉と答えた。救うべき者と救わなくていい者を選別する権利があると自任し、前者のために後者を淵に沈めるというのは、アイデンティティ・ポリティクスでよく見られる現象だ。

被害者の兄クロルは〈あなたに、そんなことを選ぶ権利はない！〉と一喝する。これは読んでいる僕の気持ちをそのまま代弁した台詞だ。レベッカが〈イプセンのもっとも優れた創造物の一つ〉（原千代海）なのはたぶん合ってる。こういう人物類型にたいするイプセンの解像度が、尋常ではないのだ。

一四〇年前に初演されたこの戯曲の、モルテンスゴールの権威主義と、レベッカのふたつの差別発言に、「社会正義」に酔いがちな二一世紀人の生態が、鮮明に予言されている。イプセンってすごい人だったんだな。人間の性根は一〇〇年やそこらでは変わらない。終盤、心を浄化する仕事ができる自信を持っているのは、自分ではなくレベッカのほうだった、とロスメルは言うんだけれど、もちろんそれだってレベッカの過信にほかならない。

近年、日本でイプセン劇が話題になったのは、二〇一九年に群馬県草津町の町長が強制猥褻の冤罪被害を受けた件だ。女性町議（当時）がかつて町長に性行為をいきなり強要されたと主張した。インターネット上では、二〇二〇年以降、町議支持者は草津町に〈セカンドレイプの町〉とレッテルを貼った。町長や草津町への誹謗中傷は目に余るものだった。女性のエンパワメントを標榜する学者や文筆家も、草津叩きに乗った。そのなかの、ある人のつぎの発言が目についた。

> 草津、イプセンの『民衆の敵』じゃん（地元の温泉に都合の悪い事実を公表しようとした科学者が、兄貴の町長の画策で「民衆の敵」認定される）。

リアルタイムで展開を追っていなかった僕は、少しあとでこの発言を知って、申しわけないが『民衆の敵』より『ロスメルスホルム』のほうがこの一件にふさわしいと感じた。自作が〈セカンドレイプの町〉発言同様の誹謗中傷に用いられるとは、イプセンも泉下で驚いただろう。二〇二四年、町議は虚偽告発を認めたが、ネットリンチ加害者のほとんどが謝罪していない。本書でも、『創世記』のヨセフ物語やラシーヌの『フェードル』に言及した。性犯罪の虚偽告発もまた「性犯罪」にほかならない。

ロバート・ガルブレイス（J・K・ローリングの別号）の小説『リーサル・ホワイト』（二〇一

八）では、各章の冒頭に『ロスメルスホルム』の台詞が題辞として引用されているという。ローリングが受けたキャンセルカルチャー被害を思うと、ローリングはレベッカ・ウェストよりは僕に近い読みかたをしたんじゃないだろうか。というのは当該作未読の僕の勝手な想像です。

64　シャーリー・ジャクスン『丘の屋敷』

> この一〇〇年間に世に出た怪奇小説で傑作の名に値するのは、この『丘の屋敷』とヘンリー・ジェイムズの『ねじの回転』の二作だけという気がする。〔スティーヴン・キング（安野玲訳）〕

米国の作家シャーリー・ジャクスンの幽霊屋敷小説『丘の屋敷』（一九五九）は、「怖い」と「気持ち悪い」が絶妙に絡み合ったところが、『ねじの回転』を思わせる。

「出る」という噂の〈丘の屋敷〉に、心霊学研究者ジョン・モンタギュー博士が、屋敷の所有者の甥ルーク・サンダースン青年、母親の介護で婚期を逸した（でもまだ若い）女性エリナー・ヴァンス（愛称ネル）、女性芸術家セオドラを連れて、科学的調査に乗りこんだ。女性ふたりは、ひと夏をここで過ごす、博士が公募した超常現象経験者だった。管理人のダドリー夫妻は、夜には邸宅から離れることにしていた。〈丘の屋敷〉の歴史は自殺や変死に満ちていた。

エリナーは、狭量な母親との暮らしを断ち切って〈丘の屋敷〉にやってきた。これは、貧しい家からパミラが奉公でB氏邸に、意地悪なおば一家の家で育ったジェイン・エアが就職でソーンフィールド邸《ホール》に、俗物未亡人のコンパニオンを退職した〈わたし〉が結婚でマンダレイにやってきたのと同じだ。

屋敷は八〇年前にヒュー・クレインという人物が建てたもの。クレインの妻は完成した屋敷に向かう途中、馬車が横転して死亡。以後クレインはふたりの娘と暮らし、後妻は転落死、三人めの妻は肺病で、夫婦でヨーロッパに転地療養中に世を去った。姉妹は女家庭教師とともに留守番していたが、その後実母のいとこの家で育てられた。父も亡くなると、姉が〈丘の屋敷〉を継ぐことになった。

このあと姉が恋に破れ、妹が結婚した。（これを聞いた後世のセオドラは、妹が姉の恋人を奪ったのだと考えている。**シンデレラ競合**だ）。

姉妹間で家財の所有をめぐって争いが起こり、老嬢となった姉は世話係の女性に看取られ、肺炎で死去。妹は世話係の怠慢で医師を呼ぶのが遅れたと考え、裁判となる。争いはいちおう世話係の勝利に終わったが、地元民は〈ただの村娘が今やお屋敷の女主人となったこと〉（渡辺庸子《わたなべようこ》訳）に反撥し（『レベッカ』の〈わたし〉がマンダレイ使用人から受けた待遇と同じ）、世話係は自殺した。その娘の親戚筋の末裔にあたるのがルーク・サンダースンというわけ。

夜中に正体不明の音が聞こえ、廊下で幽霊らしき姿が目撃される。説明できない冷気が子ども部屋を冷やし、床は血まみれ（「青ひげ」の禁断の間に似ている）、壁にはエリナーに呼びかける文字メッセージ。怪奇現象が四人を襲う。

ここでおもしろいのが、博士が邸内で『パミラ』を読んでいて、読み終わったら同じリチャードソンの『クラリッサ』も読もう、と発言していることだ。読了後にじっさいに読み始めたのは、これまたリチャードソンの『チャールズ・グランディソン卿』（一七五三）だったが。作者ジャクスンは『パミラ』を意識して『丘の屋敷』を書いたのだろうか？

とくにエリナーだけの身におこる現象もある。エリナーは徐々に現実感を失っていく。エリナーの体験の場面では、妄想の産物である可能性を示す記述もあれば、エリナーにはどうも自分でも制御できない念動力があって、それが怪奇現象の原因である可能性も仄めかされている。じっさいエリナーは、幼いころにポルターガイストを経験した記憶があるのだ。

ある週末、博士の傲慢な妻モンタギュー夫人（『パミラ』のレイディ・デイヴァーズに相当するか？）と、博士夫妻の知人アーサー・パーカー校長が、調査の手伝いにやってきた。モンタギュー夫人がプランセット（こっくりさん）で受信した霊的メッセージには、エリナーに関係ありそうなものもあった。

またある晩、エリナーとセオドラは同じベッドで固く手を握り合って横たわっていた。すると、部屋が暗くなり、隣室から囁き声、高笑い、虐待される子どもの泣き声が聞こえてきた。エリナーは恐怖を乗り越え、声を上げる。

「やめなさい！」声が出たとたん、部屋の明かりが元通りについて、しどけない恰好のセオドラが、驚いた顔でベッドに座っているのが見えた。
「何？」とセオドラが訊いてきた。「なんなの、ネル？　今の、何？」
「嘘、嘘よ」エレーナ［エリナー］はつぶやくと、ベッドを飛び出て部屋の隅へ走り、そこに突っ立ったままガチガチと震えた。「嘘、どうして――私はだれの手を握っていたの？」

この場面、都市伝説タイプの怖さがあって、非常に印象深い。

またべつの機会、ふたりが夜、〈丘の屋敷〉の外を歩いていると、晴れた日中のような明るさのなか、家族が楽しげにピクニックしている光景に立ち会ってしまう。セオドラは恐怖で叫び、エリナーに振り返らずに走って逃げるように警告する。しかし、セオドラが見たものがなんだったのかは、本文に書かれていない。こういうのもうまいなあ。

エリナーが体験する怪奇現象は、これまでの満たされない人生で積み重なったエリナーの嘆きや怨恨に訴えかけ、ある意味そういったネガティヴな感情を具体化しているように見える。

他のメンバーは、怪奇現象の原因がエリナーにあると結論づけた。モンタギューとルークはエリナーの安全を案じ、〈丘の屋敷〉を離れるよう要請する。でもエリナーは拒否した。いまのこの家が自分の居場所なのだと考えているからだ。この一週間あまりというものは、〈わたしが初めて事件らしい何かを体験できた時間〉だった。

最後にはモンタギューとルークに車に押しこまれ、エリナーはよんどころなく別れを告げて車を発進させた。敷地を出る前に、車は大木に突っこんでしまう。完。エリナーはたぶん命を落としただろう。

この小説にはもう、人間の「青ひげ」が登場しない。その点で、二年後に発表される『ソラリス』に似ている（前章参照）。〈丘の屋敷〉も〈ソラリスの海〉も、そこを訪れる人間の忌まわしい過去、呪わしい記憶、抑圧された感情を映し出し、具体化する鏡として機能しているわけだ。

違いは、『ソラリス』のケルヴィンには過去に具体的なハリーという女性が存在していて、その記憶に海が働きかけているのにたいし、『丘の屋敷』のエリナーには、待ち受けつづけたあげくとうとうあらわれなかったそういう男性の、その不在による欠落した空間、空席のようなものに、屋敷が働きかけているということだろう。『青い城』のヴァランシーが運に恵まれなかったなら、病んだ母の介護に追われ、エリナーになっていたはずだ。

この地点から「青ひげ」を振り返ると、禁じられた部屋の床の血の鏡には、先妻たちの屍体だけではなく、それを見て戦慄する青ひげ夫人自身の顔も映っていたのではないかという気がしてくる。

65　小川洋子「薬指の標本」

小川洋子の小説集『**薬指の標本**』（一九九四）の表題作「薬指の標本」は、「青ひげ文学」史上もっとも静かな小説だ。そしてひょっとしたら、もっとも不穏な小説かもしれない。
〈わたし〉は、海辺の村のサイダー工場で働いているとき、左手の薬指の先端をサイダーのタンクとベルトコンベアの接合部分に挟んで失う。〈吹き出した血がタンクの中に流れ込み、サイダーを桃色に染めていた。その澄んだ色が、泡と一緒にぷつぷつと弾けていた〉。

> わたしを悩ませたのは、薬指の先の肉片はどこへ消えてしまったのだろうという疑問だった。わたしの残像の中でその肉片は、桜貝に似た形をしていて、よく熟した果肉のように柔らかい。そして冷たいサイダーの中をスローモーションで落ちてゆき、泡と一緒にいつまでも底で揺らめいている。

「青ひげ」に近い話とされるグリム兄弟の「どろぼうのお婿さん」（ATU955「強盗婿」話型）のな

かの、被害女性の**左手薬指切断**に、この青ひげ小説で出会うとは思わなかった。

退職した〈わたし〉は村を出て町へ行く。くすんだコンクリート四階建の〈標本室〉を見かけ、事務員兼受付係募集の貼紙を読んで、標本技師・弟子丸氏の面接を受けて、そこで働くことになる。弟子丸氏が最初に見せてくれたのは、三つの茸の標本だった。家が火事になって両親と弟が死に、自分だけ生き残った少女が持ってきた、自宅の焼跡に生えていた茸を標本化したものだった。

標本室は研究所でも博物館でもなく、氏は〈ここでの標本を希望する人たち〉の依頼で〈標本を作ることで、その個人的な問題と対面する〉のだという。作った標本は依頼人に渡すのではなく、標本室で管理・保存する。〈前の事務員がいなくなってからもう一か月〉経ち、氏は困っていた。

ここでは、標本化しなくても保存できるもの（毛糸の玉とかオペラグラスとか）や、どうやって標本化するのか想像もつかないもの（精液とか音楽とか）の標本化も、ためらわずに受け入れている。

弟子丸氏は、〈わたし〉が履いている靴が二一歳にしては幼すぎる、と言い、優美な黒い革靴をプレゼントする。氏と〈わたし〉は建物の一室（かつて女子専用アパートだったときに浴室として使われていた空間）で逢瀬を持つことになる。〈あまりにも長い時間動けなかったので、わたしは彼の中で、標本にされてしまったような気分だった〉。

ある雨の朝、頰に淡く火傷の痕のある少女がやってきた。かつてここで茸を標本化してもらったことがあるという。今回は頰の火傷の痕を標本にしてほしいという。依頼を聞いた弟子丸氏は、少女を地下の標本技術室に同行するという。


「標本技術室へ、行くのですか……」

> 独り言のように、わたしはつぶやいた。彼は何も答えなかった。私はまだあの地下室へ行ったことがなかった。廊下の突き当たりにある、樫の木でできた重い扉の向こうが、どうなっているのか知らなかった。

「青ひげ」と「薬指の標本」とでは一階と地下の違いはあるが、いずれも「例の部屋」は階下にある。しかも「青ひげ」でもその部屋は〈下の階の大廊下のつきあたりにある〉（傍点引用者）のだ。少女（**私より前から彼のことを知ってる女**）を地下室へと連れていく弟子丸氏を見て、〈わたし〉のうちにわき起こってくるのは、嫉妬に似た感情だった（**シンデレラ競合**）。

その日、いつまで待っても少女は戻ってこない。そのあとに文鳥の骨の標本化の依頼にきた靴磨きのおじいさんは、〈わたし〉の黒い革靴を見て、〈靴と足の境目が、ほとんど消えかかっている〉〈靴が足を侵し始めてる〉ので、そればかり履くのはよくないと警告する（**占い師の予言**）。おじいさんは四二年前に、兵隊さんの義足に履かせた靴で同様の現象を見たことがあるという。

〈わたし〉は保管室で少女の火傷の標本を探すが、みつからない。弟子丸氏に尋ねると、地下の標本技術室にあるという。連れていってほしいと頼むと、〈あそこには、僕しか入れない〉、〈火傷の少女は入ったわ〉、〈それは、標本のためだからだ〉、〈わたしも、自分と切り離せないなにかを標本に選んだら、あなたと一緒に地下へおりられるかしら〉。すると、弟子丸氏は〈わたし〉の左手の薬指を持ち上げるのだった。

女子専用アパートから住み残っている老いた〈223号室婦人〉によると、ここの事務員が辞めるときはしばしば、〈突然に、ぷっつり来なくなる。空気に溶けたみたいに、いなくなっちゃうのよ。何のあいさつもなしにね〉。前任者はいなくなる前夜、俯いて地下室に向かっているのを老婦人に目撃されていた。

〈自由になんてなりたくない〉、〈この靴をはいたまま、標本室で、彼に封じ込められていたい〉と願う〈わたし〉は、職場の和文タイプで試験管用のシールを作る。〈登録番号。26—F3099。そして、標本名。薬指〉。長い廊下を歩いて標本技術室の前まで行き、その扉をノックする。完。

小説は恐怖と甘美さの予感で締めくくられる。むかし初読のさいには、挑戦的・実験的路線の小説と感じたものだ。「これは不条理官能ホラー小説だ！」と。けれど今回、本件の捜査を経て読み直した僕には、本作は、クラシックなおとぎ話にもともと見られた「不条理」「官能」「ホラー」の「あの感じ」を、現代の読者に伝わるよう、まったく新しい形に再ブレンドした作品なのではないかと思える。

小川さんはペローやヴィルヌーヴやグリムを意識はしなかったはずだ。でもたぶん、『ジェイン・エア』や『レベッカ』などを経由して、古典おとぎ話のミームがここに流れこんでいる。わずか三〇年ほど前の作品なのに、時の試練に耐えた古典作品のような貫禄がある。

「どろぼうのお婿さん」の薬指切断のくだりを、ウェルティの『大泥棒と結婚すれば』はかなり忠実に再現していた。いっぽう「薬指の標本」では、被害女性の役をヒロインが兼ねている。ラ・フォンテーヌ版を参考にしたペローが「クピドとプシュケの物語」のクピドとウェヌスを「合祀」して、青ひげという人物の役割を作り出したのに似ているが、「薬指の標本」の処理（「どろぼうのお婿さん」を意識しないものだろう）のほうがスムーズで自然だ。

というのも「どろぼうのお婿さん」では、

> 城主はヒロインとデートの約束をし、ヒロインも約束を守っていたのだから〔…〕、ヒロインはこの場合、一人二役を演じ、〔…〕一方ではたるの陰に隠れて面白がったり、こわがったりする観客であり、他方ではテーブルの上に横たわる美人であり、〔…〕男性性欲の犠牲者である。〔ドイツの著述家カール＝ハインツ・マレ（小川真一《おがわしんいち》訳）〕

なるほど「どろぼうのお婿さん」のヒロインも、被害女性と同じように殺されてもおかしくなかった。被害女性はヒロインと等価で、交換可能。つまり性的には、競合関係にあった。もともと、あの被害女性はヒロインの分身だったのだ。

あと、「足と融合してしまう靴」には驚いた。**アンデルセン**のおとぎ話**「赤いくつ」**（一八四五）ではないか。「赤いくつ」の、幼くして親を亡くした農家の娘カレンは、裕福な年配女性の養女となる。質素な赤い靴に代えて、美しく高価な赤い靴を養母に買ってもらった。甘やかされて育ったカレンは、「教会では黒い靴を履くものだ」という養母の忠告に背き、教会に履いていく。教会への道で、赤い髭（赤ひげ！）の老兵（兵隊さん！）がカレンの靴に呪いをかけ、カレンは踊ることがやめられなくなる。

靴に支配されたカレンは、病歿した養母の葬儀に出席せず、舞踏会に出る。そして踊るのを止《と》めることがまったくできなくなる。天使に死後も踊りつづける罰を与えられたカレンは処刑人を訪ね、足を切り落としてもらう。靴はカレンの切り落とされた足に履かれたまま踊りつづけ、処刑人はカレンに木製の義足（！）と松葉杖を与える。教会に行こうにも切断された足が踊りながら道を阻む。しょうがなく家で神に祈っていたら、天使が慈悲を与え、カレンの平安と喜びに満たされた心（臓）は破裂、魂は昇天し、天国では赤い靴の話をする者はいなかった。完。

怖いというか、病的な話だ。アンデルセンの父が靴職人だったと知って、ますます複雑な思いがする。教会への道すがら靴に呪いをかけられたのは、虚栄や傲慢の報いだろうか。同様に、「薬指の標本」で靴と足の一体化が指摘されるのが、火傷の少女にたいする嫉妬や対抗意識、弟子丸氏にたいする独占欲が芽生えた直後のこと。平仄が合っている。

カレンといえば滝沢カレンだが（そうともかぎらないことはわかってるので、こう書くのに助走が必要だったが）、さまざまな小説にインスパイアされた**滝沢カレン**の短篇小説集『馴染み知らずの物語』のなかに、「薬指の標本」のトリビュート作「**馴染み知らずの『薬指の標本』**」が収録されている。

語り手は標本室に勤務する若い女性。体重の意味ではなく男女交際で言うほうの「重い」女で、交際が進展するとストーカー化し、そのたびに相手に逃げられてしまう。別れ際にその相手の左手薬指を奪っては、標本として溜めこんでいる。そうすれば、彼の左手薬指がほかの女と交わした指輪に通されることはないだろう。

「赤いくつ」を想起させる「薬指の標本」を、「赤いくつ」のヒロインと同じカレンという名前の作者が、意表をつくアレンジでカヴァーしているのは、『美女と野獣』と『パミラ』というよく似た作品が同時に誕生したことと同じく、巨大大喜利空間「文学史」のミーム進化が生んだ、数多い素敵な偶然のひとつだ。そしてそのサイコホラーコメディの主人公は、「どろぼうのお婿さん」もびっくりの連続**左手薬指切断**犯の女青ひげだった。

「薬指の標本」を書いた小川洋子は、日本近現代文学には数少ない「おとぎ話感覚」の持ち主だと思う。彼女以前の作家で「おとぎ話感覚」を持つ作品といえば、金井美恵子《かないみえこ》の一九七〇年代の短篇小説群、大江健三郎《おおえけんざぶろう》の「四国の森」が出てくる作品（『芽むしり仔撃ち』以来舞台としつづけた森は「ヘンゼルとグレーテル」の森だ）、安部公房の初期短篇と坂口安吾《さかぐちあんご》のいくつかの作品がある。

第8章　捜査班の解散と、新たな事件《ヤマ》　あるいは「バービー・ブルー」

「青ひげ」のミームを追って、ここまでたどり着いた。今後も、とりわけ欧米のコンテンツでは、原作を意識しようがしまいが、「青ひげ」感のある作品を作るクリエイターが出てくることだろう。

ストーリーのパターンというものは、もともとそんなにたくさん種類があるわけではない。一見バラバラな雰囲気のさまざまなコンテンツが、筋の構造に着目するとじつは共通点があって……ということはよくある。

そのことに退屈してしまう人もいるらしい。そういう人は、ストーリーというものを重視しすぎているんだろう。

一見バラバラな雰囲気のさまざまなコンテンツが、筋の構造に着目するとじつは共通点があって……というとき、僕なんかはむしろ、逆にわくわくしてしまう。同じひとつのストーリーのパターンから、こんなにいろんなコンテンツが生まれるのか！　豊かじゃん！　と感心するばかりなのだ。ストーリーのパターンを重視しすぎていないからこそ、愛おしむことができる。

同じ話を読んで、あるいは同じ話をアレンジして、青ひげ夫人を、

「言いつけに背いた愚かな女」

「男に虐げられる無辜の妻」

「抑圧に負けずに知的好奇心を貫いた女性版プロメテウス」

「リスキーな経済上昇婚で抜け目なく一発当てたやり手の女」

「婚家で自分の迷いと直面する女性」

と、さまざまな姿に描き出すことができる。青ひげだって、

「サイコなシリアルキラー」

「危険な金持ち」

「女嫌いのくせに独身を貫く気はない不誠実な男」

「結婚生活の間抜けな犠牲者」

まで、いろいろな解釈がある。


第3部で取り上げた作品には、「青ひげ」を意識したものもあれば、「青ひげ」を知らずに書かれたものもある。知らずに「青ひげ」大喜利に参加してしまうというのは、「クピドとプシュケの物語」「青ひげ」『美女と野獣』がそれだけ、物語にとって本質的な構図を押さえているということを意味している。

文学史のなかでおとぎ話が、豊かな地下水脈のように存在しつづけていることを、この捜査をつうじて僕は知った。その水脈の存在は、現代人の文学観からは忘れられている。捜査の過程で浮上したさまざまな情報の多くが、僕にとっては未聞の新事実だった。本書第1部で紹介したのはそのごく一部にすぎない。いまの僕には、こういった知見をもとに、おとぎ話そのものを読み直さないと、おとぎ話に失礼だという思いがある。

とくに、おとぎ話のヒロイン（しばしばプリンセス）は、ハリウッド好みの「強い女」ではない

ってことだけで非難されたりしてきた。最近のことだと思う人もいるけど、米国の児童文学批評では一九八〇年代前半にはもうそういうあつかいだったし、ボーヴォワールが『第二の性』でそういうことを言い出したのは一九四九年と古い。旧型ディズニープリンセスが好きだってことを口外できずに、肩身の狭い思いをしている人がいそうだ。

けれど、だからっておとぎ話のヒロインたちは待ってるだけの受け身な「弱い女」なんかじゃない。あれだけ待てたり辛抱できたりする彼女たちは、「**打たれ強い女**」なのだ。

打たれ強さは、現実世界ではむしろ男に要求されるジェンダーロールだ。ハリウッド好みの「強い女」が発揮する攻撃的な「強さ」よりも、むしろディズニーの旧シンデレラのような我慢強い「打たれ強さ」のほうが、社会で要請される「男らしさ」によほど近い。あまり注目が集まっていないけれど、シンデレラはペロー版もディズニー版も、僕から見ると男の美徳を体現している。

おとぎ話を読み直そう。旧型ディズニープリンセスが好きな人に、もう一度胸を張って、好きなものを好きだと言えるようになってもらおう。時代は悪いほうにもいいほうにも変わる。彼女たちを好きだと言える世界を取り戻したほうが、世界は健康だ。捜査中、何度もそう思った。

本件の捜査は当初、「青ひげ」ミームの伝言ゲームを追うつもりだった。本書でいうと第3部に相当する部分だった。文学史というのは、各時代・各地域・各分野のクリエイターたちが、共通のお題に答える大喜利のようなものだ、というイメージは、そのころからあった。

でも、いくらなんでも出発点であるペロー作品自体を放置しておくわけにもいかない。その成り立ちについて少しは考え（たふりくらいはし）なきゃ、読者も納得しない。正直、そっち方面はあまり興味がなくて気乗りはしなかった。でも、やらないわけにはいかない。

捜査最後の一年半を除く全期間、僕はずっと「青ひげ」のルーツが民間伝承にあると信じ切っていた。だからペロー作品について調べるとき、同様の前提で書かれた民話の論文や一般向け概説書を読むところからはじめた。

そのせいで、年単位で同じ地点をぐるぐると回りつづけることになった。

それらの文献を書いた民俗学者、フォークロア研究者、歴史家は、民間の語り手から聴き取った説話が、何百年も無添加のまま、ほぼ同じ形で語り継がれてきたと考えていた。一六世紀のストラパローラ、一七世紀のバジーレやペロー、一八世紀のヴィルヌーヴやボーモン、一九世紀のグリム兄弟は、耳で聴いたおとぎ話を書き留めて、大なり小なりアレンジして刊行した、という考えかただ。僕もずっと、そう考えていた。そのせいで、いくら調べものをしても、話が先に進まない日々が長く続いた。

二〇二三年になってやっと、本書第1部で紹介したウテ・ハイドマンの著作を読んだ。これがきっかけとなって、僕はやっと「民間伝承無添加口承説」を捨てるというか、少なくとも、それに留保をつけることができるようになった。

グリム兄弟のメルヒェン集は、収録作の五分の一が中世文学などの先行文献から抜き書きしてアレンジしたものだ。他方、兄弟に口頭で話を提供した人たちにも、フランス文学の本で読んだらしき人、読んだ人から聴いたらしき人が多かったことは、いまから半世紀前に明らかになっている。フォークロア研究の基準でいうなら、直接・間接の「カンニング」だ。

でも、バジーレやペローについては、「口承民話を書きとめて作品化した」とする書籍が相変わらず多い。もちろん、彼らがそれをまったくしなかったという証拠はない。

けれど、先行文献に負うと判断していい要素なら、バジーレ作品の一部、ペロー作品のすべてに見られる（「赤ずきんちゃん」の元ネタについては紙数の都合で割愛するが、ハイドマンが有力な仮説を出している）。グリムがカンニングしたのなら、民俗学という発想がなかった時代のペローがしてないと考えるほうが不自然だ。

口頭伝承を意識的に文字で記録するムーヴメントは、一八世紀にはじまり、一九世紀にフォークロア研究という民俗学の一部門を生んだ。だから、口頭伝承の記録のほとんどは、一九世紀以降に取られたものだ。記録された口頭伝承のうち、無視できない割合のものが、ストラパローラからボーモンにいたる二〇〇年間に刊行されたおとぎ話書籍から生まれた。あるいは少なくとも、そういった書籍からのミーム流出によって上書きされた結果のアウトプットだった。字の読めない人の文化にも、文字由来のミームは容易に流入するのだ。

一九世紀の民俗学者は、西洋諸国の口頭伝承のなかに「青ひげ」や「赤ずきんちゃん」、『美女と野獣』と同じ構造や細部を「発見」していった。むかしの僕は、おとぎ話は民間伝承に由来すると考えていたから、彼らのことを、無人島の砂浜に自分以外の人間の足跡を発見したロビンソン・クルーソーのようだと思っていた。

でもいまの僕には、彼らフォークロア研究者が、雪上についた自分たちの足跡を謎の敵性動物の痕跡だと考えて虚しくぐるぐると追跡しつづけたクマのプーさんとコブタ《ピグレット》に見える。そういうパフォーマンスを最初にやったのは、クマのヤーコプとコブタのヴィルヘルム。このグリム兄弟が仕掛けたドッキリから、フォークロア研究という学問分野全体を後押しする情熱や信念が生まれてしまったのではないか。

民俗学の「民間伝承無添加口承説」は、ゆっくり時間をかけて、一七・一八世紀フランスのおとぎ話ムーヴメントの文化的記憶を消していった。その過程でペローは「民間伝承をアレンジした人」あつかいされるようになったし、ドーノワやヴィルヌーヴやボーモンといった個性ある女性作家たちの名前は、仏文学史のなかでだけ、ことのついでに言及されるマイナーな名前になってしまった。

それでも一九世紀後半までは、おとぎ話ムーヴメントの文化的記憶を持つ人がけっこういた。「眠れる森の美女」の悪い妖精には名前がないが、チャイコフスキーがバレエ化（一八九〇）したときに脚本を書いたフセヴォロシスキーは、ペローにたいするレスポンスとして書かれたドーノワ作品（話の導入部の設定が同じ）に出てくる悪い妖精の名前キャラボス（冗談みたいな悪役名だが、ほんとうにキャラボスなのだ）を援用している。

その後、民俗学の「民間伝承無添加口承説」が勝利すると、おとぎ話伝言ゲームの文化的記憶をもっとも強く守りつづけたのはディズニーだった。ペローのおとぎ話が「（民間伝承ではなく、同時代の他の多くの文学作品同様に）先行する文学作品をアレンジした作品」だということは、二一世紀になってようやく再発見された。

本件の捜査で知ったもうひとつの事実が、「青ひげ」は出発点ではなかったということだ。「青ひげ」は、二世紀ローマ帝国で書かれ、その後変奏されつづけてきた「クピドとプシュケの物語」というミームの、一七世紀末に登場した「変異株」だった。その四〇年ほどのちに、もうひとつの（こちらはもう少し素直な）変異株、ヴィルヌーヴの『美女と野獣』が登場するというわけ。

西欧語圏の民間には、異類婿説話が「青ひげ」以上に広く伝播した。その数多い記録のうち、無視できない分量が（ヴィルヌーヴよりはボーモン版の）「美女と野獣」のミームによって上書きされた結果の出力だろう。

どんな分野のコンテンツでも、ミームどうしが生存競争をしてきた。「青ひげ」も『美女と野獣』も強いミームで、とうぶんは欧米の物語コンテンツからは退場しないだろう。

こういったしだいで、当初、クローズドサークル状況下の密室殺人の謎を解く「本格ミステリの安楽椅子探偵《アームチェア・ディテクティヴ》」を気どっていた僕は、捜査進行にともなって、この事件《ヤマ》がクローズドでもなければサークルでもないことを思い知った。そして、くたびれたコートを着て靴底をすり減らし、聞きこみを重ねてきた退職間際の老刑事として、僕は本日、青ひげ捜査本部の解散と、新たな捜査本部の設置に立ち会っている。「いかにして民間説話は、文字文化に汚染されていない無添加の口承だと思いこまれるようになったか」という、当初予想していなかった巨悪（？）の解明のために、新たな捜査本部が立ち上がり、これからその会議に出ることになってしまったからだ。

現時点で最新の「青ひげ」二次創作を紹介して、本書を閉じることにしよう。リュシル・ノヴァの「青いバービー《バルビ・ブルー》」（二〇二四）。Barbe bleue《バルブ・ブルー》 に i を入れて Barbie bleue としたものだ。前年の映画『バービー』を踏まえたこの題だけで、もうセンスがよすぎる。

これは「青ひげ」をゲームブック仕立てにしたもの。

あなたは若い女の子。朝寝坊して、ヴィヴァルディの流れる部屋でひとりくすぶっている。着信履歴には不在着信四件——姉、代母《ゴッドマザー》、父、そして母から。どうも、友だちはそんなに多くなさそう。ため息が出る。Snapchat で小一時間溶かしたあと、さすがにちょっと罪悪感を覚えたので、だれかに折り返し電話することにした。

・妹に折り返す。↓2へ
・代母に折り返す。↓3へ
・父に折り返す。↓4へ
・母に折り返す。↓5へ

舞台は現代で、Netflix、Uber なんかも出てくる。代母は幼児洗礼に立ち会う大人だが、もちろんおとぎ話でおなじみの守護妖精《フェアリー・ゴッドマザー》を意識している。わずかな総ページ数なので楽に全ルートクリアできそうなものだけど、ネタバレすると、じつはどの選択肢を選んでも、最終的には永遠にループするしかない。悪夢だ。おまけに、どのルートからも行けないページがある。現代美術っぽいともいえる。

この作品には『ロスメルスホルム』（前章参照）同様に、近親相姦というサブテーマがある。いや、禁断の部屋のほうがサブで、近親相姦がメインテーマなのだろう。本作は、『大きな歯　ちょっとした誤解にかんする研究』の附録として刊行された。同書は、男による少女強姦の話として従来読まれてきた「赤ずきんちゃん」を、尊属による児童性的虐待の物語として読みかえた、興味深い本だ。

第3部のまとめ

・文学史はミームの大喜利
・「青ひげ」は大喜利のお題としてポピュラー
・「青ひげ」と『美女と野獣』は「クピドとプシュケの物語」から生まれた兄妹
・『パミラ』は近代リアリズムの祖というより「新型おとぎ話」
・ジェイン・エアは「**私より前から彼のことを知ってる女ども**」に打ち克つ
・『サイコ』は「強盗婿」説話
・『こゝろ』の先生は男性版「青ひげ夫人」
・『オペラ座の怪人』は『美女と野獣』＋「青ひげ」
・『レベッカ』のヒロインは「**私より前から彼のことを知ってる女**」との試合に勝って勝負に負けた
・「薬指の標本」はペロー＋グリム＋アンデルセンの最強三種盛り
・青ひげ夫妻の意味づけは無数にある

エンドタイトル「禁断の鍵のバイブス」

原作：シャルル・ペロー

リリック：ChatGPT-o1 feat. 千野帽子

Yo yo yo! ステージに集結、伝説の面々
俺たちのフローで歴史も一変

Yo、ヤーコプ登場、言語学の巨匠
単語を紡ぐぜ、学問の機構
愛は辞書に埋めた独身プレイヤー
リズムと知識で挑むぜレイヤー

ヴィルヘルム、俺は詩人の気質
グリム童話集、リミックスが意思
物語のビート、心を揺さぶる
兄とともに築いた伝説は続く

Yo、ペローが回す、このターンテーブル
高級官僚、文壇のテーブル

新旧論争？　俺は現代派のマスター
教訓に命を吹きこむバースだ

リスペクト！　アプレイウスが俺らのルーツ
変身物語から受け継いだブーツ
むかし話の道を切り拓いた勇者
今夜もフローで鳴り響く轟音の武者

Yo yo、始まるぜ青ひげのストーリー
金持ちだが謎多きこのグローリー
青いヒゲにみんながギョッとする
だけど財産の噂に目がうつる

やつは言う、「俺と結婚してみない？」
城も金も贅沢がキミの未来
ただしひとつ、鍵のルールが肝心
「このドア開けたら、すべて終わりだ、安心？」

結婚後の暮らしは最高ランク

Yo、「この鍵のドア、何隠してる?」
彼女の手が震える、心が揺れる
扉開けたらそこは禁断の景色
床に血、亡き妻たちの歴史

青ひげ倒れて城は自由に
彼女は語る、真実のプルーフに
「秘密の誘惑、時に危険だ」
好奇心だけじゃすべてが無念さ

贅沢な食事、響く宴のランク
でも旦那が旅に出た隙に
彼女の好奇心が燃え上がる日に

帰宅した青ひげ、怒りのボルテージ
「ルール破る者には罰がステージ」
彼女は泣き叫ぶ、命が消えそう
でも兄たち到着、戦いは一層

ペローの知恵、ラップで伝授
物語の最後、教訓に全集中
人生の道しるべ、ふたつのルール
今ここで話すぜ、しっかり受け取る

1st、好奇心、それは甘いスパイス
でも深入りすれば命はないっス
賢い人はその罠をスルー
無駄な危険は人生の青《ブルー》

2nd、青ひげみたいな恐怖は去った
夫たちいまじゃ妻に怯んだ
家庭のルールも変わるんだ
幸せ築く、それが絆だ

あたしたち面白がって、善いことも悪いことも、みんな青髭のせいにしたりしたの。
青髭が青髭がって、しょっ中使ったのね。

——庄司薫『ぼくの大好きな青髭』(一九七七)

あとがき

この本は、おとぎ話について書いた本です。でも、「考察」でも「批評」でもありません。「研究」の要素はありますが、全体的にはおとぎ話の「食レポ」とか「ゲーム実況」に近い本になりました。

書きながら、自分にとっての「おもしろいもの」がどんどん増えていきました。おもしろいものが多いと、人生が楽しい。本書のおかげでQOLが上がってしまいました。

文学史は巨大な大喜利空間です。

そして一七世紀末のフランス人シャルル・ペローは、わずか二年のあいだに「青ひげ」「赤ずきんちゃん」「シンデレラ」「眠れる森の美女」「長靴をはいた猫」「親指小僧」……と強力な回答《ミーム》を提出し、その多くが後世の作家にとって、大喜利の新たな「お題」となりました。

「青ひげ」大喜利がはじまったのは、いまから一九〇〇年前、二世紀のローマ帝国でした。本書ではその全貌を素描することを試みました。

《ジャーロ》誌五五号（二〇一五年一一月）から九一号（二〇二三年一一月）まで三七回連載した「謎と神話のあいだ」の、第七回以降の三一回ぶんを全面的に改稿・補筆しました。

光文社の渡辺克郎さん、堀内健史さん、永島大さん、鈴木一人さんに、たいへんよくしていただきました。とくに堀内さんには、連載のほぼ全期間を伴走して（励まして）いただき、書籍化でもご面倒をおかけしました。「薬指の標本」の作者・小川洋子さんには書籍化作業中に質問に応じてくださっただけでなく、帯文までいただきました。フランソワーズ・ラヴォカさんには、貴重な情報をいただきました。ありがとうございます。

多くの人が、子どものころに、絵本やディズニーでおとぎ話に触れます。そのいっぽうで、「おとぎ話なんて、小学校低学年で卒業だよ」と思ってる人も多そうです。僕もそうでした。いまは違います。そうじゃないってことを知ってます。

本書を読めば、おとぎ話に触れた子どもの自分を、きっと誇れるはずです。

二〇二五年二月　神戸

千野帽子

参考資料（抄）

1 青ひげコンテンツ

- Albert Le Grand, *Les Vies des Saincts de la Bretaigne-Armorique* (1637), rev. par M. Graveran, Brest/Paris : P. Anner & Fils/Isidore Person, 1837.
- Apuleius Madaurensis, *Metamorphoses*, books IV 28-35, V & VI 1-24 : The Tale of Cupid and Psyche, introduction and commentary by M. Zimmerman et al., Groningen : Egbert Forsten, coll. “Groningen Commentaries on Apuleius”, 2004.
- Marie-Catherine d’Aulnoy, “Serpentin vert” (1698) repris dans *Contes des fées*, Paris : Corbet aîné, 1825.
- Jean-François Bladé, “Barbe-Bleue” in *Contes populaire de la Gascogne*, t. 1, Contes épiques, Paris : Maisonneuve et Leclerc, 1886, pp. 246.
- Henri Carnoy, *Contes français*, Paris : Leroux, 1885.
- George Colman, the younger, *Blue-Beard, or Female Curiosity!: A Dramatick Romance*, London : Cadell and Davies, 1798.
- Alphonse Daudet, “Les Huit Pendues de Barbe-Bleue” in *Le Roman du Chaperon-Rouge*, Paris : Lévy frères, 1862.
- Max Frisch, *Blaubart* (1982), Neuauflage, Frankfurt : Suhrkamp, 2009.
- William Godwin (ed.), *Tabart’s Collection of Popular Stories for the Nursery : From the French, Italian, and old English Writers*, newly translated and revised, London : Tabart, 1804.
- Catherine Gore, *Theresa Marchmont, or, The Maid of Honour*, London, 1824.

・Thomas Heywood, *Love's Mistress or The Queen's Mask : An Ancient Comedy, and very Scarce* (1640), London : T. Wilkins, 1791.
・Jean de La Fontaine, *Les Amours de Psyché et de Cupidon* (1669) in *Œuvres complètes*, tome 2, Œuvres diverses, éd. établie et annotée par Pierre Clarac, Paris : Gallimard, coll. "La Bibliothèque de la Pléiade", 1958.
・Jean-François Marmontel, *Zémire et Azor : Comédie ballet, en vers et en quatre actes, mêlée de chants et de danses* (1771), Paris : Vente, 1774.
・Geneviève Massignon, *Contes de l'Ouest*, éd. avec commentaires folkloriques, Paris : Érasme, 1953.
・Amélie Nothomb, *Barbe bleue* (2012), Paris : Librairie Générale Française, coll. "Le Liver de poche", 2014.
・Lucile Novat, *De Grandes Dents : Enquête sur un petit malentendu, suivi de Barbie-Bleue : Un Conte dont vous êtes le Perrault*, Paris : Zones / La Découverte, 2024.
・Charles Perrault, *Contes* (1695/1697), textes établis avec introduction, sommaire biographique, bibliographie, notices, relevé de variants, notes et glossaire par Rouger, Paris : Garnier, 1967.
・Charles Perrault, *Histoires ou Contes du temps passé* (1695/1697) précédés de *Contes en vers* (1694), présentation par Marc Fumaroli, bibliographie par Alain Génetiot précédés d'une chronologie, Paris : Flammarion, coll. "GF Flammarion", 2014.
・Henri Pourrat, "Isabelle et ses trois frères" (1955) in *Le Trésor des contes : Les Amours*, éd. publiée sous la dir. de Claire Pourrat, Paris : Gallimard, 1981.
・Henri Pourrat, "La Barbe Bleue" (1957) in *ibid.*
・J.-H. Rosny aîné, "Le Barbe-Bleue du divorce" in *Les Profondeurs de Kyamo*, Paris : Plon, 1896.
・Paul Sébillot, "Barbe-Rouge" in *Littérature orale de la Haute-Bretagne*, Maisonneuve & Larose, 1880.
・Paul Sébillot, "Barbe-bleue" in *Littérature orale de l'Auvergne*, Paris : Maisonneuve, coll. "Les Littérature populaires de toutes les nations", t. 35, 1898.
・Jean-Michel Sedaine, *Raoul Barbe Bleue : Comédie en prose et en trois actes* (1789), Whitefish : Kessinger, coll. "Kessinger Rare Reprints", 2009.
・Giovan Francesco Straparola, *Le Piacevoli Notti* (1550), a cura di Giuseppe Rua, Bari : Giuseppe Laterza & Figli,

1927.
・Ludwig Tieck, *La Barbe bleue* (1797) suivie des *Sept Femmes de Barbe-Bleue* (1797), trad. de l'allemand par Alain Montandon, Paris : Classiques Garnier, coll. "Textes du monde", 2019.
・P. G. Wodehouse, "The Fiery Wooing of Mordred" (1934) in *Young Men in Spats*, London : Arrow, 2009.
・『おんなのこのめいさくえほんベストセレクション80』西東社、２０１６年。
・『フランス民話集』第2巻、中央大学出版部《中央大学人文科学研究所翻訳叢書》第7巻、２０１３年。
・『フランス民話集』第4巻、中央大学出版部《中央大学人文科学研究所翻訳叢書》第14巻、２０１５年。
・ウィリアム・アイリッシュ「青ひげの七人目の妻」（１９３６）村上博基訳、《アイリッシュ短編集》第4巻『シルエット』所収、創元推理文庫、１９７４年。
・フランシス・アイルズ『レディに捧げる殺人物語』（１９３２）鮎川信夫訳、創元推理文庫、１９７２年。
・赤川次郎『三姉妹探偵団9　青ひげ篇』（１９９２）講談社文庫、１９９５年。
・マーガレット・アトウッド「青ひげの卵」小川芳範訳、『青ひげの卵』（１９８３）所収、ちくま文庫、２０２２年。
・マーガレット・アトウッド『寝盗る女』（１９９３）佐藤アヤ子＋中島裕《ひろ》美《み》訳、彩流社《カナダの文学》第10巻、２００１年。
・マーガレット・アトウッド「わたしは真っ赤な牙をむくズィーニアの夢を見た」（２０１２）鴻巣友季子訳、『老いぼれを燃やせ』所収、早川書房、２０２４年。
・アプレイウス『黄金の驢馬』呉茂一《しげいち》＋國原吉之助訳、岩波文庫、２０１３年。
・井辻朱美監修『決定版 心をそだてるこれだけは読んでおきたい世界の名作童話』講談社、２０１０年。
・ヘンリク・イプセン『ロスメルスホルム』（１８８６）原千《ち》代《よ》美《み》訳、『原典によるイプセン戯曲全集』第4巻所収、未來社、１９８９年。
・ヘンリク・イプセン『ロスメルスホルム』（１８８６）毛利三彌《みつや》訳、『イプセン戯曲選集　現代劇全作品』所収、東海大学出版会、１９９７年。
・ロイ・ヴィカーズ「ボートの青髭」小倉多加志訳、『迷宮課事件簿』（１９４９）第1巻所収、ハヤカワ・ミステリ文庫、１９７７年。
・ジャネット・ウィンターソン『オレンジだけが果物じゃない』（１９８５）岸本佐知子訳、白水Uブックス、２０１１年。
・ガブリエル＝シュザンヌ・ド・ヴィルヌーヴ『美女と野獣　オリジナル版』（１７４０）藤原真実訳、白水社、２０１６年。

・植田祐次編訳『フランス幻想民話集』、現代教養文庫、１９８１年。
・ユードラ・ウェルティ『大泥棒と結婚すれば』（１９４２）青山南訳、晶文社《文学のおくりもの》第22巻、１９７９年。
・カート・ヴォネガット『青ひげ』（１９８７）浅倉久志訳、ハヤカワ文庫、１９９７年。
・メアリ・ウルストンクラフト『女性の虐待あるいはマライア』（１７９７）川津雅江訳、あぽろん社、１９９７年。
・ジョージ・エリオット『ミドルマーチ』（１８７２）廣野由美子訳、光文社古典新訳文庫、２０１９-２０２１年。
・ジェイン・オースティン『ノーサンガー・アビー』（１７９８／１８１７）中野康司訳、ちくま文庫、２００９年。
・バロネス・オルツィ『紅はこべ』（１９０２）圷《あくつ》香織訳、創元推理文庫、２０２２年。
・アンジェラ・カーター「血染めの部屋」富士川《ふじかわ》義之訳、『血染めの部屋　大人のための幻想童話』（１９７９）所収、ちくま文庫、１９９９年。
・イタロ・カルヴィーノ「銀の鼻」（１９５６）河島英昭編訳、『みどりの小鳥　イタリア民話選』所収、岩波少年文庫、２０１３年。
・山中知子＋平山弓月訳《フランス民話集》第2分冊『不思議なヴァイオリン』所収、東洋文化社《メルヘン文庫》、１９８１年。
・桐生操「青髭　禁断の鍵はもうひとつ」、『本当は恐ろしいグリム童話』（１９９８）所収、ＫＫベストセラーズ、ワニ文庫、２００１年。
・ルーファス・キング『ドアのかげの秘密』（１９４６）延原謙訳、《別冊宝石》１１３号、１９６２年10月。
・桐生操「人殺し城」、『本当は恐ろしいグリム童話 最終章』（２００５）所収、ＫＫベストセラーズ、ワニ文庫、２００８年。
・倉橋由美子『大人のための残酷童話』（１９８４）新潮文庫、１９９７年。
・ヤーコプ&ヴィルヘルム・グリム『初版グリム童話集』吉原高志＋吉原素子訳、白水Ｕブックス、２００７-２００８年。
・倉橋由美子『完訳グリム童話集』野村泫《ひろし》訳、ちくま文庫、２００５-２００６年。
・栗本薫「青ひげ荘の殺人」（１９８１）、『伊集院大介の冒険』所収、講談社文庫、１９８６年。
・ケイトリン・クルーズ『黒い城に囚われた花嫁』（２０２０）神島奈穂子訳、《7つの愛のおとぎばなし》第4巻、ハーパーコリンズ・ジャパン《ハーレクイン・ロマンス》、２０２１年。
・ウィリアム・ゴドウィン『ケイレブ・ウィリアムズ』（１７９４）岡照雄訳、白水Ｕブックス、２０１６年。
・ウィリアム・メイクピース・サッカリー『虚栄の市』（１８４８）中島賢二訳、岩波文庫、２００３-２００４年。
・カール・シアー「山の巨人をからかった娘」（１９７１）小澤俊夫＋飯豊道男編訳、《世界の民話》第3巻『北欧』所収、ぎょうせい、1976年。
・ジョウゼフ・ジェイコブズ「フォクス氏」（1890）木下順二訳、ジョウゼフ・ジェイコブズ『ジャックと豆のつる　イギリス民話選』所収、岩波書店《岩波の愛蔵版》、1967年。
・ジョウゼフ・ジェイコブズ「フォックスさん」（1890）木村俊夫＋中島直子訳、『トム・ティット・トット　イギリス民話集』所収、東洋文化社《メルヘン文庫》第3巻、1980年。
・ジョウゼフ・ジェイコブズ「フォックス氏」（1890）、河野一郎編訳『イギリス民話集』所収、岩波文庫、1991年。
・ジョウゼフ・ジェイコブズ「フォックスさん」（1890）、脇明子編訳『かじ屋と妖精たち　イギリスの昔話』所収、岩波少年文庫、2020年。
・ヘンリー・ジェイムズ『ある婦人の肖像』（1881）行方昭夫訳、岩波文庫、1996年。
・ヘンリー・ジェイムズ『ねじの回転』南條竹則＋坂本あおい訳、『ねじの回転　心霊小説傑作選』所収、創元推理文庫、2005年。
・ヘルムトラウト・シーク＝ディルタイ「まずしいみなし子の娘と盗賊」（1976）小澤俊夫＋関楠生編訳、《世界の民話》第19巻『パンジャブ』所収、ぎょうせい、1978年。
・シャーリー・ジャクスン『丘の屋敷』渡辺庸子訳、創元推理文庫、2008年。
・主婦の友社編『頭のいい子を育てるおはなし366』所収、主婦の友社、2011年。
・ウォルター・スコット『ケニルワースの城』（1821）朱牟田夏雄訳、《世界文学全集》第16巻『スコット』所収、集英社、1979年。
・ジョヴァン・フランチェスコ・ストラパローラ『愉しき夜　ヨーロッパ最古の昔話集』（1553）長野徹抄訳、平凡社、2016年。
・滝沢カレン「馴染み知らずの『薬指の標本』」、『馴染み知らずの物語』所収、ハヤカワ新書、2023年。
・立原えりか『母と子の読み聞かせえほん　女の子の心をはぐくむ名作』ナツメ社、2011年。
・田辺貞之助訳『ふらんす民話大観』青蛙房、1970／2017年。
・筒井康隆『家族八景』（1971）新潮文庫、1975／2002年。
・チャールズ・ディケンズ「殺人大将」（1860）、西崎憲編訳『短篇小説日和　英国異色傑作選』所収、ちくま文庫、2013年。

・カーター・ディクスン（ジョン・ディクスン・カー）『青ひげの花嫁』（1946）小倉多加志訳、ハヤカワ・ミステリ文庫、1982年。
・アルフレート・デーブリーン『たんぽぽ殺し』（1912）より「青ひげ公」山本浩司訳、『たんぽぽ殺し デーブリーン短篇集成』所収、河出書房新社、2016年。
・ダフネ・デュ・モーリア『レベッカ』（1938）茅野美ど里訳、新潮文庫、2008年。
・ダフネ・デュ・モーリア『レイチェル』（1951）務台夏子訳、創元推理文庫、2004年。
・寺山修司『青ひげ』（1968）、『寺山修司の戯曲』第2巻所収、思潮社、1983年。
・寺山修司『青ひげ公の城』（1979）、《寺山修司著作集》第3巻『戯曲』所収、クインテッセンス出版、2009年。
・中井英夫「青髭公の城」（1964）、《中井英夫全集》第2巻『黒鳥譚』所収、東京創元社《創元ライブラリ》1998年。
・夏目漱石『心　先生の遺書』（1914）『定本 漱石全集』第9巻、岩波書店、2017年。
・新倉朗子「青ひげの話」、松谷みよ子責任編集《怪談レストラン》第39巻『秘密のとびらレストラン』所収、童心社、2005年。
・新倉朗子編訳『フランス民話集』所収、岩波文庫、1993年。
・日本民話の会編『世界昔ばなし　上巻 ヨーロッパ』所収、講談社文庫、1991年。
・カール・ハイディング「青ひげ伯爵」「器量よしの給仕娘」「気丈な水車場の娘」「気丈な水車場の娘」（1969）、飯豊道男編訳『オーストリアの昔話』所収、三弥井書店《世界民間文芸叢書》第6巻、1977年。
・ジャンバッティスタ・バジーレ『ペンタメローネ　五日物語』（1634／1636）杉山洋子＋三宅忠明訳（ベネデット・クローチェの現代語訳の、ノーマン・N・ペンザーによる英訳からの三重訳）、ちくま文庫、2005年。
・ジャンバッティスタ・バジーレ『ペンタメローネ　五日物語』塚田孝雄抄訳、龍渓書舎《復刻版龍渓西欧古典叢書》、1994年。
・エドウィン・シドニー・ハートランド「怪人フォックス」福原麟太郎編訳、『イングランド童話集 スコットランド童話集 アイルランド童話集』所収、フレア文庫、1996年。
・パトリック・ハミルトン『エンジェル通り』（1938）林清俊訳（電子書籍）、2020年。
・バラージュ・ベーラ『青ひげ公の城』（1911）徳永康元訳、『青ひげ公の城』所収、恒文社、1998年。
・アドルフォ・ビオイ・カサーレス『モレルの発明』（1940）清水徹＋牛島信明訳、水声社《フィクションの楽しみ》、2008年。

・樋口淳＋樋口仁枝編訳『シャルル・ペローとフランスの民話』（1989）民話の森《民話の森叢書》第2巻、2023年。
・ジョン・ファウルズ『コレクター』（1963）小笠原豊樹訳、白水Uブックス、1984年。
・ヘンリー・フィールディング『シャミラ』（1741）能口《のぐち》盾彦訳、朝日出版社、1985年。
・ヘンリー・フィールディング『ジョウゼフ・アンドルーズ』（1742）朱牟田夏雄訳、岩波文庫、2009年。
・ウィリアム・フォークナー「エミリーに薔薇を」（1930）高橋正雄訳、『エミリーに薔薇を』所収、中公文庫、2022年。
・テオドール・フォンターネ『罪なき罪（エフィ・ブリースト）』（1895）加藤一郎訳、岩波文庫、1941-1942年。
・アンリ・プーラ『フランスの民話』荻野弘巳訳、下巻、青土社、1995年。
・アナトール・フランス「青ひげの七人の妻」杉捷夫《としお》訳、『青ひげの七人の妻』（1909）所収、白水社《アナトール・フランス小説集》第11巻、2000年。
・シーリア・フレムリン「青髭の鍵」（1985）大村美根子訳、光文社《EQ》1985年7月号。
・フランチェスカ・リア・ブロック「骨」金原瑞人＋小川美紀訳、『薔薇と野獣』（2000）所収、東京創元社、2003年。
・ロバート・ブロック『サイコ』（1959）夏来健次訳、創元推理文庫、1999年。
・ロバート・ブロック『アメリカン・ゴシック』（1974）仁賀《じんか》克雄訳、早川書房、1979年。
・アン・ブロンテ『ワイルドフェル・ホールの住人』（1848）山口弘恵訳、みすず書房《ブロンテ全集》第9巻、1996年。
・シャーロット・ブロンテ『ジェイン・エア』（1847）吉田健一訳、集英社文庫、1979年。
・別役実『青ひげと最後の花嫁』（1990）、『山猫からの手紙　別役実戯曲集』所収、三一書房、1991年。
・シャルル・ペロー『眠れる森の美女　完訳ペロー昔話集』巖谷《いわや》國士《くにお》訳、ちくま文庫、2002年。
・シャルル・ペロー『長ぐつをはいたネコ』末松氷海子訳、集英社みらい文庫、2012年。
・マヤ・ボシュコヴィチ＝シュティリ「盗人の嫁もらい」（1875）、小澤俊夫＋飯豊道男編訳《世界の民話》第16巻『アルバニア他』所収、ぎょうせい、1978年。
・カルメン・マリア・マチャド「夫の縫い目」（2014）小沢身和子訳、『彼女の体とその他の断片』所収、エトセトラブックス、2020年。
・カルメン・マリア・マチャド『イン・ザ・ドリームハウス』（2019）小沢身和子訳、エトセトラブックス、2022年。
・松浦寿輝「BB／PP」、『BB／PP』所収、講談社、2016年。
・ナンシー・マドア「青ひげ」立石ゆかり訳、『大人のためのエロティック童話13篇　美女と野獣他』（2006）所収、ハーレクインＭＩＲＡ文庫、ハーパーコリンズ・ジャパン、２０１５年。
・モーリス・メーテルランク『アリアーヌと青髯　無用の解放』（１８９９）岡野馨訳、《世界童話大系》第20巻『童話劇篇』第2分冊所収、名著普及会、１９２４／１９８９年。
・ギ・ド・モーパッサン『女の一生』（１８８３）斎藤昌三訳、集英社文庫、１９７８年。
・モリエール＋ピエール・コルネイユ＋フィリップ・キノー『プシシェ』（１６７１）秋山伸子訳、《モリエール全集》第8巻所収、臨川書店、２００１年。
・ルーシー・モード・モンゴメリ『青い城』（１９２６）谷口由美子訳、角川文庫、２００９年。
・ヤーノシュ「青髭」、池田香代子訳『新装版 大人のためのグリム童話』（１９７２／１９９２）所収、宝島社文庫、２００４年。
山藍紫姫子《やまあいしきこ》「青髭」、鈴木敏弘監修『鏡あるいはオラントの変身　シャルル・ペロー創作童話集』竹書房、１９９９年。
・吉川良太郎「青髭の城で」、井上雅彦監修《異形コレクション》第46巻『Fの肖像　フランケンシュタインの幻想たち』所収、光文社文庫、２０１０年。
・アン・ラドクリフ『イタリアの惨劇』野畑多恵子訳、国書刊行会《ゴシック叢書》第1‐2巻、１９７８年。
・ジーン・リース『サルガッソーの広い海』（１９６６）小沢瑞穂訳、《池澤夏樹＝個人編集 世界文学全集》第2期第1巻『灯台へ　サルガッソーの広い海』所収、河出書房新社、２００９年。
・サミュエル・リチャードソン『パミラ、あるいは淑徳の報い』（１７４０）原田範行訳、研究社《英国十八世紀文学叢書》第1巻、２０１１年。
・ジャンヌ＝マリー・ルプランス・ド・ボーモン「美女と野獣」（１７５６）鈴木豊訳、『美女と野獣』所収、角川文庫、１９７１年。
・ガストン・ルルー『オペラ座の怪人』（１９１０）長島良三訳、角川文庫、２０００年。
・アンリ・ド・レニエ『気儘なる短篇』（１８９４）より「青髭の六度目の結婚」志村信英訳、『碧玉の杖』所収、国書刊行会《フランス世紀末文学叢書》第3巻、１９８４年。
・スタニスワフ・レム『ソラリス』（１９６１）沼野充義訳、ハヤカワ文庫、２０１５年。
・ジュール・ロマン『プシケ』（１９２２‐１９２９）青柳瑞穂訳、《世界文学全集》第76巻『ロマン ジロドゥ』所収、講談社、１９７９年。

2 その他の文学作品

・Charlotte Lennox, *The Female Quixote, or, The Adventures of Arabella*, London : A. Millar, 1752.
・「二人兄弟の物語」屋形禎亮《ていすけ》訳、『エジプト神話集成』所収、ちくま学芸文庫、2016年。
・『創世記』中沢洽樹《こうき》訳、『旧約聖書』所収、中公クラシックス、2004年。
・『イザヤ書』関根清三訳、『旧約聖書』第3巻所収、岩波書店、2005年。
・『イザヤ書』《文語訳旧約聖書》第4巻『預言』所収、岩波文庫、2015年。
・『七十人訳ギリシア語聖書 イザヤ書』秦剛平訳、青土社、2016年。
・『新約聖書 福音書』塚本虎二訳、岩波文庫、1963年。
・『新版 うつほ物語』室城《むろき》秀之訳、角川ソフィア文庫、2022-2024年。
・『愛護の若』、兵藤裕己《ひろみ》編『説経節 俊徳丸 小栗判官 他三篇』所収、岩波文庫、2023年。
・安部公房『砂の女』(1962)、新潮文庫、1981/2003年。
・アポロドロス『ギリシア神話』高津《こうづ》春繁訳、岩波文庫、1953/1978年。
・ヨハネス・デ・アルタ・シルワ『ドロパトスあるいは王と七賢人の物語』西村正身訳、未知谷、2000年。
・ハンス・クリスチャン・アンデルセン『即興詩人』(1835) 大畑末吉訳、岩波文庫、1960年。
・ハンス・クリスチャン・アンデルセン「赤いくつ」(1845) 大畑末吉訳、『完訳 アンデルセン童話集』第2巻所収、岩波文庫、1984年。
・ヘンリク・イプセン『民衆の敵』(1882) 矢崎源九郎訳、新潮文庫、1956年。
・ウェルギリウス『アエネーイス』(紀元前19) 泉井《いずい》久之助《ひさのすけ》訳、岩波文庫、1976年。
・カート・ヴォネガット『チャンピオンたちの朝食』(1973) 浅倉久志訳、ハヤカワ文庫、1989年。
・カート・ヴォネガット『デッドアイ・ディック』(1982) 浅倉久志訳、ハヤカワ文庫、1998年。
・ウンベルト・エーコ『フーコーの振り子』(1988) 藤村昌昭訳、文春文庫、1999年。
・江戸川乱歩『蜘蛛男』(1929)、《江戸川乱歩全集》第5巻『押絵と旅する男』所収、光文社文庫、2005年。
・オウィディウス『ヘーローイデス　女性たちのギリシア神話』(紀元17年ごろ完結) 高橋宏幸訳、平凡社ライブラリー、2020年。

・マイケル・オンダーチェ『イギリス人の患者』（１９９２）土屋政雄訳、創元文芸文庫、２０２４年。
・ジョン・ディクスン・カー『皇帝のかぎ煙草入れ』（１９４２）駒月雅子訳、創元推理文庫、２０１２年。
・アントワーヌ・ガラン『ガラン版千一夜物語』西尾哲夫訳、岩波書店、第1分冊、２０１９年。
・シャーロット・パーキンズ・ギルマン「黄色い壁紙」（１８９２）西崎憲訳、倉阪鬼一郎＋南條竹則＋西崎憲編『淑やかな悪夢　英米女流怪談集』所収、創元推理文庫、２００６年。
・スティーヴン・キング『キャリー』（１９７４）永井淳訳、新潮文庫、１９８２／１９９７年。
・スティーヴン・キング『シャイニング』（１９７７）深町眞理子訳、文春文庫、２００８／２０２１年。
・スティーヴン・キング『ミザリー』（１９８７）矢野浩三郎訳、文春文庫、１９９１／２００８年。
・スティーヴン・キング『骨の袋』（１９９８）白石朗《ろう》訳、新潮文庫、２００３年。
・バルタサール・グラシアン『人生の旅人たち　エル・クリティコン』（１６５７完結）、東谷穎人《ひがしたにひでひと》訳、白水社、２０１６年。
・アガサ・クリスティ『アクロイド殺し』（１９２４）羽田詩津子訳、早川書房《クリスティー文庫》第3巻、２００３年。
・ウィリアム・シェイクスピア『新訳 から騒ぎ』（１５９８？）河合祥一郎訳、角川文庫、２０１５年。
・ウィリアム・シェイクスピア『新訳 テンペスト』（１６１１）河合祥一郎訳、角川文庫、２０２４年。
・庄司薫『ぼくの大好きな青髭』（１９７７）中公文庫、２０１２年。
・エミール・スーヴェストル「コモール伯　〈パンを求める人〉の語れる物語」（１８４４）、川口顕弘編訳『十九世紀フランス幻想短篇集』所収、国書刊行会《世界幻想文学大系》第33巻、１９８３年。
・杉田久女《ひさじょ》『杉田久女全句集』角川ソフィア文庫、２０２３年。
・ウォルター・スコット『ミドロジアンの心臓　ディーンズ姉妹の生涯』（１８１８）玉木次郎訳、岩波文庫、１９５６-１９５７年。
・エドマンド・スペンサー『妖精の女王』和田勇一＋福田昇八訳、ちくま文庫、２００５年。
・ミゲル・デ・セルバンテス・サアベドラ『ドン・キホーテ』前篇（１６０５）、会田由《ゆう》訳、ちくま文庫、１９８７年。
・太宰治「浦島さん」（１９４５）、『太宰治全集』第8巻『小説7』所収、筑摩書房、１９９８年。
・太宰治『人間失格』（１９４８）、『太宰治全集』第10巻『小説9』所収、筑摩書房、１９９９年。
・ジョルジュ・ダリアン『泥棒』（１８９７）小潟昭夫訳、国書刊行会《フランス世紀末文学叢書》第9巻、１９８５年。
・ジェフリー・チョーサー「学僧の話」西脇順三郎訳、『カンタベリ物語』（１４００？）ちくま文庫、上巻所収、１９８７年。

・チャールズ・ディケンズ『ピクウィック・クラブ』（1836）北川悌二訳、ちくま文庫、1990年。
・チャールズ・ディケンズ『逍遥の旅人』（1860）田辺洋子訳、渓水社、2013年。
・寺山修司『ラジオのための叙事詩　山姥』（1964）、『寺山修司著作集』第2巻所収、クインテッセンス出版、2009年。
・ガイウス・ユリウス・ヒュギヌス『ギリシャ神話集』松田治＋青山輝男訳、講談社学術文庫、2005年。
・ジャスパー・フォード《文学刑事サーズデイ・ネクスト》第三巻『だれがゴドーを殺したの？』（2003）田村源二訳、ヴィレッジブックス、2007年。
・ケン・フォレット『レベッカへの鍵』（1982）矢野浩三郎訳、新潮文庫、1997年。
・ギュスターヴ・フローベール『ボヴァリー夫人』（1856）山田𣝣《しゃく》訳、河出文庫、2009年。
・ヘシオドス『仕事と日』松平千秋訳、岩波文庫、1986年。
・ジョヴァンニ・ボッカッチョ『デカメロン』（1353）第10日第10話、平川祐弘《すけひろ》訳、河出文庫、下巻所収、2017年。
・ジョン・ミルトン『仮面劇コーマス』（1634）才野重雄訳、南雲堂、1958年。
・モーリス・メーテルランク『青い鳥』（1907）堀口大學訳、新潮文庫、1960／2006年。
・モーリス・メーテルランク『許婚』（1922）安藤勝一郎訳、《世界童話大系》第二〇巻『童話劇篇』所収、名著普及会、1924／1989年。
・ジョリ＝カルル・ユイスマンス『彼方』（1891）田辺貞之助訳、創元推理文庫、1975年。
・夢野久作『ドグラ・マグラ』（1935）、『夢野久作全集』第9巻所収、ちくま文庫、1992年。
・マルグリット・ユルスナール「姉アンナ…」（1935／1982）岩崎力《つとむ》訳、《ユルスナール・セレクション》第4巻『流れる水のように 火 東方綺譚 青の物語』所収、白水社、2001年。
・吉本ばなな「キッチン」（1987）、『キッチン』所収、新潮文庫、2002年。
・リチャード・ライト『ブラック・ボーイ　ある幼少期の記録』（1945）野崎孝訳、岩波文庫、2009年。
・ジャン・ラシーヌ『フェードル』（1677）渡辺守章訳、『フェードル アンドロマック』所収、岩波文庫、1993年。
・アン・ラドクリフ『ユドルフォ城の怪奇』（1794）三《みん》馬《ま》志《し》伸《のぶ》訳、作品社、2021年。
・ジャン・ド・ラ・フォンテーヌ『寓話』（1694完結）今野一雄訳、岩波文庫、1972年。
・サミュエル・リチャードソン『クラリッサ』渡辺洋《ひろし》訳、北海道大学学術成果コレクション、2015年。https://eprints.lib.hokudai.ac.jp/dspace/handle/2115/76756

3 二次資料

- *Dictionnaire de l'Académie Françoise, dédié au Roy*, t, 1, A. -L., Paris : Jean Baptiste Coignard, 1694.
- Shelly Charles, *Pamela ou les Vertus du roman : D'une poétique à sa réception*, Paris : Classiques Garnier, 2018.
- Charles Deulin, *Les Contes de ma Mère l'Oye avant Perrault*, Paris : E. Dentu, 1878, p. 179.
- Pauline Greenhill, Jill Terry Rudy, Naomi Hamer and Lauren Bosc (ed.), *The Routledge Companion to Media and Fairy-Tale Cultures*, New York/London : Routledge, 2018.
- Jacob und Wilhelm Grimm, Anmerkungen zu "Blaubart" (1812) in *Kinder- und Hausmärchen*, Vollsändige Ausgabe auf der Grundlage der dritten Aufl (1837), Herausgegeben von Heinz Rölleke, Frankfurt am Main : Deutscher Klassi ker Verlag, coll. "Bibliothek deutscher Klassiker", Nr. 5.
- Jacob und Wilhelm Grimm, Anmerkungen zu "Aschenputtel" (1822) in *ibid.*
- Ute Heidmann, "Intertextualité et dialogicité des contes", la première partie d'Ute Heidmann et Jean-Michel Adam, *Textualité et intertextualité des contes : Perrault, Apulée, La Fontaine, Lhéritier...*, Paris : Éd. Clasique Garnier, coll. "Lire le XVIIe siècle", no 2, 2010.
- Casie E. Hermansson, *Bluebeard : A Reader's Guide to the English Tradition*, Jackson : University Press of Mississip-pi, 2009.
- Prosper Mérimée, *Notes d'un voyage dans l'Ouest de la France : Extrait d'un rapport adressé à M. le Ministère de l'intérieur*, Paris : Fournier, 1836.
- Michel Meurger, *Gilles de Rais et la Littérature*, Dinan : Terre de Brume, 2003.
- Alain Montandon, *Mélusine et Barbe-Bleue : Essai de sociopoétique*, Paris : Champion, 2018.
- Pierre-Emmanuel Moog , "Sœur Anne, je ne vois rien… qu'une poétique de la manipulation" in *Féeries*, n° 14Ber-trand Vibert (dir.), *Conte merveilleux et poésie*, Grenoble : Université Grenobles-Alpes Éditions, 2017.
- Jean de Palacio, *Les Perversions du merveilleux : Ma Mère l'Oye au tournant du siècle*, Paris : Séguier, 1993.

- Jean de Palacio, *Barbe-Bleue outre-Rhin : Essai de littérature comparée*, Billère : Le 26 octobre, 2022.
- Vincent Petitjean, *Vies de Gilles de Rais, Paris* : Éd. Clasique Garnier, coll. “Comparative perspective”, 2016.
- Marc Soriano, *Les Contes de Perrault : Culture savante et traditions populaires* (1968), éd. rev. et corr., Paris : Gallimard, coll. Tel, no 22, 1978.
- Maria M. Tatar, *Secrets beyond the Doors: The Story of Bluebeard and his Wives*, Princeton and Oxford: Princeton University Press, 2004.
- Michel Tournier, “Barbe-Bleue ou Le Secret du conte” in *Le Vol du vampire : Notes de lecture* (1981), Paris, Gallimard, coll. Folio essais, 1994.
- 「インディアナの女青髯」、井上勇編訳『浴槽の花嫁』所収、東京創元社《世界推理小説全集》別巻1、1956年。
- 天谷《あまや》祐子《ゆうこ》「「青ひげ」から見る衝動性のコントロールと夫婦関係」、大野木裕明＋赤澤淳子＋中澤潤＋千野《せんの》美和子編『昔話から学ぶ人間の成長と発達　グリム童話からディズニー作品まで』所収、ナカニシヤ出版、2015年。
- 池内紀『読書見本帖』丸善ライブラリー、1991年。
- 池上嘉彦『ことばの詩学』岩波書店、1982年。
- 稲田浩二編『世界昔話ハンドブック』三省堂、2004年。
- 祝田《いわた》秀全《しゅうぜん》監修『世界の英雄解剖図鑑　世界各地で語り継がれるヒーローたちの物語』エクスナレッジ、2024年。
- エドマンド・ウィルソン「ヘンリー・ジェイムズの曖昧性」（1934／1959）中村紘一訳、《エドマンド・ウィルソン批評集》第2巻『文学』所収、みすず書房、2005年。
- ハンス＝イェルク・ウター『国際昔話話型カタログ　アンティ・アールネとスティス・トムソンのシステムに基づく分類と文献目録』加藤耕義訳、小澤昔ばなし研究所、2016年。
- レナード・ウルフ『青髯ジル・ド・レー　悪魔になったジャンヌ・ダルクの盟友』（1980）河村錠一郎訳、中央公論社、1984年。
- 円堂都司昭『物語考　異様な者とのキス』作品社、2024年。
- 岡本佳子『神秘劇をオペラ座へ　バルトークとバラージュの共同作品としての《青ひげ公の城》』松籟社、2019年。
- 小黒康正、クリストフ・マルティン・ヴィーラント『王子ビリビンカー物語』（1764）訳者まえがき、同学社、2015年。
- 小澤俊夫『働くお父さんの昔話入門　生きることの真実を語る』日本経済新聞社、2002年。

・小澤俊夫《小澤俊夫の昔話講座》第1巻（入門編）『こんにちは、昔話です』小澤昔ばなし研究所、2009年。
・ウォルター・ジャクソン・オング『声の文化と文字の文化』（1982）桜井直文《なおふみ》＋林正寛＋糟谷啓介訳、藤原書店、1991年。
・片木智年『ペロー童話のヒロインたち』せりか書房、1996年。
・片木智年『少女が知ってはいけないこと　神話とおとぎ話に描かれた〈女性〉の歴史』PHP研究所、2008年。
・堅田剛《たけし》『法の詩学　グリムの世界』新曜社、1985年。
・川本静子『ガヴァネス　ヴィクトリア時代の〈余った女〉たち』（1994）みすず書房、2007年。
・私市《きさいち》保彦「ペロー童話の深淵」（1975）、『ネモ船長と青ひげ』所収、晶文社、1978年。
・木村尚三郎《しょうさぶろう》「ペロー童話　人々の生活感情」、『物語にみる中世ヨーロッパ世界』所収、光村図書出版《朝日カルチャー叢書》第20巻、1985年。
・木村由利子、タニス・リー『血のごとく赤く　幻想童話集』（1983）「訳者あとがき」、ハヤカワ文庫、1997年。
・サンドラ・M・ギルバート＋スーザン・グーバー『屋根裏の狂女　ブロンテと共に』（1980）山田晴子＋薗田美和子抄訳、朝日出版社、1986年。
・スティーヴン・キング『死の舞踏　恐怖についての10章』（1981）安野玲訳、ちくま文庫、2017年。
・工藤庸子「ペロー『昔話』と三つの謎」、『いま読むペロー「昔話」』所収、羽鳥書店、2013年。
・ヴィルヘルム・グリム「ペロー童話集」（1819）、高木昌史《まさふみ》＋高木万里子編訳『グリム兄弟メルヘン論集』所収、法政大学出版局《叢書・ウニベルシタス》第891巻、2008年。
・小林章夫『愛すべきイギリス小説』丸善ライブラリー、1992年。
・小酒井不木「女青鬚」（1924）ウェブサイト「小酒井不木研究所」2017年11月17日付（2025年1月17日閲覧）。http://fuboku.o.oo7.jp/e_text/tanteishumi_192509_01.html
・エドワード・W・サイード「バルトーク『青ひげ公の城』とシェーンベルク『期待』」（1989）二木《ふたき》麻理訳、『サイード音楽評論』第1巻所収、2012年。
・ジャック・ザイプス『増補　赤頭巾ちゃんは森を抜けて　社会文化学から見た再話の変遷』（1983／1993）廉岡糸子＋横川寿美子＋吉田純子訳、阿吽社、1997年。
・ジョン・サザーランド「ジェイン・エアは幸せになれるか?」青山誠子訳、『ジェイン・エアは幸せになれるか? 名作小説のさらなる謎』（１９９７）所収、みすず書房、１９９８年。
・ハロルド・シェクター『体内の蛇　フォークロアと大衆芸術』（１９８８）鈴木晶《しょう》＋吉岡千恵子訳、リブロポート、１９９２年。
・ハロルド・シェクター『オリジナル・サイコ　異常殺人者エド・ゲインの素顔』（１９８９）柳下毅一郎訳、ハヤカワ文庫、１９９５年。
・ロジャー・シャタック『禁断の知識』（１９９６）下巻『好奇心とタブー』柴田裕之《やすし》訳、凱風社、２００１年。
・フランソワーズ・ジロ＋カールトン・レイク『ピカソとの生活』（１９６４）瀬木慎一訳、新潮社、１９６５年。
・末松氷海子『ペロー昔話を読み解く　赤ずきんの森へ』西村書店、２０１５年。
・ジョージ・スタイナー『青ひげの城にて　文化の再定義への覚書』（１９７１）桂田重利訳、みすず書房《みすずライブラリー》、２０００年。
・スタンダール『ある旅行者の手記』（１８３８）山辺雅彦訳、第1分冊、新評論、１９８３年。
・高木昌史編『決定版グリム童話事典』所収、三弥井書店、２０１７年。
・高橋健二『グリム兄弟』（１９６８／１９８３）新潮文庫、２０００年。
・高橋吉文『グリム童話　冥府への旅』白水社、１９９６年。
・竹原威滋『グリム童話と近代メルヘン』三弥井書店、２００６年。
・マリア・M・タタール（タタール）『グリム童話　その隠されたメッセージ』（１９８７）鈴木晶＋高野真知子＋山根玲子＋吉岡千恵子訳、新曜社、１９９０年。
・ロバート・ダーントン「農民は民話をとおして告げ口する」海保眞夫＋鷲見洋一訳『猫の大虐殺』（１９８４）抄録版、岩波現代文庫、２００７年。
・ジャン・ティフォン『おとぎ話』（２０２１）ダコスタ吉村花子訳、グラフィック社《ちいさな手のひら事典》、２０２２年。
・寺山修司「作品ノート」、『寺山修司の戯曲』第2巻所収、思潮社、１９８３年。
・寺山修司＋河村錠一郎「青ひげの犯罪の謎とジル・ド・レ侯爵」（１９８１）、『身体を読む　寺山修司対談集』所収、国文社、１９８３年。
・クリスティアン・デルマス「仕掛け芝居の流行について」秋山伸子訳、『モリエール全集』第8巻所収、臨川書店、２００１年。
・アンガス・フレッチャー『文學の実効　精神に奇跡をもたらす25の発明』（２０２１）山田美明訳、ＣＣＣメディアハウス、２０２３年。

・リュシアン・デレンバック『鏡の物語　紋中紋手法とヌーヴォー・ロマン』（１９７７）野村英夫＋松澤和博訳、ありな書房、１９９６年。
・ツヴェタン・トドロフ『幻想文学論序説』（１９７０）三好郁朗訳、創元ライブラリ、１９９９年。
・ジョン・R・R・トールキン「妖精物語について」（１９４７）杉山洋子訳、『妖精物語の国へ』所収、ちくま文庫、２００３年。
・スティス・トンプソン『民間説話　理論と展開』（１９４６）荒木博之＋石原綏代《いしわらやすよ》訳、社会思想社《現代教養文庫》、１９７７年。
・野村泫《ひろし》『昔話は残酷か』（１９７５）東京子ども図書館、１９９７年。
・トマス・パヴェル『小説列伝』（２００３／２０１４）千野帽子訳、水声社、２０２４年。
・ドラ&エルヴィン・パノフスキー『パンドラの匣　変貌する一神話的象徴をめぐって』（１９５６）尾関彰宏＋阿部成樹＋菅野晶訳、法政大学出版局《叢書・ウニベルシタス》第７１８巻、２００１年。
・ウラジーミル・ヤコヴレヴィチ・プロップ『昔話の形態学』（１９２８）北岡誠司＋福田美智代訳、書肆風の薔薇（水声社）《叢書 記号学的実践》第10巻、１９８７年。
・ジョルジュ・バタイユ『ジル・ド・レ論　悪の論理』（１９６５）伊東守男訳、二見書房《ジョルジュ・バタイユ著作集》、１９６９年。
・原千代海《ちよみ》『新版 イプセン 生涯と作品』（１９８０）三一書房、１９９８年。
・ヘルムート・バルツ『青髭　愛する女性《ひと》を殺すとは？』（１９８７）林道義訳、新曜社、１９９２年。
・樋口淳『シャルル・ペローと歩く民話の森』（２０１１）民話の森《民話の森叢書》第5巻、２０２３年。
・廣野由美子『シンデレラはどこへ行ったのか　少女小説と『ジェイン・エア』』岩波新書、２０２３年。
・マリー＝ルイーゼ・フォン・フランツ『メルヘンと女性心理』（１９７４／１９７７）秋山さと子＋野村美紀子訳、海鳴社、１９７９年。
・藤田憲司「ロマンスに生きる女　シャーロット・レノックス『女キホーテ』（一七五二）」、十八世紀女性作家研究会編『長い十八世紀の女性作家たち　アフラ・ベインからマライア・エッジワースまで』所収、英宝社、２００９年。
・マルセル・ブノワ「パリ、１６６１-８７年　リュリの時代」関根敏子訳、カーティス・プライス編『オペラの誕生と教会音楽　初期バロック』所収、音楽之友社《西洋の音楽と社会》第3巻、１９９６年。

・チャールズ・フレイ＋ジョン・グリフィス『子どもの本を読みなおす　世界の名作ベストセレクト28』（1987）鈴木宏枝訳、原書房、2006年。
・スーザン・ブラウンミラー『レイプ・踏みにじられた意思』（1975）幾島幸子訳、勁草書房、2000年。
・ジークムント・フロイト「精神分析の作業で確認された二、三の性格類型」（1916）中山元訳、『ドストエフスキーと父親殺し 不気味なもの』所収、光文社古典新訳文庫、2011年。
・ヴィンフリート・フロイント『若い読者のためのメルヘン』（2005）木下康光訳、中央公論美術出版、2007年。
・ウラジーミル・ヤコヴレヴィチ・プロップ『昔話の形態学』（1928）北岡誠司＋福田美智代訳、書肆風の薔薇（水声社）《叢書 記号学的実践》第10巻、1987年。
・ブルーノ・ベッテルハイム『昔話の魔力』（1976）波多野完治＋乾侑美子訳、評論社、1978年。
・チャールズ・ボズウェル「青ひげとの駆け落ち」（1948）山田順子訳、『彼女たちはみな、若くして死んだ』所収、創元推理文庫、2017年。
・パミラ・ホーン『ヴィクトリアン・サーヴァント　階下の世界』（2004）子安雅博訳、英宝社、2005年。
・前嶋《まえじま》信次『アラビアン・ナイトの世界』（1970）平凡社ライブラリー、1995年。
・ジェイムズ・M・マグラザリー『愛と性のメルヒェン　グリム・バジーレ・ペローの物語集にみる』（1991）鈴木晶＋佐藤知津子訳、新曜社《メルヒェン叢書》、1998年。
・松原秀一《ひでいち》『中世ヨーロッパの説話　東と西の出会い』（1979）中公文庫、1992年。
・カール＝ハインツ・マレ『首をはねろ！メルヘンの中の暴力』（1985）小川真一訳、新装版、みすず書房、1998年。
・ジュール・ミシュレ『フランス史［中世］』（1844完結）桐村泰次《やすじ》訳、第5分冊、論創社、2017年。
・水野尚「好奇心の鍵　青ひげ」、『物語の織物　ペローを読む』所収、彩流社、1997年。
・村山則子『ペローとラシーヌの「アルセスト論争」　キノー／リュリのオペラを巡る「驚くべきもの le merveilleux」の概念』作品社、2014年。
・毛利三彌『イプセンのリアリズム　中期問題劇の研究』白凰社、1984年。
・アラン・モネスティエ『世界犯罪者列伝　悪のスーパースターたち』（1988）高橋啓《けい》訳、JICC出版局、1991年。
・森義信『メルヘンの深層　歴史が解く童話の謎』講談社現代新書、1995年。
・守安敏久「ラジオドラマ『山姥』から戯曲『青ひげ』へ　「母殺し」の姥捨思想」（2007／2017）、『寺山修司論　バロックの大世界劇場』所収、国書刊行会、２０１７年。
・由水《よしみず》常雄『鏡の魔術』（１９７８）中公文庫、１９９１年。
・アンドレ・ヨレス『メールヒェンの起源　ドイツの伝承民話』（１９３０）高橋由美子訳、講談社学術文庫、１９９９年。
・マリー゠ロール・ライアン『可能世界・人工知能・物語理論』（１９９１）岩松正洋訳、水声社《叢書　記号学的実践》第24巻、２００６年。
・エリック・ラーソン『悪魔と博覧会　アメリカを変えた博覧会での殺人、魔術、そして狂気』（２００３）野中邦子訳、文藝春秋、２００６年。
・マックス・リュティ『メルヘンへの誘い』（１９６２／１９９０）高木昌史訳、法政大学出版局《叢書・ウニベルシタス》第５７３巻、１９９７年。
・ハインツ・レレケ「「マリーばあさん」の「きっすいのヘッセン」のメルヒェン」（１９７５）小澤俊夫訳、『現代に生きるグリム』所収、岩波書店、１９８５年。
・イアン・ワット『小説の勃興』（１９５７）藤田永祐訳、南雲堂、１９９９／２００７年。

初出

本書は「ジャーロ」55号（2015年秋冬号）～91号（2023年11月号）で連載した「謎と神話のあいだ」を大幅に加筆修正しました。

千野帽子（ちの・ぼうし）

兼業文筆家。フランス政府給費留学生としてパリ第4大学に学び、博士課程修了。著書に『人はなぜ物語を求めるのか』『物語は人生を救うのか』（ちくまプリマー新書）、『俳句いきなり入門』（NHK出版新書）、『読まず嫌い。』（角川書店）、『文藝ガーリッシュ』『世界小娘文學全集』（河出書房新社）、『文學少女の友』（青土社）、共著に『東京マッハ　俳句を選んで、推して、語り合う』（晶文社）、編書に『富士山』『夏休み』『オリンピック』（角川文庫）、『ロボッチイヌ　獅子文六短篇集モダンボーイ篇』（ちくま文庫）、訳書にマリー＝ロール・ライアン『可能世界・人工知能・物語理論』（水声社）、トマス・パヴェル『小説列伝』（水声社）がある。

青《あお》ひげ夫《ふ》人《じん》と秘《ひ》密《みつ》の部《へ》屋《や》　「見《み》たな」の文《ぶん》学《がく》史《し》

著者　千《ち》野《の》帽《ぼう》子《し》

2025年3月30日　初版1刷発行

発行者　三宅貴久
発行所　株式会社 光文社
〒112-8011 東京都文京区音羽1-16-6
電話　編集部　03-5395-8254
書籍販売部　03-5395-8116
制作部　03-5395-8125
URL　光文社　https://www.kobunsha.com/

組版　萩原印刷
印刷所　萩原印刷
製本所　ナショナル製本

落丁・乱丁本は制作部へご連絡くだされば、お取り替えいたします。

R〈日本複製権センター委託出版物〉
本書の無断複写複製（コピー）は著作権法上での例外を除き禁じられています。
本書をコピーされる場合は、そのつど事前に、
日本複製権センター（☎03-6809-1281、e-mail:jrrc_info@jrrc.or.jp）の
許諾を得てください。

本書の電子化は私的使用に限り、著作権法上認められています。
ただし代行業者等の第三者による電子データ化及び電子書籍化は、
いかなる場合も認められておりません。

©Chino Boshi 2025 Printed in Japan
ISBN978-4-334-10595-2